C000124905

AVERTISSEMENT

D'U

LIBRAIRE.

Dans le Supplément à la Gazette de France, du 1er. Janvier 1773, on lit à l'article de l'*annonce des Livres*, page 21...

„ Nous invitons auffi à faire celle (la Vie)

„ de l'Abbé *Terrai*, pour l'inftruction des

„ Contrôleurs généraux & des Intendans

„ des Finances qui viendront après lui. "

Cela nous a encouragé à publier ce Manuscrit, dont l'Auteur d'ailleurs eft mort.

C'étoit M. Coquereau, jeune Avocat de la plus grande efpérance, qui, enflammé

A 3

d'un zele patriotique , trop outré fans doute, n'a pu furvivre à la deftruction du Parlement & du Barreau, & s'eft brûlé la cervelle. Il nous l'avoit communiqué dans un petit voyage qu'il avoit fait ici *incognito* , pendant les Vacances, & rien ne nous empêche aujourd'hui de le faire connoître.

PRÉFACE.

Le Ministre dont on dévoile ici l'ineptie, les turpitudes & les atrocités, ne manquera pas d'appeller ces Mémoires un libelle. Mais un libelle n'est autre chose qu'un livre où, sans nécessité, sans mission, sans caractere, sans utilité quelconque, on publie des calomnies sanglantes contre des particuliers qui ne sont point soumis par état aux jugemens du Public, où même l'on révele des faits injurieux qui auroient pû & dû rester ensévelis dans l'éternel oubli auquel étoient condamnés ceux qu'ils concernent. Un Avocat donc qui, se renfermant dans la gravité de son état, ne peut défendre l'innocence sans démasquer le scélérat qui l'opprime, en quelque dignité qu'il soit constitué, celui-ci prévariqueroit dans son ministere, si par des égards mal placés il affoiblissoit la cause de son client. Un Historien, dont la fonction, plus grande, plus essentielle, plus honorable, est de plaider la cause d'une

A 4

Nation, & quelquefois de l'Humanité entiere, contre des Miniftres puiffans, des Poten-
tats redoutables, qui l'outragent, la rui-
nent, la dégradent, l'afferviffent, l'accablent
fous les chaînes d'un Defpotifme intolérable;
bien loin d'être regardé comme un libellifte,
eft loué, pour le courage qu'il a de dire la
vérité avec l'impartialité qu'exige fon minis-
tère, & c'eft l'augufte emploi que nous pre-
nons ici. Qu'on ne nous dife pas que l'Historien même n'a droit de parler que dans certains tems & avec des ménagemens; la vérité n'en admet point: elle eft de tous les
tems, lorfqu'il fe trouve des hommes affez
libres pour la publier. Si l'Hiftoire peut
être utile, c'eft furtout lorfqu'elle préfente
d'avance fon jugement à ceux qui la doivent
redouter, lorfqu'elle imprime fur eux ce caractere d'ignominie & d'exécration fous lequel ils pafferont à la poftérité, mais qui ne
pourra plus rien fur une cendre froide &
inanimée.

MÉMOI-

MÉMOIRES

CONCERNANT L'ADMINISTRATION

DES FINANCES,

SOUS LE MINISTERE

DE M.

L'ABBÉ TERRAI,

Contrôleur Général.

▬▬▬▬ ▬▬▬ ▬▬▬ ▬▬▬ ▬▬▬

M. L'ABBÉ TERRAI, aujourd'hui (*) Contrôleur général des Finances & Ministre d'Etat, est né dans une petite ville (1) près de Lyon, d'une famille obscure. L'origine de sa fortune vient d'un oncle, premier Médecin de M. le Régent (2). Celui-ci l'appella à Paris, en prit soin, le fit entrer dans les Ordres, & lui achetta une charge de Conseiller-Clerc au Parlement (3), comme étant moins chere.

(*) En 1773.

(1) A Bouin en Forez, le ..... Décembre 1715: il est fils d'un Tabellion.

(2) Son oncle étoit premier Médecin de S. A. R., mere du Régent.

(3) Il fut reçu au Parlement le 17 Février 1736.

A 5

Le neveu, qui fentoit le befoin qu'il avoit de ce
parent, devint fon complaifant affidu & fe prêtoit à
tous fes goûts, à toutes fes manies, & vécut ainfi
longtems avec 1200 Livres de penfion qu'il en recevoit, & le bénéfice de fa charge, qui ne pouvoit
être que peu de chofe dans les commencemens : il
fe fervoit lui-même, il s'éloignoit des plaifirs, menoit la même vie que le vieillard hypocondre, & fe
couchoit à 8 heures du foir, comme lui. Dans le
tems de l'exil du Parlement, en 1753, il fut envoyé
à Châlons, avec les confreres de fa Chambre. Il a
une mine fi ignoble ; il étoit fi gauche & fi mal vêtu,
que dans les premiers jours les Dames de la ville
où il alloit faire vifite avec fon Corps, le prenoient
pour l'Aumônier de fa Compagnie. Ce fut dans cet
intervalle que mourut fon oncle. Il revint enfuite
dans un meilleur accoutrement, il fe livra même à
la premiere vanité que la richeffe infpire. L'efprit
parut lui venir avec elle ; fon ambition s'accrut : il
devint le partifan de la Cour, au point que lors des
démiffions générales de fa Compagnie, en 1755, il
fut le feul des Enquêtes qui ne donna pas la fienne.
Cet afferviffement lui mérita la bienveillance du Miniftere ; il devint bientôt l'homme à la mode. Après
la reprife du fervice, étant monté à la Grand-Cham-
bre, il fut fait Rapporteur de la Cour ; il fut chargé
de toutes les grandes affaires. Celle des Jéfuites
s'étant élevée, il y joua un rôle confidérable. Ce
fut alors qu'il eut occafion de connoître une Madame de Clercy, la femme d'un Lieutenant de Maré-
chauffée, qui vint à Paris folliciter dans une affaire criminelle qu'avoit fon mari. L'Abbé Terrai en
étoit le Rapporteur, il trouva la folliciteufe gentil-

le: inftruit de fon peu de fortune, il lui propofa de lui faire gagner fon procès & de l'entretenir. Cela étoit extrêmement commode; l'amour n'eft chez lui qu'un befoin de tempérament; il lui faut des plaifirs qui ne croifent pas fon ambition, & ne lui faffent pas perdre fon tems en galanteries. Il avoit dès-lors fa belle terre de la Motte; il y menoit cette femme, qui en faifoit les honneurs. Il furvint une fille de cet accouplement; elle fut élevée dans la maifon : feulement elle ne l'appelloit que fon parrain, mais la mere embraffoit l'Abbé devant tout le monde; celui-ci fe laiffoit faire fans pudeur, & recevoit ainfi fes careffes les plus lafcives. Ses grandes occupations ne lui permettant pas de fuivre affiduement la conduite de fa maîtreffe, il devint jaloux, & pour en être plus fûr, il la prit chez lui, dans fon habitation de Paris. Elle vivoit avec lui, & l'économie de l'entreteneur y trouvoit encore fon compte.

Madame de Clercy avoit pour amie une intrigante, nommée Madame de la Garde, une de ces femmes mariées pour la forme uniquement, dont on ne voit jamais le mari. Celle-ci s'étoit retirée en couvent, en attendant quelque occafion favorable d'en fortir avec éclat. Là, dans le filence, elle tendoit fes filets comme l'araignée, jufqu'à ce qu'une proie facile vînt s'y prendre. Elle connoiffoit Madame de Clercy: elle jetta de loin le projet de la fupplanter, & lui fit entendre qu'il feroit commode pour elle d'avoir une femme qui la fecondât dans fes voyages à la Motte, & fe mît à la tête du château de l'Abbé, qui y faifoit réellement une grande figure. Son amie donna dans le piege; elle parla

de Madame de la Garde à fon amant, & elle s'af-
focia cette compagne au premier automne fuivant:
Celle-ci chercha fimplement à s'ancrer d'abord, mais
fa rivale ayant eu l'imprudence de retourner dans
fon pays, pour affaires, à fon retour elle trouva la
place abfolument prife. De favorite, elle ne fut
plus que Sultane Validé, & fa fille fut le feul lien
qui la retint à l'Abbé.

Ces tracafferies domeftiques amufoient à fa campagne ce Sultan en rabat, mais il ne perdoit pas de
vue fon avancement ; & le Sr. de Laverdy, Confeiller au Parlement, fon confrere, ayant été élevé
en 1764 au grade de Contrôleur général, fon ambition s'étendit plus que jamais, aiguillonnée par la
jaloufie.

Les fautes énormes qu'il voyoit faire par cet ancien confrere dans fa nouvelle adminiftration, lui
donna l'efpoir que la place feroit bientôt vacante:
il fe flatta de pouvoir encore mieux accélerer fa chûte, en faifant recevoir au Parlement tous les Edits
qui paffoient par la tête de ce Miniftre des Finances, dont l'ineptie fe manifeftoit de plus en plus:
conduite d'autant plus adroite, qu'il paroiffoit lui
faire mieux fa cour, en applaniffant les difficultés
que pouvoit rencontrer l'exécution de fes projets, &
fe rendoit en même tems agréable au Roi. Ce rafi-
nement de politique ne lui réuffit pourtant qu'en
partie. M. de Laverdy fut bien renvoyé, mais fon
fucceffeur fut choifi dans le Confeil, & ce fut M.
Maynon, Confeiller d'Etat, qui fut élevé à cette
place. M. de Choifeul paffa pour le promoteur de
cet autre Contrôleur général. L'Abbé Terrai, déconcerté d'une telle révolution, foit qu'il défefpérât

de remplit fon ambition, foit qu'il regardât la place
comme deformais infoutenable, par le dérangement
des Finances toujours croiffant, foit qu'il crût devoir
employer un nouveau genre de conduite, parut
abandonner le parti de la Cour, & fe livrer entiérement à celui de l'oppofition. Peut-être fut-il obligé de fe mafquer ainfi, pour contrebalancer les fâcheufes impreffions prifes contre lui dans le Parlement, & arrêter les dénonciations qu'on y vouloit faire du monopole dont il étoit accufé dans l'affaire
des bleds, alors à fon plus haut degré de fermentation. Quoi qu'il en foit, il joua l'hypocrifie au point
de faire lui-même les remontrances fur les Edits
burfaux, enrégiftrés en Lit de Juftice, au mois de
Janvier 1769. On lui attribua furtout les *Itératives*,
remarquables par la multiplicité de faits qu'elles
contiennent; dont il réfulte un effrayant tableau des
malheurs de l'Etat, & du défordre de fes Finances.
Ce chef-d'œuvre hiftorique, dénué de tout l'acces-
foire d'une éloquence frivole, de ces lieux communs
qui énervent la vérité, qu'on ne fauroit montrer en
pareille occafion avec trop de force & d'aultérité,
déplut fort au Miniftere. Il avoit defiré que ces Remontrances reftaffent fecrettes, & M. le Duc de
Choifeul, ainfi que M. le Contrôleur général, en
préfence de M. le Chancelier, firent à l'Abbé Terrai, dans la galerie de Verfailles & devant les courtifans, des reproches fur leur publicité: ils prétendirent qu'il fe rendoit coupable d'une indigne dupli-
té de perfonnage, en ce qu'étant l'homme du Roi
auprès de fa Compagnie, il avoit prêté fa plume
pour réfifter aux volontés du Monarque.

Il faut, pour entendre ceci, favoir qu'il y a toujours près du Parlement un membre pris dans fon
fein, chargé d'être le Rapporteur de la Cour, c'eft-
à-dire, de rendre compte à l'affemblée des Chambres
de tout ce qui intéreffe le Miniftere ou en émane,
comme Edits, Déclarations & autres matieres d'Etat;
que l'Abbé Terrai étoit pourvu de cette commiffion,
& avoit en conféquence la penfion y attachée. Le
Magiftrat fe défendit par l'endroit même où on l'attaquoit. Il répondit que, comme homme du Roi, il
s'étoit toujours acquitté, de ce dont on l'avoit chargé,
de fon mieux & avec le zele d'un fujet foumis &
dévoué à S. M.; mais que, comme membre du Parlement, il n'avoit pu fe difpenfer d'ouvrir fon avis
en fon ame & confcience dans l'occafion préfente;
que cet avis ayant été adopté de fa Compagnie, il
avoit été obligé de l'étendre, de le développer, de
le mettre, en un mot, dans le jour où on le defiroit: qu'inculper fa conduite ce feroit lui interdire
d'opiner, & déclarer alors une incompatibilité entre
fes deux fonctions: qu'en ce cas, il choifiroit, & ne
fe détacheroit jamais de fa Compagnie.

M. le Chancelier, intime ami de cet Abbé, qui
avoit déjà des vues fur lui, le défendit avec toute
la chaleur dont il eft capable. Malgré cet apolo-
gifte, M. Maynon revint à la charge, & par continuation de converfation, lui demanda fi fa qualité
de Magiftrat l'obligeoit auffi à répandre ces Remontrances, à les faire paffer aux autres Parlemens, &
même chez l'Etranger, malgré les promeffes de fa
Compagnie de les garder dans le fecret de fes archives? L'Abbé voulut s'excufer fur ce nouveau grief,

mais le Contrôleur général lui ferma la bouche, en lui ajoutant que c'étoit le Sr. *Thoynet* même, fon neveu, fils du Confeiller à la Cour des Aides (4), qui abufant de l'emploi de confiance qu'il avoit à la pofte, avoit envoyé ces paquets aux différens correfpondans; qu'en conféquence, ce Commis infidele étoit, au moment actuel, deftitué de fes fonctions. L'Abbé confondu & pénétré de douleur fe retira: il voulut fe démettre de fa place de *Rapporteur de la Cour*, mais le Parlement, revenu fur fon compte par ce changement de conduite, le foutint. Il ne confentit à reprendre, qu'à condition que fon neveu feroit rétabli dans fon emploi, valant 10,000 Livres de rentes. Le Miniftere ne voulut pas revenir fur le châtiment inftigé au coupable, & renvoyer fon fucceffeur, déjà inftallé. Le Chancelier négocia pour fon cher Abbé, & par un accommodement enfin qui pût concilier tous les intérêts, le Sr. Thoynet fut pourvu d'un meilleur emploi, valant 15,000 Livres par an. C'eft ainfi que finit la querelle, qui fit paffer l'Abbé Terrai aux yeux des gens qui ne l'a. voient pas approfondi, pour un patriote. Sa conduite lui valut du Sr. *Pierron*, le Doyen des Subftituts du Procureur général, un joli bon mot, qui fit beaucoup de bruit dans le tems. Ce Subftitut ayant été faire fa vifite au Confeiller-Clerc au jour de l'an: *M. l'Abbé*, lui dit-il, *je viens vous demander votre amitié pour cette année...... mais non, votre protection*. La fineffe de cet éloge fut fentie du Ma-

---

(4) Il n'eft ni fils, ni parent du Confeiller à la Cour des Aides.

giſtrat & des ſpectateurs, qui le rapporterent avec
enthouſiaſme: il paſſa de bouche en bouche, &
rendit, pour le moment, le héros Magiſtrat l'idole
de Paris.

Cependant M. le Chancelier, qui méditoit dès-lors
ſes vengeances contre le Parlement de Paris, travailloit ſourdement à ſupplanter M. Maynon, créature
de M. le Duc de Choiſeul; mais avant d'expulſer
le dernier, il crut plus aiſé de lui enlever ce parti-
ſan dans le Conſeil. Il attendoit la fin de l'année,
tems orageux pour un Miniſtre des Finances, puiſque
c'eſt celui où depuis pluſieurs années il eſt obligé
d'imaginer ſans relâche de nouveaux impôts, pour
ſubvenir aux beſoins perpétuellement renaiſſans du
fiſc public, vrai tonneau des Danaïdes, qui toujours
rempli s'écoule toujours.

Dans un Conſeil extraordinaire tenu le 21 Décembre 1769, compoſé des membres des Conſeils d'Etat,
des Finances & des Dépêches réunis & convoqués à
Verſailles, M. le Contrôleur général, dont M. le
Chancelier avoit dejà contrarié les projets, ſoit-par
lui, ſoit par ſes partiſans, les remit ſur le bureau,
changés, corrigés, en un mot dans l'état le plus lumineux où il avoit pu les expoſer; il déclara qu'il
n'a rien de mieux à préſenter. Alors M. de Maupeou prit la parole, fit une peinture énergique des
maux de la France, & démontra l'inſuffiſance des
moyens propoſés par M. Maynon. M. le Duc de
Choiſeul voulut faire la contre-partie; il ne craignit
point de prendre la défenſe de ce Miniſtre & de ſon
plan d'opérations. Le Chef ſuprême de la Juſtice
repliqua avec autant de ſolidité que de véhémence,
& réfuta tous les dires de l'un & de l'autre. Le-

Roi, de mauvaife humeur, rompit le Confeil, fe.
retira dans fon cabinet, en pouffant la porte avec.
violence. Il y fit entrer M. le Chancelier, & refta
une demi - heure avec lui.   M. le Contrôleur général ne douta point de fa difgrace; il la prévint avec.
fermeté, & envoya fa démiffion le foir. Dès le lendemain on fçut qu'il avoit été remplacé par M. l'Abbé Terrai.   On avoit peine à croire cette nouvelle;
on ne put bientôt s'y refufer. Mais les politiques
voulurent conjecturer comment ce myftere s'étoit
opéré, & ce n'eft que par les événemens fubféquens
qu'on a pu l'expliquer. On fe doutoit bien, ou, pour.
mieux dire, perfonne n'ignoroit que ce Contrôleur.
général étoit créature de M. le Chancelier, & n'a-
voit été promu que par lui.   Mais on ne pouvoit.
imaginer qu'un Confeiller de Grand'Chambre, homme d'Eglife, fans enfans, riche de plus de cinquante.
mille écus de rentes, jouiffant de la plus haute confidération dans fon état, recherché de la Cour par.
le befoin qu'elle en avoit fans ceffe, vu fa qualité
de fon Rapporteur, & fon influence dans fa Compagnie, eftimé à la ville, & devenu plus précieux à
la Nation par la conduite patriotique qu'il avoit tenue derniérement, pût, de gaieté de cœur, occuper une place où il fe rendoit néceffairement l'exécration de la France, & s'attireroit une difgrace.
plus ou moins prochaine. Quelques - uns crurent.
trouver la folution du problême dans l'ambition de
ce Magiftrat. On prétendit qu'il avoit l'efpoir de fe
marier & d'illuftrer fa poftérité, que n'étant que Sous-
diacre, & n'ayant jamais fait de fonctions, il fe flattoit de pouvoir obtenir cette difpenfe de Rome. D'au-

tres l'élevoient déjà à la pourpre romaine. Le motif le plus vraisemblable de sa conduite, c'est que
M. le Chancelier, qu'on sçut avoir été plusieurs fois
chez lui, & le pratiquer depuis longtems, ne le détermina à accepter, qu'en lui découvrant ses projets
pour l'avenir, en lui faisant voir la révolution qui
devoit se former dans le Parlement, le danger qu'il
couroit d'y être enveloppé , & de passer ses jours
dans l'inaction & dans l'obscurité : qu'en profitant de
l'occasion qui s'offroit de mettre un pied dans le
Ministere, il pourroit saisir les circonstances, & passer du Contrôle général à quelque Département
moins dangereux, par le vuide que formeroit la retraite des Choiseuls, qu'il lui fit connoître aussi comme prochaine & nécessaire.

Il est assez vraisemblable aujourd'hui, que
tels furent les motifs déterminans de M. l'Abbé
Terrai, qui ne tarda pas à être l'objet des plai-
santeries du public. On dit qu'il falloit que les
Finances fussent bien mal , puisqu'on leur donnoit
un prêtre pour les administrer : on joua sur son
nom : on dit qu'il falloit une foi bien vive, pour
croire à la résurrection du Crédit, étant enterré,
(*En Terrai*). De tous les mauvais quolibets qui
coururent alors , le meilleur, sans contredit, fut
celui qu'on attribua à M. Pasquier, son confrere,
qui lui faisant la cour , dans les premiers jours de
son Ministere, le regarda fixement, au point d'ê-
tre remarqué de l'Abbé. Celui-ci demande avec inquiétude, pourquoi il le fixe ainsi ; s'il a quelque
chose au visage, s'il est barbouillé? *Non*, répond
son confrere, *pas encore.*

Cependant on étoit dans l'attente de ses œuvres : on disoit assez généralement, qu'il avoit toutes les qualités de l'esprit pour faire un grand Ministre, & toutes celles du cœur pour en faire un mauvais. Comme il travailloit beaucoup au Palais, quantité de gens avoient été à portée de connoître la justesse de son jugement & l'étendue de ses lumieres. On s'accordoit sur sa pénétration, sur sa facilité & sur la netteté de ses rapports : on ajoutoit que les plaideurs qui l'alloient solliciter, n'avoient jamais été dans le cas de lui donner aucune instruction sur leurs affaires ; qu'il les résumoit devant eux, avec tant de précision & d'universalité, qu'il mettoit les moyens pour & contre dans un jour si lumineux, qu'aucune partie n'avoit rien à ajouter ; mais en même tems, qu'il s'enveloppoit tellement dans ses exposés, qu'on ne pouvoit déterminer pour qui il penchoit.

D'un autre côté, on reprochoit à ce Magistrat d'avoir souvent profité de son rare talent, pour en imposer aux juges, & les diriger, non suivant l'équité, mais suivant ses affections particulieres. Ceux qui le connoissoient plus particuliérement, prétendoient qu'il étoit dur, qu'il aimoit l'argent, & qu'il ne s'étoit jamais bien lavé des soupçons injurieux répandus sur son compte, dans le tems des acuparemens de bleds & des monopoles.

Tel on peignoit l'homme sur lequel l'Europe avoit alors les yeux fixés, par l'importance du Ministere qu'il remplissoit, & par l'influence qu'il devoit avoir essentiellement sur les autres Etats.

Dès sa premiere démarche, malgré les bruits répandus dans le monde, que M. l'Abbé Terrai n'avoit accepté le Miniftere qu'à condition qu'on ne mettroit pas de nouveaux impôts, qu'une économie fcrupuleufe & foutenue feroit la bafe de fon adminiftration, on pût juger que le bien public n'étoit rien moins que le but de fon exaltation au Miniftere. A peine fut-il inftallé, qu'il rappella le Sr. Cromot, ce premier Commis des Finances, remercié par M. d'Invau, & devenu l'objet de l'indignation générale, par fon luxe infolent & les déprédations effroyables dont on l'accufoit. Il fit agréer au Roi fon retour, travailla fur le champ avec lui, & l'on vit bientôt éclore cette foule d'Edits défaftreux, fupérieurs à tous ceux publiés dans les plus grandes calamités de la Monarchie.

Le Contrôleur général commença par mettre la main fur les caiffes d'amortiffement, & par fufpendre les rembourfemens, qui devoient avoir lieu, fuivant le fameux Edit de la libération des dettes de l'Etat. D'un autre côté, il manœuvra dans le Confeil, pour faire paffer ces mêmes impôts, qui avoient été le prétexte de la difgrace de M. d'Invau. Le Chancelier, après les avoir combattus comme inadmiffibles par l'horrible renverfement qu'ils devoient introduire dans les fortunes publiques, appuya les raifonnemens de l'Abbé Terrai, pour les faire recevoir comme les feuls expédiens actuellement convenables, afin de gagner du tems, & de fe mettre en état d'imaginer quelque plan de reftauration plus honnête & plus utile.

Après donc avoir fait adopter au Confeil les Edits burfaux qu'il avoit profcrits fous le précédent Miniftere, il étoit queftion de les faire paffer au Parlement, & d'éviter un Lit de Juftice, ce qui auroit ouvert l'adminiſtration de M. l'Abbé Terrai ſous des auſpices trop ſiniſtres. Il en vint à bout. On enrégiſtra ce qu'il voulut, & quoiqu'on ordonnât en même tems dans l'enrégiſtrement de très humbles & très reſpectueuſes Repréſentations, on ne fit qu'énoncer la Députation, ſans en détailler les objets, par une déférence ſinguliere pour le Contrôleur général.

Celui-ci fournit bientôt au Parlement une cauſe à de plus fortes Réclamations, & dès le 24 Janvier il fit publier deux Arrêts du Conſeil, ſans aucune forme légale : dans l'un il diminuoit, ſuivant différentes proportions, les arrérages de quantité d'Effets Royaux ; dans l'autre, on réduiſoit les Tontines en Rentes purement viageres. De pareilles atteintes, portées aux propriétés & aux engagemens les plus ſacrés, revêtus de toute la ſanction des Loix, excitérent d'abord une fermentation générale. Les Arrêts furent dénoncés ſur le champ à l'Aſſemblée des Chambres. On y ouvrit l'avis vigoureux d'arrêter le cours, l'affiche & la publication de ces imprimés, comme d'écrits furtifs, qui n'ayant ni caractere ni légalité, tendoient uniquement à troubler le repos des citoyens, à jetter le déſordre dans les fortunes des particuliers, & à exciter des mouvemens dont les ſuites pouvoient être funeſtes. Les partiſans que l'Abbé Terrai s'étoit ménagés dans la Compagnie, ſuſpendirent cet avis violent, & l'on ſe contenta de prendre la tournure vaine & triviale des Remontrances.

Ce commencement d'opérations cruelles & maladroites démentoit cependant la bonne opinion qu'on avoit eu des lumieres du nouveau Contrôleur général ; on reconnut qu'en matiere d'adminiſtration

il avoit le génie très étroit, & qu'il y joignoit un
cœur dur, un efprit fourbe. Les gens qui avoient
été dupes du zele patriotique qu'il avoit montré depuis un an dans les affemblées de fa Compagnie,
n'en furent que plus outrés contre lui, & les politiques qui n'avoient jamais cru à fa converfion, fe
recrierent qu'ils avoient eu raifon de fe défier de
fon changement fubit, & de l'attribuer à la crainte
feule d'être dénoncé comme monopoleur auprès de
fes confreres. Ils ajoutoient qu'un homme capable
de préférer un pofte auffi gliffant comme celui dont
venoit de culbuter fon predéceffeur, à la confidération dont il jouiffoit dans le Parlement, n'étoit néceffairement qu'un ambitieux, capable de fe porter
à tout, pour fatisfaire la paffion qui le dévoroit.

Par les Arrêts du Confeil dont on a parlé, non-
feulement M. l'Abbé Terrai mettoit contre lui toute la Finance, mais même les claffes les plus inti-
mes du peuple, fur lefquelles ils portoient auffi; enforte que les malédictions publiques s'accumulerent
de toutes parts fur fa tête. Plufieurs malheureux
de la populace oferent, dans leur défefpoir, fe livrer
tout haut, contre lui, aux plaintes les plus énergiques & aux réfolutions les plus finiftres. Heureufement pour lui, aucun ne pût exécuter ces dernieres. Mais les Magiftrats patriotes, à portée de le
voir, ne lui déguiferent point toute l'horreur que
leur infiroit l'arbitraire & l'injuftice de fes difpofitions. M. le Préfident Hocquart fe trouvant à dîner
avec lui, chez le Premier Préfident, fur ce que cet
Abbé, pour juftifier fes opérations forcées, prétendoit qu'on ne pouvoit tirer de crife la France qu'en

la faignant, lui répondit vivement: *Cela fe peut. mais malheur à celui qui fe réfout d'en être le bourreau!*

Du refte, on en rioit, on en plaifantoit à la maniere françoife. Le jour de l'ouverture de la nouvelle falle d'Opéra, comme on étouffoit dans le Parterre, qu'on y étoit dans une gêne effroyable, quelqu'un s'écria: *Ah! où eft notre cher Abbé Terrai? Que n'eft-il ici, pour nous réduire de moitié!* Sarcafme qui, fous l'apparence d'un mauvais quolibet, auroit dû être bien douloureux pour ce Miniftre, s'il eût eû quelque fenfibilité, puifqu'il lui annonçoit que fon image tourmentoit la Nation jufques dans les lieux les plus agréables, & empoifonnoit même fes plaifirs.

C'étoit le tems où Billard venoit de faire fa banqueroute: on joua fur le mot, & l'on trouva une nuit au deffus du Contrôle général cette infcription: *Ici l'on joue au noble jeu de Billard.*

L'Abbé Terrai, auffi infenfible au ridicule qu'aux malédictions, pourfuivoit infatigablement fes projets violens. Après avoir frappé fur les financiers & fur le peuple, il porta fes coups fur les militaires & les courtifans. Il fit paroître un Arrêt du Confeil, par lequel les penfions, les gratifications ordinaires & extraordinaires étoient affujetties à un, deux & trois dixiemes, dans certaines proportions, mais fi mal affifes, que celles accordées au mérite & faifant la reffource de l'indigence, c'eft-à-dire les petites & les médiocres, fe trouvoient plus grevées, en difcutant bien la gradation, que les plus fortes, prefque toujours de faveur, d'ufage & dont jouiffent les grands Seigneurs, les Miniftres, les premiers Commis, tous gens déjà puiffamment riches & qui feroient,

plus que d'autres, dans le cas de fupporter le fardeau des impofitions.

Mais par une vexation plus criante encore, on
donnoit un effet retroactif à cette loi burfale, c'eft-
à-dire, que l'impôt devoit commencer fur les penfions dès le 1er Janvier 1768. Enforte qu'à l'injuftice
de ne les avoir pas payées, on ajoutoit celle d'en
abufer, en faifant reffortir proprement de la poche
un argent qui auroit dû y être depuis long-tems :
nouvelle tournure du génie fifcal, dont on ne s'étoit
pas avifé jufqu'alors.

Ce qui défoloit furtout, c'étoit de voir que ces
nouvelles réductions, qu'on évaluoit à plus de quarante millions, ne provenoient que de banqueroutes
partielles, faites aux particuliers, d'une moitié, d'un
tiers, d'un quart, & tout au moins d'un dixiéme de
leurs revenus, & qu'en diminuant les charges de l'E-
tat, elles fourniffoient feulement plus d'aliment aux
dépenfes, puifqu'on ne touchoit point à celles-ci :
opération par où l'on auroit dû commencer, pour
exciter le zele de la nation, & la prêcher d'exemple, toujours promife par le Roi, dans fes diverfes
réponfes aux Remontrances du Parlement, depuis le
Miniftere de M. de Laverdy, & jamais exécutée.

Tandis qu'on fe lamentoit, d'autres Arrêts du Confeil s'affichoient fucceffivement, & c'eft ainfi qu'on
répondoit aux plaintes du Parlement contre ces actes
illégaux. Il en paroiffoit tous les mercredis, & M.
l'Abbé Terrai les appelloit *fes Mercuriales*, car en
égorgeant la nation il la plaifantoit. Il eft vrai que,
femblable au Cardinal Mazarin, il laiffoit ainfi rire
les autres & même fe plaindre. Il fit fortir de la
Baftille divers particuliers, arrêtés dans des caffés &
au-

autres lieux publics, à l'occafion de propos indifcrets fur fon compte & d'exclamations douloureufes & énergiques; il difoit qu'il falloit au moins les laiffer crier, puifqu'on les écorchoit. Il fembloit emprunter de fon maître cette apathie: celle du Roi étoit telle, que M. le Duc de Noailles, en poffeffion, il eft vrai, de dire des bons mots, ofa en hazarder un que tout autre Monarque n'auroit certainement pas toléré. Un jour on crioit les nouveaux Arrêts du Confeil à Verfailles, où il n'étoit pas d'ufage de les crier autrefois, S. M. demanda ce que c'étoit? *C'eft*, lui répondit le Seigneur en queftion, *la grace de Billard que l'on crie.*

Outre les calamités qu'on éprouvoit, on étoit tourmenté continuellement par des bruits plus finiftres. C'eft ordinairement le Miniftere qui les fait répandre: adreffe politique, foit pour faire paroître plus fupportables les maux qu'on a exagérés d'avance, ou rendre moins fenfibles ceux qui ont été prévus, ou peut-être même, fe faire favoir gré de ceux qu'il ne fait pas. La rumeur la plus effrayante fut celle de la fufpenfion du payement des Refcriptions. M. l'Abbé Terrai écrivit fur le champ la Lettre fuivante aux Receveurs généraux des Finances.

„ M. Noguès, Monfieur, vient de me dire, que „ le bruit fe répandoit que je voulois arrêter le „ payement des Refcriptions, & les faire convertir „ en Contrats. Ce font fans doute des perfonnes mal „ intentionnées & ennemies de la chofe publique, „ qui font courir ces mauvais propos. Vous favez „ quelle eft ma façon de penfer à cet égard, & que „ je vous ai propofé dernièrement de m'expliquer „ par une Lettre à Mrs. les Receveurs-généraux.

„ Ces difcours , contraires à la vérité , tendent à arrê-
„ ter la circulation & la négociation des Refcrip-
„ tions, que je maintiendrai toujours, & à laquelle
„ je fuis très éloigné de donner atteinte , puifque
„ c'eft la feule reffource pour faire le fervice. Je
„ vous prie de me rendre juftice fur cet objet, & de
„ répandre ma façon de penfer d'une maniere qui
„ raffure les perfonnes qui font dans l'ufage de cette
„ négociation, dont l'interruption arrêteroit le fervi-
„ ce de l'Etat. Je fuis &c."

Cette Lettre adreffée à M. Bontin, l'un des Receveurs-généraux des finances le plus accrédité, fut
adreffée circulairement par ce confrere à tous les
autres. Peu de jours après il parut deux Arrêts du
Confeil.

Le premier, en date du 18 Février, fufpendoit le
payement des Billets des Fermes générales unies, à
compter du mois de Mars 1770.

Le fecond, du même jour, ordonnoit la fufpenfion
du payement des Refcriptions fur les Recettes générales des Finances, & des Affignations fur les Fermes générales unies, Fermes des Poftes & autres revenus du Roi, à compter du 1er Mars 1770.

Ces deux pieces étoient motivées fur la néceffité
effentielle dont il étoit d'affurer le payement des arrérages des Rentes de l'Hôtel-de-ville de Paris, tant
perpétuelles que viageres.

On peut juger de la fenfation que fit dans Paris
cette fufpenfion, par les précautions même que le
Contrôleur-général avoit prifes pour empêcher qu'on
ne lui crût ce deffein, & des qualifications qu'il méritoit, par celles qu'il avoit données aux auteurs du
bruit prétendu. Pour mieux connoître à quel point

étoit porté cet attentat contre les propriétés, il faut
favoir que les Refcriptions, & les Billets des Fermes furtout, tenoient lieu dans ce pays-ci, des Ban-
ques publiques établies dans d'autres Royaumes. Les
gens qui avoient de l'argent chez eux, dont ils ne
favoient que faire dans le moment, le portoient à
ces dépôts, & l'y regardoient comme auffi fûr que
dans leurs coffres. En effet, c'étoit une faveur dont
ne jouiffoit pas qui vouloit; il falloit fe faire infcrire longtems d'avance, & cette confiance générale
produifoit une circulation telle, qu'on n'attendoit jamais pour recevoir fes fonds, au moment où l'on en
avoit befoin.

Mettre la main fur ces caiffes, c'étoit donc la même chofe que fouiller chez les particuliers, & y venir enlever de force ce que chacun pouvoit y avoir
amaffé: c'étoit un brigandage d'autant plus criant,
qu'il s'exerçoit au nom du ..., c'eft-à-dire, du Chef
qui auroit dû le punir, & dont les officiers rendant
la Juftice en fon nom, envoient à la Greve les fcé-
lérats qui le pratiquent particuliérement.

A l'inftant ces papiers perdirent 30 ou 35 pour
cent fur la place, & ceux qui avoient des engagemens à remplir, & qui comptoient fur des fonds
auffi facrés, furent réduits à la cruelle extrêmité d'y
manquer, ou de fupporter un déchet confidérable.

On voit par cet expofé, qu'il eft impoffible de
calculer les fuites effroyables d'une circulation ainfi
interceptée: il n'en réfulta pas feulement des divifions, des procès, des banqueroutes; mais le défefpoir de quantité de citoyens fut tel, que dès-lors
commença ce long catalogue de fuicides, dont on ne
connoiffoit que des exemples très rares dans notre

Nation, & qu'on pourroit appeller le *Martyrologe* de
M. l'Abbé Terrai.

Ce Miniftre, dont le cœur & le front devenoient
plus que jamais d'airain, ne répondit à tous les reproches qu'on lui fit à cet égard, qu'en fe retranchant
fur la raifon d'Etat. Il y avoit en effet à tout cela
un deffous de cartes, qu'il eft effentiel d'expliquer.

M. de Choifeul fentoit quelle faute grave il avoit
fait, en élevant à la premiere charge de la Magistrature un homme dont l'ingratitude commençoit à
fe manifefter. Il voyoit que celui-ci fortifioit fon
parti par un fecond homme de la même trempe,
pour lequel il avoit fupplanté la créature de fon
protecteur. Il crut effentiel d'empêcher leur union.
Il étoit fûr de M. de la Borde, qui lui devoit
toute fa fortune. Celui-ci venoit de reprendre la
Banque de la Cour, mais à condition de quitter
quand il voudroit; ce qui le mettoit dans le cas de
faire la loi. On prétend que M. de Choifeul jugea
l'occafion propre à faire fauter l'Abbé Terrai, en
fe faifant feconder par cet homme à fes ordres, qu'il
feroit mouvoir à fon gré, & qui joueroit d'autant
mieux fon rôle, qu'il paroîtroit feul, & que lui,
Miniftre, reftant derriere la toile, pourroit l'appuyer
fortement dans le Confeil. Il avoit alors le Département de la guerre: il fçut que la difette des fonds
étoit telle, qu'au mois de Mars il n'y auroit pas de
quoi faire face à la folde des troupes, fans le concours du banquier en queftion. Il faifit l'à propos,
il l'excita à refufer fon crédit, ou à demander des
intérêts énormes. Le Contrôleur général fentit d'où
partoit le coup: plus fin que fon ennemi, il fut
trouver le Roi, il lui rendit compte de la pofition

où il fe trouvoit; il lui dit qu'il n'y voyoit d'autre
remede, que d'appaifer fes envieux, en le renvo-
yant, ou de faire la fufpenfion des Billets des Fermes & Refcriptions. S. M. toujours fatisfaite lorfqu'on la tira d'un mauvais pas, n'importe comment,
donna les mains au projet. Il fut minuté dans le
plus grand filence, & vraifemblablement il ne fut
point porté au Confeil, & l'Arrêt fe rendit entre le
Roi, M. le Chancelier & le Contrôleur général. Ce
fut ainfi que le plan de M. de Choifeul échoua, &
tourna contre lui. Il fut dupe pour la feconde fois
de fa fineffe; car on prétend que c'étoit lui qui avoit
fuggéré au Roi de faire entrer dans ce tems même
au Confeil l'Abbé Terrai, dans l'efpoir que ce caractere de Miniftre, dont n'étoit pas revêtu le Chancelier, exciteroit la jaloufie du dernier & pourroit
les brouiller. Tous deux avoient alors intérêt de
refter amis contre un adverfaire auffi puiffant, & cette derniere rufe n'eut pas plus de fuccès.

M. l'Abbé Terrai, pour mieux mortifier le Ministre de la guerre, ne manqua pas d'inférer dans l'Arrêt du Confeil du 18 Février, portant fufpenfion du
remboursement des Refcriptions, que c'étoit pour
fubvenir à *la folde des Troupes*. M. de Choifeul voyant fon coup manqué, pour prévenir l'efclandre
qu'alloit caufer la démarche hardie du Contrôleur
général, qui en faifoit retomber fur le premier toute l'iniquité, excita M. de la Borde à revenir vers
le dernier, & à l'affurer qu'il avoit trouvé des expédiens & qu'il feroit face. L'Abbé, muni de l'a-
grément du Roi, répondit à ce financier qu'il n'a-
voit plus befoin de lui, que fes fecours étoient trop
chers & trop onéreux. On prétend en effet qu'il fut

calculé alors, que dans le peu de tems que M. de
la Borde avoit été Banquier de la Cour, il en avoit
coûté à l'Etat 83 millions d'intérêts, & l'on trouva
que le Contrôleur-général n'avoit pas encore fait
tout ce qu'il devoit faire en pareille circonstance ;
que cette raison d'Etat dont il se prévaloit, exigeoit
qu'il fît arrêter sur le champ le financier d'après
son refus, fît mettre les scellés chez lui, le fit conduire à la Bastille & interroger : que c'étoit le moyen
de fouiller dans des mysteres d'iniquité, qu'on ne
peut éclaircir ensuite.

Quoi qu'il en soit, M. de la Borde trouva encore
le traitement si dur & si injurieux, que vivement
touché des soupçons élevés sur son compte, il écrivit directement une Lettre au Roi, pour se justifier.
Il y rendoit compte de sa conduite : il y exposoit
son Bilan, par lequel son bien ne se montoit, dit-on,
dans le tems, qu'à quinze millions.

Le Public, qui en général n'étoit point au fait de
ce dessous de cartes, ne se trouva point vengé par
la disgrace de M. de la Borde, & redoubla ses malédictions sur l'auteur connu de la nouvelle atrocité.
Quand le premier moment de fermentation fut passé,
on chercha à se consoler par de nouvelles pointes :
on dit que l'Abbé Terrai étoit sans Foi ; qu'il nous
ôtoit l'Espérance, & nous réduisoit à la Charité. Il
y a dans Paris une petite rue qu'on appelle *Vuite-
gousset* ; un matin on trouva le nom effacé, & l'on
avoit écrit *Rue Terrai*.

Pour faire diversion à la douleur publique, on
parloit aussi de carricatures qui, peut-être, n'ont jamais existé que dans l'imagination de ceux qui les
ont inventées. On en annonçoit une représentant

un lievre avec une toifon & un cordon-bleu, tous
les attributs des dignités de M. de Choifeul, après
lequel couroit un levrier traînant une canne à bec
de corbin, ce qui défignoit parfaitement le Contrôleur général. Sur le plan de devant étoit un homme en fimarre avec un fufil à deux coups, qui fembloit vifer le premier, & attendre fucceffivement le
fecond. Le Chancelier étoit aifément deviné fous
le dernier emblême, & toute cette allégorie dévoiloit affez bien l'intrigue de la Cour actuelle, & les
caracteres des perfonnages.

On approchoit du carême: on parloit d'une autre
eftampe relative à ce faint tems. On y voyoit les
Fermiers généraux à genoux; M. l'Abbé Terrai leur
donnant des cendres, avec l'infcription au bas: *Me-
mento homo, quia pulvis es & in pulverem reverteris.*

Ceux-ci ne fouffroient pas moins des opérations
forcées du Contrôleur général, & la haute finance
qui a beaucoup des effets en queftion, crioit hautement contre lui. Ces Meffieurs, en poffeffion de
paffer pour les colonnes de l'Etat, & qui en font
tour-à-tour l'aliment & les fang-fues, fe plaignirent
de n'avoir eu connoiffance que le mardi 20 des Arrêts du Confeil, qui furent affichés le mercredi 21:
ils dirent que le Contrôleur général ayant mandé la
veille les différens Comités de leurs Compagnies,
leur avoit pour-lors donné la premiere nouvelle de
cette opération prochaine: qu'ils en avoient été confternés, fans pouvoir y remédier. Ils publierent partout leurs reproches de ce défaut de confiance, en
ajoutant que fi le Miniftre les avoit confultés, ils
auroient trouvé les moyens de remplir fes vues, fans
lui faire déroger auffi effentiellement à la confiance

publique, à la bonne foi, à fa parole donnée & confignée par écrit.

Il fit courir le bruit qu'il étoit grandement queftion
de réformes confidérables dans les Départemens des
Secrétaires d'Etat; qu'il en avoit parlé avec beaucoup de force au Roi: que S. M. fe prêtoit à la néceffité, & avoit donné ordre à tous fes Miniftres de
laiffer vérifier par le Contrôleur général leurs états
de dépenfes, pour fe concilier avec lui fur les divers
objets fufceptibles de réduction, & que la Maifon
même du Roi devoit auffi fubir de femblables véri-
fications.

Pour appaifer les Militaires, le tréfor royal, fermé depuis longtems, commença à fe r'ouvrir; il y
coula quelques filets d'argent, qu'on fit refluer dans
le Public; on acquitta les petites penfions au deffous
de 400 Livres, & on paya 40,000 Livres par fe-
maine. On dit que dans quelque tems on feroit
mieux.

Enfin, par un concours de circonftances favorables & très indépendantes des foins de l'Abbé Terrai, le pain étant defcendu à un taux moins excéffif,
le peuple, fur qui ne tomboient que très indirectement les dernieres vexations de ce Miniftre, ne lui
fut pas auffi aliéné que le refte de la Nation.

Il n'en étoit pas de même des Etrangers: ils furent tellement allarmés de la conduite du nouveau
Miniftere, qu'ils adoptcrent incontinent le bruit
qui fe répandit dans le même tems, qu'on arrêteroit
le payement des Tréforiers des Deniers Royaux, &
que M. Magon de la Balue, qui faifoit la Banque
de la Cour, conjointement avec M. de la Borde,
pour certaines parties, alloit faire banqueroute. Les

Sieurs

Sieurs Horneca & Walpole, les Correfpondans de Hollande & de l'Angleterre, accoururent en toute diligence. En effet, cette faillite fut annoncée une demi-journée. Il fe tint un grand Confeil relativement à la crife où fe trouvoit ce financier. M. le Duc de Choifeul & M. le Duc de Praflin parlerent fucceffivement avec beaucoup de force fur la néceffité de foutenir le crédit du Banquier de la Cour. On prétendit que le premier avoit offert de le fecourir de tout ce qu'il avoit, & l'autre de vendre fes diamans. Quoiqu'il en foit, l'Abbé Terrai, qui avoit cru voir dans l'efclandre du Sr. Magon de la Balue la fuite du complot de fes ennemis, pour faire manquer fes opérations & fe rendre néceffaire, ne fut pas de cet avis; mais la pluralité l'emporta, il fut décidé qu'on feroit face, & pour fubvenir de ce côté à la bonne foi, on y manqua d'un autre, en enlevant fur le champ quatre millions à la Compagnie des Indes, qui venoit d'ouvrir un emprunt, dont l'application n'étoit pas certainement deftinée à cet ufage. C'étoit une Lotterie, à laquelle on avoit couru dès le premier jour, avec une fureur incroyable, au point qu'il avoit fallu environner de gardes l'hôtel & la caiffe, pour contenir l'affluence: elle avoit été remplie auffitôt, par de gros Négocians, Banquiers, Financiers, Notaires, qui avoient donné leur foumiffion; mais plufieurs retirerent en ce moment leur parole, par l'impoffibilité d'y fatisfaire, vu le vuide que produifoit dans leurs caiffes le défaut de rentrée de leurs fonds, qu'ils attendoient aux échéances des Billets & Refcriptions fufpendus. La Compagnie fut obligée de garder le *déficit*, faute de joueurs.

Le Contrôleur-général s'applaudiſſoit ſans doute d'avoir triomphé de ſes ennemis dans cette occurrence délicate, mais ce n'étoit qu'une victoire paſſagere, & qui lui donnoit le tems de ſe retourner & d'aviſer de plus loin aux moyens de ſe ſoutenir & de remettre la balance dans les finances de l'Etat, dont on calculoit que la dépenſe excédoit la recette de 56 millions, lorſqu'il étoit entré en place. Malgré tous les coups qu'il avoit déjà portés aux propriétés, il ne ſe trouvoit pas encore au pair à beaucoup près, & de nouvelles dépenſes extraordinaires qu'il falloit prévoir, telles que les mariages des Enfans de France, &c. pouvoient le reculer aiſément.

Auſſi ſes amis remarquerent-ils qu'au milieu du cours de ſes proſpérités, la ſanté de cet Abbé s'altéroit ſenſiblement, quoique favoriſé du tempéramment le plus robuſte, exercé par une éducation dure & loin des délices & des plaiſirs qui l'amolliſſent : ils craignirent qu'il ne ſuccombât ; il maigriſſoit à vue d'œil. La vie de la Cour, à laquelle il n'étoit point accoutumé, le fatiguoit beaucoup ; & la double tenſion d'eſprit dans laquelle il devoit être, pour ſe mettre en garde chaque jour contre une cabale accréditée & active, qui cherchoit à le ſupplanter, & pour imaginer ſans ceſſe des reſſources contre les beſoins d'argent multipliés & renaiſſans, lui auroient rendu ſa place inſupportable, s'il n'eût été ſoutenu par une ambition ſans bornes. Il dévoroit donc toutes les difficultés, tous les dégoûts, tous les mépris, tous les opprobres qu'il s'attiroit : il affichoit même une ſorte de gaieté ; on citoit ſes bons mots ; on diſoit entre autres choſes, qu'un des principaux coryphées de l'Opéra pour le chant, pen-

ſſonnaire du Roi, étant venu ſolliciter auprès de lui ſon payement, il avoit répondu, *qu'il falloit atten-*
dre, qu'il étoit juſte de payer ceux qui pleuroient avant
ceux qui chantoient: Sentiment très humain ſans doute, mais qui, rendu ainſi, tenoit de la ſéchéreſſe
d'un cœur aride, ou plutôt ne partoit que de ſes lè-
vres; c'étoit la grimace d'un ſinge, qui veut s'effor-
cer de rire.

Il ſe préparoit cependant à faire verſer de nouvelles larmes, il ne s'agiſſoit plus que de ſavoir quelles
ſeroient ſes victimes. On répandit d'abord le bruit
d'un Emprunt, auquel tous les Corps, toutes les
Compagnies, tous les Ordres de l'Etat ſeroient forcés. Le Contrôleur général ne pouvant ſe flatter
d'en pouvoir ouvrir avec ſuccès un volontaire, dans
le diſcrédit où il venoit de mettre le Roi par les
violations de foi manifeſtes, on dit enſuite que cet
Emprunt n'auroit pas lieu, en ce qu'il rempliroit
bien les deſirs de la cour, en lui procurant de l'argent, mais non les vues du Contrôleur général, qui,
au lieu de l'employer en dépenſes vaines, vouloit
s'en ſervir pour opérer des rembourſemens de dettes
plus onéreuſes. On parla d'y ſubſtituer une taxe
ſeche ſur tous les poſſeſſeurs d'offices; c'eſt-à-dire
qu'ils auroient été aſſujettis à payer, ſous un délai
preſcrit, une ſomme quelconque, proportionnellement
aux émolumens ou droits honorifiques de leurs charges. On calculoit qu'il en réſulteroit un fonds d'argent de 120 millions. Aſſurément ce moyen étoit
bien le meilleur & le moins injuſte, ſi l'aſſiette de
cet impôt eût été miſe dans les proportions convenables, & que la maſſe en provenante eût été diſ-
tribuée avec intelligence pour la libération de l'Etat.

Pour préparer les voyes à l'un ou l'autre expédient, il fut décidé qu'on rendroit un Edit, qui remettroit le denier de la constitution de rente au denier vingt du Capital. La réduction de l'intérêt de l'argent à quatre pour cent, qui n'auroit dû arriver que naturellement & par l'abondance de l'espece, avoit été faite en 1766, par une opération forcée de M. de Laverdy. Il s'éleva, dès ce tems, deux avis différens, & le discrédit qui en résulta, ainsi que le défaut de circulation, donna bientôt lieu au bruit que ce Ministre alloit détruire la loi qu'il venoit de porter. Sous M. d'Invan, son successeur, la même question avoit été agitée, & l'on crut pendant quelque tems qu'il se rendroit à l'opinion que sembloit confirmer l'expérience. Le même problème de finances s'étant renouvellé chez l'Abbé Terrai, il adopta le rétablissement de l'ancienne constitution, dans l'espoir que ce changement feroit sortir l'argent, & donneroit plus de vie au Commerce, & c'étoit peut-être le seul moment où cette opération devenoit gauche & fatiguante en pure perte pour le Roi.

En effet le but, en constituant l'argent à un denier plus fort que les autres Nations, c'est d'empêcher d'abord que les Regnicoles ne placent leurs fonds ailleurs, & d'attirer ensuite ceux de l'Etranger par l'appas du gain. Mais quand on a détruit toute confiance, à quoi sert un leurre dont l'illusion ne peut séduire personne? Il ne facilitoit donc pas les emprunts forcés que M. l'Abbé Terrai se proposoit de faire, & il grévoit l'Etat d'intérêts plus forts; tandis qu'en maintenant la loi de ses prédécesseurs, sans une injustice plus grande, ils pouvoient être

plus foibles, puifque les Corps qu'il vouloit tourmenter ne devoient plus être maîtres de ne pas donner l'argent exigé.

C'eſt ce que ſe propoſoient d'objecter au Parlement les gens ſages & judicieux, lorſque l'Edit y
ſeroit diſcuté aux Chambres. Mais le Contrôleur-
général qui, ainſi que le Chancelier, par leur longue habitude dans la Compagnie, connoiſſoient les
divers moyens d'y faire paſſer ce qu'ils deſiroient,.
eurent ſoin de farcir l'aſſemblée de gens vendus à
eux ou à la Cour, de podagres, d'infirmes, d'honoraires, qui n'y venoient pas ordinairement, & qui
écraſerent tout de ſuite, par leur prépondérance, le
petit nombre de patriotes éclairés qui y étoient.
Ceux-ci en vain demanderent qu'il fût nommé des
Commiſſaires pour l'examen de l'Edit, envain repré-
ſenterent-ils le ridicule de défaire ainſi bruſque.nent
une loi récente, il fut enrégiſtré ſur le champ le 23
Février 1770.

L'Abbé Terrai encouragé par cet eſſai, en fit un
plus grand, en envoyant au Parlement pluſieurs Edits
& Déclarations, dont les uns portoient des augmentations de taxes, & les autres des ſuſpenſions & con-
verſions de rembourſemens. Il ne s'oppoſa point à
ce qu'il fût nommé des Commiſſaires pour la forme,
& il ſe flatta que le tout ſeroit enrégiſtré inceſſam-
ment. Il ſe trompa cette fois.

Le 6 Mars, les Chambres aſſemblées, les Commiſſaires nommés pour examiner leſdits Edits & Déclarations, rendirent compte de leur travail, d'où il réſulta trois avis différens.

Le plus vigoureux & le moins nombreux, fut de
renvoyer ces Edits purement & ſimplement, comme

ne remédiant en rien aux abus de l'administration; comme grévant l'Etat de nouveaux intérêts, au lieu de les diminuer; comme tendant feulement à fournir plus de matiere & à la diffipation des finances & à l'avidité des fang-fues publiques: enfin comme confommant ainfi plus promptement & plus parfaitement la ruine abfolue de la France.

Le fecond, bien différent, fut d'accepter les Edits purement & fimplement, comme faifant partie d'un grand plan de réforme & d'administration, dont on ne pouvoit connoître encore les bons effets & l'intelligence, comme néceffaire à l'acheminement de cette chaîne immenfe d'opérations, dont un feul chaînon brifé ou arrêté remettoit les finances dans le même cahos d'où M. l'Abbé Terrai s'efforçoit de les tirer, comme fe repofant enfin fur les grandes vues & la fageffe d'un Miniftre, dont le zele & le génie avoient trop éclaté fous les yeux de la Cour pour qu'elle en pût douter. M. d'Aligre, le Premier Préfident, qui, mandé la veille à Verfailles, favoit combien le Roi & le Contrôleur-général avoient à cœur que l'enrégiftrement ne fût pas retardé, favorifoit beaucoup cette opinion.

Ces deux avis, après bien des débats, donnerent lieu au troifieme, qui prévalut. Ce fut de faire des Remontrances.

C'eft ce que ne vouloit point l'Abbé Terrai, & ce dont ne fut pas fâché le Chancelier, en ce qu'une telle contradiction aliénoit le premier de la Compagnie dont il fortoit, & le difpofoit merveilleufement à le feconder dans le projet de deftruction qu'il méditoit, lorfqu'il en feroit tems. Cette fois-ci on fe contenta de faire intervenir le Roi, pour harceler

fon Parlement, ordonner l'apport des Remontrances
fi brufquement qu'on ne pût les digérer comme il
convenoit, & manifefter leur inutilité par une réponfe peremptoire, où S. M. difoit que fi l'on fe
refufoit à l'enrégiftrement en queftion, elle feroit
obligée d'avoir recours à des moyens plus cruels :
on vouloit dire qu'on fufpendroit les payemens de
l'hôtel-de-ville : épouventail qu'avoient inventé les
derniers Contrôleurs-généraux, pour mettre à la raifon Meffieurs, (c'eft ainfi qu'on nomme les Gens du
Parlement) qui avoient beaucoup de rentes fur la
ville.

On obtempéra donc, mais on crut avoir fauvé
l'honneur de la Compagnie, par quelques fuppreffions, changemens, modifications, & l'on fe vengea de la façon cavaliere dont les Miniftres avoient
fait traiter le Parlement par le Roi, en faifant quelques leçons à S. M. On dit, dans l'enrégiftrement
d'une Déclaration paffée le 20 Mars : ,, que ledit
,, Seigneur Roi feroit très-humblement fupplié de
,, confidérer que, fi fon Parlement fe porte en ce
,, moment à donner encore audit Seigneur Roi un
,, nouveau témoignage de fon zele & de fon obéis-
,, fance... il ne doit pas repréfenter avec moins de
,, force audit Seigneur Roi, 1°. Que fes Sujets ne de-
,, voient pas s'attendre qu'après fept années de paix,
,, ledit Seigneur Roi feroit obligé de recourir à une
,, reffource réfervée pour le feul tems de la guerre :
,, 2°. Qu'il eft dangereux d'altérer le crédit intermé-
,, diaire, ménagé précieufement, & qui a procuré
,, audit Seigneur Roi les fecours les plus efficaces :
,, 3°. S'il ne feroit pas de la juftice, de ne faire

„ tomber la fuſpenſion des rembourſemens, ordon-
„ née par la préſente Déclaration, que ſur les em-
„ prunts ouverts pour le compte dudit Seigneur
„ Roi, par les Corps, Villes & Communautés
„ énoncés en la préſente Déclaration, & non ſur
„ les emprunts faits pour leurs affaires particulie-
„ res, &c? "

Pour entendre ceci, il faut ſavoir que cette Déclaration ordonnoit que pendant quatre années, les
rembourſemens à faire des capitaux d'emprunt, ſeroient employés à rembourſer les Reſcriptions & Aſ-
ſignations ſuſpendues, &c.

Le catéchiſme direct fait au Roi dans cet Arrêté,
ou par maniere de doute, tomboit trop fortement
ſur la mauvaiſe foi du Contrôleur général, pour ne
pas l'aigrir; mais il temporiſa, & ſe réunit ſeulement
plus étroitement avec le Chancelier. Les politiques,
au fait du caractere de l'un & de l'autre perſonnage,
n'eurent pas beaucoup de foi à cette amitié intéreſ-
ſée: ils prédirent même qu'elle ne dureroit pas, &
que tôt ou tard l'Abbé, plus ſournois, plus tenace,
plus flegmatique, plus impénétrable, ſupplanteroit
l'autre. Si la ſeconde partie de ce pronoſtic n'eſt
pas encore vérifiée, la premiere ſe réaliſe par la diviſion ouverte entr'eux. C'eſt ſur l'aſſociation d'a-
lors qu'on fit les vers ſuivans:

Maupeou, que le ciel en colére,
Nomma pour organe des Loix;
Maupeou, plus fourbe que ſon pere,
Et plus ſcélérat mille fois,
Pour cimenter notre miſere

De Terrai vient de faire choix :
Le traître vouloit un complice,
Mais il trouvera fon fupplice
Dans le cœur de l'Abbé fournois.

On n'en étoit point encore-là. Au contraire, la
réunion de ces deux hommes augmentoit de plus en
plus leur crédit fur l'efprit du Roi, & quoique le
Contrôleur général ne fût pas content de la critique
indirecte que le Parlement faifoit de fon adminiftration, il fe prévalut, ainfi que le Chancelier, de ces
enrégiftremens quelconques, pour raffurer déformais
S. M. fur la réfiftance de cette Compagnie, dont ils
connoiffoient les marches & les détours, & qu'ils
maîtriferoient à leur gré. Ils lui firent obferver que
S. M. devoit être d'autant plus contente de la maniere dont les chofes s'étoient paffées, que fans avoir
recours, comme elle le craignoit, à l'appareil d'un
Lit de Juftice, toujours douloureux pour fon cœur
paternel, le Parlement s'étoit trouvé fubjugué au
point que dans les cinq Edits & Déclarations on ne
trouvoit qu'une feule modification de forme, tout le
refte des autres claufes de l'enrégiftrement n'étant
qu'en maniere de fupplications & de remontrances ;
ce qui laiffoit la liberté de n'y avoir aucun égard,
fi les vues fupérieures du Gouvernement l'exigeoient.

La balance de la faveur ne pouvoit pencher de
ce côté-là, qu'elle ne diminuât de l'autre : pour
mieux s'ancrer en cour, M. l'Abbé Terrai fe ran-
gea abfolument du bord de Madame la Comteffe
Du Barri, qui commençoit à devenir le centre des
intrigues Il avoit beau jeu à captiver fes bonnes
graces ; un Contrôleur général, quand il veut, peut

toujours être bien avec la maîtresse du Monarque.
Le sort de celle-ci étoit encore très précaire du côté de la fortune, elle n'avoit alors qu'une pension
de 30,000 Livres par mois : il la fit tout de suite
doubler, & par une adresse bien digne de lui, il fit
entendre au Roi que ce seroit une économie, en
supprimant les petits Mémoires & Mandats particuliers de cette Dame , qui étoient indéfinis......
Qu'arriva-t-il ? Ce dont il étoit convenu sans doute
avec elle, pour ne pas l'effaroucher par son austé-
rité simulée ; elle eut 60,000 Livres par mois de
fixe , & les petits Mémoires & Mandats n'eurent
pas moins lieu, augmenterent même à proportion
de la confistance qu'elle prit.

D'un autre côté, il cherchoit à se ramener les
courtifans, qu'il avoit aliénés par les trois dixiemes
dont il avoit grevé les grosses pensions : il fit entendre à plusieurs qu'ils pourroient faire des représentations au Roi, sur un retranchement aussi considérable, & qu'il y avoit une façon de n'être point
lefé, fans fe fouftraire à l'impôt : c'étoit de fe faire
augmenter d'autant fur l'état. Ce fut en profitant de
ce fecret, que le Duc de Duras, qui avoit eu vingt
mille francs de pension, pour les fervices qu'il avoit
rendus en Bretagne, dont il avoit eu le commandement depuis quelques mois, lesquels ne rendoient
que 14,000 Livres effectives, au moyen des trois
dixiemes, la fit porter à 30,000 Livres ; enforte
qu'il eut 21,000 Livres net...... Beaucoup d'autres l'imiterent, & furtout les belles Dames de la
Cour, qui bénirent M. l'Abbé Terrai de fon heureufe invention.

Il careffoit auffi la Finance : il convoqua chez lui les matadors de cet ordre ; il leur dit qu'il favoit qu'il étoit détefté ; qu'il convenoit avoir fait beaucoup de chofes odieufes, injuftes, atroces ; que c'étoit contre le vœu de fon cœur, & qu'il ne falloit rien moins que la néceffité la plus abfolue pour qu'il s'y fût porté : qu'il efpéroit faire voir & connoître à toute la France jufqu'à quel point le mal & le défordre étoient montés, le précipice effroyable où elle alloit tomber, s'il ne l'eût retenue fur le penchant de fa ruine. Qu'après les remedes violens que la fatalité & l'urgence des befoins l'avoient obligé d'appliquer, il alloit avoir recours à tous les adouciffemens poffibles : qu'il avoit en vue un fyftême dont il ne fe départiroit pas, qui devoit mettre le Royaume dans fon état le p'us floriffant ; que nul obftacle ne l'arrêteroit, & qu'il les vaincroit tous, ou en feroit renverfé. Ce difcours héroïque, prononcé d'une voix rauque, donna aux fots de l'affemblée une merveilleufe idée du génie & du courage du Contrôleur général, dont ils répéterent les propos avec empreffement. Ses partifans, qui n'en étoient pas dupes, les répandirent avec plus d'emphafe encore, & pour foutenir cette admiration factice, on renouvelloit de tems en tems le bruit qu'on faifoit de petits retranchemens, & qu'on alloit en faire davantage. On parla de quelques millions enlevés aux Menus, qui ne devoient pas tarder à les récupérer avec ufure aux fêtes pour le mariage de M. le Dauphin, qui fe préparoient.

Il continuoit à montrer un efprit de modération, qui caractérife l'ame tranquille & fupérieure aux vaines clameurs des mécontens aveuglés. On dit alors, que l'auteur du placard affiché à la porte du Contrô'e général, où il étoit écrit: *Ici l'on joue au noble jeu de Billard*, avoit été arrêté: que pour entrer dans les vues de douceur & d'indulgence de ce Miniftre, on lui en avoit rendu compte; que loin d'exiger aucune peine plus rigoureuse, il avoit décidé plaifamment qu'il falloit le laiffer à la Baftille jufqu'à ce que la partie fût finie. Bon mot, qu'on croit moins de ce Miniftre que d'un plaifant, qui aura voulu y envelopper la fatyre fanglante d'une adminiftration, dont les fuites défaftreufes devoient durer plus que la vie humaine la plus longue.

Pour contre-carrer M. de Choifeul en tout, ce Seigneur, qui, comme Miniftre de la guerre & des Affaires Etrangeres, avoit une table ouverte à Verfailles, & furtout les dimanches un dîner de cent couverts, l'ayant retranché en très grande partie & fait une diminution de domeftiques & de chevaux dans fa maifon; comme Contrôleur général, l'autre ouvrit une table extrêmement fplendide & fucculente, où fe refugierent ceux qui avoient coutume d'aller manger chez le premier. Enforte que cette rufe d'afficher la réforme pour jetter de l'odieux fur fon ennemi, ne fervit qu'à procurer à celui-ci autant de partifans dans les parafites transfuges, qui vinrent fe repaître chez lui, & qui, au moins, pendant ce tems, n'en dirent point de mal.

Cependant l'Abbé Terrai s'attiroit fans ceffe de nouvelles affaires fur les bras, par fon impéritie & fes opérations gauches. Il fit donner des ordres à tous les Receveurs & Tréforiers des deniers royaux, ou deniers publics, de faire voiturer leur argent en efpeces & directement à Paris, fous prétexte des circonstances critiques où l'on se trouvoit & du peu de sûreté dont étoit le papier: inconvéniens malheureux, dont il étoit la premiere cause. Cet ordre jetta une allarme générale dans toutes les villes de commerce, & pouvoit produire des effets cent fois plus funestes que les accidens auxquels il vouloit parer. Il en résulta, surtout à Bordeaux, une fermentation générale. Les Jurats & Syndics du Commerce s'assemblerent sur le champ, & dresserent une Requête au Parlement, par laquelle ils exposoient les suites inévitables d'un ordre aussi insolite & aussi mal combiné; que le numéraire manquant, la circulation s'interceptoit, le négoce tomboit, & la Province devenoit hors d'état de subvenir aux impositions.

Le Parlement, frappé de ces importantes considérations, rendit un Arrêt de défense, qui empêchoit de sortir l'argent de la Guyenne, sous quelque prétexte que ce fût. Cet Arrêt ne tarda pas à être cassé par un Arrêt du Conseil. On n'en admira pas moins le zele prévoyant & sage de cette Compagnie.

On n'applaudissoit pas de même au Parlement de Paris. Par sa mollesse à l'égard de tous les actes d'injustice & de despotisme que venoit d'exercer le Ministere, il s'étoit attiré une indignation générale. Il avoit mis tant de précipitation dans ses derniers enrégistremens, que les Commissaires n'avoient pas eu le tems d'examiner le préambule captieux de la Déclaration & ses diverses dispositions, dont la discussion demandoit les plus grandes précautions & les plus petits détails: on en voyoit chaque jour de nouveaux inconvéniens, & les caustiques, toujours

prêts à imprimer la flétriſſure ou le ridicule, répandirent deux écrits contre cette Compagnie. L'un
étoit une eſpece de revue que faiſoit le Chancelier
des différens membres de la Cour, & qu'on déſi-
gnoit tous avec des épithetes caractériſtiques, dont
le grand nombre n'étoit pas honorable. L'autre
étoit une Satyre en vers, intitulée *Michel & Mi-
chau*, où ils étoient également peints, mais avec des
couleurs plus poëtiques. Il y avoit beaucoup d'énergie & de vérité dans ce dernier pamphlet.

Tout cela ne guériſſoit de rien, les craintes même
augmentoient à meſure, par la connoiſſance qu'on
acquéroit du caractere du nouveau Contrôleur général, qui ne pouvoit être retenu par aucune conſidération, touché par aucune pitié, qui ne trouvoit
rien d'illicite dans tout ce qui pouvoit remplir ſes
vues, pour donner moins d'argent, & en recevoir
davantage. C'eſt ainſi, qu'outre tout ce qu'on a dit,
par un ſimple Arrêt du Conſeil, ſans Lettres patentes, ſans enrégiſtrement, il avoit converti les Tontines en Rentes viageres, ſujettes à la retenue du
dixieme. Ces Tontines étoient des eſpeces de Loteries, où le ſurvivancier héritoit des autres, mais
qui, au moyen des diſtributions de Claſſes, faites
dans les dernieres, n'étoient point auſſi avantageu-
ſes aux particuliers ni conſéquemment auſſi onéreuſes à l'Etat. Les domeſtiques, les artiſans, les petits bourgeois plaçoient-là leur pécule, dans l'eſpoir
de le voir groſſir pour leur vieilleſſe, & de ſe
ménager un morceau de pain, en cas qu'ils fuſſent
hors de condition ou infirmes. D'un coup de plume, le Miniſtre impaſſible égorgeoit deux cens mille
citoyens de cette derniere Claſſe.

Une autre injustice, car on ne voyoit que de cela, fit crier la haute finance. Il étoit bien dit dans
les enrégistremens des nouveaux Emprunts par forme de supplémens des finances, que S. M. feroit
suppliée de recevoir les Rescriptions & Affignations
suspendues pour comptant ; & cela paroissoit d'autant
plus naturel, que dans tous les préambules nouveaux
l'Abbé Terrai déclaroit que tant d'opérations forcées
étoient pour satisfaire à acquitter ces mêmes Effets,
la dette la plus légitime, la plus respectable ; la plus
sacrée. Cependant, au mépris de toutes ces déclarations solemnelles, il fut annoncé qu'on ne recevroit dans les Emprunts des Compagnies proposées,
aucunes Rescriptions, &c. Il ajouta le persiflage à
cette vexation, en prétendant que son refus même
étoit un égard pour les porteurs de Rescriptions,
qu'il vouloit obliger de les garder entieres, & d'en
recevoir le remboursement complet, au lieu d'avi-
lir ces fortes d'Effets par un commerce qui les dis-
créditeroit & leur feroit perdre davantage. C'est par
cette même raison illusoire, qu'il ne voulut pas qu'on
leur donnât aucun cours dans les papiers publics.

Cette avidité à attirer tout le numéraire du Royaume, en suspendant la plupart des payemens, fit
courir le bruit d'un projet encore plus désastreux,
s'il est possible, que les précédens : c'étoit d'amasser
au Tréfor Royal quelque Capital énorme, de haus-
fer ensuite les especes par un Arrêt de la Cour des
Monnoyes, c'est à-dire de mettre les écus de 6 Livres, par exemple, à 12 Livres, & de payer ainsi
deux cens Millions avec cent: opération terrible,
qui n'auroit duré que l'instant du remboursement: un
autre Arrêt, remettant bientôt les especes à leur va-

leur. Ce dernier malheur, le feul qu'on nous ait épargné dans ces tems de calamités de toute efpece, fut envifagé comme une reffource dont on n'avoit pas befoin, au moyen du génie inépuifable du Miniftre, qui favoit varier les fiennes plus adroitement.

Quand on fut délivré de cette crainte, on fe fentit foulagé, comme fi M. l'Abbé Terrai eût rendu un fervice confidérable à la France, car on étoit au point d'être obligé de lui favoir gré du mal qu'il ne faifoit pas. On rit auffi un peu, graces à M. de Vo'taire. Ce Philofophe avoit trois cens mille francs de Refcriptions dans fon porte-feuille, quand l'Arrêt de fufpenfion parut. Il ne reçut pas ce coup funefte tout-à-fait ftoïquement; il fe vengea comme il put, c'eft-à-dire par le ridicule & le mépris qu'il jetta fur l'adminiftration du nouveau Contrôleur, en l'expofant à la dérifion de la poftérité la plus reculée, dans une Epitre à M. Saurin, fur fa nomination à la dignité de Pere temporel des Capucins du pays de Gex, & fur la Lettre d'affiliation à lui écrite par le Pere Général: il y faifoit figurer le Miniftre; il exhaloit ainfi fes plaintes.

Dès que Monfieur l'Abbé Terrai
A fçu ma capucinerie,
De mes biens il m'a délivré.
Que fervent-ils dans l'autre vie?
J'aime fort cet arrangement,
Il eft lefte & plein de prudence.
Plût à Dieu qu'on en fit autant
A tous les Moines de France!

Il indiquoit en même tems, comme l'on voit, un moyen plus politique, moins injuste & plus sûr d'avo r de l'argent, mais c'est le seul qu'on ne prit pas.

Dans une autre Epitre à Madame la Duchesse de Choiseul, sur la suspension des travaux de Versoy, que son mari faisoit construire près de Genêve, & qui devoit se nommer *Choiseul-la-Ville*, notre poëte avoit trouvé l'art, en faisant l'éloge du Ministre. & de sa femme, de faire encore mieux sa cour au premier, en baffouant l'Abbé qu'il n'aimoit pas. Il disoit :

> Si le vainqueur de la Syrie
> Avoit eu pour Surintendant
> Un Conseiller au Parlement,
> Nous n'aurions pas Alexandrie. . . . . .

Mais après s'être égayé un instant, on revenoit sur ses maux ; la maniere même dont ils étoient distribués en quelque sorte, étoit l'objet d'une nouvelle critique. On ne voyoit que partialité, négligence, omission ; ce qui indiquoit la légéreté, l'étourderie, l'injustice, avec lesquelles tout cela se faisoit. Lorsqu'on publia la répartition établie par les rôles qui fixoient les sommes que devoient payer les Bureaux des finances & différens Officiers auxquels ils étoient taxés pour leurs augmentations, il en résulta que d'après la Déclaration enrégistrée en Parlement, le 27 Mars 1770, les Comptables & leurs Contrôleurs, des huit millions de création n'en supportoient que quatre, tandis que les Bureaux des finances en supportoient autant. Cependant on sait que ces Officiers sont en général des particuliers de

C

Province, très peu riches, que leurs charges ne font
point lucratives, & que les privileges qu'elles accor-
dent, exigent tant de conditions réunies, que peu
d'entr'eux en jouiffent.

De l'autre côté, on voyoit les Receveurs des Tailles, dont les charges font purement de finance, ne
rien donner du tout; les Receveurs des Domaines
& Bois, qui tirent un lucre immenfe de leurs offices; les Tréforiers de toute efpece, affichant leur
opulence par leur luxe infolent, n'être taxés qu'à
une fomme infiniment petite par comparaifon. Mais
ce qu'il y avoit de plus révoltant, c'étoit de voir le
Tréforier des parties cafuelles, à qui cette opération
devoit produire plus de cent mille écus, ne pas donner un fols; la raifon en étoit que le projet étoit
parti de chez lui, & devoit s'y confommer: ce qui
rendoit le Sr. B..... encore plus odieux, car, quoique ce fût le nommé *Le Seure*, fon ame damnée,
qui l'eut minuté, au fçu de tout le monde il en étoit
l'auteur apparent, & en profitoit le plus certainement.

Le bras de M. le Contrôleur général s'appéfantit
auffi fur la Compagnie des Indes, & il étoit réfervé
à ce Miniftre deftructeur de lui porter les derniers
coups, & de renverfer enfin un fuperbe édifice, élevé à grands frais fous Louis XIV, qui fubfiftoit depuis un fiecle, & atteftoit aux extrêmités du monde
la puiffance de fon regne & la fageffe de fon Miniftre. Colbert & Terrai ne pouvoient penfer de
même, c'étoient deux têtes trop différemment orga-
nifées. Les Actionnaihes, par une adu'ation baffe
& funefte, avoient eu la foibleffe de le nommer un
de leurs Syndics, lorfqu'il n'étoit que Confeiller au

Parlement, parce qu'ayant alors la fureur de fe four-
rer partout, il défira cette grace. On avoit dérogé
pour lui à un article des Statuts qui excluoit les Ab-
bés même des affemblées, & on lui confioit une
plus importante, qui exigeoit plus que jamais un
homme tout entier, tandis que celui-ci ne pouvoit
fuffire aux affaires du Palais dont il étoit chargé.

Quoi qu'il en foit, quand ce Syndic fût nommé
Contrôleur général, on fe félicita un inftant de fon
exaltation, s'imaginant qu'il confolideroit un établis-
fement que fes prédéceffeurs avoient déjà fort ébran-
lé, & qu'en faifant payer aux Actionnaires ce que
le Roi leur devoit, il les mettroit en état de faire
face à leurs engagemens & d'échapper à leur ruine.
D'abord il leurra l'adminiftration des promeffes les
plus flatteufes: il parut convenir de l'obligation de
foutenir une Compagnie, dont il connoiffoit par lui-
même l'importance & la néceffité en France: il
écarta bien loin le fyftême des novateurs, qui fous
prétexte de rendre la liberté au Commerce, vouloient commencer par attaquer les propriétés jufque
dans leur effence, en révoquant un privilege exclufif, fur lequel étoit hypothéqué la fortune d'une infinité de citoyens. Mais fon hypocrifie ne tarda pas
à fe démafquer. Dès la premiere affemblée on
fçut qu'il avoit liquidé à beaucoup moins qu'elle ne
montoit la dette du Roi, qu'il ne vouloit la payer
qu'en Contrats à quatre pour cent, & qu'il eftimoit
à vil prix les différens effets de la Compagnie, dont
on s'étoit emparé pour favorifer le commerce des
particuliers, ou plutôt celui de quelques Miniftres,
dont ces Armateurs n'étoient que les prête-noms.
Ainfi, par une injuftice criante, il forçoit la Com-

pagnie à payer ses dettes en argent d'une part, &
à recevoir en Contrats, qui perdoient sur le champ
moitié sur la place, ce que le Roi lui devoit. Il
faisoit entendre aux Actionnaires qu'il vouloit les
soutenir, & il s'emparoit de tous les vaisseaux &
ustenciles de leur marine: il leur fit faire un emprunt à grands frais, sous prétexte de remplir leurs
engagemens, & il les discrédita au milieu de cette
opération, comme on l'a déjà remarqué, & il mit
la main sur l'argent qui restoit: enfin, par une politique infernale, en moins de trois mois il rendit
le Roi, de débiteur qu'il étoit envers la Compagnie
de près de vingt millions, créancier de quinze millions, à payer comptant par cette même Compagnie, & cela non - seulement sans tirer un sols du
Trésor Royal, mais même en le faisant propriétaire
de tous les effets & de tout le bien des Actionnaires, formant un Capital de plus de cent dix millions.
Il établit une caisse de remboursement des Actions
aux dépens des Actionnaires, en imposant sur eux
un dixieme à perpétuité, & se réservant la faculté de
suspendre ce remboursement en tems de guerre; &
il enleva à tous les créanciers de la Compagnie,
sans le moindre consentement de leur part, tous les
hypotheques qu'ils avoient sur leurs biens, en substi-
tuant le Roi partout. Du reste, il accorda dans le
Contrat de cession les clauses qu'on desira, parce
qu'il savoit bien qu'il n'en tiendroit que ce qu'il
voudroit (*).

_____

(*) Ce point historique, trop long à détailler ici, sera développé dans un ouvrage qu'on joindra à ces Mémoires,
comme en faisant partie.

C'eſt ainſi que ce Vampire politique ſuçoit le ſang
de toute la France, tiroit de l'argent de tout le
monde, & n'en donnoit à perſonne. Le mariage
de M. le Dauphin, qui alloit ſe faire, lui fournit
une excuſe momentanée pour prendre de toutes
mains & ne payer d'aucune, ſous prétexte des dépenſes extraordinaires qu'exigeoient les fêtes de cet
hymen. C'eſt ce qui donna lieu à un pamphlet critique qui courut alors, & qu'on aſſura lui avoir été
envoyé anonymément. Comme il eſt piquant &
très rare, nous allons en inſérer ici l'extrait.

*Idée ſinguliere d'un bon citoyen, concernant les fê-
tes publiques qu'on ſe propoſe de donner à Paris & à
la Cour, à l'occaſion du mariage de Monſeigneur le
Dauphin.* Tel étoit le titre de cette feuille vraiment originale.

L'Auteur diſtribuoit d'abord ſon projet de fêtes
publiques en quatre parties. La 1e. Repas. 2º.
Spectacles. 3º. Feux d'artifice, Illuminations. 4º.
Bals. Il ſous-diviſe chacune de ces parties en différens articles, qu'il détaille dans la plus grande
étendue, avec une évaluation des dépenſes; dont il
forme une récapitulation générale, par laquelle ce
dévis complet monte à un capital de vingt millions.
Il ajoute:

„ Je propoſe de ne rien faire de tout cela, mais
„ de remettre ces vingt millions ſur les Impôts de
„ l'année, & ſurtout ſur la Taille. C'eſt ainſi qu'au
„ lieu d'amuſer les oiſifs de la cour & de la capitale
„ par des divertiſſemens vains & momentanés, on
„ répandra la joie dans l'ame du triſte cultivateur;
„ on fera participer la nation entiere à cet heureux
„ événement, & l'on s'écriera juſqu'aux extrêmités

„ les plus reculées du Royaume: *Vive Louis le*
„ *Bien - aimé !* Un genre de fêtes aufli nouveau cou-
„ vriroit le Roi d'une gloire plus vraie & plus du-
„ rable que toute la pompe & tout le fafte des fêtes
„ afiatiques, & l'hiftoire confacreroit ce trait à la
„ poftérité avec plus de complaifance que les dé-
„ tails frivoles d'une magnificence onéreufe aux
„ peuples, & bien éloignée de la grandeur d'un
„ Monarque, pere de fes fujets."

On ne fçait fi l'Abbé Terrai eut alors quelqu'idée
de cette efpece, mais le bruit fe répandit qu'il demandoit fa retraite, ou plutôt qu'il étoit difgracié.
Un voyage qu'il fit à fa terre de la Motte, donna
lieu aux fpéculations des politiques. On dit qu'il
avoit exigé une réduction fur les divers Départemens de 16 millions ; fçavoir : 8 fur celui de la
Guerre, 4 fur celui des Affaires Etrangeres, 2 fur
la Marine, & 2 fur la Maifon du Roi : que cela
avoit gendarmé tout le Miniftere contre lui, & que
le Roi, entraîné par le parti le plus fort, boudoit
fon Contrôleur général. Quand même cette réduction eût été vraie, elle étoit encore bien foible,
infiniment foible, vis - à - vis d'une diminution de
plus de 60 millions, qui devoit avoir lieu par comparaifon avec les Etats de ces Départemens, fous
le feu Cardinal de Fleuri.

On ne croiroit pas que malgré tant de playes faites à la France par ce Contrôleur, on eût été presqu'allarmé fincerement de la rumeur de fon dépla-
cement. Ceux qui le regrettoient, fe fondoient fur
l'impoffibilité où fon fucceffeur fe trouveroit de fortir du labyrinthe dont celui - là feul avoit la clef,
& fur l'efpoir qu'il répareroit un jour par quelque

bien le mal énorme qu'il avoit fait, fuivant la pro-
meffe qu'il en donnoit journellement. On fut bientôt raffuré, & les émiffaires du Miniftre ajouterent,
pour mieux juftifier les regrets publics, qu'il avoit
la parole du Roi de refter entiérement maître de
l'adminiftation des finances, quand les fêtes feroient
finies.

C'eft durant le cours de toutes ces calamités que
commencerent ces fêtes, & l'on ne manqua pas de
configner dans le malin vaudeville une réunion
pareille, qui ne fe voit qu'en France ou dans les
Etats les plus defpotiques. M. le Prevôt des Mar-
chands reçut à table un paquet contenant des cou-
plets imprimés, où, à travers le ton grivois & la
bonhommie apparente de l'auteur, on trouva beaucoup de traits de caufticité, qui empêcherent de
laiffer répandre la chanfon. Elle commençoit ainfi:

> En bon Françòis pourtant,
> Il faut, quoique fans argent,
> Entrer en danfe, &c.

Dans le même tems on débita un autre bon mot
de M. l'Abbé Terrai, qui favorifoit les bruits précédens, & donnoit à croire que les fêtes difpendieu-
fes de ce mariage n'avoient pas été de fon avis.
On dit que S. M. pour s'égayer vis-à-vis de fon
Miniftre, dont la figure eft toujours nebuleufe, lui
demanda comment il avoit trouvé ces fêtes? „ Ah!
„ Sire, répondit-il, *impayables.*" Effectivement,
beaucoup de gens furent longtems à attendre pour
toucher de l'argent.

Cependant il tourmentoit tous les Corps qu'il avoit grevés de quelqu'augmentation de finance; car outre la dépense extraordinaire du mariage, le voyage de Compiegne approchoit, & il falloit y pourvoir. Il eſt à remarquer que depuis l'adminiſtration de ce Miniſtre, celui-là & celui de Fontainebleau ſont conſtamment précédés de quelque extorſion pour ſubvenir aux frais de ces deux voyages. Il trouva parmi les Secrétaires du Roi beaucoup de Financiers, qui étant directement ſous ſa coupe, ne pouvoient lui réſiſter; il profita de ces circonſtances pour ſe faire donner ſur le champ par la Compagnie, trois millions comptant, quoiqu'elle eût un an pour ſe retourner. Il étoit dû pluſieurs années de gages à ſes Officiers, mais il ne voulut pas entendre parler de compenſation, & c'étoit toujours de l'argent ſec qu'il lui falloit.

Envain les Tréſoriers de France firent-ils des repréſentations à M. l'Abbé Terrai ſur l'énormité de leurs taxes & ſur l'impoſſibilité d'y ſatisfaire, il fut inflexible & ne voulut pas leur accorder la plus légere diminution. On raconta dans le tems à cette occaſion, qu'un Bureau de cette Compagnie de Province avoit écrit à ce Miniſtre, qu'il recevoit avec ſoumiſſion les ordres du Roi, qu'il étoit trop dévoué au ſervice de S. M. pour ne pas faire les derniers efforts afin de lui donner des preuves de ſon attachement, mais que les facultés de ſes membres n'étoient pas auſſi étendues que leur zele, que n'ayant pas de quoi ſatisfaire eux-mêmes à la nouvelle impoſition, ils avoient cherché à faire un emprunt collectif autour d'eux; que n'ayant pas réuſſi, ils

avoient

avoient écrit à Paris, où ils n'avoient pas trouvé plus de reſſources, qu'ils n'avoient pas même l'eſpoir d'y mieux travailler par eux-mêmes, puiſqu'ils manquoient de fonds ſuffiſans pour y entretenir des députés & fournir à leur voyage : qu'en cette extrêmité ils ne voyoient d'autre parti à prendre, pour témoigner à M. le Contrôleur général l'excès de leur bonne volonté, que de lui adreſſer une procuration en blanc, donnant pouvoir de faire l'emprunt à telles conditions que Monſeigneur accorderoit.

Indépendamment des vexations politiques, des emprunts forcés, des retranchemens faits par Arrêts du Conſeil, ou d'autres moyens moins illégaux, de recevoir & de ne pas donner, M. l'Abbé Terrai eut encore recours à de petites ruſes de manutention, d'autant plus cruelles, qu'elles étoient ignorées du grand nombre, & ſi obſcures, ſi entortillées, qu'on ne pouvoit les débrouiller, & qu'on ne ſavoit en quelque ſorte ſur qui faire tomber ſes plaintes.

Il fut d'abord queſtion de certaines Lettres patentes, qu'on vouloit expédier, concernant la nouvelle forme qu'on donneroit aux Tontines, ou plutôt concernant leur réduction en Rentes purement viageres, y compris les accroiſſemens juſques au jour de l'Arrêt du Conſeil. · On leur devoit faire ſubir un nouveau *viſa* dans le goût de celui de M. de Laverdy, ſi ridicule & ſi diſpendieux. La forme des quittances exigeoit auſſi beaucoup de diſcuſſion, & l'on cherchoit à y introduire une multitude de formalités, qui tendoient à rendre cette beſogne très épineuſe. Tout cela ne ſe projettoit pas ſans deſſein, & la politique du Sr. le Clerc, premier Commis, chargé de cette partie, étoit: 1o. de faire porter au Parlement ces Lettres patentes pour y recevoir l'enrégiftrement; on auroit paru rendre cet hommage aux formes dans l'efpoir que les dites Lettres patentes auroient fouffert beaucoup de difficultés à cette Cour; ce qui faifoit gagner autant de tems, pendant lequel les fonds pour l'acquittement des parties prenantes ne fe feroient pas faits, & les plaintes n'auroient réjailli que fur les Magiftrats. 2o. Au moyen du *vifa*, autre fufpenfion du payement jufqu'à ce que tout foit en regle; ce qui ne pouvoit s'opérer qu'avec des délais multipliés. 3o. Plus il y auroit eu de détails minutieux dans le libellé des quittances, plus ils auroient fourni matiere à les mettre au rebut; autre moyen d'allonger la courroie & de retenir l'argent.

Cette miférable politique de fubalternes à génie étroit, qui ne connoiffent pour reffources que des moyens auffi petits, auffi mefquins, auffi bornés que leur intelligence, n'eut lieu qu'en partie; M. l'Abbé Terrai porta une atteinte auffi fourde, mais plus dangereufe.

Les Rentes de la ville fe montent à foixante - dix millions par an, pour lefquelles les Fermes donnent par femeftre un fonds de trente-cinq millions. Les Contrôleurs généraux, jufques-là, dans les tems de crife avoient regardé cette partie comme facrée; c'eft ce qu'on appelle *le pot au feu de Paris*, & perfonne n'ofoit l'arrêter. Le Miniftre des finances, plus hardi que fes prédéceffeurs, le fit d'une maniere indirecte dès le premier femeftre de fa geftion, c'eft-à-dire de Juillet 1770: il en réduifit les fonds à vingt-fix millions, ce qui faifoit un cinquieme de différence & retardoit d'autant les Rentiers.

Dans ce tems fe traitoit devant la Cour des Pairs, le fameux procès de M. le Duc d'Aiguillon, fi extraordinaire dans fon principe, fi funefte dans fes conféquences. On ne fait pas au jufte quelle influence y eut l'Abbé Terrai, mais comme il étoit alors intimément uni au Chancelier; que tous deux avoient le plus grand intérêt à tourmenter les Choifeuls, & à préparer la deftruction du Parlement ; que l'Ex-magiftrat ayant la tête plus froide que l'autre, étant plus profond dans fes principes, plus au fait des formes, plus recemment forti de cette Compagnie, pouvoit être fort utile au Chef de la Magiftrature, il eft à préfumer que, quoique caché derriere la toile, il n'agiffoit pas moins & applaudiffoit à toutes les démarches du principal acteur apparent, s'il ne les dirigeoit pas.

Il combattoit de fon côté plus ouvertement une autre Cour, dont l'effence étoit de s'oppofer conftamment au génie fiscal, d'en arrêter les entreprifes, les injuftices, les vexations, de défendre enfin la Nation contre les Traitans, & de veiller aux furprifes multipliées qu'ils font fans ceffe à la religion du Roi. Telle étoit l'inftitution de la Cour des Aides : fon origine remontoit aux Etats Généraux. Depuis lors elle avoit bien dégénéré : elle n'avoit plus été formidable aux Fermiers du Roi ; foudoyée par eux, elle leur étoit en quelque forte vendue. Les Miniftres des finances l'avoient fait mouvoir ou s'arrêter à leur gré. Mais un de ces Magiftrats rares, un de ces Perfonnages uniques, tels que la Nature eft des fiecles à les former, ayant été placé à la tête de la Compagnie, il l'avoit infenfiblement purgée des membres qui la déshonoroient ; il avoit rectifié l'esprit, épuré le cœur des autres : il les avoit animés de cette vertu républicaine dont il étoit enflammé lui-même. Doué d'un génie pénétrant & actif, d'une éloquence mâle & imposante, il avoit fait passer en eux son patriotisme intrépide. La Cour des Aides, sous M. DE MALESHERBES, étoit dévenue l'asyle du Pauvre & de l'Opprimé. Elle commençoit à se ressouvenir de ce qu'elle avoit été, & non contente de fatiguer le Roi par des Remontrances vigoureuses & multipliées, elle refusoit tous les enrégistremens incompatibles avec son devoir & son zele. Les prédécesseurs les plus recens de l'Abbé Terrai en avoient éprouvé les contrariétés les plus marquées, & celui-ci songeoit sérieusement à se débarrasser d'un tribunal incommode, qui auroit porté la lumiere dans ses opérations ténébreuses. Un événement qui mettoit les Fermiers généraux aux prises avec la Cour des Aides, lui fournit matiere à la mortifier & à travailler à sa ruine prochaine : l'anecdote est curieuse & intéressante.

Un *quidam* avoit été arrêté par Lettre de cachet & conduit à Bicêtre ; il y avoit été mis au cabanon, & y avoit gémi dans la plus dure captivité pendant plus de dix-huit mois, lorsque par des circonstances inutiles à détailler, il fut reconnu que cet homme avoit été arrêté, emprisonné & vexé de la façon la plus cruelle en vertu d'un ordre surpris par les Fermiers généraux à la religion du Ministre, sous prétexte d'une contrebande qu'il n'avoit jamais faite, & par une erreur de nom vérifiée : il avoit été relâché en conséquence, mais n'étoit pas sorti sans faire ce qu'il falloit pour constater les mauvais trai-

temens qu'il avoit éprouvés, & sans en porter sa
plainte chez un Commissaire. Sur la connoissance
des faits, il avoit été conseillé d'avoir recours à un
Avocat, qui avoit dirigé son client dans la procédure
entamée au civil à la Cour des Aides, & dont l'objet étoit de demander aux Fermiers généraux des
dommages & intérêts. Ceux-ci sentant leur cruelle
injustice, avoient offert à ce malheureux une somme moins que modique, pour qu'il se désistât. Cette
lésinerie fut très blâmée, & il intervint Arrêt qui
les condamna à payer 1200 Livres au poursuivant.
C'est dans ces circonstances qu'ils implorerent la
protection de l'Abbé Terrai. Celui-ci fit rendre un
Arrêt du Conseil qui cassoit celui de la Cour des Aides; mais n'étant pas revêtu de Lettres patentes,
cet Arrêt fut regardé comme non avenu, & l'adversaire de la Ferme porta plainte en même tems au
criminel contre les auteurs particuliers de l'horreur
que son client avoit subie: d'où il résulta trois Décrets, l'un de prise de corps contre le Brigadier
d'Employés qui avoient arrêté le *Quidam*, & deux
Décrets d'ajournement personnel contre le Sr. la
Roche, Entrepreneur du Tabac à Paris, & le Sr.
de Maziere, Fermier général, qui avoient provoqué
& sollicité la Lettre de cachet sur un faux exposé.
Les confreres du Sr. de Maziere se donnerent de
nouveaux mouvemens auprès du Contrôleur général,
qui ne demandoit pas mieux que de les seconder.
Il tomba à bras raccourci sur le Tribunal qu'il dé-
testoit, & fit insérer dans l'Arrêt du Conseil que'il
cassoit toute la procédure de la Cour des Aides: Défenses de rendre de semblables Arrêts à l'avenir,

avec la claufe infolite & injurieufe, *à peine d'inter-diction.*

Celle-ci eut occafion de prendre une petite revanche, & en profita. Un orateur s'étoit attaché particuliérement à cette Cour : ennemi déclaré des Fermiers généraux, il leur avoit voué une haine auffi implacable que la jura autrefois Annibal aux Romains. Comme il avoit exercé dans fa jeuneffe de leurs emplois fubalternes, il en connoiffoit toutes les fraudes. C'étoit leur fléau le plus redoutable au Tribunal : il n'entreprenoit pas de caufe qu'il ne la gagnât; mais non content de miner ainfi la Ferme par des pertes fucceffives, il l'attaquoit encore par des Mémoires fanglans, où il révéloit au grand jour toutes les efpeces d'extorfions publiques ou particulieres dont fe rendoient coupables fes fuppôts. Leurs chefs indignés ayant envain tenté les divers moyens de corrompre & d'intimider cet Avocat, avoient pris le parti de dénoncer à l'Abbé Terrai un de fes Mémoires, & s'imaginerent pouvoir, par l'entremife de ce Miniftre & fon crédit auprès de l'Ordre, faire rayer du Tableau ce fougueux Démofthene. Le Contrôleur général ne doutant pas que fon autorité n'intimidât les Avocats, envoya le Mémoire au Bâtonnier, & exigea qu'il fût fait exemple fur le Sr. Darigrand : c'eft ainfi qu'on nommoit cet Avocat. Le Miniftre, malgré fes menées, échoua. Il fut décidé dans une affemblée de Députés des Bancs, qu'il n'y avoit lieu de blâmer le Mémoire; qu'on n'y trouvoit que cette noble liberté de penfer & d'écrire, qui fait le plus bel appanage de la profeffion d'Avocat, cette force d'expreffione,

cette éloquence véhémente, fouvent néceffaires pour
faire percer la vérité & défendre plus efficacement
l'Innocence. Qu'au furplus, comme il y avoit à
cette occafion une Inftance pendante à la Cour des
Aides, c'étoit à elle à fupprimer le Mémoire fi elle
le trouvoit repréhenfible.

Ce renvoi à la Cour des Aides ne pouvoit plaire
ni au Miniftre ni aux Fermiers généraux. Furieux
de la maniere dure & méprifante dont ils étoient
traités dans le Mémoire, ceux-ci avoient déjà préfenté Requête contre l'auteur à ce Tribunal, dont
plufieurs membres avoient comblé le Sr. Darigrand
d'éloges magnifiques. L'affaire avoit été appointée:
tournure que prennent les Magiftrats quand ils ne
veulent pas juger, & à laquelle ils s'arrêterent encore plus volontiers quand ils virent le Contrôleur
général fe mêler de la querelle. Celui-ci n'en conçut que plus d'averfion pour une Cour qui le jouoit
ainfi: de concert avec le Chancelier, il en médita
la perte plus que jamais; il aigrit l'efprit du Roi
contre elle; il la fit mander à Compiegne en grande
Députation: mais comme le moment de la deftruction n'étoit pas venu, & qu'il étoit convenu avec ce
dernier d'abattre d'abord l'Hydre de la Magiftrature
par fa tête la plus formidable, c'eft-à-dire le Parlement, il fe contenta de faire donner cette fois par
le Roi un coup de fouet à la Cour des Aides. M. de
Maupeou & M. l'Abbé Terrai mirent tant d'indécence à ce fpectacle, qu'au lieu de s'occuper des
objets de cette Mercuriale, ils firent remarquer à
S. M. les allures, les mines, les figures de ces vieux
Confeillers qu'Elle n'avoit point encore vus, & qui
pouvoient prêter au grotefque; & quelques-uns d'en-

tr'eux ayant retourné la tête en se retirant, virent le Roi & les deux Ministres qui rioient comme des fols: ce qui leur fit soupçonner assez naturellement qu'on se moquoit d'eux.

Ce n'étoit pas assez pour la vengeance de M. l'Abbé de couvrir de ridicule aux yeux du Monarque ces Magistrats blanchis dans les travaux, il voulut encore l'animer de plus en plus contre eux, par l'appareil d'un Lit de Justice: cérémonie de rigueur qu'il n'aime pas; car, quoiqu'il ne soit pas d'usage qu'il aille en personne à la Cour des Aides, c'est toujours en son nom qu'on la remplit, & il n'ignore pas combien les peuples sont indignés de ces coups d'autorité despotique.

Depuis plus d'un an cette Cour n'avoit point obtempéré aux Lettres de Jussion à elle envoyées pour procéder à l'enrégistrement d'un impôt appellé *Don gratuit des Villes*. On prit le parti d'user de violence, & l'on y envoya M. le Duc d'Orléans pour y ordonner cet enrégistrement au nom de S. M. Le Prince ne vint procéder à la cérémonie que dans la plus grande douleur; il parla à voix basse, de façon que peu de gens l'entendirent. Le Premier Président lui répondit sur le même ton: l'un & l'autre sembloient plutôt causer tristement que remplir un ministere de Législation.

Cependant M. l'Abbé Terrai, en attendant que la révolution qui se préparoit dans le silence lui procura la liberté de donner un libre cours à des vexations plus énormes que les précédentes, minutoit ses projets aussi sourdement à Fontainebleau. Il ne négligeoit rien de ce qui pouvoit accroître les anciens impôts, jusqu'à ce que les nouveaux pussent éclore.

Il autorifoit les Receveurs du Vingtieme à Paris à\
envoyer des émiffaires dans les maifons pour con-\
noître à quel taux les loyers pouvoient être montés,\
afin de l'augmenter en conféquence: inquifition que\
le Parlement avoit voulu éviter par fes divers enré-\
giftremens, où il étoit porté qu'il feroit fur le pied\
ordinaire: mais on en étoit venu au point d'enfrein-\
dre ouvertement ces modifications fans vigueur &\
qui s'alloient annuller plus que jamais.

Les Etats de Bretagne étoient affemblés fuivant\
leur coutume, M. l'Abbé Terrai les vexa à leur\
tour. L'exemple de fon prédéceffeur Laverdy, fi\
baffoué dans la Province, le contint pourtant un peu.\
On lui fit voir plufieurs impérities qu'il fut obligé de\
réformer, mais il ne put s'empêcher de laiffer pa-\
roître dans les diverfes négociations qui furent enta-\
mées avec lui, cette mauvaife foi, cet efprit de ter-\
giverfation, qui fait la bafe de fon caractere. Auffi\
la Bretagne ne lui fçut-elle aucun gré de ne l'avoir\
pas plus tourmentée, & n'eût ni plus de confidéra-\
tion ni plus d'eftime pour lui que pour les derniers\
Contrôleurs généraux.

Peut-être auffi ce qui arrêta la rapacité de ce Mi-\
niftre vis-à-vis les Etats, fut la crainte de fe mettre\
à dos un Corps auffi important, tandis qu'il avoit\
grand befoin de tout fon manege pour fe foutenir à\
la Cour, où les Choifeuls minoient fans relâche con-\
tre lui. On vit le moment où il fuccomboit. C'é-\
toit dans la fermentation des Cours d'Efpagne &\
d'Angleterre fur la guerre prête à s'allumer entre les\
deux Nations, où nous n'aurions pu nous difpenfer\
d'entrer. Il étoit prudent de fe tenir prêt. En con-\
féquençe M. le Duc de Praflin, Miniftre de la Ma-

rine, avoit fait des difpofitions confidérables dans
nos Ports. Dans un Confeil tenu à Fontainebleau,
il s'éleva une grande difcuffion entre lui & le Contrôleur général, à l'occafion de la demande de fonds
extraordinaires que le premier formoit pour fon Département. M. le Duc de Choifeul, avec qui la
querelle étoit concertée vraifemblablement, appuya
fortement fon coufin. L'Abbé Terrai, qui ne s'attendoit pas à cette fortie, & pouffé à bout, ne fachant que répondre fur l'argent immenfe qu'il abfor-
boit fans ceffe & dont il ne rendoit prefque rien,
eut recours à fa rufe ordinaire; il offrit fa démiffion :
il partit pour Paris de fort mauvaife humeur, mais
il laiffoit de bons défenfeurs en M. le Chancelier &
Madame Dubarri, trop intéreffés à humilier les
Choifeuls pour laiffer écrafer leur créature. Il revint bientôt plus infolent qu'auparavant, & il eut recours à fes fubterfuges ordinaires, pour calmer la
Nation fur les mauvais effets de la fcene dont on
vient de parler: il fit répandre le bruit par des
émiffaires gagés, qu'il auroit au 1 Janvier 1771 tous
les fonds faits pour cette année-là, & plus de cent
cinquante millions dans les coffres du Roi. Ce miracle, digne de la baguette d'une Fée, fut cru par
beaucoup de fots; & ceux-même qui n'y ajouterent
pas une foi entiere, fouhaiterent que ce Miniftre
reftât en place, s'imaginant qu'il étoit au moins plus
intéreffé qu'un autre à réalifer quelque chofe de ces
annonces favorables.

Le peu de bien même que vouloit opérer l'Abbé
Terrai, étoit fait d'une façon fi gauche, fi inepte,
qu'il alloit contre fes propres vues & en détruifoit
l'effet. C'eft ainfi que fur les repréfentations des

Tréforiers & autres Financiers, qu'ils ne pouvoient faire le fervice, fi l'on ne reftituoit aux Billets des Fermes & aux Refcriptions & Affignations fufpendues leur intégrité, en les remboursant exactement & en entier, il rendit fans les confulter divers Arrêts du Confeil fur cet objet, qui acheverent d'affurer le difcrédit à ces papiers. C'eft ce que prévirent d'abord les Fermiers généraux, qui fe plaignirent amérement une feconde fois de la politique myftérieufe du Contrôleur général.

Par l'Arrêt du 13 Novembre 1770, qui concernoit les Billets des Fermes, dont le total fe montoit environ à 40 millions, il étoit dit qu'on en rembourferoit 3, 600, 000 Livres annuellement par voie de Lotterie : ce qui comprenoit un efpace de douze années. Or, depuis que la Monarchie exifte, qui peut prouver qu'on ait fuivi douze ans de fuite un même plan de Finance ? Les Fermiers prétendoient, au contraire, qu'il n'y avoit fimplement qu'à leur donner la liberté de rembourfer ces billets à tous.venans, & que fous très peu de tems les porteurs de papiers en feroient bientôt venus chercher de nouveaux ; au lieu que par cette opération à contre - fens, on leur ôta jufqu'à cette reffource précieufe.

Il falloit que M. l'Abbé Terrai eût une adminiftration bien irréguliere & bien révoltante, puifque la Chambre des Comptes même le contrecarroit journellement, & que fe refufant, malgré des Lettres de Juffion, à des enrégiftremens qu'exigeoit ce Contrôleur, il fut obligé d'avoir recours à un Lit de Juftice. Ce fut M. le Duc d'Orléans qui fut encore chargé de cette douloureufe expédition le 17 Novembre, & pour mieux infulter cette Compagnie,

le Miniftre fit encore enrégiftrer un Réglement concernant les Debets des Payeurs des Rentes, peut-être
bon en lui-même, mais dont l'objet étoit en même
tems un motif de vengeance contre la Chambre, par
un retranchement d'épices qui en réfultoit.

Quelquefois il jouoit au fin, & fembloit vouloir
jetter de la poudre aux yeux du public pour ranimer
la confiance. Ce fut ainfi qu'il fit publier un Arrêt
du Confeil du 18 Novembre, qui ordonnoit que le
rembourfement des Principaux de l'Emprunt, fait
par la Compagnie des Receveurs généraux des finances, s'opéreroit par ordre de Numéros des
Contrats de Conftitution & des promeffes de paffer Contrat, ainfi que les intérêts échus, &c. S. M.
permettoit néanmoins à ceux des Créanciers dudit
Emprunt, qui ne voudroient pas être rembourfés, d'en fournir leur déclaration par écrit, fous
délai fixé, dans chaque année, &c. Ainfi par cet
Arrêt illufoire l'Emprunt en queftion, qui n'étoit pas
au quart, depuis neuf mois qu'il étoit ouvert, étoit
annoncé comme couru avec beaucoup d'empreffement. On cherchoit à donner un véhicule aux porteurs d'argent pour les preffer de prendre date, &
l'on fuppofoit la confiance fi grande qu'il y avoit des
gens qui préféreroient de n'être point rembourfés.

Ce piege, très groffier, comme tous ceux que tendoit ce Miniftre inepte & de mauvaife foi, étoit
trop mal dreffé pour qu'on s'y prît; il n'amorça
perfonne.

Enfin dans un préambule d'un Arrêt du Confeil
du 2 Décembre, on annonçoit pour completter l'illufion, que les revenus de l'année prochaine 1771
avoient été confervés, afin de fournir aux dépenfes

de ladite année. En conféquence S. M. ordonnoît le remboursement par voie de Lotterie des Reſcriptions, &c. auquel elle aſſignoit trois millions par an, reconnoiſſant cette dette comme privilégiée, qu'elle ne ceſſeroit de protéger comme telle juſqu'à l'extinction entiere.

Ces belles paroles n'étoient arrêtées dans le Conſeil que pour calmer les eſprits d'un côté, tandis qu'on alloit exciter une autre fermentation par des opérations d'un genre moins terrible pour le public en apparence, mais dont les ſuites devoient être funeſtes pour le Royaume entier.

L'on ſent aiſément qu'il eſt queſtion de la ſuppreſſion du Parlement de Paris, & des autres. On ignore encore juſqu'à quel point l'Abbé Terrai prit part, quant à l'opération principale; mais il eſt certain qu'il y enviſagea un grand avantage relativement à ſon Miniſtere, celui de ſe débarraſſer de cenſeurs incommodes, qui, ſans pouvoir s'oppoſer abſolument aux révolutions qu'il voudroit opérer dans les Finances, le gêneroient peut-être, le retarderoient, & le feroient choir, tôt ou tard, comme tout Miniſtre qui lutte contre des Compagnies. D'ailleurs cela lui facilitoit ſa banqueroute aux Offices, dans laquelle il embarquoit le Roi, malgré lui. Ce n'eſt pas que cette premiere partie de l'opération ſur ceux de la Magiſtrature préſentât quelque bénéfice; elle ſembloit, au contraire, devoir être très à charge: c'eſt un problême politique dont il ſavoit bien ſe tirer, & dont on verra plus loin la ſolution. Il ſuffit de remarquer en ce moment, qu'elle le conduiſoit à celle ſur ceux de Finance, dont il eſpéroit avoir un meilleur parti. Enfin, cela devoit acheminer la difgrace des Choifeuls, événement qu'il n'avoit pas moins à cœur que le Chancelier.

Pour porter à ces Ex-Miniftres le coup le plus mortel, le Contrôleur général fit au moment de leur expulfion publique un Arrêt du Confeil, concernant le Commerce des grains, en date du 23 Octobre, qui ne faifoit que renouveller les difpofitions de divers Arrêts du Parlement fur cet objet: Arrêts fi fouvent caffés, & dont le Réglement en queftion prouvoit la fageffe & la néceffité; toutefois inutile en ce moment, par l'impoffibilité où l'on étoit de faire fortir les grains, puifque dans tous les marchés ils étoient au-delà du taux fixé pour arrêter l'exportation, & que la rareté de la denrée la rendoit trop chere en France pour qu'on fongeât à l'envoyer ailleurs. Mais le véritable objet de cet Arrêt politique étoit de jetter fur les Choifeuls tout l'odieux des accuparemens, des monopoles & des difettes combinées, afin de balancer par l'indignation du peuple aveugle, les regrets que les honnêtes gens paroiffoient accorder aux exilés. Des émiffaires apoftés ne manquerent pas de commenter cet Arrêt de la façon la plus avantageufe & la plus claire pour ceux qu'on vouloit captiver. D'ailleurs, M. l'Abbé Terrai fe lavoit auffi par-là du foupçon très mérité de la même manœuvre.

L'Abbé Terrai, ainfi libre de fes concurrens dans le Confeil & des contradictions pour l'enrégiftrement au Parlement, fe donna carriere pour adopter les projets d'Edits Burfaux, qu'il recevoit de toutes mains & qu'il trouvoit bons dès qu'ils devoient rendre de l'argent.

Il commença par faire publier au Sceau un Edit portant impofition d'un Marc d'or fur toutes les Charges de la Maifon du Roi, fur tous les Fermiers, Régiffeurs & Employés dans les Fermes quelconques de S. M., fur les Lettres d'honoraires de différens Offices, ou des fonds d'avance, ou de leur cautionnement; & un Marc d'or pour toutes les Lettres de Nobleffe d'honoraires des Offices la donnant, pour les titres honorifiques des créations des terres, &c. Cette taxe étoit fort commode, en ce qu'elle n'exigeoit aucune formalité ; c'étoit une condition *fine qui non*, & l'on calculoit qu'elle pouvoit rendre jufqu'à 60 millions. Comme cela augmentoit les honoraires du Chancelier, Garde des Sceaux, il s'y prêta de tout fon cœur.

Il y avoit longtems qu'on n'avoit ri; l'humeur gagnoit confidérablement la Nation; on effaya de la ragaillardir un peu. On dit d'abord que l'Abbé Terrai étoit un enfant gâté...... Pourquoi? — C'eft qu'il touche à tout. On fit enfuite une carricature relative à un Arrêté du Parlement, où il jouoit un rôle. Dans cet Arrêté, le Parlement finiffoit par l'affurance de fon dévouement le plus abfolu au Roi, en lui offrant les fortunes, les charges & les vies des Magiftrats.

Dans l'Eftampe on repréfentoit le Roi, entouré du Chancelier, du Contrôleur général & de Madame la Comteffe Dubarri. Le Premier Préfident arrivoit avec un petit panier, chargé des Bourfes, des Robes, des Mortiers & ornemens de la Magiftrature, & des attributs phyfiques de la virilité des Membres de la Compagnie...... L'Abbé Terrai fe jettoit fur les Bourfes, le Chancelier fur les Robes, &

Madame la Comtesse Dubarri sur le reste. S. M.
paroissoit étonnée de trouver qu'il ne lui revenoit
rien.

Tandis que le Chancelier exerçoit ses vengeances
contre le Parlement, le Contrôleur général frappoit
aussi sur les Intendans des finances, qui ne lui convenoient pas. Ces Messieurs sont comme des Sous-
Ministres, qui trop souvent abusent de leur place.
Leur Chef voulut leur faire sentir qu'ils ne pouvoient se soustraire à sa dépendance; qu'ils étoient
amovibles à sa volonté, & qu'il se réservoit en quelque sorte le privilege exclusif de faire des injustices;
ou, si l'on veut, qu'en sa qualité d'homme d'Etat
c'étoit à lui à les rectifier par sa sanction. Il sup-
prima donc quelques-uns d'entre eux, sous prétexte
de leur inutilité, & il en fit créer d'autres ensuite,
pour ne pas trop surcharger ceux qui restoient. Ce
fut à cette occasion que M. Langlois, l'un des ré-
formés, étant venu lui présenter les Commis de ses
Bureaux, dénués de ressources, & dont la plupart
étoient presque sans pain; il les envisagea beaucoup,
& répondit qu'ils paroissoient tous jeunes & robus-
tes, qu'ils pouvoient aller travailler à la terre.

Au reste, comme il n'y a point d'homme qui fasse
absolument le mal pour le mal, celui-ci voulut saisir une occasion qu'il jugea propre à le tirer d'une
place où il ne pouvoit qu'en faire, & où il couroit
risque d'être enfin victime de ce sang-froid atroce
avec lequel il égorgeoit le royaume. Le Roi ayant
tardé à donner les Départemens des Ministres exilés, M. l'Abbé Terrai brigua l'interim de l'un
d'eux, & fut chargé du Porte-feuille de la Marine:
quoiqu'il n'entendît rien à la matiere, il présumoit

assez

aſſez de ſes lumieres pour être perſuadé qu'il ſeroit
bientôt un aigle dans cette partie, comme dans toute autre. Il redoubla de baſſeſſe envers le Chance-
celier, envers Madame Dubarri, envers les autres
Miniſtres, pour ſe rendre tout le monde favorable,
& obtenir en titre un Miniſtere qui pût le débarraſſer de celui qu'il exerçoit, dans lequel ſon génie
malfaiſant déploya de nouvelles reſſources pour procurer des fonds néceſſaires à l'exécution des projets
de M. de Maupeou, qui, indépendamment de ceux
aſſignables pour la prétendue juſtice gratuite qu'il
vouloit introduire, en avoit beaucoup à répandre
ſourdement avant, ſoit pour ſoudoyer cette multitude d'eſpions & de délateurs qu'il étoit obligé de
mettre ſur pied d'un bout du royaume à l'autre, ſoit
pour corrompre ou pour ſéduire ceux qu'il vouloit
faire coopérer à ce grand œuvre qu'il méditoit. Celui-ci, qui en avoit plus que jamais beſoin, le ber-
çoit de ſa chimere & le choyoit à ſon tour avec les
plus tendres careſſes. Il ne put cependant lui épargner la douleur de voir le Conſeil, qui tenoit le Parlement depuis ſa diſperſion, ſe refuſer à l'enrégiſtrement de onze Edits burſaux qu'il y avoit envoyés.
Le Tribunal donnoit pour raiſon qu'il ne pouvoit
opérer l'exécution de loix burſales à la formation
desquelles il étoit cenſé avoir concouru; que n'é-
tant d'ailleurs là que pour le moment, il n'auroit
pas le tems néceſſaire à l'examen de ce travail épi-
neux; qu'enfin les peuples ne pourroient avoir confiance dans un enrégiſtrement auſſi irrégulier.

Mais cette mortification ne fut rien auprès de celle qu'éprouva l'Abbé quand il ſçut qu'il ne falloit
plus ſonger au Département de la Marine, & qu'il

D

étoit réfervé à M. de Boynes. Il jetta les hauts
cris, il fulmina contre le Chancelier, il fut fe plaindre chez Madame Dubarri, il menaça de tout quitter. On le calma cependant, on lui fit entendre
raifon, on lui récapitula les diverfes graces qu'il
avoit reçues en peu de tens; on lui montra le cordon bleu dont il étoit bardé & pour lequel il n'étoit
gueres fait, quoique ce ne fût qu'un cordon bleu
d'une des deux grandes charges de l'Ordre qui n'exigent aucune preuve: on lui prouva qu'il n'étoit pas
poffible de ne pas récompenfer un homme qui venoit de trouver le feul fecret de fortir M. le Chancelier d'affaire, en fabriquant un nouveau Parlement, qui mît le Roi dans le cas de fe pafser de
l'ancien, de l'anéantir, de fe fouftraire à fa tutele
où il étoit, & de tirer ainfi fa couronne du greffe:
métaphore hardie, que tous les gens du parti avoient
alors à la bouche, & dans le fonds non moins injurieufe pour le Monarque que pour les Magiftrats.
A l'égard de la retraite qu'il demandoit, on le cha-
pitra encore là-deffus; on lui dit qu'il ne fuffifoit
pas d'avoir brouillé les cartes comme il avoit fait,
qu'il falloit les débrouiller: on finit par l'amadouer,
en lui faifant entrevoir quelque occafion fuivante de
pafser à un autre Miniftere, quand il auroit rempli
celui dont il étoit chargé de maniere à laifser un
chemin bien tracé à fon fucceffeur. Au refte, pourquoi n'avoit-il pas fourni les reffources néceffaires
à M. de Maupeou? Pourquoi, plus initié que perfonne dans les myfteres de la Magiftrature, plus
connu au Parlement, plus au fait des caracteres,
des efprits, des intrigues, n'avoit-il pas plus aidé le
Chef de la Juftice, l'avoit-il mis dans le cas de fe

fervir des lumieres d'un autre & de foumettre fon
igénie à celui de M. de Boynes? Il eft certain qu'il
méritoit tous ces reproches; qu'il étoit au moins
auffi propre que ce dernier à feconder M. de Maupeou, à retenir fa fougue, à verfer de l'eau froide
fur cette tête bouillante, & à l'arracher au mauvais
pas où il s'étoit fourvoyé. Si l'on pouvoit fonder
les replis tortueux du cœur d'un ambitieux, on pré-
fumeroit que l'Abbé Terrai en apprenant les projets
du Chancelier dans les épanchemens de cœur que
ce dernier eut avec lui, en regarda, comme beaucoup d'autres, l'exécution totale abfolument impoffible; qu'en jugeant ainfi, il ne douta pas qu'il ne
fuccombât fous le fardeau qu'il s'impofoit; que dès-
lors il avoit entrevu qu'il pourroit lui-même remplacer ce Chef de la Juftice, en fe trouvant au
Confeil fous les yeux du Roi, & prefque le feul
qui pût fournir à ce Prince les moyens de réparer
le défordre que le Chancelier auroit introduit: ainfi
l'intérêt de ce Miniftre, en acceptant le Contrôle
général, étoit que M. de Maupeou s'embarquât dans
l'exécution de fes deffeins affez pour occafionner
une fermentation générale, pour fe rendre l'objet
des réclamations de la Magiftrature, & de l'indignation de la France entiere, mais en même tems
qu'il ne pût lever les obftacles qu'il rencontreroit à
un certain point, enforte que S. M. en faifant tomber fon courroux fur cette victime de la haine publique, eût befoin d'un Miniftre qui réparât les fot-
tifes de l'autre. C'auroit été affez bien calculé, s'il
ne fe fût trouvé un troifieme intriguant, qui n'étant
pas auffi avancé que ceux-là, preffé de fe pouffer,
ne fe fût rendu néceffaire au Chancelier, & ne l'eût

fervi de bonne foi, au moins dans ce moment, pour prendre pied dans le Confeil, s'y ancrer & fe mettre en état de travailler enfuite pour fon compte, de fe former un parti & de s'élever fur les ruines des deux autres. Tel étoit M. de Boynes, qui renverfa tout le plan d'aggrandiffement de l'Abbé Terrai. Celui-ci ne perdit pas courage cependant; il fe répentit d'avoir trop manifefté fon humeur; il revint à fon caractere de fang-froid & de diffimulation; il conçut qu'il n'y avoit rien de tel que de refter en place, & qu'avec de l'opiniâtreté il étoit rare de ne pas réuffir. Il répara par de nouvelles foupleffes le tort qu'il avoit pu fe faire auprès de Madame Dubarri, en éclatant trop; mais il ne pardonna point au Chancelier de l'avoir joué, il fe flatta même encore de pouvoir le faire échouer au terme par le défaut de finance. Il étoit en effet bien hardi, dans le délabrement où étoit le fifc public, de le gréver de plus de quatre-vingts millions de capitaux, & de plus de fix millions d'arrérages; car on calculoit que toutes les fuppreffions de Charges que vouloit opérer M. le Chancelier, montoient au taux ci-deffus, & qu'indépendamment des quatre millions de rentes qu'elles emportoient, les gages des nouveaux Officiers, pour la diftribution de la Juftice gratuite, iroient à deux millions au moins. Il fentoit que, quant aux Magiftrats fupprimés, il feroit aifé de ne jamais rembourfer leurs Offices, & qu'on trouveroit même des prétextes pour ne pas acquitter les intérêts; mais qu'il étoit de trop grande conféquence de ne pas être exact envers les membres des nouveaux tribunaux, que ce manque aux engagemens auroit découragés, & qui, d'ail-

leurs, couroient rifque de mourir de faim, fi l'on
ne les payoit, la plupart n'ayant pas d'autre exis-
tence. Avec quoi y fatisfaire? Cela ne pouvoit
réuffir fans fon concours, & c'eft où il attendoit le
Chancelier.

Celui-ci, de fon côté, profitoit de l'afcendant
qu'il avoit pris fur Madame Dubarri pour tailler
des croupieres à fon ennemi. C'étoit le tems où il
leurroit la favorite de l'efpoir de jouer un jour le
rôle de Madame de Maintenon, en faifant d'abord
rompre à Rome fon mariage, & ménageant enfuite
les occafions d'allarmer la confcience du Monarque,
& de lui fournir les moyens d'accorder fon amour
& fa religion par l'exemple de fon bifayeul. L'Abbé Terrai fentit qu'il falloit contreminer, & à cet
efpoir, finon chimérique, du moins difficile à réalifer & très éloigné, ajouter des fervices plus préfens
& plus effentiels: en conféquence il ouvrit tous
les canaux en faveur de cette Dame. La mort du
Comte de Clermont, arrivée dans ces entrefaites, lui
fournit une occafion de fe rendre plus que jamais
recommandable auprès d'elle. Ce Prince avoit cent
mille écus de rentes viageres fur le Roi; le Contrôleur général faifit le premier inftant favorable d'annoncer à S. M. le profit que cette mort fait à fes
finances, puis il infinue adroitement que ce feroit le
cas de penfer à Madame Dubarri, qui jufques ici,
occupée uniquement du foin de plaire à S. M., pé-
nétrée de fes bontés & de la bienveillance dont ce
Monarque l'honore, n'a point fongé à fa fortune, &
ne fe trouve en quelque façon que dans un état précaire; que S. M., fans rien déranger de l'économie
qu'Elle s'étoit propofée, pourroit lui affigner une par-

tie de cette rente, qui eſt pur bénéfice, & dont l'extinction n'entre en rien dans les arrangemens pris.

Le Roi , dont le caractere indécis & timide ſe
trouve ſoulagé quand un Miniſtre lui ſuggere une
choſe qu'il n'oſeroit faire par lui-même, fut enchan-
té de ſe voir autoriſé par ſon Contrôleur général à
un tel bienfait. Il crut en quelque ſorte être juſtifié
par-là envers ſes peuples d'une application auſſi
mal placée de leur ſubſtance: il approuva fort les
inſinations de l'Abbé, lui en ſçut bon gré, & ne
manqua pas d'en témoigner ſa joie à la favorite, en
lui annonçant qu'il lui donnoit cent mille livres de
rentes viageres, des trois cents éteintes par la mort
du Comte de Clermont. Ce ſervice, la maniere
dont il fut rendu, & les éloges du Roi, autoriſerent
cette Dame à marquer ſur le champ ſa reconnoiſſance au galant Abbé, en lui procurant 50,000 livres de rentes ſur le même revenant bon, & dans
la ſatisfaction extrême qu'elle reſſentoit d'une telle
galanterie, elle voulut opérer la réconciliation de
M. de Maupeou avec le Contrôleur général, en
excitant ce dernier à procurer au premier un cadeau
pareil à celui qu'elle venoit de lui obtenir. On fit
entendre au Roi qu'il falloit dédommager le Chancelier des ſacrifices conſidérables qu'il faiſoit par
l'extinction de quantité de charges qui procuroient
des bénéfices à la ſienne, & par la remiſe du droit
de marc d'or en faveur des nouveaux Magiſtrats.
Rien ne parut plus juſte; il eut auſſi 50,000 livres
de rentes ſur le même lot, & la haine des deux ri-
vaux parut aſſoupie pendant quelque tems.

On ne peut omettre pour derniere circonſtance
de la diſtribution des trois cens mille livres de ren-

tes, que M. le Comte de la Marche ayant appris
le partage qu'en avoient fait entre eux Madame
Dubarri, le Contrôleur général & le Chancelier,
vint fe plaindre fucceffivement à tous trois qu'on
l'eût oublié, en faifant valoir les droits qu'il avoit
plus que perfonne aux dépouilles du Comte de Clermont, & par fa naiffance & par le courage avec
lequel il s'étoit aliéné les autres Princes de fon
fang, pour manifefter fon zele en faveur du Defpotifme qu'on vouloit introduire. On ne voulut point
fe faire de querelle avec S. A.: il reftoit encore
cent mille francs; on engagea le Roi à les lui accorder. On peut juger en paffant, par cet échantillon, de la bonne adminiftration des finances.

L'Abbé Terrai s'étant ainfi remis en felle rioit
des propos qu'on tenoit à Paris fur fon compte; fon
impudence croiffoit avec fa faveur; il infultoit de
plus en plus à la mifere publique par fon luxe &
par fa licence effrénée. La Baronne de la Garde,
fa maîtreffe, logeoit au Contrôle général, faifoit
les honneurs de fa table &, ce qu'elle aimoit le
mieux, vendoit les graces, les emplois & la juftice
de fon amant. Celui-ci n'avoit jamais eu beaucoup
de vergogne dans fes plaifirs. Un Procureur du
Parlement rapporte, qu'ayant eu affaire à cet Abbé,
alors Confeiller de Grand'Chambre, pour un procès à fon Rapport, & s'étant rendu de bonne heure
chez lui, le hazard avoit fait qu'il n'avoit trouvé
aucun domeftique pour l'annoncer; que voyant la
clef fur la porte d'un premier cabinet, il étoit entré; qu'ayant frappé doucement à un fecond, & perfonne ne répondant, il avoit ouvert, & avoit vu M.
l'Abbé Terrai, débraillé, affis fur une chaife, & la

Baronne de la Garde à cheval fur fes cuiffes, lui pro-
diguant les careffes les plus lafcives: que le mouvement de la porte ayant réveillé de fon ivreffe amou-
reufe l'Abbé furpris, qui, par fa pofition fe trouvoit
lui préfenter le dos, il n'avoit fait que tourner la
tête, & fans fe déferrer de fa pofture impudique,
lui avoit crié de l'attendre dans le premier cabinet,
qu'il alloit être libre dans l'inftant.

Ce qui prouve combien les mœurs de ce Miniftre-
Prêtre étoient diffolues, ce font les vues criminelles
qu'on lui prêta, lors du mariage de la petite Du
Clerci, fa bâtarde. Sa précipitation à la lier par le
facrement, le peu de choix qu'il apporta à cet hymen, la répugnance que la jeune perfonne avoit,
tout fit dire qu'il la facrifioit pour fon propre compte. Le futur étoit le Sr. Daumerval, frere, il eft
vrai, de la Baronne de la Garde, mais d'un âge
très difproportionné, fans état, fans fortune, inca-
pable de profiter du crédit de fon beau-pere, fol,
d'ailleurs, agrefte, mal-propre, dur, en un mot,
c'étoit une efpece d'ogre, entre les mains duquel
on livroit une enfant de douze ans. Il déplut fi fort
à celle-ci, qu'on croit que le mariage n'a jamais
été confommé, ou qu'il ne l'a été qu'autant qu'il
étoit néceffaire pour préparer les voies à M. l'Abbé, accoutumé depuis longtems à une befogne trop
aifée pour aimer un travail auffi pénible. Quoi qu'il
en foit, Madame Daumerval fut bientôt fouftraite à
fon tyran: elle fut commife aux foins de la fœur,
qui la logea avec elle au Contrôle général, & voulut veiller fur ce tréfor, au point qu'il falloit paffer
par fa chambre pour aller à celle de la nouvelle
mariée. La chronique fcandaleufe prétendit que la
Ba-

Baronne, convaincue de la néceſſité de prévenir les
dégoûts phyſiques de ſon amant, préféra d'être la
Surintendante de ſes plaiſirs, & de le voir entre
les bras d'une femme ſans expérience, qu'elle mori-
gineroit longtems à ſon gré. Le ſoupçon ſeul de
ce commerce inceſtueux eſt un genre d'infâmie, qui
ne ſeroit pas tombé ſur un libertin qu'on n'eût pas
regardé comme un monſtre d'impudicité.

On a dit que l'amour n'étoit qu'un beſoin chez
l'Abbé Terrai ; que ſa paſſion dominante étoit l'ambition, à laquelle il revenoit toujours dès que la
premiere étoit ſatisfaite, n'importe comment. Depuis la deſtruction du Parlement, ſa tête étoit tra-
vaillée par des projets de toute eſpece d'une grandeur nouvelle. Une eſpérance détruite, il en re-
naiſſoit une autre dans ſon cœur agité. Quand il ſe
vit fruſtré du Miniſtere de la Marine, il jetta les
yeux ſur celui des Affaires Etrangeres, encore va-
cant. M. le Duc d'Aiguillon en fut pourvu, & ce
fut un ſecond coup de poignard. Par-là, toutes les
places ſe trouvoient priſes ; mais il ſe flattoit, ainſi
que les politiques les plus ſenſés, d'une révolution
prochaine, qui entraîneroit le Chancelier, & il étoit
eſſentiel pour lui d'y contribuer de ſon mieux, comme on l'a obſervé, en ne lui accordant aucun ſecours d'argent. Le point étoit de ménager ſes refus de façon que, tandis qu'il travailleroit à la ruine du Chef de la Magiſtrature, celui-ci ne pût pas
le prévenir en opérant la ſienne. Il s'agiſſoit donc
de le ſeconder en apparence, en cherchant de nouvelles ſources de finance, & de rendre les moyens
nuls pour le moment, en faiſant porter ces impôts
extraordinaires ſur des objets dont la perception

n'auroit lieu que lentement & pour l'avenir. A cet
effet il laiffa de côté les Edits burfaux dont on a
parlé, & prétextant que les Compagnies, d'accord'
avec lui, pour en affermer les revenus, & verfer
au Tréfor Royal la maffe des fonds d'avance, refufoient de le faire, faute de confiance aux actes qui
émaneroient d'un Tribunal récemment éclos, &
dont l'enrégiftrement étoit néceffaire pour leur fûreté; il démontra la fécondité de fon génie par d'autres reffources qui n'exigeoient pas les mêmes formalités.

Telle fut l'origine d'un Edit publié au Sceau, portant l'impofition du Centieme Denier fur toutes les
Charges du Royaume, lequel devoit rendre un argent prodigieux, & équivaloir à l'impofition la plus
énorme, mais qui ne devoit être mis en vigueur
qu'après des formalités préalables, longues & néces-
faires ; d'un Arrêt du Confeil non moins lucratif,
portant révocation des Privileges de l'exemption du
payement des droits dans la Mouvance du Roi, &
révocation des Aliénations qui ont été faites desdits droits aux Engagiftes de fes Domaines. Le Contrôleur général fe fit un honneur infini dans le Confeil, furtout de ce dernier. Indépendamment du
profit confidérable qui en devoit réfulter, comme
cette révocation attaquoit fpécialement les Princes
du Sang, les Grands de l'Etat, les Cours Souveraines, il fut jugé que cet expédient feroit très falutaire
pour leur faire fentir tout le poids de l'indignation
du Souverain, & les faire rentrer dans la foumiffion
aveugle qu'on defiroit d'eux.

M. l'Abbé Terrai fit rendre ainfi plufieurs autres
Edits, Déclarations, Arrêts du Confeil, dont le dé-

tail eft inutile & feroit faftidieux, tous préparatoi-
res feulement d'une adminiftration plus facile pour
lui ou pour fon fucceffeur, mais qui ne lui ôtoient
pas la liberté de dire à M. le Chancelier, lorfqu'il
follicitoit le payement des gages des fuppôts de la
nouvelle Juftice : ,, il n'y a point de fonds; avifez,
,, pourvoyez-vous par devant le Confeil, pour trou-
,, ver quelque expédient par où l'on puiffe faire face
,, à ces furcharges d'engagemens." Celui-ci fentoit
où le bât le bleffoit, filoit doux, & ne vouloit pas
élever une telle difficulté dans un moment où l'on
attaquoit de toutes parts fes opérations : ce qui auroit donné trop beau jeu à fes adverfaires. Ne pouvant ainfi procurer des fondemens folides à fes éta-
bliffemens, & preffé par fes créatures des Confeils
Supérieurs & de fon Parlement, qui crioient famine, car la plupart ne s'étoient engagés à lui que
faute de fubfiftance, il imagina de chercher la fûreté du mal qu'il avoit fait en en faifant davantage,
& de détruire tellement qu'on perdît tout efpoir du
rétabliffement des chofes. Il n'avoit point le crédit
de faire vivre les modernes Magiftrats, mais fa puiffance étoit fans bornes pour écrafer les anciens, &
à force de dévaftations, de ruines, d'anéantiffemens,
il en vint au point qu'il vouloit. Le Miniftre des
Finances fentit lui-même le faux de fes efpérances :
il fe vit réduit à s'envelopper de fa politique, à feconder enfin férieufement fon ennemi par une augmentation de Tailles, qu'il fit mettre dans les Provinces pour fatisfaire aux frais de la Juftice gratuite,
& d'attendre tout du bénéfice du tems : il revint
fur lui-même, & borna fes foins à fe conferver en
place. Le feul moyen d'y refter pour un Contrô-

leur général, c'eſt de n'être jamais court d'argent,
lorſque le Maître ou la Maîtreſſe en veulent. L'Abbé Terrai connoiſſoit trop bien ce principe pour
s'en écarter, & conſtant à le ſuivre, il rioit des
bruits de ſa diſgrace qu'on renouvelloit de tems en
tems par le deſir qu'on en avoit, plus que par aucune apparence d'une chûte réelle. Madame Dubarri s'en expliqua même alors, & déclara que tant
qu'il rempliroit bien ſon devoir on ne le renverroit
pas: or, l'on a dit ce que c'étoit que ce devoir.

Pour mieux s'en acquitter, il s'aſſocia un homme
bien propre à le ſeconder. Impaſſible & ſans foi,
comme ſon maître, il avoit plus de connoiſſances
acquiſes dans le métier. C'étoit le Sr. F*****.
Cet homme de néant, à force de baſſeſſes & d'infamies, s'étoit acquis une ſorte de conſidération, &
quoique créature de M. de Choiſeul, on ne lui fit
pas l'honneur de le ſoupçonner d'attachement ou de
reconnoiſſance envers ſon ancien protecteur, de le
craindre en conſéquence, & de l'éloigner des affaires, bien loin de l'y appeler. Au mois de Janvier
précédent, le Roi avoit ſupprimé trois charges d'Intendant des Finances, comme inutiles & des ſurcharges
pour l'Etat. Au vrai, c'étoit une maniere d'écarter
quelques-uns de ces Meſſieurs, qui avoient déplu,
& dès le mois de Juin on trouva néceſſaire d'augmenter les quatre charges conſervées, d'une cinquieme en faveur du Sr. F*****. Sa beſogne fut
d'examiner les projets innombrables dont on accabloit le Contrôleur général, afin d'en avoir toujours
de prêts, lorſqu'il ſeroit queſtion de trouver quelque tournure propre à faire venir de l'argent. Il
étoit queſtion, non d'adopter les meilleurs, car il

ne pouvoit y en avoir de bons, mais de choisir les moins mauvais, les moins absurdes, les plus lucratifs. Du reste, l'Abbé Terrai soutint le courage de son acolyte par la perspective de lui succéder, s'il savoit s'en rendre digne en ne trouvant rien d'impossible.

Pour coup d'essai, le Sr. F***** fit manquer le Roi à un engagement contracté un an auparavant. Les Actionnaires de la Compagnie des Indes, par leur cession faite au Roi dans l'assemblée du 7 Avril 1770, avoient stipulé, autant qu'il étoit en eux, les intérêts de leurs Créanciers; ils devoient se flatter qu'en compensation des immenses sacrifices qu'ils faisoient à S. M. on auroit égard, au moins dans les commencemens, aux conditions accordées. Le nouvel Intendant des Finances, qui étoit chargé des comptes du Trésor Royal & de l'inspection en chef des Fonds, sous prétexte de rendre la comptabilité moins embarrassée, sans tenir aucun compte des clauses du Contrat, fit ordonner par Arrêt du Conseil du 1 Juin, en contravention du Traité: 1o. Qu'il seroit passé des Contrats sur les Promesses à quatre & à cinq pour cent au porteur, de la Compagnie des Indes: 2o. Que le payement des Arrérages desdits Contrats se feroit à la Caisse du Sr. de Gagny, sur lesquels on préleveroit dorénavant le Dixieme: 3o. Que celui des Rentes viageres sur ladite Compagnie s'effectueroit par les payeurs des Rentes de l'Hôtel de ville de Paris, le Dixieme aussi prélevé.

Tous ces articles étoient autant d'injustices: 1o. En ce que réduisant ces Promesses en Contrats, on les faisoit tomber sensiblement de valeur, puisqu'elles ne devenoient plus commerçables: 2o. En les grevant d'un impôt dont elles devoient être exemptes: 3o En leur faifant fubir des formalités, ce qui en retardoit le payement, jufqu'à ce qu'elles fuffent remplies, & ce qui donnoit lieu habituellement pour l'avenir aux délais & difficultés fans nombre, auxquels eft fujet tout ce qui fe paye par le Roi.

Une feconde opération, remarquable par fon abfurdité, fut d'envoyer le Sr. Boulogne, autre Intendant des Finances, en Hollande, fous prétexte d'aller voir fa niece, Madame la Marquife de Noailles, dont le mari étoit Ambaffadeur auprès des Etats Généraux. On fut qu'il étoit chargé de négocier un Emprunt de trente millions en viager à un très gros intérêt; & malgré cet appât, malgré les facilités de toute efpece propofées par le négociateur, Leurs Hautes Puiffances ne voulurent pas s'y prêter, & cela ne fervit qu'à prouver combien le crédit de la France étoit perdu du côté de cette République. D'ailleurs, n'étoit-il pas fol de propofer d'emprunter de cette maniere, à un intérêt qui, tout fort qu'il étoit, ne pouvoit qu'équivaloir à celui qu'on trouvoit en achetant des Billets des Fermes, des Refcriptions, des Affignations fur les Postes, des Actions de la Compagnie des Indes; enforte qu'on avoit de ce côté-ci en perpétuel ce qu'on propofoit d'acquérir en viager de l'autre: & quant à la certitude du payement, elle n'étoit d'aucun côté. Mais, au défaut d'une opération qui ne réuffiffoit pas, l'Abbé en avoit toujours une feconde, & une troifieme encore, s'il le falloit, parce qu'aucun moyen ne l'effrayoit: c'eft ce qu'il prouva par de nouvelles injuftices.

M. de Laverdy, durant fon Miniftere, avoit, par
le funefte Edit de Décembre 1764, pour la libération prétendue des dettes de l'Etat, fait ordonner
qu'il feroit payé un droit de mutation fur les Contrats des Rentes, & un droit de Quinzieme fur iceux,
pour y équivaloir, par les gens de main morte.
Dans le tems, on s'étoit beaucoup recrié contre
cet impôt, comme gênant furtout le commerce,
la vente & la circulation de ces Effets. Cependant
on continuoit à le recueillir. Depuis qu'on eut reconnu par l'expérience que le droit de Quinzieme
annuel, proportion gardée, rendoit infiniment davantage, M. l'Abbé Terrai profita de la découverte, & propofa au Confeil de rendre un Arrêt, qui
fupprimeroit ce droit de mutation, fous prétexte de
la commodité du public, & d'augmenter confidérablement la perception, en la remplaçant par un
Quinzieme annuel général, fur toutes les Rentes
réduites, payées à l'Hôtel-de-ville.

Ce fut à cette occafion qu'il fit d'une pierre deux
coups, c'eft-à-dire, qu'à la faveur de cette iniquité il en commit une feconde, moins connue,
mais non moins réelle. Le Clergé avoit racheté ce
droit de Quinzieme qui le concernoit, moyennant
un abonnement. Le Contrôleur général l'englobant
indiftinctement dans les difpofitions de la loi, l'affu-
jettit ainfi à ce même Quinzieme dont il s'étoit racheté. En vain les Agens généraux du Clergé fe
recrierent contre une vexation pareille; en vain di-
rent-ils que c'étoit faire une injuftice manifefte: —
„ Suis-je établi pour autre chofe?” répondit de
fang-froid ce bourreau de la France entiere.

Par le même Arrêt du 14 Juin, pour établir, difoit-il, une uniformité dans le payement des Rentes viageres, payées au même Hôtel de ville, il dérogea à tous les fermens du Roi, & foumit à un Dixie. me annuel celles que S. M. en avoit garanties par des exceptions formelles.

Il fe fit encore un mérite de cette injuftice dans le Confeil, & le fit valoir comme un coup de politique, en ce que Meffieurs, fe difant toujours le vrai Parlement, avoient beaucoup de rentes de l'efpece ci-deffus; qn'on n'avoit ofé y toucher jufqu'à préfent par rapport à eux, & qu'il fourniffoit par-là une tournure énergique de les châtier.

Indépendamment de ces grands objets, M. l'Abbé Terrai avoit l'œil à tout, & ne négligeoit point les petits profits. Il rançonnoit les Huiffiers; il créoit des charges de Perruquiers, de Courtiers, d'Agens de change; il confervoit la Nobleffe à ceux qui l'avoient acquife depuis 50 ans, au moyen d'une nouvelle finance, c'eft-à-dire qu'il la leur faifoit perdre, s'ils ne la rachetoient pas une feconde fois. C'étoient autant de gouttes d'eau dans la mer, mais ces revenans-bons étoient pour fatisfaire à la rapacité d'une multitude de Commis, d'Intriguans, d'Efpions, d'Entremetteufes, infectes dévorans, qui s'attachent toujours à de pareils Miniftres, & qui pullulent fous leur finiftre influence.

En ce tems-là il préfentoit un nouveau leurre aux Actionnnaires de la Compagnie des Indes, & profitant du defir qu'avoit M. de Boynes de la ranimer, foit parce qu'il en fentoit l'utilité, foit pour fe débarraffer d'une adminiftration difpendieufe dans les

Indes qui tomboit aux frais du Miniſtre de la Marine & abſorboit des fonds énormes, il ne craignit
point de paſſer pour inconſéquent, en affectant de
concourir au rétabliſſement d'un édifice qu'il venoit
de détruire de fond en comble. Il encouragea divers Matadors de la finance à former des Comités
pour aviſer aux moyens de travailler à ce grand ouvrage, il trouva bon que les aſſemblées ſe tinſſent
ſous ſes auſpices, & il promit de ſeconder de ſon
ſoufle vivifiant une telle réſurrection, s'ils parve-
noient à en opérer le miracle: il s'en embarraſſoit ſi
peu au fond, que dans le tems même il y apportoit l'obſtacle le plus inſurmontable, par ſon opération dont on a rendu compte vis-à-vis les Créanciers de la feue Compagnie, & détruiſoit ainſi par
ſon manque de foi le crédit, qui devoit être la ſource de cette renaiſſance, & ſans lequel aucune Compagnie de commerce ne peut ſubſiſter. Il s'éleva
enſuite entre les deux Miniſtres une jalouſie ſur la
nouvelle Compagnie, que chacun des deux vouloit
avoir dans ſon Département, à cauſe des fonds auxquels ils s'empreſſoient de mettre la main à l'envi,
& cette concurrence ſauva les ſots qui alloient ſe
prendre dans leurs filets. Perſonne ne put douter
alors que le bien public n'étoit rien moins que leur
objet.

Une occaſion d'intriguer & de ſe remettre en crédit auprès de la Favorite s'étant preſentée, il la
faiſit avec empreſſement; c'étoit toujours autant de
tems de gagné. Il étoit queſtion d'une intrigue ſour-
de pour lui faire faire un mariage de conſcience avec
S. M., du moins c'étoit l'appât dont s'étoient ſer-
vis tour-à-tour le Chancelier, M. de Boynes & M.

le Duc d'Aiguillon pour s'avancer, mais qui ne se réalisoit point. L'Abbé Terrai, en sa qualité de Jurisconsulte, comme Magistrat, & de Canoniste, comme Prêtre, reprit cette affaire où elle en étoit restée, c'est-à-dire dans le vague des chimeres. Il voulut habiller celle ci à sa maniere, & fit entendre à la Comtesse que le premier pas à faire étoit d'obtenir la cassation de son mariage en Cour de Rome, ce qui étoit fort aisé, en représentant par cette Dame, que peu au fait des Regles Canoniques elle n'a sçu que depuis la célébration qu'il fut défendu d'épouser le frere d'un homme avec qui on a vécu; qu'elle est obligée d'avouer qu'elle avoit eu des foiblesses pour un frere de son mari; qu'heureusement prévenue à tems de la sorte d'inceste qu'elle alloit commettre, sa conscience ne lui a pas permis d'habiter avec son nouvel époux; qu'ainsi le crime n'est point encore commis, & Sa Sainteté est à même de la relever d'une alliance aussi scandaleuse. Il ne croyoit pas plus qu'un autre à la possibilité du fait, mais il pouvoit au moins faire illusion à la Favorite pendant quelques mois, & il s'assuroit une protectrice contre les orages que son Ministere pouvoit lui occasionner.

Il s'en élevoit en effet de toutes les especes. Par un Arrêt du Conseil du 15 Juin, suite de celui du 26 Mai, il se mettoit à dos les Princes, les grands Seigneurs, auxquels il reprenoit les Droits Domaniaux aliénés, & ne les rembourfoit pas.

Par un autre du 19 Juin, il ordonnoit la réunion des Domaines & Droits Domaniaux de Bretagne, ci-devant aliénés aux Etats de cette Province, se chargeoit du payement des arrérages des Rentes constituées pour le principal des quarante millions

Il déclaroit en même tems qu'il n'en seroit fait
fond, suivant le nouveau style, qu'à raison de quatre pour cent des Capitaux, & s'attira sur les bras
tous les créanciers de la Bretagne & les Etats.

La Commission intermédiaire lui fit des représentations, elle supplia le Roi d'en suspendre l'exécution jusqu'à la tenue des Etats, pour les entendre à
ce sujet. Parmi les divers motifs de sa réclamation
elle insinuoit quel discrédit il en alloit résulter pour
la Province, & l'impossibilité où elle seroit de se-
courir le Roi, ce coup d'autorité lui ôtant tout
moyen d'emprunter à l'avenir. A quoi l'Abbé Terrai répondit, que la réflexion devenoit nulle, puisque S. M. désormais n'emprunteroit plus, ni par
Elle ni par des voies étrangeres, vu la sage administration qui alloit s'introduire dans les Finances.

Et dans le moment même où l'Abbé Terrai disoit cela, il empruntoit encore. Il donnoit une
nouvelle tournure à sa Négotiacion de Hollande, en
proposant de prendre des papiers discrédités. Par
ce moyen il touchoit toujours quelqu'argent en nature, & faisoit ensuite remettre sur la place ces mêmes papiers qui en rendoient encore un peu.

Il n'y eut pas jusqu'au nouveau Tribunal, qui,
vraisemblablement à l'instigation du Chancelier &
afin de se donner quelque relief, parut pour la premiere fois à Versailles, & se donna les airs de faire
des Remontrances premieres & itératives sur l'Edit
concernant les nouveaux Nobles, & sur les réductions arbitraires des Rentes par de simples Arrêts
du Conseil.

Afin de colorer tant de maux d'un peu de bien,
l'Abbé Terrai obtint alors qu'il y auroit un Comité

tenu chez M. le Prince de Soubife, comme le plus
ancien du Confeil d'Etat, où l'on travailleroit de
nouveau à la réduction des Départemens: réductions
annoncées depuis longtems, & non encore réalifées.
M. de Boynes confentit pour la Marine & les Co-
lonies à une diminution de huit millions, enforte
qu'il fe reftreignoit à une dépenfe de 25 millions,
concernant fa partie. Les fonds de la Guerre furent fixés à 54 millions feulement, au lieu de 66,
qu'elle coûtoit précédemment; ce qui annonçoit un
retranchement de 12 millions. On ne parla point
des Affaires Etrangeres: M. le Duc d'Aiguillon élu-
da cette fois, en prétextant qu'il étoit tout neuf
dans fon Miniftere, & qu'il ne pouvoit en balancer
le fort & le foible en finance. Quant au Duc de la
Vrilliere, il déclara hautement qu'il ne pouvoit entrer dans aucune compofition, parce que, bien loin
d'avoir à réduire les dépenfes de la Maifon du Roi,
elles étoient, au contraire, fufceptibles d'accroiffement. L'article étoit trop délicat pour ofer le contrarier. Au furplus, tout cela n'étoit qu'un jeu
joué, qui ne devoit recevoir aucune exécution, ou
dont les Miniftres favoient pouvoir fe dédommager
autrement.

C'eft ainfi qu'on tournoit en pur fpectacle de parade le bien qu'on annonçoit vouloir faire, tandis
qu'on s'appéfantifoit fur le mal réel, avec une dé-
lectation digne du Miniftere le plus atroce. On a
déjà obfervé que dans les préambules de ces loix
burfales, on joignoit la dérifion à la vexation: les
rhéteurs de la finance exerçoient leur fubtilité à colorer fous des motifs d'avantage public, les tournures qu'ils imaginoient fans relâche pour aggraver

les impôts & les multiplier. Entre ces préambules
d'Edits nouveaux, concernant les entrées fur le vin,
fur le bois, fur le charbon, fur les comeftibles,
fur l'amidon, le papier, &c. on diftinguoit ces deux
derniers par le point de ridicule, de puérilité &
d'impudence, où s'étoit exaltée l'imagination du fo-
phifte qui les avoit rédigés.

Dans le premier, on donnoit à entendre qu'on
avoit préféré cette maniere d'accroître les revenus de
l'Etat, comme n'étant pas trop onéreufe aux peuples, & comme étant un objet d'utilité générale,
tel que celui d'empêcher le rehauſſement du prix des
grains, par la quantité de bons grains que les ami-
doniers emploient, contre les réglemens, qui n'affectent à leur ufage que des bleds gâtés; &c. &
l'abus encore plus grand, par lequel ils tirent de ces
bleds gâtés une premiere farine, qu'ils vendent aux
boulangers pour en faire du pain: enfin, l'introduction dans la fabrication de l'amidon des matieres
prohibées, dont il réfulte fouvent de mauvaifes dra-
gées, fucreries & autres bonbons comeftibles, funeftes à ceux qui en mangent. Les prépofés à la
perception du droit empêcheront ces mêlanges per-
fides.....

Celui de la feconde piece, en forme de Déclaration, portoit, qu'au lieu de perceptions infolites, ou,
trop à charge, on préféroit celles connues & ufitées,
comme donnant moins d'inquiétude & pouvant
être moins onéreufes. De cette nature eft le rétabliffement d'un droit uniforme & général fur le papier & les cartes, tel qu'il étoit impofé par l'Edit
de Février 1748. La perception n'en doit être ac-
compagnée que de formalités inévitables, les manu-

factures n'en recevront pas moins toute la liberté
néceſſaire pour entretenir l'émulation entre les fa-
briquans, en un mot, une proportion exacte, une
clarté très lumineuſe dans le nouveau tarif, donnant à cet impôt une perfection qu'il n'avoit pas
encore.

Tels étoient les paſſe-tems de l'Abbé Terrai; il
ſe délectoit dans ce perſiflage : il ſe fit un nouveau mérite dans le Conſeil de ce dernier impôt, ainſi que
de celui qu'il mit ſur les livres provenant de l'Etranger. Il y fit ſentir combien il concouroit par-là
aux ſages vues du Gouvernement, de ramener dans
la France l'heureuſe nuit des ſiecles d'ignorance &
de barbarie. Il prouva qu'en grevant ainſi d'une
taxe conſidérable le papier, inſtrument matériel de
la communication des lumieres, il les reſſerroit inſenſiblement par la difficulté plus diſpendeuſe de les
répandre.

Dans le même tems il faiſoit auſſi une niche aux
Receveurs généraux des finances, pour leſquels il
avoit témoigné de la conſidération juſques-là, parce qu'il en avoit eu beſoin, mais qu'il ne craignit
point d'indiſpoſer enſuite, en les inſultant de la façon la plus injurieuſe dans un Arrêt du Conſeil du
20 Juillet. Il fit ordonner par le Roi, *que les Rentes, Intérêts & autres Charges, ne ſeroient plus employés dans les Etats du Roi, à compter de* 1770, *que
pour le net de ce qui revient à chacune des parties prenantes, déduction faite des retenues & impoſitions
dont elles ſont ſuſceptibles.* Outre la raiſon d'une
comptabilité plus facile, il ajoutoit : *S. M. faiſant
les fonds en entier du montant des Etats des charges,
les comptables, loin de verſer au Tréſor Royal ces dif-*

férentes retenues, aussitôt qu'ils les ont faites aux par-
ties prenantes, les gardent en leurs mains, & font
naître des difficultés de toute espece, pour en retarder
le report.

Ces Messieurs jetterent les hauts cris, & pour
pouvoir le faire plus impunément, & sans indisposer
le Ministre des finances, ils prétendirent que cet
Arrêt du Conseil, comme tant d'autres, avoit été
dressé dans les Bureaux d'un Intendant des finances,
n'avoit point passé au Conseil, dont il ne portoit
le nom que pour la forme, & n'avoit pas même
été lu par l'Abbé Terrai, qui leur rendoit trop de
justice pour les taxer ainsi publiquement de cette
énorme prévarication.

Cependant ils cabaloient sourdement contre lui:
ils faisoient sentir l'absurdité de ses opérations, l'incertitude de sa marche, sans plan, sans principe,
sans regles, qui se croisoit souvent elle-même, revenoit sur elle, se contrarioit à chaque pas; ils di-
soient que son Ministere ne tendoit qu'à rendre le
Gouvernement plus odieux, sans réellement contribuer à la libération de l'Etat, parce que, par ses
gaucheries, il défaisoit d'un côté ce qu'il établissoit
de l'autre; en augmentant un impôt, il l'énervoit:
en en créant un nouveau, il tarissoit l'ancien: ils
citoient pour exemple de son inéptie l'Emprunt ouvert par la France en Hollande, qui, malgré les spéculations avantageuses qu'il présentoit aux Etrangers, n'alloit & ne pouvoit aller. Ils démontroient
cependant que, calcul fait, au moyen de la perte
qu'essuyoient les Effets qu'on proposoit de prendre
pour moitié comptant, des trente millions, capital
de cet Emprunt, déjà plus de six étoient en pure

perte pour l'Etat : ils exaltoient ironiquement la hardieſſe du génie d'un Contrôleur général, qui s'a- viſoit au moment où il faiſoit banqueroute aux Na- tionaux, de vouloir mettre le reſte de l'Europe à contribution, & d'impoſer par une adreſſe ſans éga- le, le Dixieme ſur des Rentes viageres qui en étoient affranchies, lorſqu'il créoit d'autres Rentes viageres qu'il en affranchiſſoit.

Les clameurs de ces hommes accrédités donne- rent une vigoureuſe ſecouſſe, qui fut encore ſecon- dée par celles du nouveau Tribunal. Ces ſuppôts du Chancelier ſe plaignirent à lui de deux difficultés que faiſoit l'Abbé Terrai à leur ſéparation & lorſ- qu'il étoit queſtion de toucher leurs gages. Par la premiere, il vouloit retenir ſur eux les impoſitions que payent tous les autres citoyens: par la ſeconde, il ne vouloit les payer qu'individuellement, & rela- tivement à la date de la reception de chacun, c'eſt- à-dire en proportion du tems de leurs ſervices. Tous ces affamés montrerent les dents dans cette circon- ſtance, & le Chancelier, qui en gardoit toujours une à l'Abbé Terrai, les excitoit ſous main à tenir ferme: le Miniſtre fut obligé de céder.

Il ne s'en vit pas moins à la veille d'être ſupplan- té, & ſans un croc en jambe qu'il donna à celui qu'on vouloit pouſſer, il étoit culbuté. C'étoit le Sr. F*****, ce ſerpent qu'il rechauffoit dans ſon ſein : il prévint le coup, en autoriſant le Sr. Linguet à répandre un Mémoire diffamant contre cet Inten- dant des finances : la reſſource étoit venue d'autant plus à propos, qu'un autre événement l'auroit perdu encore mieux, s'il ſe fut trouvé un concurrent ac- crédité contre lui.

Mada-

Madame la Baronne de la Garde viſoit toujours au Contrôle général : elle étoit publiquement la maîtreſſe de l'Abbé Terrai ; elle faiſoit les honneurs de ſa table, & ſe mêloit avec peu de décence de la diſtribution des places & des emplois. Encouragée par l'exemple de Madame la Marquiſe de Langeac, qui depuis plus de trente ans exerçoit impunément ſon brigandage ſous le Duc de la Vrilliere, elle s'enhardiſſoit de jour en jour : ſon trafic devenoit de plus en plus conſidérable, au point que, ſuivant l'auteur de la *Correſpondance*, elle avoit gagné plus de 1,800,000 livres depuis la promotion de ſon amant au Miniſtere des Finances. Quoi qu'il en ſoit, deux infamies de la part de cette femme, qui furent publiées alors avec le plus grand éclat, furent cauſe de ſa diſgrace irrévocable : l'Abbé Terrai ne put ſoutenir ſa bonne amie contre le cri général de la cour & de la ville.

Le premier trait concerne Madame la Marquiſe de Laubeſpine, venue à Paris ſolliciter dans une affaire de Salines de Franche-Comté, qui intéreſſoit ſa fortune. Après avoir épuiſé ſa bourſe & ſes reſſources pour obtenir la faveur de Madame de la Garde, elle ſe vit fruſtrée indignement de ce qu'elle avoit lieu d'attendre d'elle, & l'ayant été voir une derniere fois, lui ayant expoſé ſa ſituation & reproché ſon manque de foi à ſes engagemens, la favorite s'excuſa ſur ce qu'il n'avoit pas été poſſible de réuſſir en ce qu'elle déſiroit, mais la leurra de nouvelles eſpérances, exalta une paire de boucles d'oreilles qu'avoit cette Dame, & lui donna à entendre qu'il lui reſtoit encore une reſſource en ces diamans, pour mériter ſes bonnes graces.

E

Le fecond trait, plus répandu, fut configné dans
des Mémoires diftribués en grande abondance. Il
étoit relatif à un procès élevé entre M. le Marquis de
Soyecourt & M. le Comte Du Hautoy, au fujet d'u-
ne exploitation de forges en Lorraine, accordée pour
36 ans, par Arrêt du Confeil, au mois de Janvier
dernier. Ce procès, porté au Confeil des finances,
fut mis au rapport de M. l'Abbé Terrai. ? Le premier fentant la néceffité de prévenir le coup que
pourroit lui porter ce Rapporteur trop intéreffé dans
l'affaire par fes liaifons avec Madame de la Garde,
crut devoir dévoiler au grand jour le myftere d'iniquité. Il fit imprimer dans fa défenfe une piece, par
laquelle il étoit conftaté que Madame la Baronne
de la Garde devoit toucher un pot de vin de 150.000
livres, pour l'obtention aux demandeurs du bail des
forges de Moyeurre, Ligny & Montiers fur Saulx.
Cette révélation étoit un coup de parti : elle attira
à l'Abbé Terrai les reproches les plus vifs dans le
Confeil, & fur l'obfeffion où il fe trouvoit d'une
femme qui vendoit ainfi le fuffrage d'un Miniftre,
& fur fon peu de délicateffe à fe rendre Rapporteur
dans un procès où il étoit trop intéreffé pour être
impartial. Il ne fe tira d'affaire que par un men-
fonge impudent, & en affirmant fur ce qu'il y avoit
de plus facré qu'il ignoroit abfolument la convention
& que fa religion avoit été furprife. La dureté avec
laquelle il renvoya cette Dame, & facrifia ainfi fa
maîtreffe à fon ambition, lui ôta même le mérite de
cette action. Dans la rage où il étoit de voir la prife qu'il donnoit par-là fur lui à fes ennemis, il la
fit chaffer de fon hôtel fi ignominieufement, qu'elle
en verfa des larmes, & caufa un fcandale prodi-

gieux par les imprécations qu'elle vomit contre lui,
& les horreurs qu'elle divulgua. Il la fit exiler en
Lorraine: il impliqua le frere dans la même disgrace, & par une hypocrisie devenue néceffaire dans
la circonftance, il envoya au couvent de Port-Royal
Madame Damerval, & ne voulut laiffer en ce moment aucun foupçon contre lui. Du refte, en homme d'efprit, il fe vengea plus adroitement du Marquis de Soyecourt, qui avoit répandu le Mémoire;
il ne voulut pas qu'il foit quitte des 150,000 livres.
Il fit ordonner par le Confeil que ce pot de vin fe.
roit porté au Tréfor Royal, pour le compte du Roi.

On croit que le danger d'être culbuté paffé, l'Abbé Terrai ne fut pas fâché d'avoir trouvé l'occafion
de fe défaire d'une femme dont il étoit las, & qu'il
ne gardoit que par l'afcendant qu'il lui avoit donné
fur lui. On eft actuellement occupé à voir qui rem-
placera cette fangfue; on parle d'une Madame Destouches, car il n'y a point d'apparence qu'il repren-
ne fa bâtarde, elle eft trop folle & trop jeune pour
lui; ce goût ne pouvoit durer longtems; elle compromettoit continuellement fa gravité: on le voyoit
de fes Bureaux jouant dans fon jardin avec cette
enfant, & fi dans un délire d'amour il s'eft permis
une telle puérilité, s'il ne craint pas l'indécence,
il craint le ridicule, & fait trop bien qu'il lui
peut être plus funefte dans fa place que le plus
grand fcandale.

Madame Deftouches, quoique jeune encore, n'eft
pas fi enfant. Elle eft très jolie, fort agaçante,
douée d'un tempérament propre à fatisfaire l'appétit
brutal de ce Miniftre, auffi dur en amour qu'en politique. Elle eft femme du Secrétaire général des

E 2

Fermes, & celui-ci se trouvera très honoré de partager sa couche avec un Ministre ; d'autant que
l'Abbé Terrai paroît avoir jetté les yeux sur lui
pour en faire un de ses suppôts, un des instrumens
les plus actifs de ses vexations. A mesure que le
cours de son Ministere fournira de nouvelles anec-
dotes, nous en ferons part au Public. Nous allons
finir ici par un trait qui ajoutera un dernier coup
de pinceau au portrait de cet Abbé, & caractérisera
sa vanité.

Il n'étoit encore que Conseiller de Grand'Chambre ; il passoit les Vacances à sa terre de la Motte
avec beaucoup de monde. Pendant le voyage de
Fontainebleau, M. de Trudaine, Intendant des Finances, M. de Boulogne, Contrôleur général, &
quelques autres gens de la cour très distingués lui
firent dire qu'ils iroient dîner chez lui un tel jour.
L'Abbé le Noir, son confrere, auquel il fit part de
cette nouvelle, lui demanda s'il comptoit faire
beaucoup d'extraordinaire pour l'arivée de ces grands
personnages ? „ Pas le moindre, répondit il ; je ne
„ veux pas leur donner lieu de croire que je me
„ trouve fort honoré de leur visite." Mot vrai,
sans doute, s'il fut parti d'un sentiment de philoso-
phie & d'humanité, mais qui n'est que l'exclama-
tion d'un orgueil faux, d'une morgue indécente dans
la bouche d'un prêtre qui n'a jamais été ni philoso-
phe ni homme : mot, qui nous fournira notre excuse
contre lui-même, s'il réclamoit nos hommages à
titre d'homme en place, nous lui déclarerions que
ne reconnoissant les devoirs qu'à celui qui s'en rend
digne par son mérite, nous livrons au mépris général, à l'exécration publique, un Ministre, le fléau de
ses concitoyens & le dévastateur de sa patrie.

SECONDE PARTIE.

Le Tableau de l'Adminiſtration de M. l'Abbé Terrai, ſi bien ébauché dans les *Mémoires* précédens, reſteroit imparfait, ſi l'on ne le continuoit juſqu'au moment de la diſgrace de ce Miniſtre. Il eſt fâcheux que la mort de l'Auteur ne lui ait pas permis de finir ſon ouvrage. Nous allons tcher d'y ſuppléer, en nous conformant autant que nous pourrons à ſon ſtyle, à ſa maniere de voir, & ſurtout à ſa véracité.

La haine publique qui, depuis l'avénement de ce Miniſtre au Contrôle général, s'étoit portée ſur lui avec une activité infatigable, venoit de changer d'objet par la révolution qu'opéroit M. le Chancelier dans la Magiſtrature. Ce grand Corps, par ſa conſiſtance perſonnelle, par ſes alliances avec la plus haute Nobleſſe, par ſes relations avec les divers Ordres de l'Etat, par ſes membres répandus dans chaque province du royaume, formoit de ſa propre calamité une calamité générale. Il fixoit alors les yeux de la Nation. Les clameurs, les malédictions, les imprécations ne tomboient plus que ſur M. de Maupeou. Il faut convenir cependant que le déſordre occaſionné par celui-ci, tout étendu, tout immenſe qu'il fût, ne portoit que ſur une partie de la France; que les ſuites ne pouvoient s'en appercevoir que par une chaîne de raiſonnemens & de conſéquences éloignées, qui n'étoient pas à la portée de tout le monde; que ce ſyſtême, au ſurplus, n'étoit pas nouveau, qu'il avoit ſes partiſans, ſes

défenfeurs, fes foutiens, & que le Chancelier ne
faifoit que réfoudre une grande queftion agitée entre
les Publiciftes, que faire gagner au Roi, comme
il l'a dit depuis, un procès qui duroit depuis plufieurs fiecles; qu'à le prendre du côté du perfonnel,
M. de Maupeou étoit du moins mû par une paffion
dont tout homme eft fufceptible, par un efprit de
vengeance, injufte dans fon principe & dans fes effets, mais auquel peu d'ambitieux fe feroient refufés; que fa vengeance affouvie, il étoit à efpérer
que dans le calme de fon ame il travailleroit à réparer fincerement le mal qu'il avoit fait; qu'enfin
fon ouvrage deftructeur d'une multitude de fortunes, n'étoit dangereux pour la totalité des peuples,
que par la facilité qu'il donnoit au Monarque d'introduire l'arbitraire, arbitraire qui, fous un prince
doux malgré fon defpotifme, ennemi de la violence
au milieu de fon oppreffion, ne pouvoit gueres regarder que les impôts dont l'augmentation graduel-
le devenoit néceffaire à mefure des prodigalités exceffives d'un regne dont les courtifans s'efforçoient
à l'envi de dévorer les dernieres dépouilles.

M. l'Abbé Terrai, au contraire, faifoit le mal
avec une indifférence qui ne pouvoit laiffer aucun
efpoir de réfipifcence ou d'adouciffement; qui le
rendoit également infenfible aux plaintes des malheureux, & aux cris menaçans de la France indignée. Il n'attaquoit pas feulement les individus, les
corps particuliers, une portion nombreufe de la
nation; il l'égorgeoit toute entiere, fans exception
ni acception de perfonne, depuis le plus foible fujet jufqu'au premier prince du fang: & il fembloit
ne devoir fe repofer que lorfqu'il manqueroit de

victimes. On eût dit que las d'être éclipfé par un bourreau qui depuis un an jouoit le premier rôle dans cette cruelle tragédie, il cherchoit à le revendiquer, & à reprendre un rang que perfonne ne lui devoit contefter. C'eft ce qu'il fit d'une façon éclatante par fon Edit de Décembre 1771.

Comme fon principe invariable étoit de ne point contrarier le Roi ni fa Maîtreffe dans leurs dépenfes, d'avoir toujours des fonds pour y faire face, il voulut fe mettre au large. D'abord il avoit imaginé tout bonnement de mettre un troifieme Vingtieme, reffource infolite, dont on avoit ufé pour la premiere fois dans la derniere guerre, qui même alors avoit excité de vives réclamations, & dans plufieurs provinces une réfiftance telle qu'il n'y a jamais été perçu. Pouvoit-on y fonger après dix ans de paix? Et comment qualifier cette audace? Pareille confidération n'auroit point arrêté le Contrôleur général, fi la chofe eût dépendu de lui uniquement; mais il falloit la faire paffer au Confeil, & il pouvoit arriver qu'il s'y élevât quelque voix de commifération en faveur des peuples. Il falloit donc s'évertuer: il fe fervit d'un expédient qui, fans paroître multiplier les impôts, rendroit beaucoup plus, & ménageroit celui-ci pour une autre occafion. Ce fut d'établir pour un tems indéfini, c'eft-à-dire à perpétuité, le premier Vingtieme, & de l'impofer fur nouvelles Déclarations qu'on exigeroit de la maniere la plus rigoureufe. Comme les biens-fonds, les loyers de maifon avoient prodigieufement augmenté depuis la création de cet impôt, il calcula que fous cette forme adroite, le Vingtieme équivaudroit à deux, c'eft-à-dire, à un Dixie-

me actuel: cela n'empêcheroit pas qu'on ne proro-
geât le second pour un terme éloigné, de dix ans,
par exemple, afin de n'avoir pas toujours à revenir
sur un enregistrement désagréable au Ministere &
odieux à la Nation. Il sentit combien cela seroit
aisé avec le nouveau Tribunal qui venoit de s'élever, & dont la besogne, mauvaise pour toute autre
chose, seroit toujours excellente & confirmée en
fait d'impôts, quand même le Parlement reviendroit.

On a parlé précédemment du Sr. Destouches, Secrétaire général des Fermes qui, tandis que sa femme avoit été jugée propre aux plaisirs du Ministre,
n'avoit pas été trouvé moins bon pour le seconder
dans ses projets. L'Abbé Terrai venoit de lui conférer le grade de premier Commis des Finances,
avec 15,000 livres d'appointemens. Par un effet
retroactif, il voulut qu'ils commençassent du 1 Janvier 1771. Il ne répandoit pas sur lui tant de bien-
faits pour le laisser oisif, il excita les talens de ce
suppôt; celui-ci leur donna l'essor, & bientôt il en-
fanta l'Edit en question, chef-d'œuvre du génie fiscal, par l'art diabolique avec lequel il avoit renfer-
mé dans son ensemble une multitude d'impôts, dont
chacun auroit été autrefois la matiere d'un enrégistrement particulier, & auroit souffert autant de discussions, de remontrances & d'obstacles différens.
Le même homme servit d'agent au Ministre pour le
faire passer. On ne jugea pas les modernes Magistrats dignes d'être séduits à prix d'argent, ni solli-
cités par le Gouvernement: on leur mit aux trousses
le Sr. Destouches; il se transporta chez chacun
d'eux & sollicita leur suffrage; il voulut bien leur
développer les endroits embarrassans de son grimoi-

re

re. Il eut plus de peine qu'il ne croyoit ; il trouva des gens têtus, d'autres qui exigeoient même un Lit de Justice. On leur avoit passé de présenter de premieres & même d'itératives Remontrances, ce qui ne pouvoit que bien faire, en donnant plus de valeur à l'enrégistrement discuté, débattu, éclairé, en faisant même prendre au peuple quelque confiance dans un Tribunal qui défendoit ainsi ses droits. Mais cette comédie devoit finir : on fit entendre à ces Messieurs qu'il n'y avoit rien de si aisé que de leur accorder le Lit de Justice qu'ils exigeoient, mais que cet appareil de cérémonial déplaisant au Roi, S. M. ne se donneroit pas la peine de s'y astreindre ; que le Comte de la Marche le rempliroit. M. M. craignirent d'éprouver une telle humiliation ; ils préférerent d'enrégistrer par Lettres de jussion, avec quelques modifications relatives à des miseres, qu'on daigna bien admettre, & l'Edit fut publié.

Il étoit enrichi d'un préambule long & imposant. On n'y avoit épargné ni la noblesse du style, ni l'éloquence des tournures ; il y avoit même de l'onction & du pathétique : tout cela étoit propre à séduire les gens superficiels. Mais le résultat pour ceux qui analysoient ces belles phrases, étoit un aveu que tout ce qu'on avoit fait jusqu'à présent, sous prétexte d'améliorer la situation de l'Etat, n'avoit fait que la pallier, que les finances étoient en plus mauvais ordre que jamais, & qu'il falloit recommencer à saigner la France pour la sauver.

Le premier effet sinistre de l'enrégistrement d'un tel Edit fut de se prévaloir, comme le désiroit l'auteur, de l'omission d'une clause toujours usitée par

le Parlement, par laquelle cette Compagnie empêchoit que la perception du Vingtieme s'accrût, en
exigeant qu'on s'en tint aux anciennes Déclarations.
Les commis eurent ordre, fans s'arrêter à cet obftacle, d'augmenter, fuivant leur eftimation arbitraire de la valeur des biens, fauf aux propriétaires,
s'ils trouvoient l'impôt trop violent, de repréfenter
leurs baux pour demander une diminution propor-
tionnelle. Si ceux-ci ne difoient mot la premiere
année, on devoit juger que l'eftimation n'avoit pas
été affez haute, la forcer en conféquence, & ainfi
fucceffivement, tant qu'on ne fe plaindroit pas, &
qu'on ne produiroit pas les pieces, dont on fe réfervoit encore l'examen pour décider fi les conventions
n'étoient pas fimulées.

Un fecond effet fut de profiter de la fuppreffion
du Parlement de Flandres, pour étendre l'influence
du génie fifcal jufques fur ce pays, & le mettre au
niveau des autres provinces du royaume.

Enfin, au moyen de l'obfcurité de certains articles, laiffés tels exprès, il devint la fource d'une
multitude d'Arrêts du Confeil en interprétation, qui
fe rendoient toujours au détriment des peuples &
au profit du roi : il y avoit furtout certains deux fols
pour livre fur les droits des Fermes, montés à quatre, à fix & à huit, qui s'étendoient ainfi qu'une tache d'huile, & s'approprioient infenfiblement à tout.

Qui le croiroit ? Ce Miniftre fi impaffible, dont
le cœur de bronze ne paroiffoit fufceptible d'aucune
impreffion, ne pouvoit pas voir une jolie femme
qu'il ne fût ému, & n'éprouvât des defirs violens qui
le faifoient déroger à toute décence & les manifefter de la façon la plus énergique. C'eft ainfi qu'il fe

répandit une anecdote très accréditée dans ce même tems, & qui, fût-elle fauffe, prouve au moins la mauvaife opinion qu'on avoit de fes mœurs, de quelle impudence cynique on l'accufoit, avérée déjà par plufieurs faits connus.

On peut fe rappeller une Dlle. Romans, ci-devant maitreffe du feu Roi, & qui même en a un enfant. Elle jouit en conféquence d'une penfion confidérable fur le tréfor royal. Elle étoit allée chez le Contrôleur général pour avoir fon Ordonnance. Le Miniftre, contre fon ordinaire, l'avoit fait expédier avec un empreffement merveilleux; mais en la lui remettant, il ne put s'empêcher de jetter des yeux de concupifcence fur cette charmante beauté. Celle-ci n'entendant pas, ou ne voulant pas entendre fon langage, il s'explique en termes moins équivoques, & adminiftre à cette Demoifelle un témoignage infolent de fa paffion; il retire la clef de fon cabinet, & ce fatyre amoureux veut à toute force que fon hommage foit agréé. La jeune perfonne épouvantée de fa violence, jette les hauts cris, & fait tant de bruit que l'Abbé craignant un éclat trop fcandaleux, quitte prife, & la laiffe aller bien malgré lui.

Un événement plus cruel qui fuivit celui-là, auroit augmenté la mauvaife opinion qu'on avoit de la bonne foi de l'Abbé Terrai, fi elle eût pu croître. Un Juif de Metz, nommé *Corni*, fort riche, très entreprenant, cherche à donner de l'aliment à fon génie actif: il fe pouffe, il s'intrigue auprès des Miniftres, il fe fait connoître du Contrôleur général, qui lui propofe d'acheter les charges municipales & les domaines de fon pays, moyennant 2,000,000 Livres, pour lefquels il peut former une Compagnie. Il ac-

E 6

cepte; il satisfait à ses engagemens. M. l'Abbé Terrai n'ayant pas eu la même exactitude à son égard,
est pressé de tenir sa parole : il lui fait entendre que
cela n'est pas possible. Corni demande qu'on lui rende au moins ses fonds : même difficulté. On lui
propose d'attendre quelque autre occasion, & de recevoir les intérêts de la somme jusques-là. Il repré-
sente, sans succès, que tous ceux dont il avoit eu la
confiance l'alloient inquiéter, réclameroient leur mise, & qu'il ne pourroit plus faire face à ses engagemens, qu'on le croiroit de complot avec le Ministre pour une telle escroquerie. Ses objections, ses
plaintes, ses gémissemens ne peuvent rendre à la
justice le Ministre inique. Ce malheureux se livre au
désespoir, & se brûle la cervelle.

On est toujours étonné en pareil cas qu'un homme déterminé à mourir ne commence pas son exécution sur l'auteur de son désastre; mais c'est qu'il y a
loin du courage momentané, nécessaire pour se donner la mort, à celui qu'il faudroit soutenir quelquefois pendant plusieurs jours, & peut-être plusieurs
mois, pour trouver le moment favorable de satisfaire sa vengeance : c'est ce qui rassuroit l'Abbé Terrai au milieu de tant de victimes de ses opérations
tyranniques.

Il falloit, sans doute, que le trésor royal fût réduit à une grande disette, pour commettre des man-
ques de parole aussi crians. Mais l'Etat ne subsistoit
presque que de la sorte, & l'on étoit si persuadé de
la mauvaise foi du Ministre, que le château de Versailles étant dans le plus grand délabrement, l'entrepreneur déclara qu'il ne travailleroit qu'autant qu'on

payeroit fes ouvriers; qu'il les retireroit dès que les fonds cefferoient de couler.

Le Roi lui-même fembloit autorifer une conduite auffi indigne du Gouvernement par des propos fort finguliers. Avant l'enrégiftrement de l'Edit de Décembre, on avoit agité à Fontainebleau un projet concernant une nouvelle forte de papier qu'on propofoit d'introduire dans le public, & qu'on devoit appeller *Billets d'Etat*. Il eft inutile de développer ce projet qui n'eut pas lieu, mais qui, fous un Miniftre fage & auquel on auroit eu quelque confiance, auroit pu être d'une grande reffource. On raconta dans le tems, qu'un jour où l'on agitoit ce fyftême au Confeil, durant le cours des opinions qui lui étoient favorables, S. M. demanda fi ce papier, après avoir circulé dans le public, devroit auffi lui rentrer en payement? On lui repréfenta que ce retour fembloit naturel & inévitable. Sur quoi le Monarque déclara qu'il n'entendoit point qu'on s'acquittât de même envers lui. La fagacité de cette objection déconcerta les auteurs du projet, dont il ne fût plus queftion.

M. l'Abbé Terrai avoit un autre projet plus fingulier, qui lui attira une grande difcuffion avec le Miniftre de la guerre: il paffe pour conftant qu'il avoit propofé au Confeil, afin de diminuer les dépenfes fur le Département de M. de Monteynard, de fupprimer les appointemens des Officiers, fous prétexte que devant fervir pour l'honneur, cette rétribution, fort à charge à l'Etat, ne feroit qu'un foible facrifice de leur part. Le Miniftre de la guerre fit fentir l'abfurdité de cette fuppreffion, par le défefpoir où cela jetteroit une infinité d'Officiers

de fortune, parvenus par leur feul mérite, & n'ayant
que leurs appointemens pour vivre. A cette imagination chimérique il en fubftitua une autre; c'étoit
de licentier 60 Bataillons. La matiere encore agitée dans le Confeil, M. Bertin opina fur le danger
qu'il y auroit à ce retranchement dans un tems où
toutes les Puiffances de l'Europe augmentoient leurs
troupes & fe mettoient en armes. L'avis de ce Miniftre prévalut encore.

Des idées auffi peu politiques de la part de l'Abbé Terrai, paroîtroient incroyables s'il n'y avoit un
deffous de cartes à cela. On dit alors que ces chi-
canes fufcitées à M. de Monteynard n'étoient pas
fans deffein; que le premier, commençant à fe lier
avec Madame Dubarri & avec le Duc d'Aiguillon,
n'étoit que l'émiffaire du dernier pour tracaffer le
Miniftre de la guerre, le fatiguer, le dégoûter &
l'obliger de renoncer à fon Département, que convoitoit fort le Miniftre des Affaires Etrangeres, qui
ne pouvant jouir auprès des Puiffances de la confidération que le fien devoit lui donner, auroit voulu
y réunir l'autre, pour fe faire au moins des créatures,
en répandant une infinité de graces, & tenir ainfi
dans fa dépendance toute la Nobleffe du Royaume.

Quoi qu'il en foit, l'Abbé Terrai ne fachant fur
quoi mordre au Département de la guerre, avoit fait
au moins acte de bonne volonté d'adminiftrateur févere qui vouloit réduire fur tout, & au fond cela
lui étoit très égal, pourvu qu'il trouvât toujours de
quoi fubvenir aux chofes néceffaires, c'eft-à-dire,
comme on l'a obfervé plus haut, aux befoins & aux
plaifirs de la Cour. Mais, malgré fon peu de délicateffe fur le choix des reffources, malgré les im-

pôts énormes qu'il accroiſſoit tous les jours, par une fatalité qui le déſoloit, la moindre dépenſe extraordinaire exigeoit de nouveaux expédiens. On ſut très certainement que le voyage de Fontainebleau avoit obligé d'avoir recours au Banquier de Hollande, qui avoit prêté deux millions ſous le cautionnement du Sr. Colin de St. Marc, le Caiſſier des Fermes. Il étoit plaiſant de voir ce particulier cautionner l'Etat. Quel opprobre pour le Miniſtre, s'il eut eu quelque vergogne! Au ſurplus, le maître n'en avoit pas lui-même. On dit alors que S. M. ſe promenant à Choiſy, quelque tems avant le voyage de Fontainebleau, viſitoit, avec ſon jardinier Anglois, le Sr. Brow, ſes jardins potagers, S. M. s'apperçut que les vîtrages étoient en mauvais état, elle en fit des reproches au jardinier. Celui-ci lui répondit avec la franchiſe d'un Anglois peu façonné à l'adulation de l'eſclavage: „ Sire, comme on ne paye perſonne, „ on ne peut trouver d'ouvriers pour travailler". Le Monarque fit une pirouette, s'en alla & n'en demanda pas davantage.

Ces avanies qui, ſous un autre regne, auroient ſuffi pour faire diſgracier un Miniſtre des finances, ne firent aucun tort à celui-ci. On ne parloit plus de ſon renvoi, parce qu'il avoit pris le parti de dévorer toutes les mortifications qu'il pourroit eſſuyer, de devenir plus que jamais le très humble ſerviteur de Madame Dubarri. Il étoit ſi ſoumis, ſi dévoué à ſes ordres, que les *Bons* qu'elle donnoit, lui tenoient lieu des *Bons* du Roi, & qu'il les recevoit comme tels. On en vit dans ce tems-là pluſieurs datés de Choiſy & de Trianon, où la Favorité ordonnoit au Sr. Beaujon, Banquier de la Cour, de payer

telle fomme dont il lui feroit tenu compte par le
Contrôleur général. On répandit même le bruit
qu'il étoit convenu de rendre annuellement par an
de fa place 50,000 Livres en forme de pot de vin,
que Madame Dubarri pouvoit s'appliquer ou diftri-
buer à fon gré. Enfin il détermina le Roi à fouffrir
qu'elle fe fit faire une toilette d'or, quoique Madame la Dauphine n'en eut pas, & comme l'artifte refufoit de travailler fans des avances, il lui fit fournir 1,500 marcs d'or. Il eft vrai qu'un tel luxe
fcandalifa tellement la ville & la cour, que la toilette d'or fut fupprimée, ou du moins qu'on en répandit le bruit, & qu'on ne permît plus aux curieux
d'aller en voir les pieces chez le graveur.

L'Abbé Terrai avoit d'autant plus befoin de fe
donner un appui puiffant, qu'un nouvel orage s'élevoit contre lui. M. le Duc d'Orléans venoit d'envoyer un Mémoire au Confeil, concernant les Domaines aliénés qu'il étoit queftion de retirer à S. A.
L'Abbé s'étoit préfenté quelques mois avant chez ce
Prince, pour en conférer avec lui, mais le Duc
d'Orléans n'avoit voulu entrer en aucune explication
avec un homme qui lui étoit auffi défagréable, enforte que celui-ci s'étoit retiré fort mécontent. Peu
après il étoit parvenu au Prince une Lettre des Bureaux du Contrôleur général, où l'on annonçoit à
S. A. le deffein conftant de S. M. de faire exécuter
fon Edit. M. le Duc d'Orléans, extrêmement piqué
à fon tour d'une forme auffi indécente pour lui faire
connoître les intentions du Roi, avoit écrit directement à S. M.: il lui marquoit qu'il avoit des défenfes à expofer, & qu'il attendoit de fon équité qu'Elle voulût bien faire fufpendre toute exécution ulté-

rieure de fon Edit, jufqu'à ce qu'il eut raffemblé fon
Confeil & fait dreffer fon Mémoire. La chofe étoit
reftée dans cet état de fufpenfion. Enfin, au commencement de Janvier 1772 , M. l'Abbé de Breteuil, Chancelier de ce Prince, vint remettre au Roi
le paquet contenant les Défenfes de S. A. Le Roi ne
l'ouvrit point, mais l'Abbé lui obferva que fon maître le fupplioit de ne faire juger fon affaire qu'aux
deux Confeils affemblés, des Dépêches & des Finances. Sur quoi S. M. dit: ,, Je ne fais fi cela fe
,, peut; il faut demander à M. le Chancelier. Le
Chef de la Magiftrature préfent, qui commençoit à
s'éloigner de l'Abbé Terrai, répondit avec un fourire affectueux que c'étoit très poffible.

Heureufement pour le Miniftre des finances, ce
Mémoire ne fit aucune fenfation à la cour, & voyant
le peu d'égard qu'on y avoit pour la réclamation du
premier Prince du fang , il redoubla d'infolence à
fon égard. Les régiffeurs du Domaine eurent un ordre précis de fe mettre en poffeffion de certaines
parties, & d'en commencer la perception pour le
Roi, à compter du commencement de l'année 1772.
Il fe fondoit fans doute fur la bonhommie du Prince,
qui fouffroit fans murmurer cette injuftice continue
& fe contenta d'y remédier en augmentant fa réforme. C'eft pour entrer dans les difpofitions fages de
S. A. que les Receveurs des Domaines & Bois ayant,
en exécution des ordres reçus, été trouver les Intendans des finances de M. le Duc d'Orléans, pour
favoir fi S. A. S. étoit enfin décidée à laiffer exécuter les Arrêts du Confeil concernant les Domaines
aliénés ou engagés, ces Meffieurs répondirent fimplement que leur Maître ne reconnoiffoit nullement

les Arrêts du Conseil, & que, s'il y avoit un Parlement, S. A. auroit fait affigner en restitution ceux
qui ont déjà fait de pareilles perceptions. Sur quoi
ils se retirerent, & vinrent rendre compte de la réponfe à M. Cochin, Intendant des finances, dont dépendoit cette partie.

L'Abbé Terrai favoit parfaitement qu'il n'avoit
rien à craindre des Princes du fang réunis, tant qu'il
auroit pour lui la Favorite du Monarque : auffi, autant il étoit insolent avec les premiers, autant il
étoit bas envers elle. Cette année il voulut lui faire fa cour par une adulation nouvelle.

Il infinua aux Receveurs généraux des finances de
venir complimenter la Comteffe Dubarri. La députation la harangua, & l'orateur ayant fait valoir les
fervices que ce Corps avoit rendus à l'Etat, comme
un titre à fa protection, elle leur dit qu'elle n'ignoroit pas l'utilité dont ils avoient été dans les circonftances critiques où s'étoit trouvé le Gouvernement,
que M. le Contrôleur-général l'avoit inftruite de
tout. Elle les exhorta de continuer à fervir avec
le même zele, & leur promit de contribuer en tout
ce qui dépendroit d'elle pour l'avantage & la fatisfaction de la Compagnie.

Une fi bonne réception n'empêcha pas ces Mes-
fieurs d'être en garde. Le Miniftre des finances,
qui prenoit à la fois toutes les manieres d'avoir de
l'argent, qui furtout étoit bien fâché de voir que
celle de l'Emprunt fait en Hollande ne rendoit pas
n'en fut pas découragé. Comme il avoit tellement quel-
lement fatisfait depuis deux ans aux remboursemens
indiqués, il crut que les badauds de Paris ayant peine à renoncer à l'habitude de faire l'ufure envers le

Roi, malgré les échecs qu'ils recevoient de tems à autre dans ce commerce, y reviendroient encore. Il fit donc rendre un Arrêt du Conseil, avec un préam. bule dans la tournure ironique usitée par les rédacteurs. On y disoit que le Roi, ayant ouvert en Hollande un Emprunt en viager extrêmement avantageux pour les prêteurs, sachant qu'une partie de ses sujets desiroit acquérir de ces rentes, mais étoit retenue par la crainte des embarras qu'ils seroient dans le cas d'éprouver, soit pour consommer ces acquisitions en Hollande, soit pour recevoir les arrérages des rentes qui leur seroient constituées, S. M. avoit cru digne de sa bonté & de son amour pour ses peuples, d'y faire participer les Nationaux concurremment avec les Etrangers ; en conséquence de n'y admettre ceux ci que pour moitié, & de donner à ses sujets la faculté d'y concourir, en ouvrant à Paris le même emprunt. Tel étoit, suivant le Ministre, le motif paternel qui déterminoit le Roi à faire enrégistrer ledit Edit en son Parlement, & c'est pour entrer dans les vues bienfaisantes du Prince que cette Cour jugea sans doute ne devoir pas se refuser à une œuvre aussi salutaire.

Au surplus, dans le cas où le public n'auroit pas goûté cette maniere de fournir son argent au Roi, l'Abbé Terrai, toujours inépuisable en ressources, avoit imaginé un moyen de faire aller l'Emprunt, à l'aide de certains véhicules qui devoient obliger d'y contribuer malgré soi : par exemple, en remboursant ainsi certaines dettes de l'Etat, telles que les pensions dûes aux Militaires, les appointemens des Officiers de la Maison du Roi, & peut-être les Offices des Magistrats supprimés ; car il remplissoit également fes vues, foit en faifant venir l'argent au fifc public, foit en ne l'en laiffant pas fortir.

Dans le même tems parut un autre Edit, plus évidemment injufte. Par un Edit des mois d'Août 1764 & Mai 1765, on avoit fupprimé les Offices municipaux créés dans les Villes & Communautés, & il avoit été ordonné qu'il y feroit pourvu par voie d'Election, fous prétexte que lefdites Villes & Communautés ayant la liberté de fe nommer elles mêmes leurs Officiers, n'en profiteroient que pour concourir au bien de la chofe unanimément. Dans celui-là, donné à Fontainebleau au mois de Novembre 1771, on reconnoiffoit qu'au lieu de l'avantage qu'on s'étoit promis de l'exécution defdits Edits, elle devenoit dans toutes les villes une fource d'inimitiés, de divifions, &c. enforte que le bien qu'on s'étoit propofé d'opérer devenoit un mal réel : on ajoutoit que S. M. avoit cru ne pouvoir remédier trop tôt à cet abus, & n'avoit trouvé de moyen plus expédient que de créer & rétablir en titre, dans toutes les villes & bourgs du royaume, des officiers municipaux, comme par le paffé.

Mais cette fuppreffion, qui n'avoit été qu'une injuftice bête de M. de Laverdy, devenoit l'occafion d'une friponnerie adroite de la part de l'Abbé Terrai : on en trouvoit la fource dans l'article 3 dudit Edit, où il étoit aifé de reconnoître le vrai motif de la variation du Miniftere. On y difoit que la finance defdits Offices rembourfés en contrats, lors de leur extinction, pourroit être fournie, moitié en Quittances de finances ou Contrats provenant des liquidations de pareils Offices fupprimés par les Edits fufmentionnés feulement, & le furplus en argent, &

ce feulement pendant le délai de trois mois , à compter du jour de la publication du préfent Edit, lequel
expiré, le montant de ladite finance ne pouvoit être
fourni qu'en argent.

Ainfi le dernier but de cette recréation étoit d'a-
voir de l'argent, & promptement, au moyen de la
briéveté du délai pour recevoir la portion permife
en papiers ou Contrats.

Le nouveau Tribunal fentit cette tournure d'extorfion, & n'enrégiftra pas moins, à la charge que,
fous quelque prétexte que ce fût; les villes & bourgs
ne pourroient être forcés d'acquérir les Offices créés
par ledit Edit: comme auffi, que les Octrois ne
pourroient être augmentés, même fur la demande
des villes & bourgs, fous prétexte d'infuffifance de
revenu, après leurs dépenfes prélevées, pour payer
les gages des Officiers; &c, & autres modifications
qui, fans rien arrêter, dévoiloient uniquement l'iniquité des deffeins du Contrôleur général. Quel homme, infpirant de la défiance même à de pareils fur-
veillans !

Une anecdote dont ils devoient être inftruits,
mieux que d'autres, ne pouvoit que motiver leur
fufpicion. Elle eft fi incroyable, fi effrayante, fi
contraire à la fûreté publique, qu'on n'auroit ofé la
configner ici, fi elle n'étoit conftatée par la vérification. La voici.

La Caiffe des Confignations eft un dépôt judiciaire, où font portées par Arrêt les fommes en conteftation entre différens co héritiers, ou créanciers,
&c. pour ne pouvoir être touchées qu'en tems &
lieu & fuivant la quotité ordonnée, par un autre Arrêt, &c. On fent que ce dépôt doit être facré,

puifqu'il eft fous la fauve-garde de la Juftice même.
Cependant Madame la Marquife de la Palue étant
allée pour retirer de cette caiffe une fomme de
80,000 Livres, on lui fournit cet argent en papier,
fous prétexte que M. le Contrôleur général y avoit
fubftitué ces effets aux fonds effectifs qui y étoient.
Cette Dame ne pouvant avoir meilleure raifon contre l'autorité fupérieure, ou, pour mieux dire, la
force, vendit ce papier, & n'en put avoir que
20,000 Livres effectives. Le nouveau Tribunal, témoin de cette horreur, & vengeur né d'une violation
de dépôt dont il a l'infpection, n'ofa connoître
du vol, car c'en étoit un, commis au nom du R..,
& févir, comme il l'auroit dû, contre le Miniftre
prévaricateur.

Cette iniquité donna lieu de s'entretenir d'une
autre, exercée précédemment, moins forte, & par
laquelle le Contrôleur général s'effayoit fans doute
à un genre de vexations extrêmement commode pour
lui & fes amis, ou plutôt fes créatures, car il ne
pouvoit connoître les doux fentimens de l'amitié.

En 1771, après avoir écarté la Magiftrature qui
le gênoit, il forma le projet de donner un libre
cours au monopole fur les bleds, qu'il n'avoit encore
exercé qu'en partie & pour fon compte particulier:
il en voulut faire une reffource d'Etat, rendre le
Roi monopoleur lui-même, & affocier le Monarque
à fa cupidité fordide. Il lui falloit pour cet objet
un homme abfolument voué à fon fervice, qui fe
laiffât mouvoir comme il voudroit, qui n'eût pas
honte de paffer pour fon agent, qui ne frémît pas
de s'afficher pour fon bourreau, en fecondant fes
opérations infernales qui devoient affamer le Royau-

me. Le Sr. B......de S....P.... lui parut le
perfonnage convenable : c'étoit un Maitre des Requêtes ruiné, un fuppôt du Defpotifme, en un mot,
pour le peindre d'un feul trait, un favori du Chancelier. L'Abbé lui propofa de le faire Intendant du
Commerce. Celui-ci fentit fon ambition s'éveiller,
mais il ne diffimula pas qu'il étoit hors d'état de
faire une pareille acquifition. Le Miniftre le raffura, en lui apprenant qu'avec l'aide de M. de Maupeou il comptoit lui faire avoir cette charge à bon
compte. Il y en avoit une vacante depuis plufieurs
années, qui appartenoit aux héritiers de feu M. Potier. Ceux-ci, jufqu'alors, avoient eu défenfes de
vendre cette charge ; il leur en donna l'agrément,
mais fous condition : 10. de la vendre à un acquéreur défigné, qui fe trouva bientôt être le Sr. B.....
de S....P....: 20. de recevoir en principal payement des papiers, perdant énormément fur la place.
Ceux-ci repréfenterent l'injuftice d'un pareil ordre,
ils eurent recours à leurs protections. Leur réfiftance
fut inutile. Le Cardinal de Gefvres, qui s'étoit
mêlé de la négociation, reçut du Contrôleur général
une réponfe, où il marquoit à Son Eminence : „Que
„ fi les héritiers du Sr. Potier fe refufoient aux pro-
„ pofitions du Sr. de S....P...., ils obligeroient
„ S. M. de fupprimer cette charge, qui ne leur fe-
„ roit rembourfée qu'en Contrats à 4 pour 100, per-
„ dant alors 65 pour 100 fur la place; & *fufcep-*
„ *tibles de réduction,*" ajoutoit pour confolation le
Miniftre.

Malgré cette Lettre impérative, M. de Fays, Confeiller à la Cour des Aides, fondé de procuration
d'un des héritiers, traînoit en longueur, formant ex-

près des difficultés toujours renaiffantes, dans l'efpoir
de gagner du tems & d'attendre des événemens plus
favorables ; mais il reçut bientôt une Epitre trop courte & trop remarquable pour ne pas la configner
ici en entier :

„ Monfieur, je viens d'apprendre que, comme fon-
„ dé de procuration d'un des héritiers de feu M.
„ Potier, Intendant du Commerce, vous vous op-
„ pofez feul aux arrangemens qui ont été provoqués
„ par M. le Chancelier & moi, au fujet de la vente
„ de la Charge d'Intendant du Commerce à M. de
„ S.... P...., & fur laquelle on a donné les paro-
„ les les plus pofitives, en préfence de M. Berthier,
„ Intendant de Paris, & de Me. Laideguire, Notai-
„ re. Je dois vous prévenir, que l'intention du Roi
„ eft de ne donner l'agrément de la Charge dont il
„ s'agit, à perfonne autre que M. de S.... P.....
„ La finance de cette Charge fera rembourfée en
„ Contrats à 4 pour 100, &c."

M. de Fays, qui favoit parfaitement que l'Edit de
fuppreffion étoit déjà tout dreffé chez l'Intendant des
finances ; qui ne defiroit qu'obtenir par fa feinte
réfiftance un titre pour fe difculper vis-à-vis de fon
commettant, & ménager à celui-ci un moyen de revenir contre une vexation auffi manifefte, fe rendit
& ne tarda pas à conclure. Mais il fut la victime
de fon zele, & là déroute de la Cour des Aides
ayant fuivi peu après, M. l'Abbé Terrai recomman-
da ce Magiftrat à M. le Chancelier, & il fut compris dans le petit nombre des trois Confeillers de cette Cour exilés. Outre la fatisfaction de fe venger
d'un homme qui avoit contrarié fes volontés, ces
deux tyrans de la France, alors réunis enfemble,

avoient

avoient l'efpoir de faire retrouver la Lettre déjà ci-
tée ci-deſſus, en mettant bruſquement les ſcellés
chez M. de Fays, & de l'enlever enſuite. Mais
plus fin qu'eux, & ſachant qu'il y avoit tout à craindre de pareils perſonnages, l'Exilé avoit pris ſes
précautions, il avoit conſigné ce dépôt précieux en
mains ſûres, & l'Abbé ne put le ravoir.

Au reſte, il eut aſſez peu de vergogne pour ſe
conſoler de ne pas recouvrer une pièce auſſi con-
vaincante de ſon deſpotiſme : il ne rallentit point
ſes vexations, & les exerça tour-à-tour contre les
différens Corps qu'il vouloit rançonner. Indépendamment du Clergé, qu'il mit dans une grande agi-
tation, à l'occaſion d'un Don Gratuit extraordinaire
qu'il lui demanda, il inquiéta la Chambre des Comptes, à laquelle il en vouloit beaucoup, mais dont
la baſſeſſe & l'abjection auprès du Chancelier enga-
gerent ce Chef ſuprême de la Juſtice à la couvrir de
ſon égide. Malgré cette protection, il trouva encore de quoi la tourmenter. Il ſe fit même une querelle vive avec le Premier Préſident, dont les ſuites
auroient pu aller loin, s'il n'avoit mis dans ſes intérêts la Favorite. Il s'agiſſoit de couvrir les friponneries des comptes du tréſor royal, où des ſommes
conſidérables ſe trouvoient paſſées en dépenſe ſans
les pièces juſtificatives eſſentielles. Comme la Chambre a de tout tems été chargée de l'examen de cette
comptabilité; qu'elle eſt fort préciſe, fort ſtricte,
pluſieurs de ces comptes reſtoient en ſouffrances.
Le Miniſtre ou ſes agens imaginerent, à la faveur
d'un Lit de Juſtice, tenu en Mars 1772, pour y
faire enrégiſtrer une multitude d'Edits, Déclarations,
Lettres patentes, que la Cour en queſtion refuſoit

F

d'accepter, comme ne reconnoiſſant pas le nouveau
Tribunal auquel ils avoient paſſé, de gliſſer un Arrêt du Conſeil, revêtu des formalités uſitées, portant ordre d'agréer leſdits comptes, ſans aucun égard
aux obſervations, ſouffrances, radiations, dont ils
étoient chargés. S. M. y vouloit en outre qu'à l'a-
venir les gardes du tréſor royal comptaſſent par bref
état au Conſeil. Elle ôtoit ainſi deſormais la connoiſſance de cette partie eſſentielle de la comptabilité à la Chambre des Comptes, & retranchoit à
Mrs. les Epices qui en revenoient: ce qui les touchoit
plus eſſentiellement. Le Premier Préſident, inſtruit
du projet, s'en plaignit à l'Abbé Terrai: celui-ci lui
répondit que l'Arrêt du Conſeil étoit retiré, & qu'il
ne ſeroit pas préſenté. En effet il avoit affecté de
le faire redemander la veille au Comte de la Marche, chargé de l'expédition. Quelle ſurpriſe ne fût-
ce pas pour la Chambre de le voir reparoître, &
venir en ordre d'enrégiſtrement au Lit de Juſtice!
M. de Nicolaï ne put s'empêcher d'en témoigner
ſur le champ ſon indignation à S. A., en lui faiſant
part de la dépêche du Miniſtre. Il la pria de vouloir bien en parler au Roi au nom de la Compagnie, & de ſuite en porta de juſtes plaintes à M. le
Chancelier, auquel il rendit compte de toute l'affaire.

On crut dans le tems que cette découverte ſuffiſoit
pour faire diſgracier l'Abbé Terrai, d'autant qu'il
commençoit à être mal avec le Chancelier, & que
celui-ci ne demandoit pas mieux que de pouvoir lui
faire une querelle auprès du Maître; mais plus ſin
que ſon rival, il étoit mieux que jamais avec la Favorite, & il ne redoutoit rien du Monarque indo-

lent avec un tel appui. Au fond, il faifoit tout ce
qu'il vouloit, il étoit fouverain dans fa partie, &
tous les autres Miniftres, qui ne peuvent rien fans la
finance, dépendoient de lui.

On ne pouvoit fe laffer d'admirer l'art avec lequel il varioit merveilleufement fes diverfes manieres
de vexer les fujets, au moyen de fon pouvoir indéfini, tantôt par des impôts directs, tantôt par des
impôts détournés, d'autres fois par des retranchemens ou par des fouftractions abfolues. Il pouffoit l'in-
duftrie de fon génie fifcal au point de préfenter
comme une faveur, ce qui au fond étoit une injuftice réelle. Il venoit de donner un exemple de cette
derniere efpece dans fon Arrêt du Confeil, du 13
Février, qui, fuivant le titre, *fixoit le tems dans le-*
quel feroit fait le payement des effets qui reftoient à
rembourfer à la caiffe des amortiffemens, & dans le
cours de cette loi portoit un retard véritable, fous
prétexte que le Roi s'étant fait rendre compte des
recouvremens deftinés au rembourfement des Contrats & Effets au porteur qui reftoient à rembourfer,
avoit reconnu que, malgré la diligence qui y avoit
été apportée, lefdits recouvremens ne fuffifoient
pas; en conféquence avoit jugé néceffaire de déterminer (c'eft à-dire de réculer) les époques indiquées
des rembourfemens en queftion. Voilà ce qu'on y
démêloit. Malgré le galimathias de fa conftruction,
on fut bientôt ce dont on fe doutoit, pourquoi les
recouvremens fur lefquels on comptoit, n'avoient
pas été verfés à la Caiffe des amortiffemens, c'eft
qu'on avoit mis la main deffus pour d'autres ufages.

Il y avoit longtems qu'on n'avoit ri fur le compte
de l'Abbé. On le fit à l'occafion du rembourfement

des Offices fupprimés. Rien de plus fingulier que
la maniere dont l'opération fe confommoit au tréfor
royal. Après avoir liquidé votre office, on vous
faifoit donner une quittance, comme fi vous aviez
reçu le prix en efpeces fonnantes, en or, argent &
monnoye ayant cours : puis on vous retiroit cette
quittance fans vous en donner un fols, & l'on vous
fourniffoit un Contrat fur le Roi, comme fi de votre plein gré vous aviez prêté à S. M. le montant
de ladite fomme. C'eft pour plaifanter fur cette comédie qu'on répandit l'épigramme politique fuivante,
peu digne d'être recueillie comme piece littéraire,
mais précieufe & importante comme piece hiftorique.

Sur les Liquidations du Parlement.

Venez, Meffieurs du Parlement,
Liquider chacun votre office :
L'Etat veut vous rendre fervice :
Tout eft prêt pour le payement.
Reconnoiffez légalement,
Par quittance devant Notaire,
Avoir reçu la fomme entiere,
La finance & le fupplément.
Mais où l'argent, le numéraire,
Vous écriez-vous vivement ?
Pour gens confommés en affaire
Vous raifonnez bien gauchement !
L'argent eft un metal folide,
Il s'agit ici de liquide :
Ne veuillez tant vous intriguer,
On veut à tous vous déléguer
Une Rente nette & bien claire
Sur les brouillards de la riviere.

Ce qui contribuoit peut-être davantage à enhardir l'Abbé Terrai dans fes opérations defpotiques & ruineufes pour tous les Corps, c'eft qu'il fentoit le moment plus favorable que jamais, non-feulement par le filence des loix & de leurs organes, mais par la confiance plus intime de Madame Dubarri, qui avoit befoin de lui alors. Il l'avoit fait revenir infenfiblement de l'efpoir chimérique de jouer le rôle de Madame de Maintenon, & d'être reine de France; par conféquent il lui avoit démontré l'inutilité de la diffolution de fon mariage; coup d'éclat, fufceptible de beaucoup de difficultés à Rome, de beaucoup de fcandale ici, & de lui aliéner le Clergé, jufques-là dans des difpofitions affez favorables à fon égard. Il lui propofa feulement une chofe qui auroit le même effet, quant au civil, point le plus effentiel; c'étoit de fe faire féparer de corps & de biens de fon mari, ce qui la mettroit en état de faire en fûreté & de fon propre mouvement toutes les acquifitions qu'elle voudroit. Il fit plus, il fe préfenta comme pouvant, par fa connoiffance dans ces fortes d'affaires, diriger toute la procédure. Affurément celle-ci ne devoit fouffrir aucune difficulté de la part du Sr. D..... de V......., Lieutenant Civil, qui par fa lâche défection fe trouvoit obligé d'être le très humble ferviteur de Madame la Comteffe & de M. l'Abbé. Il fe prêta à tout ce qu'on voulut, & fi la chofe traîna en longueur, ce fut par une politique de l'Abbé, qui fe ménageoit plus d'occafions de voir en fecret la Favorite, & de fupplanter d'autant le Chancelier. Celui-ci, malgré toute fon aftuce, eut la douleur de fe voir le feul délaiffé dans une opération qui auroit dû rouler en entier fur lui;

& ce qui le fâcha le plus, ce fut la connoiſſance
certaine qui en réſulta dans tout Paris, de la nullité
de ſon crédit auprès de la Maîtreſſe.

Une avanie faite à ſon rival, à Verſailles, en
préſence d'un grand nombre de ſpectateurs, conſola
un peu M. de Maupeou, & lui fit circuler un inſtant
le ſang avec plus de liberté. Un jour qu'il y avoit
beaucoup de monde à la cour, de jeunes Seigneurs
& des Militaires cauſant dans l'antichambre qui pré·
cede l'Oeil de bœuf, virent entrer l'Abbé Terrai.
Comme ils lui en vouloient, ils profiterent du tumulte de la cohue pour lui faire une niche. Quand
il fut un peu engagé dans la foule, ils l'entourerent
& lui ſerrerent les côtes, tellement qu'il ſe plaignit
douloureuſement & demanda grace pour qu'on le
laiſſât paſſer. Dans le même tems arrive M. le Marquis de Muy, premier maître d'hôtel de Madame la
Comteſſe de Provence. Alors les rangs s'ouvrent;
ce Seigneur traverſe librement, & une voix s'écrie
de façon à être entendue du Contrôleur général:
On ne fait place ici qu'aux honnêtes · gens.

Mais à cette courte joie ſuccéda une crainte plus
durable, par un bruit qui ſe répandit d'une manœuvre de l'Abbé Terrai, dont le réſultat devoit être
une liaiſon plus intime & très ſolide entre lui & la
Comteſſe. Il ſe mit dans la tête de fournir une maîtreſſe au Roi, non en ſupplantant la Favorite, coup
de parti trop périlleux pour l'entreprendre, mais en
faiſant agréer à elle même ſon deſſein.

On a parlé de la bâtarde qu'il avoit eue d'une
ancienne maîtreſſe, Madame de Clercy, qu'il avoit
mariée enſuite à un frere de la Baronne de la Garde,
à condition que l'époux ne toucheroit point à un mor-

ceau que l'Abbé, fans vergogne aucune, s'étoit réfervé.
C'eft cette jeune perfonne, appellée Madame d'Amerval, qu'il propofa à Madame Dubarri de mettre dans
le lit de S. M. Il lui fit entendre que le meilleur moyen
de fe maintenir en faveur étoit de fe prêter au goût
changeant du Monarque pour le plaifir phyfique, &
de fuivre l'exemple de Madame de Pompadour, à
qui ce rôle avoit parfaitement réuffi. Il lui préfenta
le fujet, dont l'extrême jeuneffe, la vivacité, l'é-
tourderie, l'enfantillage, plurent à Madame Dubarri, d'autant qu'elle crut n'avoir aucune défiance à
prendre d'une pareille folle. Elle la goûta donc;
elle lui fit préfent d'un très beau collier. Elle amufa fon augufte amant de ce joujou, fans qu'on fçut
bien au jufte jufqu'où avoit été la fantaifie du Monarque; & fi le Bonneau moderne n'en retira pas
tout l'avantage qu'il en efpéroit, au moins n'en fût-
il que mieux auprès de la maîtreffe & du royal
amant.

L'effentiel étoit de ne jamais laiffer Madame Dubarri manquer d'argent. Son luxe augmentoit journellement, & c'étoit de petits revenans bons conti-
nuels qu'il lui falloit ménager. L'opération de M. le
Chancelier lui fournit un moyen naturel d'y fatisfaire. Il faifoit dans les charges de finance le boule-
verfement que l'autre avoit caufé dans celles de Magiftrature : il fupprimoit un ancien titulaire & en
créoit un nouveau : il rembourfoit le premier en par-
chemin, & faifoit payer le fecond en efpeces réel-
les. Il parcourut ainfi prefque tout le cercle de la
finance, qui dépendoit de lui. Auffi l'on ne peut
rendre la défolation que ces deux hommes cauferent
ainfi dans un grand nombre de familles de la France.

par cette multitude effroyable de fuppreffions qui
s'augmentoit de plus en plus. On ne parloit que de
banqueroutes, de bilans mis au greffe, de fuicides,
&c. On avoit compté, en 1771, 2350 bilans dé-
pofés aux Confuls & 200 fuicides, & l'on comptoit
que ces deux calamités ne feroient que s'étendre &
s'accroître en 1772. On connoiffoit 13 fuicides au
mois de Janvier.

Le coup qu'il porta bientôt aux payeurs des Rentes étoit très propre à occafionner de nouveaux malheurs. On fe plaignoit depuis longtems de ces financiers ; on prétendoit qu'il étoit démontré qu'ils
avoient reçu fur 1771 plus de fept millions qu'ils n'a-
voient payé. L'Abbé Terrai partit de là pour exécuter un projet qu'il méditoit depuis longtems, non
pour faire rendre juftice au public, par un exemple
éclatant exercé fur les prévaricateurs, par un procès
en regle qu'on leur feroit, comme coupables de pé-
culat, mais pour commettre une nouvelle injuftice,
dont la fin derniere étoit toujours de tirer de l'argent. Le bruit courut qu'il alloit fupprimer toutes
ces charges. Comme ces financiers tenoient par eux
ou par leurs affociés, créanciers, &c. à une grande
partie de la ville, il en réfulta une clameur vive &
multipliée, qui fit fubir au Miniftre des affauts de
toute efpece ; il les foutint avec fon imperturbabilité
ordinaire.

La Compagnie des Payeurs des Rentes fut en députation à fon audience, pour lui porter fes doléan-
ces fur l'état affligeant où elle alloit fe trouver, tant
par la fuppreffion de grand nombre d'entre eux que
par l'augmentation de finance que les reftans feroient
obligés de fupporter. Ces repréfentations très piteu-

fes,

fes, écrites fans noblesse, même bassement, n'étoient pas destinées à produire plus d'effet.

Tous les Grands de la Cour, les Princes, Madame la Dauphine même, interposerent en vain leur crédit. Il fut inflexible. On rapporta, comme un trait de barbarie, qui cependant étoit très commun de sa part, qu'à l'égard de l'un de ceux en faveur desquels on cherchoit à exciter sa commisération par l'exposé de l'indigence absolue où il alloit se trouver, il avoit répondu: *Qu'il porte un mousquet!*

Enfin parut l'Edit, enrégistré le 4 Juin. Le préambule disoit que l'attention que donne S. M. aux différentes parties de l'administration de ses finances, & l'intention dans laquelle elle est de les améliorer successivement, l'a déjà portée à supprimer par un Edit du mois de Mars dernier, plusieurs Tréforiers & Payeurs, dont les fonctions pouvoient être utilement remplies par d'autres officiers déjà existans, que les Rentes sur l'Hôtel de la bonne ville de Paris augmentées par les emprunts..... ont des Rentes..... Maintenant qu'Elle est véritablement occupée d'augmenter ses revenus & d'éteindre ses dettes par des remboursemens, elle a pensé qu'à l'exemple de ce qu'a fait son auguste prédécesseur en 1714, Elle pouvoit réduire le nombre des Payeurs...... d'autant que la masse desdites rentes diminue chaque année par l'extinction des rentes viageres qui en font la plus grande partie. Elle espere que les 30 Payeurs & Contrôleurs conservés, en vertu du présent Edit, en exercice plus important, se livreront entiérement à leur état, & qu'en se conformant à ce qu'Elle prescrit pour rendre leur service plus exact

& moins lent..... les propriétaires defdites Rentes n'effuyeront ni difficultés ni retard.

Tout étoit faux & illufoire dans ce préambule, car non-feulement la maffe des Rentes ne diminuoit pas par l'extinction des viageres, mais elle augmentoit, puifque dans ce moment même on venoit d'ouvrir un nouvel Emprunt, & les propriétaires des Rentes n'en devoient pas être mieux payés, puifque loin de faire plus de fonds on les diminuoit. Enfin l'endroit où le Contrôleur général faifoit dire à S. M. qu'Elle étoit enfin véritablement occupée d'améiiorer fes re-venus & de payer fes dettes, donnoit à entendre que fes promeffes à cet égard, tant de fois réitérées, avoient jufques-là été fauffes. Et qui pouvoit garan-tir qu'elles fuffent plus vraies alors?

Le vrai but de ce revirement étoit donc encore d'avoir de l'argent, les fupprimés ne devant être rembourfés qu'à des époques éloignées, & qu'il fe-roit aifé de reculer, à raifon de leur comptabilité. Les confervés étoient obligés de fournir chacun une augmentation de finance de 175,000 Livres, à laquel-le ils étoient aftreints : les Contrôleurs, en même nombre, devoient donner aufli chacun 88,coo Li-vres : enforte que les uns fe trouvoient prefque autant embarraffés que les autres, au moyen de cette nou-velle vexation ; car l'Abbé ne laiffa point les reftés en pied tranquilles qu'ils n'euffent fatisfait au fupplé-ment, & fe montra très difficile, au contraire, très-inacceffible à ceux qui réclamoient leur rembour-fement.

M. le Duc de Noailles ayant écrit à ce Miniftre en faveur d'un Payeur des rentes fupprimé, dont ce

Seigneur lui expofoit le trifte fort; il lui répondit qu'il en étoit très touché, mais qu'il étoit obligé, par devoir, en fa qualité de Contrôleur général, d'améliorer les revenus du Roi; qu'il ne pouvoit y parvenir fans beaucoup de changemens, & que celui-ci n'étoit pas le dernier.

Cette Lettre fut incontinent répandue dans Paris, & ne fit qu'augmenter & étendre la frayeur générale: la Chambre des Comptes furtout en conçut un redoublement de terreur. Depuis long-tems on parloit de la fuppreffion de cette Cour. Sa lâcheté dans les circonftances critiques où s'étoit trouvée la Magiftrature l'année précédente, lui avoit valu de la part du Chancelier une protection qui l'avoit raffurée contre l'Abbé Terrai qui, fans en fupprimer tout-à-fait ou en rien les offices, pouvoit porter à ce Tribunal des coups fenfibles par des retranchemens douloureux; & c'eft ce qu'il fit, en leur ôtant la connoiffance de certains comptes, & diminuant les épices des autres, en fupprimant des droits utiles dont elle jouiffoit depuis longtems.

Il n'eft pas jufqu'à l'Univerfité de Paris, ce corps antique & refpectable, honoré de la bienveillance de nos Rois, la mere des fciences & des arts en France, qui ne reffentît les atteintes de l'Abbé Terrai. Elle doit, fuivant le projet de la nouvelle place de Ste. Génevieve, occuper un des côtés & figurer vis-à-vis les Ecoles de Droit déjà conftruites. Elle avoit préfenté au commencement de l'année les Plans au Roi. S. M. les avoit approuvés, en demandant combien ce'la coûteroit? Le Recteur ayant répondu à S. M. que le devis étoit d'un million, la dépenfe avoit paru forte. Le Monarque infiftant

pour connoître les reſſources de l'Univerſité, il
avoit avoué que par diverſes économies on avoit déjà en caiſſe environ 200,000 Livres; que d'ailleurs
on ſe propoſoit de faire un emprunt ſur 30,000 Livres de rentes ſur les Poſtes, dont jouiſſoit l'Univerſité.

M. l'Abbé Terrai inſtruit de la converſation ne
l'avoit pas oubliée, & quelque tems après il envoya
chercher le Recteur; il exigea les 200,000 Livres
en caiſſe; il ôta les 30,000 Livres de Rentes ſur les
Poſtes, & lui dit d'annoncer à ſon Corps que S. M.
le chargeoit du bâtiment; & que les membres de
l'Univerſité fuſſent tranquilles & ne s'inquiétaſſent de
rien. On ne ſait s'il a rendu l'argent ou les rentes,
mais il n'y a pas encore une pierre de placée pour
la conſtruction de l'édifice.

C'eſt pour exprimer cette inſatiable cupilité de
l'Abbé, qu'un ſatyrique ayant fait des deviſes qui
parurent alors ſur les Miniſtres, la Cour & autres
Corps, lui en donna une très énergique; ſon emblême étoit une ſang-ſue avec ce vers d'Horace: *Non
miſſura cutem, niſi plena cruoris.*

Il n'y eut pas juſqu'au Clergé qui, aſſemblé cette année, pour un ſecours extraordinaire demandé,
dans ſon diſcours au Roi ne put s'empêcher de ſe
plaindre de la déprédation des finances & de la rapacité du Miniſtre. M. l'Archevêque de Touloue
qui parloit au nom de ſon Ordre, que ſon attachement au Duc de Choiſeul ne pouvoit que rendre ennemi de l'Abbé Terrai, profita de l'occaſion & ſe
permit des phraſes très fortes ſur ſon compte. On
obſerva en effet à ce ſujet que depuis ſon avénement
à la charge de Contrôleur général à la fin de 1769,

il y avoit plus de 180 millions *paſſés en acquits du comptant*, c'eſt-à-dire, dont l'objet de dépenſe n'étoit point aſſigné.

Qui le croiroit cependant, dans quelques brochures du nombre de celles que le parti oppoſé à M. le Chancelier enfantoit journellement, on excuſoit ce Miniſtre, du moins on atténuoit ſes forfaits, comme moindres que ceux du Chef ſuprême de la Juſtice! Nous avons expliqué plus haut quelle différence cependant il falloit mettre entre ces deux fléaux. C'eſt ſurtout dans quelques endroits du livre de la *Correſpondance*, & dans la partie intitulée *Les Œufs Rouges*, où l'auteur affectoit de ménager cet ennemi de l'Etat. Mais il faut attribuer cette réſerve plutôt à une politique adroite, qu'à une conviction intime, que l'Abbé Terrai fût moins coupable que M. de Maupeou. Il étoit eſſentiel de maintenir la déſunion établie entre ces deux fameux ſcélérats, de l'augmenter, s'il étoit poſſible, d'exciter encore plus de jalouſie entre eux, de les rendre ennemis irréconciliables, & de les encourager à ſe détruire mutuellement. Par une prévoyance trop fondée, il étoit à préſumer que la France n'auroit pas ſitôt cette ſatisfaction tant attendue & auſſi complette; mais il y avoit à parier que le Chancelier ſuccomberoit au moyen de la réunion de ſon adverſaire avec M. le Duc d'Aiguillon & Madame Dubarri. Celui-là n'avoit aucun eſpoir de troubler ce Triumvirat, fondé d'une part ſur l'intimité la plus grande entre le Miniſtre des Affaires Etrangeres & la Comteſſe, & de l'autre ſur le beſoin continuel que celle-ci avoit du Contrôleur-général, qui verſoit chez elle ſans relâche les tréſors de la France. Il n'en intriguoit pas

moins en cherchant à fusciter des ennemis à l'Abbé,
en ameutant les Corps contre lui : c'est dans cet efprit vraisemblablement qu'il devint le protecteur de
la Chambre des Comptes.

Celle-ci fortement touchée par les réductions du
Ministre des finances, fatiguée des conversations que
ses chefs avoient avec lui, dont il ne résultoit jamais
rien d'efficace, eut recours au premier. Elle lui fit
une députation : il la reçut avec l'accueil gracieux
qu'il savoit faire aux gens qu'il vouloit se concilier.
Il convint que M. le Contrôleur général avoit tort
de prétendre assimuler les membres de la Chambre
des Comptes à ceux du Parlement, dont les Charges n'étoient que purement honorifiques ; dont les
travailleurs d'ailleurs étoient amplement dédommagés
par des épices particulieres, tandis qu'eux étoient
sans relâche occupés-à chiffrer, à calculer, à se cas-
fer la tête, par un travail qui ne satisfaisoit ni l'efprit ni le goût. Il les persifla longtems de la sorte,
& finit par leur promettre ses bons offices auprès
du Roi.

L'Abbé Terrai sentit alors qu'il ne falloit pas
heurter de front la Chambre ; il redoubla de dissimu-
lation avec elle, il chercha seulement à gagner du
tems : il dit aux députés qu'il travailleroit à consolider leur état, à calmer leurs craintes & à faire ensorte que les intérêts de leurs offices se rapprochas-
sent un peu plus de la finance. Si ces Messieurs
avoient pu se flatter d'avoir inspiré quelque commisération envers eux dans le cœur de ce Prêtre barbare,
ils en auroient été bientôt détrompés par un trait
arrivé à ce même voyage : nouvelle preuve que ses
entrailles se rendurcissoient, s'il étoit possible. Tou-

te la cour, témoin de l'action, qui caractérisoit de plus en plus l'atrocité de son ame, en fut indignée. Un particulier, pere de seize enfans, réduit à la mendicité, ou du moins à la plus grande détresse par les suppressions, réductions & soustractions totales de cet impitoyable Contrôleur, étoit venu chercher du secours. Il avoit été introduit auprès de Madame la Dauphine. Cette Princesse avoit été émue de son sort, ainsi que Madame la Comtesse de Provence, Mesdames, &c. Elles avoient intercédé pour lui auprès du Contrôleur général, qui n'avoit eu aucun égard à leur réclamation. Le pere infortuné, dans son désespoir, demanda à l'Abbé ce qu'il feroit de ses seize enfans, s'il falloit les égorger? *Peut-être leur rendriez-vous service*, répondit de sang-froid ce tigre inhumain. Heureusement instruit d'une place vacante, il en avertit Madame la Dauphine, qui convoqua sur le champ la Famille Royale, manda l'Abbé, lui dit savoir qu'il avoit à disposer de telle charge; qu'elle vouloit que son protégé l'eût, & qu'on prît pour comptant les papiers qu'il avoit reçus en remboursement. Le Ministre vouloit éluder, mais les Princesses étoient trop persuadées de sa mauvaise foi, elles le presserent fortement, & l'obligerent d'exécuter ses promesses sous leurs yeux.

Tandis que l'Abbé Terrai tenoit cet horrible propos, il ne cessoit d'accumuler l'or pour son propre compte. Un trait d'avarice sordide qu'il se permit pendant le même voyage de Compiegne lui auroit coûté cher, s'il n'eut eu la présence d'esprit de sacrifier une partie de son bénéfice pour conserver le reste. Il venoit de renouveller le bail des poudres, & il s'étoit fait adjuger cent mille écus pour pot de

rin. Ce pot de vin énorme, & bien au deſſus du
taux ordinaire, fit beaucoup de bruit à la cour. Il
fut que ce bruit étoit venu aux oreilles du roi; que
S. M. en avoit paru très mécontente, & que des
courtiſans officieux n'avoient pas manqué de le deſ-
ſervir en aigriſſant ce Monarque. Le Chancelier
n'y avoit pas contribué pour peu. Il prit ſon parti:
il fut ſur le champ trouver la Favorite, & lui fit le
ſacrifice complet de cette ſomme. Il lui apprit qu'il
n'avoit jamais eu qu'elle en vue, mais qu'il avoit
cru devoir ne pas la compromettre, & ſe rendre ſeul
coupable de l'iniquité aux yeux des Fermiers. Le
Roi étant venu plaiſanter avec ſa maîtreſſe ſur ce
tour de M. l'Abbé, la trouva très diſpoſée, au contraire, à prendre la défenſe d'un agent auſſi utile.
Elle prouva à S. M. que tout ce qu'on lui avoit dit
n'étoit que méchanceté & calomnie; que ce Miniſtre
des finances étoit un homme admirable, délicieux,
plein de reſſources: enſorte que cette extorſion n'eut
aucune ſuite fâcheuſe, & ſi elle ne tourna pas au
profit de la bourſe de celui-ci, elle ſervit du moins
utilement ſon ambition. D'ailleurs, il faut mettre en
ligne de compte 30,000 Livres de rentes qu'il fit
avoir ſur le bail en queſtion à Madame d'Amerval,
ſa bâtarde, ſans qu'elle eût fait de fonds.

Le ſervice que Madame Dubarri venoit de rendre
à l'Abbé Terrai, étoit trop important pour ne le pas
faire paſſer par deſſus une mortification que lui donna le beau-frere peu après. Celui-ci, très inſolent
de ſon naturel, l'étoit encore plus par les circonſtances: il eut envie de récompenſer un Sr. Deſſain,
ſon confident & ſon compagnon de plaiſirs; il voulut lui procurer un emploi aux Fermes, auquel on

avoit déjà nommé. Il ne daigna pas employer le
Contrôleur général, de qui la place & les Fermiers
généraux dépendoient ; il fut tout fimplement au Comité manifefter fes intentions. Les chefs faifant
quelque réfiftance fur l'impoffibilité de faire rétro-
grader un bon fujet déjà inftallé, le Comte Dubarri
s'échauffa, leur demanda s'ils ne le connciffoient
pas, s'ils croyoient qu'il fe fût donné la peine de les
venir folliciter pour une chofe ordinaire ; s'ils ignoroient enfin que c'étoit lui qui foutenoit leur chef
fuprême, l'Abbé Terrai, qu'il feroit cheoir quand
bon lui fembleroit. Les Fermiers généraux, ater-
rés par ce ton impérieux, n'attendirent pas même
la décifion du Miniftre, & accéderent à tout ce
qu'exigea le Comte.

Le Contrôleur général fournois n'ofa rien dire,
mais il ne fut pas moins fenfible à une infulte d'autant plus grande qu'elle lui étoit faite devant fes fubalternes, dont le refpect pouvoit être fort atténué
par un pareil propos. Comme heureufement le
beau-frere avoit auffi compromis le Duc d'Aiguillon
dans l'énumération des actes de fon pouvoir, il excita l'animofité de ce grand feigneur ; & il paroît qu'ils
obtinrent pour fatisfaction que le Comte difparoî-
troit pour quelque tems, & fe retireroit dans fon
pays.

Deux occupations partageoient principalement la
vie de l'Abbé Terrai: celle de fe foutenir contre
les menées fourdes de fes ennemis, & celle de s'en
procurer les moyens en ne manquant jamais d'argent. Car il n'avoit pas plutôt ufé d'un expédient
qu'il falloit avoir recours à un autre, furtout alors,
où tous les nouveaux canaux qu'il avoit ouverts

pour amener plus abondamment les fonds, n'avoient pas encore un cours bien libre. Il en ouvrit un cette année, plus fécond que plusieurs réunis ensemble : il fit publier un Arrêt du Conseil portant ouverture du centieme denier dû par les officiers de Justice, Police, Finances, &c. pour l'année prochaine 1773 & les suivantes, & portant réglement pour les revenus casuels.

Ce moderne chef-d'œuvre du génie fiscal, en 48 articles, étonna les plus habiles financiers. On sut qu'on le devoit aux soin du Sr. le Seurre, premier Commis des Parties Casuelles, dont les talens dans cette matiere se développoient de plus en plus sous la féconde influence de l'Abbé Terrai. On les trouva infinement supérieurs à ceux de M. *Tontin*, qui a imaginé les Tontines, & de M. *Paulet*, auteur de la Paulette. Quelques plaisans appellerent ce nouveau Droit *La Seurrette*. Il eut été à souhaiter, pour la gloire de l'inventeur, que ce mot fût resté & eût passé à la postérité la plus reculée.

Au reste, ce talent merveilleux du Ministre des Finances à ne rester jamais court, & à trouver toujours de l'argent lorsqu'il en falloit pour les besoins & les plaisirs de la cour, faisant présumer qu'on ne pourroit jamais se déterminer à le renvoyer, produisit un effet tout opposé à celui qu'on devoit en attendre. On ne pouvoit se persuader qu'il voulut toujours faire du mal, & l'on crut qu'il chercheroit enfin à réparer celui qu'il avoit fait. C'est par ces réflexions qu'il faut résoudre le problême que tous les gens d'affaire agitoient alors, ils se demandoient comment, dans le discrédit général où étoit l'Etat, au milieu des violations de foi multipliées qu'on citoit journellement, les papiers publics remontoient & se soutenoient beaucoup moins bas depuis quelque tems? Quelques-uns l'attribuoient à la nécessité où se trouvoient les capitalistes de donner un emploi à leurs fonds, & de placer un argent qu'on étoit las de garder oisif : d'autres, à l'affectation qu'avoit le Contrôleur général d'assurer qu'il ne se piquoit point de faire les remboursemens qui n'étoient pas de son ressort, tels que ceux des diverses charges de Magistrature anéanties par le Chancelier, mais bien ceux entrés dans son plan d'administration. Ces considérations pouvoient entrer pour quelque chose dans la confiance renaissante: mais ce que nous avons dit ci-dessus en étoit le principal véhicule. Car ceux qui avoient les vues plus longues, ou connoissoient mieux le fond du cœur de ce Ministre, défini par un de ses confreres, (M. Freteau, Conseiller au Parlement), *l'homme le plus capable d'opérer le bien, & le moins capable de le vouloir,* n'étoient point dupes de ces raisonnemens illusoires; ils observoient comme une preuve visible de sa mauvaise administration, & du peu de souci qu'il avoit de l'améliorer, que malgré tous les beaux préambules, malgré toutes ses promesses, tous ses sermens faits à la Nation, que les moyens extrêmes qu'il avoit pris étoient nécessaires pour prévenir des suites plus funestes, & que l'origine du désastre venant de la facilité avec laquelle on avoit mangé par anticipation les revenus de l'Etat, il alloit remédier à ce principe vicieux, on mangeoit encore d'avance; ce qui se démontroit par les nouvelles rescriptions que fournissoient les Receveurs généraux des finances, & par son empressement à renou-

veller les Baux d'affaires, qui devoient durer encore
quelques années: telle étoit celle des droits réfer-
vés, dont le Bail ne devoit recommencer qu'en 1775,
& fur lequel on exigeoit déjà des à compte des Régiffeurs, cette année 1772.

L'audace de l'Abbé Terrai à ériger en charge la
Commiffion de Receveur des Vingtiemes, ne fit
qu'augmenter la mauvaife opinion des politiques un
peu fins. Les bons patriotes ne purent voir fans
frémir un tel arrangement. C'étoit annoncer bien
clairement que, loin de fonger à éteindre l'impôt,
on avoit le projet de le continuer à perpétuité. La
maniere dont fe fit ce revirement, étoit une nouvelle
injuftice de l'homme à qui elles étoient devenues fi
familieres, qu'on n'y faifoit plus même attention.
Ce fut la circonftance qui donna lieu d'en parler.
Pour mieux fe confolider à la cour, & s'allier en
quelque forte avec le Monarque, l'Abbé eut envie
de marier fon neveu avec une fille de la Dlle. Morfi,
ancienne maîtreffe de Louis XV, mariée depuis en
province avec un gentilhomme qui avoit reconnu
l'enfant, & en fecondes nôces à un Sr. le Normant.
Pour donner plus de confiftance au beau-pere, il
imagina de le faire Receveur général du Vingtieme,
& comme il eut été trop criant d'ôter cette place au
Sr. de St. Waft, qui l'exerçoit avec diftinction depuis 22 ans, il la fit conftituer en Office, dont la
financa devoit fervir de dot, de la part du Roi, à
la Demoifelle, mais placée fur la tête du Sr le Normant pere. Le Sr. de St. Waft, ainfi dépouillé fans
en être averti, fut porter des plaintes ameres au Miniftre. Le Miniftre lui répondit avec fon ton de
dureté, que lui St. Waft étoit affez riche, que cha-

cun devoit avoir son tour: il le persifla sur les craintes que sa réputation ne souffrit par les mauvais
propos qu'occasionneroit un traitement auſſi injurieux; il lui conſeilla de faire comme lui & de ſe
mettre au deſſus des bruits populaires.

Au reste, l'hymen en question ſe célébra à la
Motte avec beaucoup de pompe. Il y eut des fêtes
brillantes, & l'abbé de Voiſenon, qui faiſoit ſourdement ſa cour au Miniſtre des finances, n'eut pas honte de travailler pour lui plaire. Il fit une comédie
à cette occaſion : il exerça lui-même les acteurs pris
dans la ſociété. Madame d'Amerval fut une des principales : elle déploya ſes talens, & conſéquemment
prit du goût pour ce genre de plaiſir, enſorte que
l'Académicien fut obligé de continuer à la former.
Les mondains rirent beaucoup de voir ainſi deux
Prêtres préſidans à ces divertiſſemens prophanes &
ſcandaleux, l'un y contribuant de ſa bourſe, & l'autre de ſon eſprit.

Pendant que M. l'Abbé Terrai nageoit ainſi dans
l'abondance & les délices, la multitude de malheureux qu'il venoit de faire tout récemment par la ſuppreſſion d'une partie des Payeurs des Rentes, le
maudiſſoit; & le public, d'abord ſurpris par les imputations qui avoient ſervi de prétexte à l'iniquité,
mieux inſtruit ſe joignoit à eux. Les payemens de
l'Hôtel de Ville, bien loin de mieux aller, comme
on l'avoit fait eſpérer, alloient de mal en pis. Il
fut conſtaté que les débets des Payeurs arriérés ne
ſe montoient qu'à 5 millions; ce qui, ſuivant les repréſentations de ces Meſſieurs, ne faiſoit qu'une
foible partie des 19 millions dont la Compagnie étoit
en retard. Les débets acquittés, il en reſtoit donc

un de 14 millions, qui s'accroiſſoit journellement, tant
parce que le Contrôleur général ayant augmenté la
maſſe des rentes viageres de beaucoup d'effets,
que par le renvoi à la ville des Rentes ſur la Compagnie des Indes, qui ſe payoient auparavant à ſon
hôtel, & n'ayant pas réuni les fonds deſtinés à l'acquit de ces charges, la recette ne pouvoit être en
proportion de la dépenſe. L'extinction même des
rentes viageres qu'on avoit fait valoir pour ne pas
augmenter le verſement des fonds, étoit nulle, au
moyen de la mauvaiſe adminiſtration qui les faiſoit
paſſer à meſure ſur d'autres têtes, comme bénéfices
ou récompenſes, ou comme faveurs de S. M.

Ces murmures furent bientôt ſuivis d'une piece ju-
ridique, intitulée: *Mémoire à conſulter & Conſulta-
tion pour les Payeurs des Rentes*, en date du 1 Septembre. Dans ce *factum* très adroit, les financiers
ne ſe plaignoient pas ſeulement de leur propre
malheur, ils faiſoient voir qu'il en réſultoit un con-
tre-coup accablant pour leurs femmes, leurs enfans
& leurs créanciers; que c'étoit en conſéquence un
devoir de juſtice pour eux de s'occuper à diminuer
leur perte en réclamant tout ce qui dans un tel dé-
ſaſtre pouvoit & devoit légitimément leur appartenir; en même tems que c'étoit un devoir de prudence de ne toucher à aucune ſomme, de ne participer à aucune opération ni diſtribution quelconque,
avant de s'être aſſurés de quelle maniere ils pouvoient le faire, ſans que leurs créanciers privilégiés
ſur des portions ſucceſſives & diſtinctes de leur finance
puſſent leur reprocher d'avoir altéré & dénaturé
leur gage.

Pour mettre leurs Conseils en état de les diriger en connoissance de cause, ils leur donnoient une vue générale des créations & des suppressions antérieures à la suppression actuelle, ainsi que des divers Edits relatifs à leurs offices, comme pouvant, par le traitement qui fut fait alors aux officiers supprimés, & par les facultés qui leur furent accordées pour trouver plus aisément des fonds, présenter la mesure juste & raisonnable de ce qu'ils avoient à demander.

Ils exposoient ensuite la crise où ils se trouvoient par le signal des poursuites les plus vives qu'avoient donné les créanciers pendant qu'ils s'occupoient à faire entendre leurs représentations plus relatives encore à ces derniers qu'à eux-mêmes.

C'étoit pour prévenir & arrêter de telles poursuites que les consultans demandoient qu'on leur traçât une route uniforme vis-à-vis de leurs créanciers, & jusqu'à quel point ils devoient demander tout ce qui pouvoit leur appartenir aux titres de leurs offices, & tout ce que l'on devoit supposer raisonnablement que réclameroient leurs créanciers, s'ils étoient dans le cas d'agir par eux-mêmes, afin que ceux-ci ne pussent faire aucuns reproches à leurs débiteurs, & qu'ils trouvassent dans leur bonne foi les mêmes ressources que dans leur propre vigilance.

D'après cet exposé ils faisoient cinq questions, dont le détail meneroit trop loin, mais qui tendoient toutes à développer avec quelle impéritie avoit été dressé l'Edit de suppression, qui tomboit non-seulement sur les Payeurs des Rentes, mais refluoit indistinctement sur une multitude de citoyens, sans que le sort de ceux-ci fut prévu ou fixé.

Six Avocats, dont plusieurs très graves, très mo-
dérés, très lumineux, pesoient ces difficultés aux
poids du sanctuaire, & les trouvoient généralement
si nouvelles, si importantes, si extraordinaires, si
imprévues, qu'ils n'y voyoient aucune solution dans
les jurisconsultes anciens & modernes, & que n'en
pouvant recevoir davantage de leurs propres lumieres, ils renvoyoient les consultans à la bonté du
Roi & à l'équité de son Ministre, en leur conseillant
de faire de très humbles & très soumises représentations sur les objets expliqués dans ledit Mémoire.

L'Abbé Terrai fut d'abord outré de ce persiflage,
au point qu'il fit arrêter le Mémoire avant la distri-
bution, & que des 10,000 exemplaires qu'en avoient
fait tirer les Payeurs des Rentes, il y en eut très
peu de répandus. Il se calma peu après: on lui montra le ridicule dont il se couvroit en fermant ainsi la
bouche aux plaignans, par la suppression d'un Mémoire aussi réservé, & qui ne l'empêcheroit point de
les maltraiter comme il voudroit. Il eut plus d'é-
gard à cette objection, qu'au reproche d'injustice auquel il étoit accoutumé, & il leva l'embargo.

Ce retour de la part d'un Ministre inflexible &
très opiniâtre dans sa volonté, donna lieu aux réflexions de certains politiques voyant tout en noir.
Ils imaginerent que la Consultation, répandue avec
la plus grande profusion, n'étoit pas faite sans un
dessein autre que celui qu'elle présentoit d'abord, &
que l'Abbé Terrai comptoit bien la faire tourner
à son profit. Voici ce qui donnoit lieu à leurs
conjectures.

Dans le Mémoire à consulter, les Payeurs des
Rentes demandoient pour seconde question, s'ils
pou-

pouvoient exiger que leurs créanciers priffent en pī-
yement les quittances de finance que le Roi leur
donneroit, & fi en s'acquittant ainfi ils feroient li-
bérés ?

Les confultés, après être convenus que dans un
cas ordinaire la rigueur du droit décideroit contre
les confultans, tergiverfoient beaucoup , & prétendoient qu'il eft des cas qui tiennent aux événemens
d'un ordre fupérieur, où l'auftérité des principes doit
être foumife à des exceptions de juftice & d'équité:
ils décidoient que c'étoit celui où fe trouvoient les
Payeurs des Rentes.

En un mot, ils infinuoient que ces Meffieurs devoient fe faire autorifer par le Roi à rembourfer
leurs créanciers de la même maniere dont ils l'auroient été par S. M. Décifion funefte & qui allarmoit tout Paris , par les conféquences fâcheufes
qu'on en pourroit tirer, par les exemples dangereux
qui en réfulteroient, & la facilité que cela donneroit
au Miniftere de faire fréquemment de femblables
reviremens, qui reflueroient moins fur les financiers
propriétaires apparens, que fur leurs créanciers, co-
héritiers, affociés, &c. .

Quoi qu'il en foit, d'après cette Confultation, les
Payeurs des Rentes firent dreffer une Requête par
un Avocat aux Confeils, & la préfenterent au Chancelier, comme au Chef fuprême de la Juftice, le
feul en état de mettre fous les yeux du Roi la pofition critique où ils fe trouvoient, & la néceffité d'u-
ne loi nouvelle fur ce qui les concernoit. Mais
quoique celui-ci commençât à détefter cordialement
fon ancien confrere au Parlement, il ne voulut pas
fe compromettre; il apporta la plus grande circon-

G

fpection dans fa conduite; il déclara aux plaignans que cela ne le regardoit point; qu'il ne pouvoit fe mêler de leur affaire: qu'ils euffent recours à l'Abbé Terrai, c'eft-à-dire au Confeil des finances, dont lui Chancelier n'étoit pas; & que fi la décifion lui étoit renvoyée par ce Confeil, ou que le Contrôleur général lui écrivît une lettre fur cet objet, il verroit alors ce qu'il conviendroit de faire.

Ces financiers furent confternés de la réponfe. En effet, les renvoyer à l'Abbé Terrai, c'étoit les foumettre au jugement propre de leur adverfaire, dont ils avoient déjà éprouvé le mécontentement par des menaces indirectes de prifon, de Baftille, s'ils faifoient les mutins; enforte qu'ils refterent indécis, & difpofés à n'agir que lorfque preffés par leurs créanciers ils ne pourroient s'en difperfer.

Au refte, toutes ces querelles n'étoient que des paffe-tems pour le Contrôleur général. Outre la Chambre des Comptes qu'il avoit alors fur les bras, il ne craignit pas d'y joindre encore les Secrétaires du Roi. Ces Meffieurs réclamoient une portion de 20,000 écus de rente à eux faite par le Roi, pour augmentation de la finance, dont il leur étoit dû deux années: il déploya en cette occafion les reffources de fon génie; ne pouvant leur répondre ca- thégoriquement, il leur propofa de débarraffer tout- à-fait S. M. de cette Rente, non en la rembourfant, car le tréfor royal ne rendoit rien alors, mais en la prélevant annuellement fur les futurs récipiendaires, & en impofant fur chacun d'eux une taxe de mille écus de plus, comme frais de réception. Il évalua q: bon an, mal an, il y auroit 20 réceptions, ce qui feroit ladite fomme de 20,000 écus : & à l'égard

des deux années dûes, il prétendoit libérer encore
le Roi de cette dette, en autorifant ladite Compagnie à prélever, par un effet rétroactif, une fomme
de 40,000 écus fur les 40 derniers reçus, à raifon
des mêmes dits mille écus qu'ils feroient obligés de
fournir. Cet arrangement merveilleux feroit incroyable de la part de tout autre que de ce Prêtre-
Miniftre.

On verra par la Lettre fuivante un autre·trait de
lui, non moins digne d'être cité parmi fes faits &
geftes les plus remarquables.

Extrait d'une Lettre d'Orléans, du 25 Octobre
1772.

„ Charles VII avoit accordé aux habitans d'Or-
„ léans la permiffion de poffeder des fiefs fous une
„ rente à la Couronne, pour les récompenfer du
„ fang qu'ils avoient répandu en défendant leur ville
„ contre les Anglois. Ce privilege avoit paru à nos
„ Rois fi facré & fi juftement acquis, que tous,
„ fucceffivement, avoient toujours penfé qu'il étoit
„ de leur grandeur de nous en laiffer jouir. Cette
„ rente, par la progreffion des tems, avoit été por-
„ tée à une fomme de 1,300 Livres, que le Corps
„ municipal acquittoit lui-même, moyennant laquel-
„ le fomme, tout Bourgeois qui acquéroit un bien
„ noble, ou en héritoit, étoit affranchi pour 20 ans
„ du droit de franc fief, parce que cette Rente de
„ 1,300 Livres étoit repréfentative du droit qu'un
„ citoyen non noble paye au Roi, & qui confifte
„ dans une année de revenu, pour avoir la faculté
„ de jouir franchement pendant 20 ans.

„ M. l'Abbé Terrai a jugé à propos de nous ôter
„ notre privilege. Cette opération de finance eſt
„ certainement bien dure, mais elle n'eſt pas in-
„ juſte. Le beſoin de l'Etat & la néceſſité peuvent
„ légitimer la révocation de ce don de nos Rois.
„ Mais M. l'Abbé Terrai, de ſon chef, peut-il don-
„ ner un effet rétroactif à une Déclaration du Roi
„ qui, en révoquant nos privileges, ne nous aſſu-
„ jettit à payer le droit de franc fief qu'à commen-
„ cer du 1 Janvier 1771? D'où il s'enſuit qu'on ne
„ devoit commencer à le percevoir qu'en 1791, ou
„ rendre à la ville ſon abonnement, en rétrogradant
„ pendant 20 ans, ſi l'on veut commencer dès au-
„ jourd'hui. C'eſt pourtant ce qui arrive. Un Bour-
„ geois de cette ville, qui a hérité de ſon pere en
„ 1760 une terre en fief de 3,000 Livres de revenu,
„ vient de recevoir un avertiſſement de payer ſous
„ huitaine pour tout délai, le droit de franc fief,
„ montant à 4,200 Livres, ſçavoir 3,000 Livres
„ pour le principal de ſon revenu, & 1,200 Livres
„ pour les 8 ſols pour livre."

Qui le croiroit? Au milieu de ces vexations continuelles du Miniſtre des finances, lorſqu'il ne ſe paſſoit aucun jour qui ne fût marqué par quelque atrocité nouvelle, un Ecrivain oſoit élever ſa voix en
ſa faveur & faire ſon Apologie: Que diſons-nous!
le combler des éloges les plus outrés! C'eſt ainſi
qu'il s'exprimoit dans une brochure qu'il avoit eu
l'imprudence d'appeller le *Vœu de la Nation.*

„ Le Miniſtre de la Finance (M. l'Abbé Terrai)
„ par cet heureux concours des opérations du Mi-
„ niſtere & ſes lumieres & ſes principes, jette les
„ fondemens de la confiance publique, ſource de

„ l'activité du Commerce & de la circulation, qui
„ est le nerf de l'Etat. Il ne peut éclore de ce Mi-
„ niftre que des projets utiles à la France & à l'ac-
„ croiffement de fes finances. "

On ne fait fi ce vil panégyrifte fut récompenfé
fourdement de fon adulation. Mais malgré toute la
faveur dont jouiffoit ce Miniftre & tous les autres,
qu'il encenfoit également dans cette infâme brochure, il n'ofa fe nommer ni fe faire connoître. Il res-
ta dans le même incognito qu'auroit gardé un auteur
de Libelles contre ces perfonnages redoutables.

On ne chantoit pas ainfi les louanges de l'Abbé
Terrai aux Etats de Bretagne, qui venoient de s'ouvrir. On favoit qu'il avoit appuyé fortement l'avis
de les fupprimer, s'ils ne fe prêtoient pas avec do-
cilité aux vues du Gouvernement. D'ailleurs la *Commiffion des Contraventions*, c'eft-à-dire la Commiffion chargée d'examiner les infractions faites aux privileges de la province, ne put que préfenter une longue fuite de griefs contre ce Miniftre, ne connoiffant d'autre droit que celui du plus fort. Ce fut
donc lui qui provoqua principalement *Le Manifefte
aux Bretons* & *Le Propos indifcret*, deux pamphlets
vigoureux où la Province annonçoit des difpofitions
proportionnées à la grandeur de fes maux.

Un des griefs dont les Etats fe plaignirent le plus
fortement, & qui faifoit honneur à la délicateffe de
leurs principes, c'eft le revirement que S. M. avoit
fait au fujet de 40 millions empruntés par la Province, à la place de laquelle elle s'étoit mife fans
leur participation. Ils formerent à cet égard une requifition raifonnée, & demanderent que le Roi leur
rendît ce capital. Ils témoignerent leur vœu de

s'acquitter par eùx - mêmes, fans innovation de leur part, qui d'ailleurs exigeroit le concours de leurs créanciers. Ils firent valoir la néceffité de répondre à la confiance de ceux-ci, à laquelle ils ne pou· voient manquer.

Le Contrôleur général ne trouvant pas le Roi difpofé au coup de vigueur qu'il auroit voulu faire porter fur les Etats, imagina de rufer avec eux; & voici comme il s'y prit.

L'ufage depuis longtems y eft de renouveller tous les deux ans, lors de leur tenue, la Ferme des Droits de la Province. Il leur fit à cette occafion une offre bien captieufe. Il prétendit que les Fermiers lui avoient porté des plaintes fur cette forme d'adminiftration, en ce que dans un intervalle auffi court ils n'avoient pas le tems de connoître la nature des chofes, d'en trouver le meilleur emploi, en un mot de mettre dans leur perception un ordre, une économie ff' effentiels & fi falutaires, qu'ils avoient ajouté qu'en portant le bail à fix ans, ils pourroient fe ménager des bénéfices plus fûrs, & faire le bien de la Province, puifqu'alors ils confentiroient à augmenter le prix de leurs Baux. Tels étoient les motifs qu'il faifoit valoir pour déterminer l'acquiefcement des Etats. Mais ils fentirent facilement que cette propofition, avantageufe en apparence, n'étoit qu'un moyen lent & fourd d'opérer leur ruine; qu'alors le Miniftre les prorogeroit au terme de fix ans, puifqu'au moyen du bail d'un pareil efpace de tems, ils n'auroient plus aucune affiette, aucune ré· partition à faire. Ils fe refuferent donc formellement à cette demande; & le parti de la Cour ne put prévaloir contre les Baftionnaires.

L'Abbé Terrai pouffa l'aftuce plus loin; il leur envoya de gros financiers de Paris, qui leur firent les offres les plus féduifantes fi l'on vouloit leur accorder un bail de fix ans. Elles étoient fi fortes qu'on ne doutoit pas qu'ils n'y euffent perdu. Mais le Miniftre, fuivant le bruit d'alors, leur avoit promis de les dédommager, & fe feroit eftimé heureux de former une pareille innovation du gré apparent des Etats. Il fe propofoit bien de récuperer par la fuite de telles avances. Les membres éclairés de l'affemblée découvrirent heureufement le piege aux autres, & le grand nombre refta inacceffible aux infinuations du Miniftere. C'en étoit fait de la Province, fi elle eût accepté.

Au furplus, le génie remuant de M. l'Abbé Terrai ne pouvant réuffir d'un côté, fe retournoit de l'autre. Ne trouvant pas le bras engourdi du Monarque propre à s'appéfantir fur la Bretagne, & à frapper comme il l'auroit defiré, il donna l'effor à un projet révoltant, & qui ne pouvoit paffer que dans une tête auffi defpotique que la fienne. Il répandit dans le public, pour voir comment ils y prendroient, des efquiffes de fon plan en forme d'Edits. C'étoit une efpece de parodie de l'ouvrage de M. le Chancelier. Celui-ci avoit fupprimé la vénalité des offices de Magiftrature, fous le prétexte plaufible que les fonctions ne devoient s'en remplir que par des membres reconnus capables de les faire, que l'exercice ne pouvoit s'en acheter à prix d'argent. Le Contrôleur général, au contraire, déclaroit par un premier Edit les Maîtrifes des Arts & Métiers héréditaires. Pour de l'argent il rendoit les plus ineptes, les veuves, les enfans, héritiers & ayant cau-

fe, des Artifans habiles à s'en immifcer, ou à communiquer leur fcience à quiconque ils jugeroient à
propos de vendre le brevet. Il fupprimoit, par le
fecond, les chef-d'œuvres, comme inutiles ; & non
content d'attribuer au Roi l'obtention du brevet, il
lui faifoit rapporter, au contraire, la plus grande
partie des droits de réception. Les Communautés
ne pouvoient s'affembler que fous le bon plaifir du
Lieutenant général de Police, qui devoit toujours
envoyer un de fes Commis pour affifter aux délibérations. Il contenoit d'ailleurs une multitude de
difpofitions, toutes auffi bizarres les unes que les
autres, dans un efprit de defpotifme évident, quoiqu'on parlât fans ceffe de l'amour paternel du Roi
pour fes peuples & du defir de leur félicité.

Suivoit une longue kyrielle d'artifans de toute efpece, au nombre de 117, tous, jufques aux vui-
dangeurs, y étoient compris ; tous devoient payer
des droits de réception, depuis 3000 Livres jufques
à 50 Livres : heureufement il fe forma une telle fermentation dans ces divers Corps & Métiers, que
l'Abbé, qui n'avoit pas craint de révolter les Ordres
les plus éminens de l'Etat, eut peur. Les pâtiffiers
déclarerent furtout qu'ils jetteroient dans leur four
le premier homme qui viendroit leur intimer des
ordres à cet égard.

Mais tous ces maux n'étoient que locaux ou particuliers ; ils attaquoient les individus, les Corps,
les Communautés, quelques Provinces feulement. Il
fubfiftoit un mal plus étendu, plus réel, qui embraffoit le Royaume entier, & auquel perfonne ne pouvoit fe fouftraire qu'à force d'argent. Nous voulons
parler de cette famine artificielle, fomentée par ce

Mi-

Miniftre, & qui dura tout le tems dé fon Miniftere,
faifant ployer les nouvelles loix concernant l'exportation au gré de fa cupidité. Tantôt il fermoit les
ports de certaines Provinces auxquelles ce débouché
étoit néceffaire; il y rendoit par-là le bled à vil
prix, qu'il faifoit acheter par fes accupareurs; puis
ouvrant les ports d'une autre, il y faifoit monter la
denrée à un taux exceffif, & procuroit des bénéfices énormes à fes agens. C'eft ainfi que la Bretagne gémiffoit de fe voir enlever fa fubfiftance, tandis que le Parlement de Touloufe fe portoit aux
actes de vigueur les plus énergiques pour procurer
l'exécution de l'Edit de 1764, en demandant qu'on
affurât irrévocablement au commerce des grains une
liberté indéfinie & invariable. Par l'abus le plus
criminel de la confiance de fon Maître, il avoit rendu le Roi monopoleur, & l'affocioit à fon infâme
trafic. Le Monarque aimoit naturellement ces petits
détails, ces fpéculations lucratives: on voyoit dans
fon cabinet des cazernets où étoient infcrits réguliére-
ment les prix des bleds dans les divers marchés du
royaume, & on leurroit le Prince par les bénéfices
qu'on lui préfentoit, & furtout par le bien infin qui
devoit réfulter pour l'Agriculture, en maintenant le
prix des grains à un taux un peu fort.

Dans le tems qu'on faifoit valoir ce motif pour favorifer le monopole dans les lieux où il avoit introduit la difette, on fe contrarioit ailleurs en empê-
chant les propriétaires de fe défaire de leur bled.
C'eft ce qu'établit le Parlement qu'on vient de citer.
Sur une dénonciation de deux lettres, l'une du Contrôleur général, l'autre du Commiffaire départi, il

rendit un Arrêt, où d'après des confidérations très-étendues & très développées, il ordonnoit que la loi fût maintenue en vigueur. Intervint Arrêt du Confeil, qui caffa cet Arrêt, & réprimenda les Magiftrats, fous prétexte que le Roi feul pouvoit connoître l'enfemble des befoins généraux de fon Etat, lui feul pouvoit conduire cette adminiftration, & qu'il ne fouffriroit pas qu'aucun tribunal particulier pût contredire ce qu'il auroit déterminé pour le bien général.

Au refte, malgré le defpotifme abfolu de l'Abbé Terrai dans fon département, il éprouvoit de tems en tems des inquiétudes qui tourmentoient fon ambition. Le retour du Prince de Condé à la Cour fut un événement fâcheux pour lui. Les Receveurs des Domaines & Bois, moleftés, comme les autres Compagnies, ayant fait une députation vers lui, deux jours après la réconciliation de cette Alteffe avec S. M., en furent très mal reçus; ils remarquerent une mauvaife humeur extraordinaire fur fon front, toujours finiftre, mais plus chargé de nuages que de coutume. En effet, il devoit être embarraffé, en ce que ce rappel étoit le fruit des intrigues du Chancelier, devenu fon grand adverfaire, & qu'il avoit des torts perfonnels à fe reprocher contre le Prince, auquel il avoit eu l'honneur d'être attaché comme Chef de fon Confeil, qu'il avoit négligé pendant fa difgrace, & qu'il avoit même vexé par une ingratitude noire, en faifant annuller la vente de l'hôtel de Condé, arrangée & convenue avec la ville. Ce chagrin fut bientôt augmenté par la réconciliation poftérieure du Duc d'Orléans. Quoi-

que cette nouvelle intrigue fût moins défavorable à
l'Abbé, puifqu'elle partoit du Duc d'Aiguillon, il
ne pouvoit fe diffimuler combien il avoit manqué effentiellement au premier Prince du Sang, & devoit
craindre fon courroux. Il avoit heureufement pour
lui une impudence qui lui faifoit braver toutes les
humiliations, pourvu qu'il reftât en place. A cet orage, qui fe formoit contre lui, il crut ne devoir oppofer que la Comteffe, à laquelle il fe dévouoit de
plus en plus. Au commencement de 1773 il voulut
que les Fermiers généraux imitaffent les Receveurs
généraux des finances, & rendiffent leurs devoirs à
cette Dame. Il mettoit à fes pieds toute la Finance.
On ne doute point que ces vifites ne fuffent en outre accompagnées de gros préfents, proportionnés à
l'importance de la protectrice.

On n'avoit ri depuis longtems aux dépens de M.
l'Abbé; un qui pro quo arrivé durant le Carnaval de
cette année donna matiere à s'égayer un peu fur lui.
Tous les gens de lettres, tous les amateurs des
fciences & des arts connoiffent feu M. de la Condamine. Il vivoit encore. Un de fes amis lui avoit
écrit de Lyon, qu'il lui envoyoit deux Bartavelles
(deux perdrix du Dauphiné, les meilleures de France). Elles furent interceptées, ou confifquées exprès, & mangées à la table de M. le Contrôleur général. Ce vieillard très gourmand ne trouva pas la
plaifanterie bonne; il ranima fa verve octogénaire,
& exhala fa fureur dans une fuite d'Epigrammes fous
différentes formes, toutes ayant du fel & portant fur
l'Abbé Terrai, qui y étoit non-feulement défigné,
mais nommé en toutes lettres. Elles furent répan-

dues avec profufion, & recueillies avec foin, &
par égard pour l'auteur aimé du public, & par
haine du fujet qui en étoit détefté. Les voici, au
nombre de huit :

Les Bartavelles. *Conte qui n'eft que trop vrai.*

Un ami m'écrivoit : mardi tu peux attendre
    Deux Bartavelles, à coup sûr :
C'eft un mets délicat. Terrai vient me le prendre;
    Je ne fais s'il l'a trouvé tendre,
    Mais pour moi, cela m'eft bien dur.

Queftion de Droit.

Monfieur le Contrôleur écorne ma tontine,
Ma penfion, ma rente. Il fait bien fon métier.
    Mais pour me prendre mon gibier,
    A-t-il des droits fur ma cuifine ?

Souhait pieux.

Vous avez donc raflé mon gibier de Lyon ?
Je fuis un bon Chrétien : Monfieur, puiffe-t-il être
    De moins dure digeftion
Que tous vos beaux Edits que chaque jour on voit naître !

Aƈte de Contrition.

Il faut fe convertir & vivre en bon Chrétien :
Pratiquons les confeils du plus facré des livres.
A qui me fait du mal je veux faire du bien,
En nourriffant celui qui me coupe les vivres.

Remords.

De ces mauvais quatrains fi vous avez nouvelle,
Monfieur l'Abbé, croyez que je fuis mal vengé;
Et que mes bons propos ne m'ont pas foulagé:
J'ai toujours fur le cœur ma double Bartavelle,
  Morceau friand que vous avez mangé.

La Repréfaille.

Vous riez donc, me difoit tout-à-l'heure
  Un auftere & grave cenfeur,
  De Monfeigneur le Contrôleur!
  Eh bien! voulez-vous que je pleure?
  Pour moi, Monfieur, je vous foutiens
  Qu'il en rira lui-même & me laiffera rire.
C'eft lui qui tient la poêle & s'amufe à nous frire:
  Il fait main baffe fur nos biens;
Je crois qu'à fes dépens il m'eft permis de rire,
  Tandis qu'il fe régale aux miens.

Les fept Péchés Mortels détruits.

A Terrai nous devons élever des autels,
Pour les dons que fur nous fa bonté multiplie:
Il veut nous affranchir des fept péchés mortels.
Il dompte notre *Orgueil* quand il nous humilie;
Il appauvrit le riche à qui l'on porte *Envie*;
Il guérit *l'Avarice* avec la pauvreté;
En nous faifant jeûner il éteint la *Luxure*;
La *Colere* fe calme en buvant de l'eau pure,
Et le befoin preffant chaffe l'*Oifiveté*.
Ainfi l'art de Terrai corrige la nature.
Refte la *Gourmandife*, & c'eft en vérité

Des vices à-peu-près le seul qui m'est resté.
Mais en mettant le comble à ses fureurs nouvelles,
Terrai, pour me forcer à la frugalité,
S'empare en vrai houzard de mes deux Bartavelles.!

Songe de M. le Contrôleur Général.

M. l'Abbé Terrai taille, grapille, rogne,
  Mais il a bien un autre tic :
  Il a rêvé qu'il étoit Frédéric,
  Et mes deux perdrix la Pologne.

On juge aisément que ces Epigrammes facétieuses
& piquantes ne tarderent pas à tomber dans les mains
du Ministre. Il n'est point homme de Lettres ni
plaisant. Si le poëte n'eut été un vieillard connu,
attaché à deux Académies, & considéré par beaucoup de gens de la cour, peut-être lui en eut-il coûté plus cher que deux bartavelles, pour avoir tourné
en dérision & vilipendé M. l'Abbé. Mais celui-ci,
sans aimer les saillies, étoit homme d'esprit & savoit faire de nécessité vertu: il affecta de se piquer
de générosité, & pour se venger dignement de M. de
la Condamine, lui envoya une dinde aux trufles.
Le poëte ne pouvoit demeurer en reste: il fallut cé-
lébrer la munificence de Monseigneur. C'est ce qu'il
fit de la maniere suivante:

Au lieu de deux perdrix aux jambes d'écarlate
  Qu'on m'envoyoit vuides du Vivarais,
Je reçois un Dindon rebondi, gras & frais,
Et de trufles garni jusques à l'omoplate,
  Très propre à calmer mes regrets.
Monsieur le Contrôleur a fait de grandes choses;

Il en fera fans doute encore. Mais.

De toutes les métamorphofes
Qu'il opere par fes Arrèts,
Dont il redouble un peu les dofes,
Si cet effet n'eft pas le plus prodigieux,
Ni le plus fujet à des glofes,
C'eft celui que j'aime le mieux.

Madrigal du même, fur le même objet.

J'ai gémi peut-être un peu fort
De mes deux Perdrix égarées:
Mes pertes font bien réparées
Par un Dindon du Périgord.
Vous avez fait une lacune
A mon petit g rde - manger :
Mon mal étoit affez léger.
Mais fi d'une plainte importune
Vous daignez ainfi vous venger,
Ayez toujours de la rancune.

On peut juger par ces vers, moins bons que les premiers, que le fujet prêtoit plus aux injures qu'aux louanges vraies & délicates : c'eft ce que dirent les amis de M. de la Condamine pour en excufer la médiocrité. Encore voit-on qu'il a fallu en aiguifer la fadeur par une petite pointe de fatyre fur les Arrêts de M. l'Abbé.

Mrs. de la Chambre des Comptes ne rioient pas comme M. de la Condamine des tours que leur jouoit le Contrôleur général: ils cherchoient à fe venger, en fatiguant le Roi par des Remontrances. Mais le Miniftre fe moquoit d'eux, à cet égard, comme aux autres. Il y avoit deux ans que cette Cour s'étoit interpofée auprès de S. M. relativement à

l'injuftice & à l'illégalité de la réduction & fuppreffion des Tontines, &c. Elle reçut enfin une réponfe
par laquelle le Roi convenoit qu'il y avoit de très
bonnes chofes dans les obfervations de la Chambre;
que fes vues fur cet objet auroient pu s'exécuter
avec fuccès, mais que, n'ayant pas eu lieu dans le
tems, il falloit que les chofes reftaffent dans l'état
où elles étoient, & que les arrangemens de l'adminiftration actuelle l'exigeoient:

Du refte, cette Compagnie étoit toujours dans la
crife, M. le Premier Préfident avoit fréquemment
des conférences avec le Contrôleur général : il en revenoit toujours très content. Mais à peine avoit-il
quitté le Miniftre que les difpofitions en chan-
geoient. Il fit préfumer avec raifon à la Chambre
que les premiers Commis le deffervoient auprès de
leur maître. En conféquence, il fut chargé de lui
demander de le mettre en tête de ceux qui calom-
nioient fa Compagnie. Le Miniftre n'en convenoit
jamais, & lorfque M. de Nicolaï avoit la bonté de
s'adreffer auxdits premiers Commis, ils répondoient
que cela ne les regardoit pas. Il s'appercevoit ainfi
vifiblement qu'il étoit joué : mais il efpéroit, à force
d'adreffe, de conftance & d'éclairciffemens, de
l'emporter.

Il fe trompa. La réponfe de S. M. fur l'objet qui
touchoit le plus la Chambre, arriva. Elle étoit fort
longue, ce qui annonçoit d'abord qu'elle n'étoit pas
favorable. Elle portoit en fubftance que S. M. ne
pouvoit rien changer à ce qu'elle avoit fait: Elle
donnoit feulement des efpérances vagues pour l'avenir. Le bien futur étoit incertain; le mal préfent
très réel, par une diminution peut-être d'un tiers.

ar le revenus de Mrs.: ce qui ne les rendit pas mieux difpofés pour le Contrôleur général. Ils n'ofent pourtant lui déclarer une guerre ouverte: ils tenterent de fe le concilier par de nouvelles courbettes, par des affiduités plus baffes, & ils n'en devinrent que plus méprifables; ils le prierent de ne point trouver mauvais qu'ils en vinffent à d'itératives Remontrances.

Les zelés de cette Compagnie étoient furieux d'une telle pufillanimité. Ils reconnoiffoient vifiblement dans la réponfe que l'Abbé Terrai leur avoit fait donner par le Roi, à travers fon ambiguité, le génie fourbe qui l'avoit dictée. Ils y démêloient deux objets qui les allarmoient de plus en plus. D'une part, on leur faifoit entendre que les impôts étoient extrêmes, les peuples horriblement furchargés; qu'il falloit que chacun fe retranchât pour contribuer aux befoins de l'Etat: d'où il étoit naturel de conclure qu'ils devoient s'attendre à n'avoir pas, à beaucoup près, tous les dédommagemens qu'ils réclamoient. D'une autre part, on leur difoit qu'il falloit que chacun rendît compte de fon travail & fût récompenfé à proportion, & cette derniere tournure les allarmoit furtout. Ils y voyoient un moyen imaginé pour les divifer & fe ménager une fuppreffion que l'on méditoit depuis longtems. En effet, par cet expofé qu'on demandoit à chacun des Bureaux de cette Compagnie de l'utilité dont il y étoit, on vouloit les exciter à la récrimination, & les obliger à s'accufer réciproquement d'inutilité. Ils firent entendre à leurs confreres que c'eft furtout fur ce point qu'il falloit être en garde. En conféquence, la Chambre extrêmement embarraffée de la réponfe en queftion, & craignant de donner prife fur elle par quelque replique, apporta la plus mûre délibération dans des conjonc. tures auffi critiques. Elle nomma d'abord des Com- miffaires pour l'examiner, la difcuter, & avifer à ce qu'il y avoit à dire. Elle arrêta en outre qu'elle fe- roit communiquée aux différens Bureaux des Correc- teurs & Auditeurs, pour qu'ils puffent y réfléchir, & l'affaire intéreffant chacun perfonnellement, tout le monde fut invité à donner féparément fon avis, lorf- qu'il en auroit un particulier. Et cette réfolution étoit encore conforme aux arrangemens du Miniftere par les longueurs qu'elle entraînoit. Le tems cou- loit cependant; les changemens fe confolidoient, & l'on fe propofoit de répondre enfuite qu'il étoit trop tard pour rien innover. L'Abbé Terrai faifoit fi peu de cas de cette Cour, qu'au moment où elle dreffoit fes Remontrances, il lui porta un nouveau coup, en lui ôtant fon franc falé. Elle jetta les hauts cris, & finit par en faire un article nouveau pour les Re- montrances fufdites.

Ces petites niches réjouiffoient de plus en plus M. l'Abbé. Il en fit une pareille au nouveau Tribunal, & plus forte, en mettant fur fon franc falé les nou- veaux huit fols pour livre, & en le forçant de re- connoître par le fait la légitimité de cet impôt, dont l'extenfion fur eux dérivoit d'un fimple Arrêt du Confeil, auquel il fallut obtempérer, malgré leur fin- gerie du Parlement, par laquelle ils énonçoient tou- jours dans leurs enrégiftremens : *fans approbation d'aucuns Arrêts du Confeil, &c.*

L'Abbé Terrai n'épargnoit pas même fes fuppôts les plus fideles: il défoloit auffi les Fermiers géné- raux. Dès 1773, à l'occafion du bail qui ne devoit

recommencer qu'au mois d'Octobre 1774, il leur fit
écrire à chacun une Lettre circulaire, pour qu'il eût
à fournir un état exact & détaillé des fonds qu'il avoit
dans la Ferme, de ceux qui appartenoient à d'autres,
de la quantité de ses croupiers, de l'espece d'intérêt qu'il faisoit à chacun d'eux, relativement à sa
mise. Ces questions allarmoient non-seulement les
Fermiers, mais leurs créanciers, sur la crainte effroyable où étoient ceux-ci que le Roi ne s'emparât
des fonds & ne se mît à la place de leurs débiteurs.
On en tiroit diverses conjectures. Les uns assuroient
que l'unique but étoit de réduire les bénéfices des
Fermiers, en ne leur donnant qu'à proportion de
leurs fonds réels, & en ne leur faisant l'intérêt du
surplus que relativement à celui qu'ils payent. Il falloit, sans doute, ne pas bien connoître ce Prêtre-
Ministre, pour lui attribuer des vues aussi honnêtes.
Ceux qui n'en pensoient pas si favorablement, &
c'étoit sans doute le plus grand nombre, vouloient
qu'il eût le dessein de découvrir ainsi les créatures
des Choiseuls, soit directement, soit indirectement,
& de les expulser. Des spéculateurs plus politiques
assuroient que son projet étoit de ne conserver dans
ces places que ceux ayant leurs fonds à eux, afin
d'assurer de plus en plus le crédit de cette Compagnie, & de faire attribuer à juste titre à ses Membres la dénomination de *Colonnes de l'Etat.*

Quand on n'avoit point à gémir des vexations de
M. l'Abbé Terrai, on prenoit un peu de relâche,
& l'on s'égayoit sur ses Maîtresses, sur lui-même;
on décrivoit le luxe ridicule de ce personnage, dont
la magnificence contrastoit si fort avec la bassesse de
sa figure, la rudesse de son caractere, & la nouveau-

té de fon illuftration. On annonçoit que la Dame
Deftouches étoit groffe de fes œuvres, & l'on admiroit la vertu prolifique de l'homme d'Eglife. On difoit que pour mieux faire agréer cette production au
mari, il venoit de l'enrichir des dépouilles du Sr.
Beaurin, premier Commis réformé, comme moins
fouple que l'autre aux volontés tyranniques du Miniftre.

On parloit de nouveau de la Baronne de la Garde qui, revenue à Paris, & y ayant vécu quelque
tems dans une fage obfcurité, reparoiffoit, s'étoit
rapprochée de fon amant, s'étoit raccommodée avec
lui, trop heureufe d'être déformais la Surintendante
de fon ferail: elle avoit repris un grand état , & affichoit de nouveau fon crédit auprès du Miniftre.
Elle avoit ramené avec elle une fœur auffi grande
qu'elle, efpece de *Virago*, qu'on préfumoit deftinée
pour la couche de Monfeigneur, dont elle connois-
foit le goût pour les haquenées de cette taille.

On alloit voir le fuperbe hôtel qu'il faifoit con-
ftruire, rue Notre-Dame des Champs: on en admiroit la richeffe des ameublemens. Mais on parloit
furtout d'un Lit de parade, qu'on évaluoit à 80, 000
Livres, & l'on difoit que c'étoit le lit de nôces de
M. l'Abbé, parce qu'il étoit digne par fon élégance
& fa fomptuofité de recevoir la mariée de la plus
haute diftinction.

Depuis les petits vers de M. de la Condamine,
qui avoient tant fait rire fur le compte de ce Ministre, objet tour à tour de l'horreur ou de la dérifion
publique, un nouvel auteur fe mit fur les rangs.
C'étoit le Marquis de Caraccioli. Il voulut lutter
avec le premier & avec M. de Voltaire, qui avoit

commencé, à qui badineroit le mieux M. l'Abbé.
On n'eût pas cru ce dernier bien propre à ce com-
bat de gaîté. Il n'étoit encore connu que par une
multitude d'ouvrages de morale & de politique tris-
tes & ennuyeux. Il changea de ton cette fois: il
répandit fur la réduction des rentes une Epitre affez
plaifante, qui courut à Tours où il étoit refugié, &
vint jufqu'à Paris. La voici: elle eft adreffée à M.
l'Abbé Terrai.

> Monfeigneur, vous, dont le génie
> S'étend fur la poftérité ;
> Vous, par qui la France enrichie
> Chantera fa profpérité !
> Daignez écouter, je vous prie,
> Le cri de la néceffité.
> Toujours foumis aux Loix du Prince,
> Mon cœur, avec docilité,
> Reçoit un Arrêt qu'en Province
> La Renommée a débité.
> C'eft l'Arrêt qui rogne nos rentes
> Et qui fupprime mon fouper.
> Mais que peuvent des Loix urgentes
> Sur la faim qu'on ne peut tromper ?
> Mon eftomac déraifonnable
> Ne veut nullement obéir,
> Et me contraint d'aller à table
> Quand la nuit commence à venir.
> Que ferois-je en ces circonftances ?
> Ne point manger..... Votre deffein
> N'eft pas, pour groffir les finances,
> Que les auteurs meurent de faim.
> D'ailleurs, fi l'Eglife elle-même

Ne veut qu'un jeûne limité,
Nous preſcrirez - vous un carême
Qui dure à perpétuité ?
Rendez - moi donc, je vous ſupplie,
Par votre générofité,
Ce qu'on retranche fur ma vie :
Tout eſt facile à la bonté,
Ou, pour que la Loi s'accompliſſe,
Faites, par un trait inconnu,
Que l'eſtomac ſe rétréciſſe,
Conformément au revenu.

L'Abbé Terrai répondoit à tout cela, par de nouveaux Arrêts, & quand il ne mettoit pas d'autres
impôts, il s'occupoit fans relâche à améliorer les
anciens. C'eſt dans cet eſprit qu'il fit rendre un
Réglement du Conſeil formidable pour le recouvre-
ment de la Capitation fur les bourgeois & habitans
de la ville de Paris. Dans ce Réglement très long,
on cherchoit à éventer toutes les rufes dont fe fer-
vent certaines gens pour l'éluder ou atténuer. Il n'é-
toit porté que dans un ſimple Arrêt du Conſeil, mais
il acquerroit de plus en plus force de Loi.

Dans un autre Arrêt du Conſeil, il étoit ordonné
qu'il ne feroit plus fait fonds que des quatre cinquie-
mes pour les gages & appointemens de tous les Officiers de la Maiſon du Roi; ce qui fit crier haro
fur le Contrôleur général, par les nouveaux écor-
chés. Les courtiſans plus circonſpeĉts, ſe conten-
terent d'un quolibet : ils l'appellerent le *Grand Hous-
foir*. Ils déſignoient ainſi la propriété merveilleuſe
de ce Miniſtre de toucher & d'atteindre partout, en
le repréſentant en même tems ſous une image gro-

tefque, affez refemblante à fa figure, à fa taille longue & fans proportion. On trouva le fobriquet fi
bon, qu'il lui eft refté, & qu'on ne le nommoit
plus autrement à Verfailles.

Quoiqu'il n'aimât pas le Chancelier, il le fecon-
doit volontiers en ce qui concernoit la Finance : il
allégeoit par · là d'autant fa partie, & il ·comptoit
que l'odieux en devoit rejaillir fur le Chef fup.ême
de la Juftice. C'eft ainfi qu'il fit écrire aux Notaires une lettre circulaire imprimée, dans laquelle il
leur déclaroit qu'ils euffent à prévenir leurs cliens
qu'aucun Magiftrat ou Officier de Judicature ne feroit admis, paffé le 31 Mars 1773, à fe faire liquider & à toucher le prix de fon Office, qu'il n'eût
entiérement confommé fa liquidation audit jour :
qu'en conféquence il feroit déchu de fa propriété,
& qu'il ne feroit plus fait fonds au Tréfor Royal
pour lefdits rembourfemens.

Cependant il ne réuffit pas en cela comme il le
defiroit ; on fut que S. M. s'oppofoit conftamment
à fa confifcation définitive, & la regardoit comme
injufte : ce qui ne permit pas à M. l'Abbé de la prononcer par fon dernier Arrêt du Confeil du 12 Avril,
ainfi qu'il en avoit menacé dans le billet circulaire
qu'on vient de citer.

On ne le croiroit pas, mais fi quelque chofe en
ce moment pouvoit venger la France des attentats
de ce Miniftre prévaricateur, c'étoit la famille même
qui le foutenoit, c'étoit l'infolence du grand Dubarri,
qui le traitoit de tems en tems avec une hauteur
bien humiliante pour un homme qui auroit eu le
moindre fentiment,

Ce dernier ayant, fuivant fon ufage, envoyé recemment un *Mandat* au Contrôleur général pour fe
faire rembourfer d'une groffe perte qu'il avoit faite
au jeu, & ne fe trouvant pas fatisfait auffi promptement qu'il le defiroit, jetta feu & flamme contre
lui. Celui-ci fut trouver le Duc d'Aiguillon, lui
fit part de fa rigueur envers le beau-frere de la
Comteffe, en cherchant à s'en faire un mérite auprès de ce Miniftre, comme s'il eût voulu ainfi punir cet audacieux de la fcene infultante qu'il avoit
jouée aux Fermes, de fes propos infâmes contre le
Miniftre Duc & lui; il le pria en même tems d'en
prévenir la Comteffe qui, elle-même, fouffroit beaucoup des hauteurs de ce Dubarri, & de parer le
coup qu'il pourroit porter à l'Abbé auprès d'elle. Le
Comte averti de cette manœuvre, n'en fut point déconcerté : il s'en expliqua ouvertement dans un fouper, & déclara que fi le Duc d'Aiguillon oublioit
les obligations qu'il lui avoit, il fauroit bien le faire
fauter avec l'Abbé, plus facilement qu'il ne l'avoit
mis en place. Il ajouta qu'il ne craignoit point de
le publier tout haut, & qu'il defiroit que cela lui
fût répété. Il y a apparence que le Duc eut peur,
& l'on s'accorda à convenir peu après que tout étoit
raccommodé, c'eft-à-dire que le réclamant avoit
touché l'argent qu'il defiroit.

Une émeute arrivée à Bordeaux à l'occafion des
Bleds, fit fuccéder de nouvelles allarmes dans l'efprit toujours agité du Miniftre des finances, car fi
fon cœur étoit impaffible, fa tête travailloit fortement. Elle fut fi vive, ainfi que d'autres, arrivées
dans le même tems, ou peu après, à Alby, à Touloufe,

loufe, à Montauban & ailleurs, qu'il ne put s'empêcher d'en rendre compte au Confeil, & d'en entretenir le Roi. D'ailleurs, quand il auroit pu ca-
cher à S. M. ces triftes événemens, les Miniftres,
dans le Département defquels ils fe paffoient, n'auroient pas manqué d'en faire leur rapport au Confeil des Dépêches & de rejetter la faute fur lui. Il
fe trouvoit furtout continuellement harcelé par le
Maréchal Duc de Richelieu, Gouverneur de Guyenne, qui fe conduifit mieux que de coutume en cette
occafion, qui montra un zele très louable, défendit
chaudement fa malheureufe Province, tourmenta le
Miniftre, & le menaça d'aller au Monarque. Il
crut donc plus prudent de prévenir fes ennemis,
il repréfenta ces mouvemens populaires comme le
réfultat d'une fermentation occafionnée par des gens
mal intentionnés, fans être motivés réellement par
la mifere, la difette & le défefpoir. Il conclut par
la néceffté d'envoyer des troupes pour arrêter le
défordre dans fon principe. Il étoit d'autant plus intéreffé à parler ainfi, qu'il s'étoit fait mettre depuis
quelques années à la tête d'une Commiffion nommée
pour connoître de l'affaire des bleds, & veiller à
la diftribution de cette denrée, de façon que les
Provinces mieux fournies reverfaffent dans celles
affamées. Elle étoit compofée de quatre Confeillers
d'Etat : le Sr. Brochet de St. Prest, Maître des
Requêtes, & Intendant du Commerce, en étoit le
Rapporteur : elle avoit fous elle deux Directeurs ou
Agens généraux faits pour les achats & les tranfports. En forte qu'il fembloit que tous les abus en
cette partie auroient dû être inceffamment répri-

H

més. Mais les Conseillers d'Etat se plaignoient qu'on ne les consultoit pas, qu'on ne leur communiquoit rien, & que l'Abbé Terrai leur apportoit la besogne toute mâchée. Ce qui rendoit cette conduite plus suspecte, c'est que le Sr. Brochet de St. Prest, son ame damnée, extrêmement gueux à son entrée au Conseil, affichoit, depuis qu'il étoit de ce Bureau, une opulence & un luxe étonnant. D'où l'on présumoit que ces Messieurs, bien loin de remédier au Monopole, le favorisoient & l'exerçoient par leurs suppôts, puissamment riches aussi.

Les Membres du Conseil n'ignoroient pas tout cela; ils eurent pourtant la lâcheté de ne pas insister, comme il auroit convenu, & de pretendre seulement qu'il falloit envoyer des bleds. Ce qui étoit bien directement inculper le Chef de cette Commission, mais non autant qu'il l'auroit fallu, pour réveiller l'ame engourdie du Monarque. Il se contenta de témoigner de l'humeur à l'Abbé. Celui-ci, pour se disculper absolument, eut l'audace de proposer aux Jurats de Bordeaux (*) de justifier ses

---

(*) Voici l'extrait d'une Lettre de Bordeaux, qui conte le fait différemment. La Lettre est datée du 15 Août 1773....
,, M. le Contrôleur général, pour mettre en honneur sa Compagnie du Commerce des Bleds, qu'on regarde comme une association de Monopoleurs, voulant s'enrichir en affamant la France, a desiré se venger des propos injurieux tenus contre elle. Il a en conséquence écrit une Lettre à l'Intendant de cette Ville, où il lui enjoint d'assembler la Chambre du Commerce, & d'exiger d'elle un Certificat dans lequel ses Membres déclareroient que sans les secours de ladite Compagnie, cette Capitale eut été à la veille de périr

Agens, & de certifier que c'étoit à leurs foins qu'on devoit la tranquillité de la Province, tandis que c'é- toit aux Négocians de cette Capitale dont ils avoient excité le zele & la cupidité. Une niche qu'on lui fit à cette occafion lui donna plus d'embarras que tous les gémiffemens dont le bruit fe perdoit dans les Provinces.

Madame la Comteffe Dubarri reçut du Poitou par la pofte une petite caiffe. A l'ouverture, il fe trouva une Requête de malheureux payfans, qui fe plaignoient du pain qu'on leur faifoit manger, & qui en envoyoient un morceau. Cette Dame tou- chée de la fupplique lamentable; la montra au Roi avec l'échantillon du pain: S. M. le rompit, l'exa- mina, en goûta & convint qu'il étoit déteftable.

L'Abbé Terrai fut bientôt inftruit de l'anecdote: il apprit combien S. M. qui n'avoit ni le courage d'apporter remede aux maux de fon Etat, ni celui d'envifager de fang froid des malheureux, étoit irri- tée contre lui, à qui l'on rapportoit la difette & la mauvaife qualité des grains. Il comprit que le remede devoit venir d'où le mal étoit parti: il fe rendit chez la belle Maîtreffe, il fit l'éloge de fon bon cœur, il lui dit qu'on avoit abufé de fa commi- fération; que le myftere de l'envoi, l'anonyme des auteurs, & la tournure infolite de leurs plaintes, dé- pofoient contre leur fauffeté. Quelque *Bon* de la Comteffe qu'il réalifa en ce moment, acheva fa

„ de mifere. Ces Meffieurs, au nombre de douze, ont eu la „ lâcheté de foufcrire à une pareille affertion, fous prétexte „ que ce n'étoit qu'un Certificat illufoire, & qu'on favoit „ trop bien le contraire.''

juſtification, & celle - ci le blanchit facilement auprès du maître.

Qui le croiroit! une des émeutes tourna même à
l'avantage du Miniſtre. Celle de Montauban ayant
excité une rixe entre M. de Gourgues, l'Intendant,
& le Commandant des troupes, celui - là, diſtingué
entre ſes ſemblables, par un patriotiſme, par une
humanité qu'ils font profeſſion d'abjurer ordinairement dans leurs fonctions de Commiſſaires départis,
ne voulut point être l'agent des ordres iniques qu'on
lui envoyoit contre une Province dont tout le crime
étoit de réclamer ſes beſoins avec l'énergie que donne le déſeſpoir: il envoya ſa démiſſion. L'Abbé
Terrai faiſit l'occaſion, & fit nommer à cette place
le Sr. Terrai, ſon neveu, Maître des Requêtes depuis 1771, âgé de 22 ans. Ce paſſe - droit fit crier
tout le Conſeil: il n'y avoit pas d'exemple qu'on
eût confié l'adminiſtration d'une Province à un Magiſtrat qui n'y avoit pas voix délibérative dans le
moindre procès entre particuliers, à moins qu'il
n'en fût le Rapporteur. Mais les murmures ne pro-
duiſirent pas un grand effet. Quant au reproche
d'inexpérience, qu'on faiſoit plus juſtement au jeune
homme, le Contrôleur général y répondoit péremp-
toirement, en diſant qu'il le formeroit & feroit l'Intendance pour lui. Le moyen de refuſer un pareil
répondant! Ce qui ſurprendra plus encore, c'eſt que
la Province fut enchantée du choix; on eſpéra qu'au
moins, pour y faire bien venir le nouveau Chef,
ſon oncle ne manqueroit pas d'y verſer l'abondance,
& de la rendre moins malheureuſe qu'une autre.

En effet, toutes ces Provinces Méridionales étoient
dans une diſette extrême, & ne ſubſiſtoient que par

le fecours des Corps municipaux des Villes principales, qui, à l'exemple des Jurats de Bordeaux,
s'étoient déterminés à faire des fonds pour acheter
des bleds & faire faire du pain. Et par une impof-
ture extrême, que la lâcheté, la baffeffe & l'adulation accréditoient en public, le Contrôleur général
ofoit repréfenter au Roi & au Confeil, ces fecours
comme les reffources de fa politique & de fa vigilance.

On attribua d'abord au befoin continuel qu'avoit
le Miniftere de troupes, pour prêter main forte dans
les divers endroits que dévaftoit la faminée amenée
par le monopole monté à fon comble, un égard qu'il
eut pour les Militaires. Leurs penfions fur le Tréfor Royal fe payoient avec une exactitude extraor.
dinaire; ils affuroient que depuis longtems ils n'a-
voient touché avec cette facilité. De quoi s'agiffoit-
il cependant? De la forme, car du refte elles étoient
encore fort arriérées, & l'on n'expédioit alors, c'eft-
à dire en 1773, que les Ordonnances de penfions
de 1768 échues en 1769. Mais la conteftation élevée entre le Contrôleur général & le Miniftre de la
guerre, au fujet du Droit du Marc d'or, auquel le
premier voulut affujettir tout le Département du fecond, prouva bientôt qu'il avoit plus d'ardeur pour
faire le mal, que de crainte des fuites qui en pouvoient réfulter; qu'en un mot il ne ménageoit que
ceux qu'il ne pouvoit attaquer impunément.

Ce droit du Marc d'or, affecté aux penfions de
l'Ordre du St. Efprit, & qui ne montoit autrefois
qu'à 450,000 Livres, étoit en ce moment porté à
plus de trois millions, & par les augmentations de
toute efpece & l'extenfion qu'on lui donnoit, devoit

s'accroître jusqu'à douze. M. l'Abbé Terrai avoit imaginé cette année d'y affujettir tout le Militaire, depuis le plus haut grade jufqu'au Sous-Lieutenant. Le Chancelier-Garde des Sceaux, qui fcelle, trouvant fes honoraires augmentés par cette prétention, la favorifoit; mais le Miniftre de la guerre fe débattoit avec acharnement, & le Roi, à fon ordinaire, ne décidant rien, ne donnant gain de caufe à perfonne, ce grand procès faifoit qu'il reftoit en fufpens aux Bureaux du Marquis de Monteynard une multitude de ces Brevets & Commiffions. Celui-ci profitant de la neutralité de S. M. prit le parti d'éluder la difficulté, en donnant ordre aux Corps refpectifs où il y avoit de nouveaux promûs, de les recevoir, fans que lesdits parchemins fuffent fcellés, le fceau étant en effet une formalité vaine qui ne donne pas plus de valeur au grade dont l'Officier eft décoré. Le Contrôleur général & le Chancelier devenoient ainfi dupes de leurs difficultés, tant que S. M ne les auroit pas foutenus, en ordonnant l'exécution du nouveau Réglement; du moins le Miniftre de la Guerre s'en flatta. L'Abbé Terrai fulmina & dit qu'il empêcheroit qu'on ne paffât en compte aux Tréforiers les appointemens des Officiers qui n'auroient pas fourni des copies authentiques de leurs titres pour les recevoir. Mais on y gagnoit du répit, & c'étoit beaucoup fous un Monarque duquel il n'y avoit rien à attendre que du bénéfice du tems.

L'indolence du Maître ne permettant point à l'Abbé Terrai d'exercer de ce côté-là fa rapacité, il fe reploya fur les Receveurs généraux des Domaines & Bois, dont il diminuoit les revenus & augmen-

toit la befogne; fur les Fermiers généraux, dont le
Bail futur étoit l'objet qu'il méditoit le plus, & auquel il revenoit fouvent. Il s'occupoit non - feulement de fon augmentation par accroiffement, c'eft-
à-dire par la réunion de quantité de petits Droits
nouveaux, mais encore par réduction, c'eft-à-dire
en améliorant l'adminiftration de cette manutention
compliquée, en diminuant les frais, en fupprimant
les doubles emplois, les fujets inutiles; &c. car au
mal qu'il pratiquoit fans relâche, il mêloit par fois
un peu de bien, ou il en faifoit le femblant; & à
tous fes vices, il joignoit celui de l'hypocrifie, pour
être un Monftre parfait.

Il avoit une conteftation avec les Fermiers généraux, au fujet de fon Abbaye de Molefme, dont il
ne vouloit pas payer un certain droit d'amortiffement. Il fouffrit que le procès fut porté au Confeil, & il voulut bien le perdre. C'étoit une petite
comédie qu'il fe donnoit. Non - feulement il fe dif-
pofa à payer, mais il fupplia fes parties de le traiter favorablement: il fit plus, il en agit avec beaucoup de générofité avec eux, car, au fujet du re-
nouvellement du Bail en queftion, il leur déclara
dans ce tems - là - même que l'état de Fermier général étant un état de repréfentation, il entendoit que
tous frais faits ils euffent chacun 200,000 Livres de
rentes net. Ce propos réjouit merveilleufement les
fots de la Compagnie : ils en conclurent que l'Abbé Terrai leur rendoit enfin juftice, & que, bien
loin de vouloir ébranler en eux les Colonnes de
l'Etat, il defiroit les confolider; & ce propos, très
répandu, détruifit les bruits finiftres qu'on faifoit
courir à cet égard.

Il falloit connoître bien peu ce Miniftre pour s'en
fier à de pareilles affurances. Chaque jour il démentoit celles qu'il avoit données, & tout récemment la Chambre des Comptes venoit d'en faire
l'expérience. Envain en étoit-elle venue à d'itératives Remontrances, envain avoit-elle eu la lâcheté de faire valoir fon obéiffance, en dénigrant le
Parlement & par une comparaifon révoltante, en
infinuant qu'il étoit affreux qu'eux, fujets toujours
très fideles & très foumis du Roi, fe trouvaffent prefque auffi maltraités que ceux qui avoient eu le malheur d'encourir fa difgrace, par une obftination dùe
à un zele fans doute trop aveugle, mais réprouvé
par le Monarque. Envain fon Premier Préfident
continuoit-il à avoir des conférences avec lui, & ne
fe décourageoit-il pas, quoiqu'il lui manquát fouvent
de parole. Les négociations fe terminerent par des
Lettres de Juffion, précédées d'une réponfe abfolument négative; & cette Cour pufillanime fe trouva
trop heureufe d'échapper à une deftruction qu'elle
redoutoit, par une foumiffion entiere aux ordres de
S. M. Elle crut avoir mis fon honneur à couvert,
au moyen de la violence, légale fuivant elle, qu'elle éprouvoit, & fçut encore gré à l'Abbé de lui fournir ce prétexte de le difculper aux yeux des patriotes, pour qu'elle ne fût pas moins à la fois un objet de mépris, de rifée & d'indignation.

Combien ce dernier fentiment ne dùt-il pas re-
doubler, lorfqu'on vit peu après cette Cour, qui devoit attribuer la plupart de fes maux au Sr. le Clerc,
premier Commis des finances, & l'ame damnée de
l'Abbé Terrai, fe trouver honorée de la propofition que lui fit ce parvenu de recevoir dans fon

feir

fein un de fes fils, & l'admettre d'emblée à la charge de Maître des Comptes, diftinction qui ne s'accorde ordinairement qu'aux membre de la Chambre,
ou à ce qu'on appelle *les enfans de la balle*. Bien
des gens foupçonnerent que le Sr. le Clerc n'avoit
tant molefté la Chambre que pour la réduire & la
mettre dans le cas de n'ofer lui refufer une grace
qu'il ne pouvoit ni mériter ni efpérer.

Les patriotes furent un peu confolés par le *Mémoire au Roi*, de la Nobleffe de Bretagne, qui parut alors. Il avoit été fort queftion de cet écrit,
lors de la tenue des Etats de la Province. L'Ordre,
au nom duquel il étoit foufcrit, avoit été obligé de
le faire feul: les Commiffaires du Roi ayant eu le
fecret d'intimider par menaces, ou de féduire par
promeffes, les Députés des deux autres Ordres, pour
qu'ils s'abftinffent d'y prendre part. L'Abbé Terrai
les avoit fait manœuvrer ainfi, pour fournir un prétexte à la Cour de ne pas vouloir recevoir le Mémoire, dont il défiroit anéantir jufqu'à l'exiftence:
intrigue qui ne fervit qu'à en retarder la publicité,
& à empêcher qu'il ne parvînt au Monarque. C'é-
toit fans doute un coup de parti pour un Miniftre
perfide & prévaricateur, tremblant toujours que fes
iniquités ne fuffent dévoilées. Il s'embarraffa peu
enfuite qu'il fût imprimé. Cependant il étoit d'une
clarté, d'une précifion, d'une force, qui le faifoient
lire avec la plus grande avidité. C'étoit un tableau
auffi fidele qu'effrayant des coups d'autorité multipliés par lefquels le Miniftere, au nom de S. M.
fappoit fans relâche la liberté de la Bretagne, dont
on lui envioit jufqu'à l'ombre qui lui en reftoit. On
admiroit l'éloquence avec laquelle l'Orateur, après

H 5

avoir tracé du pinceau le plus mâle & le plus rapide
les ravages du Defpotifme, les fuites funeftes, les
malheurs fans nombre qu'il entraîne, ramaffoit toure
l'onction du fentiment pour attendrir le cœur du Monarque, & émouvoir fes entrailles paternelles. Quelque bien fait que fût celui de Normandie fur le même fujet, répandu quelques mois avant celui-ci, on
le trouva bien fupérieur pour l'enchaînement, la
marche & le ftyle.

Que produifoient tous ces écrits? Ils valurent au
dénigré l'Abbaye de Throarn, morceau de plus de
50,000 Livres de rentes, qui excitoit l'ardeur de
tout le Clergé. Du moins il déclara modeftement
qu'il ne l'avoit point demandé, qu'il en avoit affez,
qu'il ne favoit pas pourquoi on lui avoit conféré ce
Bénéfice, ou plutôt qu'il regardoit cette faveur comme une bonté du Roi, qui vouloit bien témoigner
par-là authentiquement combien fes fervices lui
étoient agréables, & démentir tous les bruits injurieux qui couroient fur fon compte ; que c'étoit cette
extrême attention de fon Maître qui l'avoit touché
& empêché de refufer.

Ils fervoient encore aux Dubarri, en ce que l'Abbé, plus il étoit maudit de la Nation, plus il fentoit la néceffité de s'unir à eux. Il oublia dans ce
tems-là les propos infolens & injurieux du Comte
Jean. Le mariage que devoit faire le fils de celui-
ci avec une Dlle. la plus belle créature du monde,
& qu'on deftinoit au lit du Monarque, lui fit connoître la néceffité de fe rapprocher du pere. La
querelle élevée entre lui & la Comteffe fournit au
Miniftre l'occafion de fe bien remettre avec le beau-
frere. L'argent étoit communément la caufe de ces

brouilleries. Celle-ci avoit été portée loin, & le Comte Jean avoit pouffé la vengeance jufqu'à faire une chanfon auffi atroce que dégoûtante contre fa belle-fœur. L'Abbé Terrai paya, & tout fut oublié. Il s'immifça de l'hymen en queftion, & ce fut au Contrôle général que fe donna la bénédiction nuptiale. Il reftoit ainfi bien avec la Favorite, & fe ménageoit d'avance les bonnes graces de la Niece, en cas que la premiere fût fupplantée.

Mais indépendamment de cette politique, il en avoit une autre plus profonde & plus rafinée. Il convoitoit depuis longtems la place d'*Intendant général des Bâtimens* (*) qu'avoit le Marquis de Marigny. Les Dubarri, qui la regardoient comme *l'appanage naturel de la famille de la Maîtreffe en titre du Monarque*, la follicitoient depuis longtems. Il fe mit en tête, non-feulement d'aller fur leurs brifées, mais de l'avoir par leur entremife; & voici comme il manœuvra. Il leur fit entendre qu'ils s'y prenoient mal, & qu'ils ne réuffiroient jamais à emporter la place de haute lutte; que le Roi étoit trop bonaffe & trop foible pour ôter de fang froid & fans mécontentement cette place au Marquis de Marigny. Il leur apprit que, fans vouloir s'en faire un mérite, il travailloit plus utilement pour eux à leur infçu; que le moment de faire éclater la mine étoit venu, & que fi la Comteffe vouloit le feconder, l'effet en feroit infaillible: „ Depuis longtems, continua-t-il, „ cette partie manque de fonds, je fuis autorifé à

(*) Le vrai titre eft *Directeur & Ordonnateur général des Bâtimens, Jardins, Arts, Académies & Manufactures Royales.*

„ en refufer par les circonflances, fans que je pa-
„ roiffe y mettre de la mauvaife volonté ou de l'hu-
„ meur : conféquemment elle eft dans le plus mau-
„ vais ordre, ce qui déplaît fouvent à S. M. Que
„ Madame Dubarri profite de l'inftant où le Roi
„ demandera quelque ouvrage, qu'il n'obtiendra pas,
„ car je ferai refferré plus que jamais, & qu'elle in-
„ finue à fon augufte Amant de me conférer la pla-
„ ce du Marquis de Marigny, afin qu'intéreffé à
„ lui plaire & ayant les fonds à ma difpofition, je
„ ne manque jamais de remplir fes defirs. Quand
„ une fois nous aurons ainfi dépofédé le Marquis,
„ au bout de quelque tems je ferai entendre au Roi
„ que mes grandes occupations ne me permettent
„ plus de continuer mes nouvelles fonétions, & je
„ propoferai moi - même de les confier à quelqu'un
„ d'entre vous."

Le piege étoit trop adroitement tendu pour que
les Dubarri s'en apperçuffent. On admira la fineffe de M. l'Abbé, on le remercia, & la Favorite
fut chargée de faifir la premiere occafion pour indifpofer le Monarque, l'aigrir contre l'Intendant actuel
de fes Bâtimens, & le déterminer à le renvoyer.

Ce fut à Bellevue qu'elle fe préfenta. S. M. y
étant avec fa Maîtreffe & le Marquis de Marigny,
parla de nouveaux arrangemens qu'Elle ordonna de
faire à ce dernier. Il parut très difpofé à obéir,
mais concourant de lui - même à fa perte fans le favoir, il rejetta tout fur l'Abbé Terrai, il fe plaignit
de n'avoir jamais de fonds pour fon Département,
& fupplia le Roi d'ordonner à fon Contrôleur général de lui délivrer ceux affignés pour cette partie.
Il vit avec plaifir que fon obfervation faifoit rêver

le Roi ; il fe-flatta que l'humeur en réjailliroit fur
l'Abbé, & il s'en félicitoit. Mais dès que le Marquis fut parti, la Favorite s'en prévalut contre lui.
Elle raffura S. M. „ Tirez vous, lui dit-elle, une
„ bonne fois d'inquiétude là-deffus : réuniffez la
„ place d'Intendant des Bâtimens à celle de Contrô-
„ leur général. Vous ferez fûr d'être toujours bien
„ fervi : on ne fe plaindra plus de n'avoir pas d'ar-
„ gent." Cette tournure lumineufe réjouit S. M.
Elle admira les reffources de l'imagination de fa
belle Maîtreffe : elle l'embraffa pour la remercier,
& le frere de la Marquife de Pompadour fut facri-
fié. Il s'apperçut trop tard qu'il y avoit des gens
plus adroits que lui à la Cour, & qu'il fuccomboit
fous le coup de Jarnac qu'il avoit voulu porter à
l'Abbé Terrai. Il faut auffi convenir que celui-ci
avoit des rufes à étonner le courtifan le plus confommé en fourberie : il comptoit bien remettre aux
Dubarri la nouvelle charge dont il étoit pourvu,
mais ce ne devoit être qu'en échange de quelque
chofe de mieux. Voici quel étoit fon plan.

Il voyoit de loin fe former l'orage contre le Chancelier : il fentoit que cet étourdi avoit entrepris une
befogne au deffus de fes forces ; qu'accablé fous le
faix, il devoit ployer tôt ou tard. Il convoitoit
d'avance fa dépouille, il vouloit avoir les Sceaux.
Ce n'étoit qu'à l'époque où il fe feroit vu revêtu
d'une telle dignité qu'il auroit cédé la place d'Intendant des Bâtimens, & par cette perfpective il intéreffoit effentiellement la Maîtreffe du Maître à le
fervir auprès de lui dans fon projet. Son grand objet donc, en ce moment, étoit de manœuvrer de maniere à accélérer le plutôt poffible la chûte de M.

de Maupeou. En attendant l'occafion de l'écrafer, il le dépouilloit infenfiblement de fes créatures, & frappoit fur tout ce qui l'entouroit. Le Sr. le Brun, attaché à M. le Chancelier, fon Secrétaire intime, fon faifeur de préambules d'Edits, celui qu'on lui faifoit appeller dans la *Correfpondance, mon cœur*, fe reffentit des atteintes de M. l'Abbé. Il fit fupprimer par Arrêt du Confeil une Commiffion d'*Infpecteur des Domaines*, que M. de Maupeou avoit obtenue pour fon confident. On prit le prétexte d'une Lettre infolente qu'il avoit écrite au Préfident de Nicolaï, & le coup fut porté avant que fon maître en fût inftruit. Celui-ci ne put le parer, d'autant qu'il avoit été concerté avec le Duc d'Aiguillon. Il lui fallut donc entrer en guerre ouverte avec eux. La vengeance étoit fa paffion dominante : elle l'aveugloit, & lui faifoit fouvent faire de fauffes démarches. Dans cette occafion, par exemple, au lieu de temporifer, de diffimuler, de laiffer le public encore en fufpens fur la réalité de fa mésintelligence avec ces deux Miniftres, il éclata de maniere à n'en plus laiffer aucun doute. Lorfqu'on alloit folliciter auprès de lui la liberté, ou le rapprochement de quelque exilé, il témoignoit prendre la plus grande part au fort malheureux de ces Magiftrats : il affuroit que fon avis étoit de leur rendre en ce moment la faculté d'aller & de venir à leur gré, même de les rembourfer : il s'en prenoit à l'Abbé Terrai, ce Mandrin, qui mettroit volontiers le piftolet fur la gorge, pour accroîtue des finances; & au Duc d'Aiguillon, ce Defpote, qui vouloit tout tuer, tout manger. C'étoit fous ce ton hypocrite annoncer fa rupture, & par conféquent encourager

ſes ennemis à groſſir leur parti. En effet, dans tout
le Miniſtere il n'avoit plus que le Marquis de Monteynard pour lui, c'eſt-à dire le plus honnête-homme
peut-être de la Cour. Quelqu'un en fit l'obſerva-
tion à ce dernier, en lui témoignant combien il étoit
ſurpris de le voir ainſi aſſocié au plus ſcélérat des
courtiſans, ce qui étoit beaucoup dire. Il lui répondit qu'il étoit dans le ſyſtême du Cardinal de Fleuri,
ſe rangeant toujours, dans les matieres qu'il n'entendoit pas, du côté du Chef du Département, auquel reſſortiſſoit l'affaire agitée; que, ſans examiner
le perſonnel du Chancelier, ſon ſyſtême, comme
Chef ſuprême de la Juſtice, ſur la deſtruction des
Parlemens, lui avoit paru excellent, & qu'il le ſou-
tenoit. Au reſte, tout homme eſt homme, & le
Miniſtre de la guerre ſe laiſſoit aller, peut-être
ſans le ſavoir, à l'animoſité qu'il avoit ſouvent contre
l'Abbé Terrai. Ces deux perſonnages étoient toujours en querelle pour de l'argent. En ce tems-là
ſurtout ils avoient eu à Compiegne une priſe très-
vive. Le premier ayant demandé des fonds au ſecond, celui-ci, piqué de cette étroite confédération
avec le Maupeou, lui avoit répondu ſéchement qu'il
n'y en avoit pas. Sur quoi M. de Monteynard avoit
témoigné ſon mécontentement en termes durs, en
diſant qu'il étoit bien ſurpris qu'il n'y eût pas d'argent pour le ſervice du Roi, pendant qu'on en pro-
diguoit tant pour des Putains & des Maquereaux.
Ces paroles ayant bleſſé les oreilles délicates de M.
l'Abbé, il avoit dit au Sécrétaire d'Etat qu'il s'oublioit, qu'il eût à ſe ſouvenir qu'il parloit à un Miniſtre du Roi. A quoi l'autre avoit repliqué encore
plus vertement, en finiſſant par ajouter que s'il cro-

yoit que ce refus vînt de la part de S. M. il le recevroit avec respect, mais que sa démission seroit au
bout. Le Ministre des finances, piqué de ces apos-
trophes, étoit allé s'en plaindre au Roi ; mais S. M.
lui avoit répondu: *C'est un honnête-homme, qui
donneroit sa démission comme il le dit. Je suis bien
aise de le conserver : il faut lui trouver de l'argent.*
Ainsi M. de Monteynard eut gain de cause en cette
occasion. Toutefois ceux qui connoissoient la Cour
& le caractere du Monarque, de ce propos même
conclurent qu'il seroit bientôt expédié.

Au défaut de ce partisan, l'Abbé Terrai acquit un
autre protecteur plus important, en la personne du
Prince de Condé. Vis-à-vis d'un personnage plus
ferme, & qui sut mieux faire respecter sa dignité, il
ne se seroit pas hazardé à reparoître devant une Al-
tesse qu'il avoit jouée de la maniere la plus indigne,
par une ingratitude atroce, qu'un simple particulier
n'eût pas oubliée. Mais le besoin d'argent rend
quelquefois complaisant le plus grand Prince. D'ailleurs le Ministre connoissoit parfaitement celui-ci :
il ne craignit point de s'en rapprocher, & de lui offrir ses services pour la vente de son hôtel, dont il
avoit autrefois fait annuller l'acte, & qu'il remit en
vigueur aux conditions les plus utiles pour S. A. S.,
en faisant paroître le Roi comme acquéreur, mais
payant avec les deniers de la ville. Afin d'accélérer
le marché, on expédia sur le champ des *Lettres patentes pour la construction des Bâtimens devant servir
à la Comédie Françoise sur les terreins de l'ancien hôtel de Condé* ; & pour mieux le consolider, on le
fit enrégiltrer au Parlement d'alors.

A peine l'Abbé Terrai eût-il ainſi cimenté à nos
dépens ſon pardon obtenu de ſon ancien maître,
qu'il fut obligé de faire face aux Dubarri & de ru-
ſer avec eux. Ils le preſſoient pour leur donner la
dépouille du Marquis de Marigny, dont il ne devoit être que le dépoſitaire : mais nous avons dit
plus haut qu'il ne comptoit pas la leur céder pour
rien. Il les amuſa donc en leur objectant qu'il avoit
trouvé cette partie très obérée, dans un grand délabrement ; qu'il alloit la remettre en ordre, faire
tout payer, pour qu'ils n'euſſent plus que les agré-
mens de la place.

Il s'étoit mis en tête quelque choſe de mieux, il
vouloit avoir auſſi les *Menus*. Sous cette dénomination ſimple & peu impoſante, on entend tout ce
qui regarde les fêtes, ſpectacles & autres plaiſirs de
la Cour. Des *Intendans* ſont chargés d'en faire les
dépenſes, & les *Gentilshommes de la Chambre* de les
ordonner & de les inſpecter. On conçoit que ce doit
être un Pérou, en ce que les Rois ſont ordinairement peu économes ſur leurs amuſemens, & qu'au
milieu de la joie & de la licence de pareilles orgies
il s'ouvre un champ vaſte aux déprédations des ſub-
alternes & à la cupidité des ſupérieurs qui les par-
tagent. Le Contrôleur général convoitoit donc cette partie, & fit part de ſes vues à la Favorite. Il
mit toujours en avant ſon zele pour la famille, &
prétendit ne vouloir que débuſquer les Gentilshommes de la Chambre, pour, après avoir réuni les attributs de leurs fonctions à cet égard à la place d'Intendant des Bâtimens, &c. faire paſſer le tout à celui qu'elle y voudroit élever. La Comteſſe goûtoit
fort ce projet, mais les poſſeſſeurs étoient trop accré-

dités, trop admis à l'intime familiarité du Prince, pour que l'on pût réuffir.

L'occafion étoit cependant favorable : il étoit queſtion de donner des fêtes pour le mariage de M. le Comte d'Artois. Le Duc de Richelieu, Gentilhomme de fervice cette année, prévoyant, à cauſe de fon grand âge, que ce feroient les dernieres auxquelles il préſideroit, voulut les rendre remarquables par une magnificence extraordinaire. On alloit admirer à l'hôtel des *Menus* les préparatifs pour les cinq Opéra qu'il avoit ordonnés, dont on évaluoit les frais à deux millions, & pour leſquels on faiſoit 5,000 habits. Le Contrôleur général fit le bon valet : il en adreſſa les reproches les plus vifs au Maréchal ; il lui déclara qu'il n'avoit point d'argent pour les payer ; que les peuples étoient aſſez vexés, qu'il n'étoit pas poſſible de les furcharger pour femblables folies. Enforte que s'il n'eût été bien connu, on auroit attribué à une vraie & louable fenſibilité de ce Miniſtre, des gémiſſemens hypocrites, provenant feulement de fon envie extrême de décrier les *Menus*, & de les rendre odieux pour fe les faire donner.

Mais en vain fe recria-t-il, foit contre les dépenfes énormes du moment, foit contre les abus, les prévarications à arrêter en général dans le Département, il fut obligé de fe contenter de ce qu'il avoit obtenu récemment. Il vit qu'il falloit abandonner pour-lors fes prétentions. En attendant qu'il pût les remettre en vigueur, & afin d'y être mieux autoriſé, il fit répandre le bruit par fes partifans qu'il alloit profiter de la réunion des Bâtimens au Contrôle général pour examiner les friponneries de cette ma-

nutention, y remédier, & l'améliorer en outre par
une réforme judicieuse & une économie mieux entendue.

Il fut visiter avant le voyage de Fontainebleau une
certaine pépinicre qu'un Abbé Nolin, Chanoine de
St. Marcel, & grand charlatan en cette partie, s'é-
toit fait établir, afin d'en prendre soin pour le Roi.
Le Ministre jugea cette institution superflue & déclara qu'il la feroit détruire. On dit qu'il alloit su-
primer toutes les maisons royales abandonnées, les
faire démolir, en vendre les matériaux, & épargner
ainsi les frais de réparations, & les appointemens
des gouverneurs, concierges, &c. Qu'il vendroit
aussi 126 maisons appartenantes au Roi dans Paris,
& que des revenus & des capitaux provenant de
tout cela il se proposoit d'achever le Louvre. Un
propos de M. le Dauphin lui avoit suggeré cette
idée. Ce Prince, lors de son entrée dans Paris,
ayant vu imparfait un aussi bel Edifice, avoit demandé quand on finiroit ce Palais? Depuis il y songeoit
encore & réitéroit souvent la même question. Le
Ministre - courtisan, dont l'ambition clair voyante &
insatiable perçoit dans l'avenir, prévoyant que les
débauches du Roi & son tempéramment usé ne lui
permettoient plus de vivre longtems, étoit bien - aise
de se concilier d'avance & de loin le successeur, en
lui faisant quelque chose d'agréable. D'ailleurs il satisfaisoit aussi les gens de goût, les artistes; & quoiqu'il en fît peu de cas, ainsi que de leurs suffrages,
il n'étoit pas fâché d'en recueillir les louanges, lorsque l'occasion s'en présentoit. C'est ce qui le détermina à rétablir une institution que M. de Marigny avoit été obligé d'abandonner, faute de payement.

Louis XIV avoit fondé des Prix pour la Peinture, la Sculpture & l'Architecture, & cet établissement se perpétuoit encore. Mais en outre les jeunes éleves couronnés passoient à Rome aux dépens de S. M. & y étoient entretenus & guidés dans la perfection de leur talent sous l'inspection d'un homme célebre de l'Académie, Directeur de celle de France, dans la capitale du monde chrétien : c'étoit M. Nattoire. Depuis quelques années aucun Eleve n'avoit eu cette mission par les calamités des tems, qui s'étendoient sur tout. M. le Contrôleur général, alors présidant aux Arts, décida de faire revivre cet usage avantageux pour leurs progrès ; il donna l'ordre pour qu'on fit partir ceux qui avoient remporté les prix cette année 1773.

D'ailleurs, M. l'Abbé Terrai avoit alors un intérêt personnel de ménager & de caresser les Artistes. Il venoit de se faire bâtir un hôtel, rue Notre Dame des Champs, dont on a parlé ci-devant. Il vouloit les faire contribuer de leurs talens divers à le décorer. Le bâtiment étoit vaste, magnifique, élégant : il prêtoit à tout ce que le génie leur pouvoit suggérer, & il est devenu une curiosité pour Paris. On a dit déjà que tout y répond au luxe du maître, à son opulence & à la reconnoissance des premiers. On n'a pas oublié le lit : on a observé que les amateurs malins ne peuvent s'empêcher de rire en admirant le théâtre nuptial des amours de ce Prêtre impudique. C'est peut-être en le considérant qu'un Poëte a enfanté l'épigramme suivante, qui se répandit alors, dont la pointe à deux tranchans frappe également & sur sa luxure & sur son ambition. Pour bien l'entendre il faut savoir que le bruit se renouvelloit concernant fes prétentions aux Sceaux & au Chapeau de Cardinal. Elle portoit :

> Certain Abbé vifant aux Sceaux,
> Ainfi qu'aux dignités du plus haut Miniftere,
> S'adreffe, dit-on, au Saint Pere
> Pour être colloqué parmi les Cardinaux.
> „ Quoi, Saint Pere, dit-il, feroit-ce une arrogance
> „ De tendre au même rang où *Dubois* fut porté?
> „ Non moins que lui j'ai la naiffance,
> „ L'efprit, les mœurs & la fubtilité :
> „ En outre mieux que lui ne fuis-je pas noté?
> „ Connois-toi mieux, lui répond le Saint Pere,
> Saintement animé d'une jufte colere :
> „ O *Satanas, vade retro!*
> „ Va conter ailleurs tes fornettes :
> „ Jamais tu n'auras de chapeau,
> „ Il ne te faut que des cornettes.

Ce n'étoit point par la pureté de fes mœurs, ou par les fervices qu'il rendoit à l'Eglife, qu'il comptoit mériter cette dignité : c'étoit au prix de l'or qu'il la vouloit, & voilà pourquoi il en amaffoit tant. On fait que chaque Couronne a droit de nommer à tour de rôle un Cardinal. Quoique le Prétendant ne foit plus qu'un Souverain généralement méconnu, même à Rome, le St. Siege lui a confervé apparemment une nomination, & l'on fut depuis que l'Abbé Terrai la marchandoit & en offroit 500,000 Livres. Mais indépendamment de ce motif de cupidité il étoit vilain par nature, & il en donna pendant le voyage de Fontainebleau une preu-

ve non équivoque, qui amufa un peu la Cour à fe
dépens. Voici ce qu'on écrivit.

„ *Extrait d'une Lettre de Fontainebleau, du 22*
„ *Octobre* 1773.

„ Le Grand Houffoir eft fort turlupiné ici pour
„ fa parcimonie. Elle vient d'éclater publiquement.
„ Vous favez que Madame la Dauphine a fait une
„ efpece de quête en faveur du malheureux payfan
„ bleffé par le cerf. L'Abbé Terrai s'étant trouvé
„ fur fon chemin, elle s'eft adreffée à lui. Le vi-
„ lain a tiré mauffadement de fa poche un écu de 6
„ Livres, qu'il n'a pas eu honte de préfenter à la
„ Princeffe. Celle-ci, indignée, lui a dit: Allons
„ donc, M. l'Abbé, évertuez-vous. Il a repris alors
„ fon fac, & a donné un Louis, dont Madame la
„ Dauphine n'ayant pas paru contente, il en a offert
„ un fecond; & enfin, comme elle ne trouvoit pas
„ la charité digne de lui, il a mis un double Louis
„ dans la bourfe. La Princeffe l'ayant ainfi mis à
„ contribution quatre fois, & laffe d'exciter fa géné-
„ rofité, l'a quitté avec un fourire dédaigneux."

La fignature du Bail des Fermes qui approchoit,
devoit être une grande fête pour un Contrôleur général auffi avare. Il faut qu'on fache qu'elle vaut à
ce Miniftre de la Finance un pot de vin de 300,000
Livres, & en outre cent piftoles par Million. Voilà
pourquoi il batailloit tant pour en accroître le total. Il chicanoit tellement les Fermiers Généraux,
que ceux-ci avoient abfolument rompu leurs conventions. Ce fut le Sr. Douet, le pere, perfonnage

recommandable dans la Compagnie, qui raccommo-
da la chofe. Il parla à l'Abbé Terrai avec une éloquence impofante ; il lui fit fentir que les impôts,
pouffés à un certain point, ne pouvoient plus s'accroître. Le Sr. Beaujon, Banquier de la Cour, furvint en ce moment. De concert avec le Traitant
fans doute, il preffa l'Abbé, il lui déclara qu'il falloit arrêter le Bail dans le jour même; que finon,
il alloit mettre la clef fous la porte. (Ce furent les
termes du Turcaret.) Le Grand Houffoir fut effrayé
& ploya.

Après beaucoup de difficultés & de contradictions, cette grande affaire qui occupoit le Miniftre
depuis plus d'un an, finit ainfi. Le Bail fut décidem-
ment propofé à 135 millions par an. On convint
qu'il refteroit dans l'état où il étoit, fans aucune
réunion. Quant aux nouveaux fols pour livre, les
Fermiers en devoient faire la régie *gratis* : ce qui
étoit un objet de 18 millions environ. Dans le cas
où il conviendroit au Roi d'ajouter au Bail quelque
autre partie, S. M. devoit l'augmenter, de même
que s'il lui plaifoit d'en retirer, ce feroit en déduction au *pro rata.* Tous les efforts de M. l'Abbé
aboutirent donc à furcharger le Bail de trois millions, puifque le précédent étoit de 132 millions.
Mais on eftimoit les accroiffemens qui pouvoient le
groffir, y compris les nouveaux fols pour livre déli-
gnés ci-deffus, de 25 à 30 millions.

Malgré cela, comme l'Abbé Terrai avoit fait des
fouftractions, les Fermiers crierent beaucoup, &
trouverent leur condition très onéreufe. Ils furent
autorifés dans leurs plaintes par S. M. même. Voici
l'anecdote : il n'eft perfonne en France qui ignore

que le feu Roi étoit interessé dans toutes les affaires
de son Royaume; qu'il aimoit ces spéculations particulieres, & à faire des placemens d'argent qu'il tiroit de son pécule, & que M. Bertin, son Ministre
ad hoc, lui faisoit valoir de son mieux. Il avoit une
place de Fermier Général, & une autre d'Adminis-
trateur des Postes. On prétendit que lorsque le Contrôleur général lui parla du nouveau Bail, & lui en
fit voir toutes les clauses irritantes pour les Entrepreneurs, le Monarque se récria, & oubliant que
l'affaire étoit très bonne pour lui, comme Souverain, il s'en plaignit comme particulier interessé au
marché; il dit qu'il trouvoit désormais les places
des Fermiers Généraux bien détériorées, qu'il ne savoit pas s'il garderoit la sienne.

Le génie de Despotisme du Ministre des Finances, après s'être appésanti sur les inférieurs, éclata
envers les Cours Souveraines, lorsqu'il s'agit de donner la derniere sanction à son Traité, il fit publier
un Arrêt du Conseil, en date du 17 Octobre, pour
l'enrégistrement du Bail des Fermes & de l'Arrêt de
prise de possession, avec fixation des sommes à payer pour ledit enrégistrement.

Son premier objet étoit de prévenir l'incertitude
résultante du défaut de Loi précise par rapport aux
épices & droits des différens Officiers des Cours
pour lesdits enrégistremens, ces attributions étant
jusqu'à présent demeurées à leur arbitrage. Dans
l'état d'alors, par rapport aux Cours, tant d'ancienne que de nouvelle création, dont les Offices ne
sont plus possédés à titre de Finance, il ne leur
étoit pas permis de se taxer aucune somme pour
épices ni conclusions, conformément aux Edits fixant

leur

leur conftitution : il ne s'agiffoit que d'accorder un falaire convenable aux Greffiers. Il n'étoit donc plus queftion que des autres Cours, dont les Offices continuoient d'être poffédés à titre de finance.

Mais l'objet principal étoit de déterminer la forme des enrégiftremens d'une maniere précife, pour empêcher les difficultés élevées précédemment, prefque à tous les Baux. A l'occafion ou fur l'effet defdits enrégiftremens, le Fermier s'étant plaint que les difficultés, en retardant ou contrariant fa jouiffance, ou même en réduifant les objets, occafionnoient une incertitude toujours nuifible au bien du fervice, & quelquefois même des demandes en indemnité de fa part. Suivoient 11 articles.

Par le premier, il étoit ordonné que les réfultats du Confeil, & Lettres patentes portant Baux des Fermes de S. M. feroient enrégiftrés aux Parlemens de Paris, Dijon, Grenoble, Rennes, Aix, Pau, & aux Confeils Supérieurs de Rouffillon, Lyon, Clermontferrand, Châlons, Blois, Poitiers, Rouen & Bayeux.

Par le fecond, ils devoient être enrégiftrés à la Chambre des Comptes de Paris, à la Chambre des Comptes & Cour des Aides de Montpellier, aux Chambres des Comptes de Grenoble, de Dijon, Nancy & Bar, & aux Cours des Aides de Bordeaux & de Montauban.

Par le troifieme, il étoit ordonné au Procureur général de S. M. de requérir, *purement & fimplement*, ledit enrégiftrement dans le délai de trois jours au plus.

Par le quatrieme, il devoit être procédé dans la huitaine au plus tard audit enrégiftrement, & la Grand'Chambre feule en devoit délibérer, dans les

I

Cours compofées de plufieurs. Défendoit S. M. aux dites Cours *d'inférer aucune modification ni reftriction dans les Arrêts d'enrégiftrement, à peine de nullité;* leur permettoit néanmoins de faire, après ledit enrégiftrement, telles repréfentations qu'ils aviferoient bon être.

Le refte des difpofitions étoit de peu de conféquence.

Tout cela fut fuivi de point en point. La Magiftrature, dans fon abâtardiffement général, fléchit fous la verge de M. l'Abbé. Elle abandonna fes propres intérêts, & l'enrégiftrement du Bail pour tout le Royaume ne coûta que 174, 529 Livres, tandis qu'à lui feul il eut pour fa part plus de 450,000 Livres. Car le traité fixé au mois d'Octobre à 135 millions, ayant traîné en longueur par la mort du Sr. Gaulthier, l'un des Soixante, qui négocioit avec le Miniftere, reçut quelques additions, & il fut définitivement figné par le Roi le 1 Janvier 1774, fur le pied de 152 millions. Revenu énorme, & dont aucun Souverain dans le monde ne jouit ainfi d'un coup de plume. Mais auffi il n'y avoit que Louis XV dans le monde peut-être, à qui un femblable revenu, joint à beaucoup d'autres, ne pouvoit fuffire. L'Abbé Terrai, par fes réductions & nouveaux impôts, les avoit augmentés de 45 millions, & il avoit toujours beaucoup de peine à faire face, même au courant. Enforte que dans le tems de la confection d'une auffi bonne affaire, il fe difpofoit à trouver de nouvelles reffources.

Nous ne parlerons point de l'Emprunt Viager, ouvert en Hollande d'abord, depuis plufieurs années, & tranfporté enfuite à Paris, qui continuoit

avec toutes les facilités poffibles. Elles étoient telles, qu'au moyen des papiers de toute efpece qu'on
y recevoit, avec 1026 Livres de principal en argent, on s'y faifoit 120 Livres de Rentes; ce qui
rendoit environ 12 pour cent d'intérêt. Les gens
avides de jouir s'y préfentoient en foule, dans l'efpoir que la réduction inévitable fur un intérêt auffi
ufuraire ne viendroit pas fitôt; & le Gouvernement
recevoit avec empreffement l'argent qu'on y portoit,
quoique le total de cet emprunt fût rempli depuis
longtems.

Mais nous citerons l'affaire des Domaines aliénés,
comme une des plus avantageufes pour le Roi, fi
elle eût eu lieu & fût reftée fur le pied où l'avoit
mife l'Abbé Terrai. Jufques-là, quand S. M. vouloit rentrer dans quelque Domaine aliéné, l'ufage
étoit que les Fermiers Généraux s'en emparaffent
& en perçuffent les droits. Par le dernier Bail, on
leur retiroit cette partie, & l'on avoit établi une
Sous-ferme, pour chaque Généralité, qui devoit durer 30 ans, à commencer du 1 Janvier 1775. Les
intéreffés devoient payer d'avance au Roi une année, & au bout du tems de leur Bail remettre entre les mains de S. M. ces divers Domaines, quit-
tes & libres de toutes charges envers les engagiftes.

On en apprit mieux les conventions par un Arrêt
du Confeil du 30 Octobre, qui concernoit les Domaines & Droits domaniaux, appartenans à S. M.
dans la Province de Normandie, dans toute l'étendue des Généralités de Rouen, Caën & Alençon,
avec la jouiffance de toutes les terres vaines & vagues, fonds & droits négligés, & autorifation de

rentrer dans tous les Domaines aliénés, dans lesquels
S. M. auroit droit Elle-même de rentrer.

Cet Arrêt du Conseil, dont on ne connoissoit
point d'exemple, contenoit des dispositions curieu-
ses, qui méritent d'être rapportées en détail, & donnent la clef du riche Pérou que s'ouvroit pour l'a-
venir M. le Contrôleur général.

Le prix du Bail étoit de 81,000 Livres par an,
Outre, & par dessus cette rétribution annuelle,
l'Adjudicataire devoit compter annuellement du
dixieme de ce qu'il retireroit des terres vaines & vagues défrichées ou desséchées. S'il en provenoit des
accensemens ou inféodations, moyennant des redevances annuelles, il devoit compter à S. M. du
dixieme desdites redevances. Il pouvoit rentrer dans
tous les fonds & droits qui auroient été recélés, négligés ou usurpés, à la charge de compter à S. M.
d'un quart du produit net desdits Domaines & droits
domaniaux, &c.

Il étoit autorisé à rentrer dans tous les Domaines
aliénés dans lesquels S. M. auroit droit Elle-même
de rentrer, en remboursant la finance payée par les
Aliénataires, ou Engagistes, suivant la Liquidation
qui en seroit faite au Conseil, à la charge par lui
de compter annuellement de la moitié du produit net
desdits Domaines.

La même clause à l'égard des Domaines aliénés
ou engagés, moyennant rentes.

Il devoit jouir de tous les Domaines & Droits
Domaniaux de quelque nature qu'ils pussent être,
réunis au Domaine de S. M. par le décès des Engagistes à vie, ou des Domaines engagés à tems qui

feroient dans le cas de la réunion, fuivant le prix qui feroit fixé pour chaque objet, à mefure de la réunion.

Il étoit tenu d'acquitter, fans que le prix du Bail pût en être diminué, toutes les Rentes, Redevances, Portions congrues, &c. d'entretenir & remettre à la fin du Bail, les Domaines par lui retirés & réunis, en bon état, de toutes les réparations, groffes & menues, généralement quelconques.

Telles étoient les principales conditions de cet Arrêt, contenant 49 articles, par lefquelles on voit aifément avec quelle fagacité le Miniftre avoit ftipulé les intérêts du Souverain, & les grandes vues d'utilité qu'il envifageoit pour l'avenir. Car fes ennemis ne pouvoient s'empêcher de lui rendre juftice, & de regretter qu'il employoit fouvent fi mal fes talens.

Quand on eut tiré au clair, par exemple, les difpofitions en détail du Bail des Fermes, les génies en finance convinrent que jamais traité n'avoit été fi bien compofé & rédigé. On apprit que l'Abbé Terrai avoit difcuté féparément chaque partie avec les Fermiers généraux qui en étoient le plus au fait. Ceux-ci avouoient qu'il avoit développé dans ce travail des connoiffances qui les avoient étonnés & confondus. On ne fera peut-être pas fâché d'en trouver ici le réfultat.

Outre les 152 Millions dont on a parlé, qui, au moyen des reviremens, changemens, fouftractions, additions, ne donnoient une augmentation réelle que de 2 à 3 millions, il comprenoit encore pour plus de dix millions de parties mifes en régie, & dont les Fermiers devoient être comptables. Pour cela, chacun des Traitans avoit dix pour cent de fes fonds d'avance pour le premier million. Ce qui produifoit.   .   .   .   100,000 Livres

Pour les 560,000 Livres reftan-
tes, à 6 pour cent.   .   .   33,600 Livres

Pour droits de préfence.   .   24,000 Livres

Pour Etrennes.   .   .   .   2,000 Livres

_____

159,600 Livres

_____

non compris les profits, qui doivent fe répartir à la fin du Bail.

Tout cela pouvoit facilement former un Capital de 200,000 Livres de rentes, comme il le leur avoit promis. Mais ils furent bien étonnés quand ce Miniftre leur manifefta les difpofitions & claufes particulieres qui les concernoient perfonnellement, ainfi que les charges de leur nouvel engagement: il fe trouva que prefque toutes leurs places étoient grevées de croupes ou de penfions.

Les *Croupiers* font ceux qui, fans avoir voix dans les Affemblées, font une partie des fonds & participent au gain à proportion. Quant aux penfions, c'eft tout bénéfice pour ceux au profit defquels elles font mifes.

S. M. s'étoit réfervée plufieurs places, foit pour Madame Dubarri, foit pour en donner les bénéfices à fes favoris, foit pour s'amufer, comme on l'a obfervé plus haut, par les différentes révolutions qui peuvent furvenir dans les profits plus ou moins grands du Bail, fuivant les chances qui doivent réfulter des circonftances phyfiques ou morales. Ainfi l'on fçut que malgré fa réclamation contre la diminution de ces places, S. M. avoit imité plufieurs Fermiers généraux qui, après avoir menacé de les remettre, avoient encore trouvé l'affaire bonne.

Le Sr. Allyot fe trouva notamment dans ce cas. M. le Contrôleur général ayant fait écrire, au nom du Roi, une Lettre circulaire aux *Soixante*, par laquelle S. M. déclaroit que fon intention irrévocable étoit qu'ils acceptaffent purement & fimplement les conditions impofées à chacun d'eux, ou qu'ils renonçaffent à leur qualité; celui-là fut à Verfailles annoncer à M. l'Abbé Terrai qu'il préféroit de quitter. Ce Miniftre lui dit qu'il en étoit le maître, mais qu'il ne pouvoit lui rendre fes fonds; que le Roi lui en feroit la rente; qu'il lui donnoit 24 heures pour fe réfoudre. M. Allyot, qui ne s'attendoit pas à ce *retentum*, fut forcé d'acquiefcer; & fes autres confreres, qui fe difpofoient à fuivre fon exemple, en furent également effrayés.

La lifte de ces Croupes & Penfions, qui étoit le fecret du Miniftere, ayant été rendue publique par l'infidélité d'un Commis dont elle occafionna le renvoi, caufa un quanquan prodigieux dans les fociétés de Paris: on y lut indiftinctement confondus les noms les plus auguftes & les plus inconnus: on y vit que depuis le Monarque jufqu'au plus vil de fes fujets, à l'abri des Publicains en titre, c'étoit à qui partageroit les dépouilles de la France.

Cinq Fermiers généraux feulement étoient exceptés, & n'étoient grevés ni de croupes ni de penfions: favoir, les Srs. *Bouret*, *Puiffant*, *Gigault de Crifenoy*, *Douet* & *Saint-Amand*. On dit que cette faveur particuliere leur étoit accordée, à raifon de l'importance dont ils étoient pour la Ferme, de

l'activité & de l'étendue de leur travail. Le Sr. *Bou-*
ret feul, vrai fainéant, avoit réuffi par fes intrigues
à être compris parmi eux.

Le total des Penfions & des Croupes fe montoit à
plus de 3 millions de rentes, ce qui alloit au - delà
du quart du Bénéfice. Comme cet objet devoit fe
répartir entre beaucoup de gens à talens, d'Acteurs,
d'Actrices, de Filles, de Maquereaux & autres perfonnages effentiels aux plaifirs de la Cour, on dit
d'abord, pour faire paffer cet abus criant, que la
plupart de ces gens-là ne feroient que changer de
Bureau de recette, & qu'au lieu d'aller aux Menus,
dont on fupprimeroit les Charges d'Intendans, ils
auroient leurs affignations fur la Ferme Générale.
Pour déguifer enfuite mieux ce gafpillage, on fe contenta de ne les placer qu'en fous - ordre fur des états
particuliers, & l'on mit en nom leurs protecteurs.
C'eft ainfi qu'on vit les perfonnes de la Famille Royale au rang des Suppôts, Croupiers & Penfionnai-
res de la Ferme. Elles avoient une certaine fomme
énoncée, dont elles pouvoient difpofer en faveur des
particuliers qu'elles vouloient obliger, par humanité, par charité, par bienfaifance ou par reconnoif-
fance, des amufemens qu'on leur procuroit.

C'eft ici le moment d'inférer une facétie qui fut
faite alors à l'occafion de la Dlle. Arnoux, premiere Chanteufe de l'Opéra, qu'on dit avoir une Croupe dans le nouveau Bail. Cette Actrice eft fort re-
nommée pour fa méchanceté, pour fes bons mots &
pour fes poliffonneries. Un plaifant, d'après le caractere connu de cette Courtifanne, fuppofa qu'elle
avoit écrit dans fon genre une Lettre de remercie-
ment à l'Abbé Terrai, & que ce Miniftre, enten-

dant

dant raillerie, lui avoit répondu fur le même ton.
Nous commencerons par rapporter l'Épitre de la
Chanteufe.

„ MONSEIGNEUR,

„ J'avois toujours oui dire que vous faifiez peu
„ de cas des Arts & des Talens agréables. On at-
„ tribuoit cette indifférence à la dureté de votre ca-
„ ractere. Je vous ai fouvent défendu du premier
„ reproche: quant au fecond, il m'eut été difficile
„ de m'élever contre le cri général de la France en-
„ tiere. Cependant je ne pouvois me perfuader
„ qu'un homme auffi fenfible que vous aux charmes
„ de notre fexe, pût avoir un cœur de bronze. Vous
„ venez bien de prouver le contraire: vous vous
„ êtes occupé de nous au milieu de l'affaire la plus
„ importante de votre Miniftere. Forcé de grever la
„ Nation d'un impôt de 162 millions, vous avez
„ cru devoir en réferver une partie pour le Théâtre
„ Lyrique & pour les autres Spectacles. Vous favez
„ qu'une dofe d'Allard (1), de Caillaud (2), de
„ Raucoux (3), eft un fûr narcotique pour calmer
„ les opérations douloureufes que vous lui faites à
„ regret. Véritable homme d'Etat, vous en prifez
„ les membres fuivant l'utilité dont ils font à vos
„ vues. Le Gouvernement fait fans doute, en tems
„ de guerre, grand cas d'un guerrier qui verfe fon

---

(1) Danfeufe de l'Opéra, retirée depuis.
(2) Chanteur retiré de la Comédie Italienne.
(3) Nouvelle Actrice de la Comédie Françoife.

„ fang pour la patrie. Mais en tems de paix, le coup
„ d'œil d'un Militaire mutilé ne fert qu'à affliger,
„ qu'à excite' les plaintes & les murmures des Fran-
„ çois déjà trop difpofés à geindre. Il faut des gens,
„ au contraire, qui le diftraient & l'amufent. Un
„ Chantéur, une Danfeufe font alors des perfonna-
„ ges effentiels ; & la diftinction qu'on établit dans
„ les récompenfes des deux efpeces de Citoyens eft
„ proportionnée à l'idée qu'on en a. L'Officier es-
„ tropié arrache avec beaucoup de peine & après
„ beaucoup de follicitations & de courbettes une
„ penfion modique. Elle eft affignée fur le Tréfor
„ Royal, efpece de crible fous lequel il faut tendre
„ longtems la main avant de recueillir quelque goutte
„ d'eau. L'Acteur eft traité plus magnifiquement :
„ il eft accolé à une fangfue publique, animal né-
„ ceffaire, qu'on fe fait ainfi dégorger en notre fa-
„ veur de la fubftance la plus pure dont il fe re-
„ pait. C'eft à pareil titre fans doute, Monfeigneur,
„ c'eft à la profondeur de votre génie, que je dois
„ attribuer le prix flatteur dont vous honorez mon
„ foible talent. Vous m'accordez, dit-on, une Crou-
„ pe! Ce mot m'effrayeroit de toute autre part.
„ Mais c'eft une Croupe d'or. Vous me faites che-
„ vaucher derriere Plutus! Je ne doute pas que,
„ dreffé par vous, il n'ait les allures douces & en-
„ gageantes. Je m'y commets fous vos aufpices, &
„ cours avec lui les grandes avantures. Puiffiez-
„ vous, en revanche, Monfeigneur, ne jamais trou-
„ ver de croupe rebelle! Puiffent toutes celles que
„ vous voudrez careffer, s'abaiffer fous votre main
„ chatouilleufe! Puiffe la plus orgueilleufe fe laiffer
„ dompter par vous, & recevoir votre Grandeur avec

„ ce frémiſſement délicieux, préſage du plus heu-
„ reux voyage, toutes les fois que vous galopperez.
„ dans les riantes vallées d'Idalie!

„ Je ſuis avec un profond reſpeſt,

„ MONSEIGNEUR,

„ De votre Grandeur,

„ La très - humble, &c. "

„ Paris, ce 4 Janvier 1774.

Cette Carricature Littéraire eut la plus grande vo-
gue. On ne pouvoit gueres critiquer d'une façon
plus vive, plus gaie, plus pittoreſque, plus piquante
& plus délicate le génie du Miniſtre, ſes profuſions
déſordonnées & mal employées. Et la fin tomboit
à plomb ſur M. l'Abbé, dont on dévoiloit les mœurs
libertines & diſſolues. Sa réponſe, plus courte, dans
le coſtume Miniſteriel, n'étoit pas ſans ſel.

„ Verſailles, le 8 Janvier 1774.

„ On vous a mal informée, Mademoiſelle. Vous
„ n'avez point de Croupe dans le nouveau Bail, ain-
„ ſi vous ne chevaucherez derriere aucun Fermier
„ général. Mais il vous eſt très permis d'en faire
„ chevaucher quelqu'un devant ou derriere vous.
„ Cet accouplement ne vous ſera pas moins utile; il
„ eſt même plus commode, en ce que pour la miſe
„ il n'exige qu'un très petit fond d'avance.

„ Je ſuis, Mademoiſelle, tout à vous.

„ L'Abbé TERRAY.

I 6

L'auteur ne pouvoit ignorer que ce Miniſtre n'é-
toit pas plaiſant de ſon naturel, & il ſembloit en
cela avoir manqué dans ce billet aux vraiſemblances.
Mais il ſavoit auſſi qu'il ſortoit quelquefois de ſon
caractere bourru; & une eſpieglerie qu'il s'étoit permiſe à l'occaſion de ce même Bail envers un des
Soixante, avoit peut-être ſuggéré à l'Ecrivain le
rôle qu'il lui donnoit dans cette petite farce.

Le Sr. Roſlin, chargé de la feuille des emplois,
membre accrédité dans l'Aſſemblée des Fermiers
généraux, & dans le cas de communiquer ſouvent
avec le Contrôleur général, avoit profité de la circonſtance pour ſolliciter l'Abbé Terrai en faveur
d'un de ſes parens qu'il vouloit faire comprendre
parmi les Penſionnaires de la Ferme. Celui-ci s'y
étoit refuſé pendant longtems, à raiſon de la difficulté de trouver ſur qui placer cette Charge. Le Financier étant revenu pluſieurs fois ſur la Requête,
le Miniſtre lui avoit promis enfin d'y avoir égard.
Quelques jours après il dit au Sr. Roſlin qu'il a rempli ſes deſirs, que la Penſion pour ſon protégé étoit
utilement aſſignée; qu'à coup ſûr elle ſeroit bien payée, car c'eſt ſur vous, ajouta-t-il, que je l'ai miſe.
On laiſſe le lecteur juger de l'étonnement du Traitant, dont M. l'Abbé rioit ſous cape & ſe donnoit
la comédie.

Au ſurplus ce parent ne pouvoit que faire honneur
au Fermier général: c'étoit M. de Vizé, Lieutenant-
général des Armées du Roi, Cordon Rouge & Lieu-
tenant-Colonel du Régiment des Gardes Françoiſes,
dont il étoit queſtion de réparer le dérangement
avec ce petit ſecours. Mais cet Officier comptoit le
recevoir à la ſourdine, & ne fut pas content de la

publicité de fon aventure. On répandit bientôt le bruit qu'il avoit refufé la penfion ci-deffus. On varia fur le motif. Les uns l'attribuerent à la délicateffe du Corps, qui s'étoit affemblé & n'avoit pas trouvé honnête que fon Commandant fût penfionné par un Publicain, quoique de l'ordre du Roi.

Au milieu de toutes ces pafquinades, la fermentation étoit très grande dans la Compagnie des Fermiers Généraux. Elle craignoit que quantité de particuliers qui avoient prêté leurs fonds, ne vouluffent les retirer au Bail prochain, effrayés des conditions irritantes qu'il contenoit, de celles qu'y pouvoit ajouter encore un Miniftre defpotique, ne connoiffant en rien la foi des traités. On fait que peu de ces Meffieurs ont en entier leurs avances à eux, & le grand nombre par conféquent auroit été fort embarraffé. Ils dépoferent leurs inquiétudes dans le fein de leur Chef. Celui-ci, pour remédier à l'inconvénient qu'il craignoit, fit répandre le bruit par fes émiffaires, que fi la terreur fe mettoit trop fortement chez les prêteurs d'argent, il y auroit un Arrêt du Confeil qui autoriferoit chaque Titulaire à garder refpectivement les fonds qui lui auroient été confiés, aux mêmes claufes & conditions que par le paffé.

L'impudence de cet Abbé, qui ne trouvoit de réfiftance nulle part, s'accrut au point que cette année il ofa faire inférer dans l'Almanac Royal une notice extraordinaire; on y lifoit à la page 553: *Tréforier des Grains au compte du Roi, le Sr. Mirlavaud.* Cette Commiffion qu'on trouvoit pour la première fois dans ce Catalogue, excita une grande commotion dans Paris. On en conclut que les bruits courans depuis quelque tems fur le monopole des bleds par le Gouvernement, qu'on rejettoit comme odieux & abfurdes, n'étoient que trop bien fondés, & qu'il ne falloit plus efpérer voir baiffer cette denrée au taux où elle avoit été. D'ailleurs le nom de *Mirla-vaud*, affocié autrefois au Sr. Bouret, lors de fon expédition en Guyenne, où il faillit d'être pendu, étoit un nom réprouvé & devenu néceffairement exécrable au Peuple. Il en fut queftion dans le Confeil: on y trouva très mauvais que le Sr. le Breton, Imprimeur de cet Almanac, eut inféré l'Article ci-deffus, ce qu'il n'avoit pu faire pourtant fans révifion ni approbation. Mais le Miniftre l'abandonna à la vindicte de ce Tribunal: il en reçut une réprimande févere; fa boutique fut fermée; il fut interdit pendant trois mois, & s'en dédommagea en vendant une nouvelle édition de cet ouvrage, très recherché à caufe de l'annonce réprouvée & qui ne devoit plus exifter à l'avenir.

L'anecdote au furplus, pour qu'elle ne fût pas oubliée, fut confignée dans de méchans vers, que les curieux recueillirent toujours dans leur porte-feuille, comme très courus alors, & complettant le Recueil de tant d'autres où les opérations finiftres du Contrôleur général étoient confignées. Voici cette efpece d'Epigramme:

Ce qu'on difoit tout bas, eft aujourd'hui public:
Des préfens de Cérès le Maître fait trafic,
  Et le bon Roi, loin qu'il s'en cache,
  Pour que tout le monde le fache,
Par fon grand Almanac fans façon nous apprend
Et l'adreffe & le nom de fon heureux Agent.

La difgrace du Marquis de Monteynard, furvenue
à la fin de Janvier, en ôtant au Chancelier fon dernier partifan dans le Confeil, fut une circonftance
très agréable au Miniftre-Prêtre, qui fe revêtoit déja en imagination de la fimarre de celui-ci & couvroit fon chef d'une calotte rouge. La reftitution
d'Avignon & du Comtat Venaiffin, qu'il étoit alors
queftion d'effectuer, & qui le regardoit pour la partie effentielle, c'eft-à-dire la finance, releva fon efpoir. Il eut occafion de négocier avec le Saint Pere, & il fit exprès des difficultés, en lui annonçant
qu'il les leveroit bientôt s'il étoit affuré de la Ba-
rette. Le crédit du Miniftre des Affaires Etrangeres, qui hauffoit d'un autre côté, par la réunion
qu'il fit du Département de la guerre au fien, ne
fervit qu'à confirmer fes prétentions, parce qu'il fe
flattoit d'être bien avec lui, & qu'il redoubloit d'efforts pour fe le concilier encore mieux.

M. le Duc d'Aiguillon, comme nouveau Miniftre
de la guerre, avoit fort à cœur de capter les fuffrages du Corps dont il devenoit le Chef. La meilleure maniere étoit fans doute de verfer fur lui beaucoup de graces. L'Abbé Terrai commença par faire acte de bonne volonté, en fe défiftant de fa prétention de l'impôt du Marc d'or, reftée indécife jufqu'alors, & qu'il n'avoit confervée que pour tracaffer le prédéceffeur. Le Duc ne lui fçut pas grand
gré de ce facrifice, & lui en fçut un très mauvais, au
contraire, de fes intrigues pour être Cardinal, parce
qu'en réuniffant cette dignité à fes autres places, il
ne pouvoit plus être fimple Contrôleur général; il
falloit le faire Sur-Intendant des finances, aller travailler chez lui; il auroit eu la premiere place au

Confeil : en un mot, il auroit joui des honneurs &
des prérogatives d'un premier Miniftre.

Un autre intriguant du Miniftere vint d'ailleurs
offrir fes fervices au Duc, & lui parut très propre à
oppofer à l'autre. C'étoit le Sr. de Boynes, que l'on
regardoit comme à la veille d'être difgracié, & qu'il
engagea le Roi par la Favorite d'introduire au Confeil : ce qui eft l'inftallation d'un Secrétaire d'Etat
dans la dignité de Miniftre. Celui-ci fentant qu'il
ne pouvoit tenir tête à M. d'Aiguillon, avoit mieux
aimé s'offrir de bonne grace à lui, s'y réunir dans
le deffein de fe conformer à tous fes projets, de fuivre toutes les impulfions qu'il voudroit lui donner,
de lui remettre la Marine, s'il en avoit envie. Mais
en vertu de fon dévouement, il réclamoit en même
tems fes bontés pour le faire fuccéder au Chancelier,
dont on regardoit l'expulfion comme inévitable, &
qui ne pouvoit être remplacé que par un homme de
robe. Il n'eut pas de peine à lui faire comprendre qu'il étoit l'homme qui lui convenoit. C'eft
par une telle abjection qu'il avoit touché ce Ministre, alors le tout-puiffant, & qu'il l'avoit déterminé
à le défigner chez Madame Dubarri pour fuccéder
aux Sceaux : dépouille qu'on vouloit enlever à M.
de Maupeou, & plus encore à l'Abbé Terrai, dont
les prétentions à la pourpre annonçoient une ambition vafte, qu'il étoit prudent de réprimer.

Le Chancelier n'ignoroit pas ces menées fourdes.
Une efpece de chancre qui lui étoit furvenu au nez,
qui l'empêchoit de fe montrer chez le Roi, le défoloit. Il étoit dans une perplexité affreufe, il perdoit la tête, il s'enfermoit quelquefois pendant la
nuit feul, fans lumiere, & paffoit plufieurs heures à
rêver aux moyens de fe tirer d'une crife auffi cruel-

le. Heureufement l'Abbé Terrai, mécontent de la nouvelle manœuvre du Duc d'Aiguillon, fe retourna vers lui en ce moment, & ranima un peu fon cou‑rage. Il le prévint du deffein de ce dernier de ra‑mener le Parlement: il lui fervit d'efpion: il éventa la mine des affemblées tenues chez le Sr. d'Ame‑cour, Confeiller liquidé; & il le feconda pour en arrêter les fuites, & enlever à leur ennemi la gloire du rétabliffement & l'augmentation de fon crédit.

Hélas! ces Politiques ne favoient pas qu'une fata‑lité aveugle fe jouoit de leurs combinaifons; que bientôt tous, également précipités de leur élévation, ils alloient réjouir la France du fpectacle de leur dif‑grace! Avant de parler de cette cataftrophe, parcou‑rons les derniers traits du Tableau de l'Adminiftra‑tion de l'Abbé Terrai, dont nous avons continué l'efquiffe.

Voyant que le Duc d'Aiguillon lui retiroit fa con‑fiance, il chercha de fon côté à le contrarier, à af‑foiblir fon crédit, à énerver le Miniftere de la guer‑re qu'il venoit de réunir à celui des Affaires Etran‑geres. Il s'attacha furtout à ce dernier point, & mettant en avant la réforme dont on parloit depuis longtems d'introduire dans les Départemens, fous ce prétexte plaufible il demanda au Roi d'être char‑gé pendant quelque tems de la comptabilité de ce‑lui‑ci. Il voulut s'emparer des Vivres de terre, & pour fe venger du même coup du Sr. de Boynes, de ceux de la Marine, dont l'adjudication étoit auffi dans le cas de recommencer. Il fe feroit ainfi trou‑vé maître du monopole des bleds de tout le Royau‑me, dans lequel le gênoit la concurrence de deux Compagnies. Il auroit pu le faire hauffer & baiffer à fon gré. Les deux Miniftres affecterent dans cette circonftance une modération fimulée, dont on fit l'honneur à leur défintéreffement, & qu'ils rifquoient d'autant moins de montrer, qu'ils étoient bien fûrs que les chofes ne pourroient refter fur ce pied-là. Le Duc d'Aiguillon furtout déclara que dès que par cet arrangement, le Contrôleur général trouvoit une économie de plufieurs millions pour S. M. il y donnoit volontiers les mains, & abandonnoit les prérogatives de fa place pour d'auffi excellentes raifons.

Dans le fait, c'étoit un piege que l'Abbé Terrai s'étoit tendu à lui-même, fans le favoir, & où fon ennemi n'étoit pas fâché de le voir trébucher. Si le Contrôleur général ne l'avoit reconnu à tems, il étoit perdu très promptement. Toutes les plaintes occafionnées & exagerées par les Troupes n'auroient pas manqué de retomber fur lui, comme auteur & fauteur de la nouvelle Compagnie. Il fe départit donc de la manutention de cette partie. Elle fut remife, comme avant, au Miniftre de la guerre. L'économie projettée ne fut plus qu'un être de raifon. Il en étoit ainfi dans prefque tous les points, parce qu'il fe trouvoit toujours quelque confidération qui s'y oppofoit.

Le Contrôleur général Laverdy, auffi méprifable par la bêtife & l'abfurdité de fon Miniftre, que l'Abbé Terrai fera exécrable par l'atrocité du fien, avoit fait établir un *Tréforier général de la Caiffe des Amortiffemens, pour le rembourfement des dettes de l'Etat.* Ce Tréforier étoit abfolument inutile depuis nombre d'années, puifqu'on ne rembourfoit point les dettes & qu'on les augmentoit. L'Abbé Terrai propofa à S. M. de le fupprimer. Mais c'étoit un Sr. *Dubu*

de Longchamp, qui étoit le Titulaire de la Charge.
Sa femme avoit été chargée de l'éducation des bâ-
tards de Louis XV; en conféquence il défendit
cette fuppreffion, & la bonne volonté du Réformateur échoua.

Quoiqu'il fût brouillé avec le Duc d'Aiguillon, il
fe maintenoit du mieux qu'il pouvoit dans l'efprit de
la Comteffe Dubarri, & tenant toujours les cordons
de la bourfe à fa difpofition, il étoit difficile qu'il
fût fupplanté, tant qu'il les feroit jouer pour elle.
Il lui donna tout récemment acte de fon zele en faveur du Sr. le Doux, fon Architecte. Ce jeune
homme étoit connu par divers ouvrages annonçant
du goût, de la nobleffe, de l'imagination, mais manquant par fois de fageffe & de bon fens; il ne pouvoit conféquemment monter de droit à une place vacante à l'Académie d'Architecture, puifqu'il avoit
beaucoup d'Anciens d'un mérite non moins diftingué.
M. le Directeur des Bâtimens écrivit à la Compagnie
que Madame Dubarri defiroit que le Sr. le Doux fût
élu, & il le fut.

L'Abbé Terrai prenoit goût à cette place de Directeur. Il aimoit affez la truelle, & fe délaffoit à
recevoir les plans d'édifices qu'on lui offroit, ou de
certains embelliffemens dont les idées réjouiffoient
fon imagination trop fouvent remplie d'idées noires
& finiftres.

Il y a une Galerie d'une longueur immenfe, qui
unit le Palais des Tuilleries à celui du Louvre : c'eft-
là où font placés tous les modeles en relief des diverfes frontieres & places fortifiées du Royaume. On
lui préfenta un projet, par lequel on lui fuggéroit
de faire des fonds des Châteaux Royaux inhabités

& inhabitables qu'il comptoit faire démolir, bâtir une Galerie à l'Ecole militaire, où l'on tranfporte-roit ces plans, fur lefquels les Eleves prendroient des leçons bien fupérieures à celles d'une vaine & ftérile théorie.

Dans cette Galerie, ainfi dégagée de l'attirail immenfe de tant de machines, l'auteur imaginoit d'expofer les Tableaux du Roi, les Sculptures, les Richeffes mobiliaires de la Couronne de toute efpece, entaffés, foit dans la *Salle des Antiques*, foit dans divers Garde-meubles; de former ainfi de cette Galerie un *Wauxhall* d'hiver, c'eft-à-dire un lieu public d'affemblée pour cette faifon, dont n'approche-roit aucun Wauxhall, aucun Colyfée poffible, par l'aliment continuel que celui-ci offriroit aux yeux & à la curiofité.

Cette invention plut beaucoup à l'Abbé, & peut-être l'auroit-il réalifée, s'il fut refté en place. Cependant tout fe difpofoit pour les travaux qu'il avoit ordonnés au Louvre. On amaffoit les matériaux propres à cette befogne. Il avoit retiré différens fonds qu'il fourniffoit pour l'Eglife de la Magdelaine & pour celle de Ste. Géneviève, afin de procéder à cet établiffement plus prophane, mais plus patriotique: d'ailleurs plus urgent par la néceffité d'y tranfporter la Bibliotheque du Roi, & de débarras-fer ce dernier emplacement où l'on fe propofoit toujours de fixer les Fermes. L'ardeur qu'il montra pour cet objet donna lieu à un quolibet: on dit qu'il avoit fi fortement à cœur la continuation de ce Palais, qu'il avoit annoncé qu'il vifiteroit lui-même les ouvrages, qu'il piqueroit de tems en tems les ouvriers, & qu'au moment où l'on s'y attendroit

le moins , il faifoit efpérer *qu'on le verroit fur l'é-*
chaffaud.

Ce qui affectionnoit le plus le Miniftre à fon fecond Département, c'eft qu'il le regardoit comme
plus propre à lui procurer l'intimité du Roi , qui aimoit les détails de cette partie & s'en entretenoit
volontiers avec lui: reffource effentielle à conferver, furtout dans le moment critique où il fe trouvoit. Pour mieux plaire à S. M. il n'oppofoit jamais aucune difficulté pour l'exécution des fantaifies
en pareil genre qui lui paffoient par la tête: Elle ne
s'entendoit plus dire par fes jardiniers , par fes concierges, par les contrôleurs de fes maifons, lorfqu'Elle demandoit quelque chofe: *Sire , il n'y a*
point d'argent. Par exemple, Elle eut envie d'avoir
à Bellevue une petite addition, qu'Elle appella
Brimborion; auffitôt l'argent coula en abondance,
& S. M. fut enchantée de voir le fuccès de fon édifice. Il eft certain que cette forte de faveur étoit
la plus folide auprès d'un Prince uniquement occupé
de miferes & de bagatelles. C'eft elle à coup fûr
qui foutint l'Abbé dans un affaut qu'il eut contre le
premier Prince du Sang, & où il devoit fuccomber
fous tout autre Souverain.

Il voulut faire percevoir les nouveaux huit fols
pour livre dans le Domaine de M. le Duc d'Orléans. Le Confeil de ce Prince décida que c'étoit
une extorfion. S. A. fit prier le Miniftre de paffer
chez Elle. Il s'en excufa fur ce qu'un Miniftre du
Roi ne fe deplaçoit pour perfonne, quand il s'agiffoit du fervice de fon Maître. Le Prince s'y tranf-
porta, avec l'Abbé de Breteuil, fon Chancelier, &
le Sr. de Bellifle , fon-Secrétaire des Commande-

mens. Il écouta longtems la difcuffion de l'affaire, & le Contrôleur général ayant répondu à quelques objections de ces Meffieurs: *Ce ne font point là mes principes*, le Duc d'Orléans partit de-là, pour lui faire les reproches les plus graves fur fa mauvaife foi, fa conduite, fes mœurs. L'Abbé, offenfé des duretés dont il l'accabloit, lui repréfenta qu'on ne traitoit pas ainfi un Miniftre du Roi; qu'il prioit S. A. de trouver bon qu'il en fît S. M. juge. Le Duc fe leva, fortit furieux, lui dit qu'il alloit lui-même en prévenir le Roi; & le Contrôleur général fe mettant en devoir de le reconduire, il lui ajouta qu'il le lui défendoit; laiffant ainfi voir à toute l'af-femblée qui attendoit audience, fon humeur & fon mécontentement. Cette fcene fit bientôt l'entretien de Paris. On fut que l'Abbé Terrai ayant effective-ment porté fes plaintes au Monarque, S. M. lui avoit répondu féchement qu'Elle entendoit qu'on ref-pectât les Princes de fon Sang, & lui avoit tourné le dos; mais cela n'eut pas d'autres fuites. Le Prin-ce même n'eut pas fatisfaction complette fur le point de conteftation. Il eft vrai qu'on ne peut être plus fa-cile que l'eft le Duc d'Orléans. Tout le monde attri-bua le moment de nerf qu'il parut avoir le jour de la querelle, à Mad. la Marquife de Monteffon, alors fa femme avouée & non reconnue. Elle même étoit piquée contre l'Abbé, qui la jouoit depuis longtems à l'occafion d'une grace qu'elle demandoit, qu'il avoit promife & qu'il n'accordoit point: elle avoit en quelque forte foufflé fon efprit d'animofité au Prince. Il trouva cette fituation fatigante, & retom-ba bientôt dans fon état de moleffe, d'abandon & d'inertie.

Mais cette agreſſion du Duc fit ſentir au Contrô:
leur général la néceſſité de capter de plus en plus
les bonnes graces de ſon ancien maître, le Prince
de Condé. Il avoit fait acheter ſon hôtel trois millions, & comme l'on faiſoit encore des objections
ſur le projet d'y établir la Comédie Françoiſe, il en
accéléra l'entrepriſe. Il fit mettre la main à l'œuvre & jetter les fondemens de l'Edifice, ſans s'em-
barraſſer de ce qu'il coûteroit. On lui démontroit
pourtant, qu'y compris la premiere acquiſition, le
coût des maiſons à y joindre pour trouver l'emplacement néceſſaire & convenable, celui de l'édifice,
de l'intérieur de la ſalle & de ſa décoration, il étoit
prouvé que le tout reviendroit à 7,600,000 Livres;
tandis que marchés conclus & ſoumiſſions faites avec
tous les Entrepreneurs d'ouvrages, & contrats de vente arrêtés avec les divers propriétaires des terreins,
la ſalle à conſtruire aux jeux de boule de Manus,
les clefs à la main, au bout de trois ans convenus,
ne coûteroit que 2,000,000 Livres. On ne concevoit pas comment on avoit préféré le projet le plus
diſpendieux, dont il réſultoit d'ailleurs des inconvéniens pour le local, aiſés à appercevoir au premier
coup d'œil; mais c'eſt qu'on ignoroit le deſſous de
cartes: ceux qui le ſavoient ne voyoient en cela que
ce qui arrive toujours, le bien public ſacrifié aux
intérêts particuliers.

C'eſt ainſi que l'Abbé Terrai perſiſtoit à mettre
des obſtacles à la reſtitution d'Avignon pour fatiguer
le St. Pere & en obtenir le chapeau ſi déſiré, en
pot de vin de ſon acquieſcement. Il élevoit ſurtout
deux obſtacles: 1º. Il vouloit que les habitans de
ces pays reſtitués, qui font une grande conſomma-

tion de fel pour l'engrais de leurs terres , continuaf-
fent à le payer chez noûs , où ils le prennent , comme ils avoient fait depuis l'invafion , & ne jouiffent pas du privilege qu'ils avoient eu jufqu'alors
de l'avoir à meilleur compte que les fujets du Roi.
20. Que le Préfidial établi dans Avignon pour la
France, & fubftitué à la *Rote*, tribunal du Pape,
continuât à y refter. Sa raifon étoit que les Magistrats ayant, fourni une finance pour leurs charges, il
ne vouloit pas la reftituer. On voyoit facilement que
ces objections n'étoient que des prétextes illufoires.

L'Abbé en général eft têtu, tenace, opiniâtre; il
ne cédoit que lorfque le Confeil décidoit contradictoirement à lui, ou lorfqu'un intérêt plus preffant le
déterminoit. Quant au premier point, il avoit beau
jeu, & profitoit le plus qu'il pouvoit de la foibleffe
du Maître. A l'égard du fecond, il ne faifoit pas
toujours tout ce qu'il vouloit. Par exemple, il venoit de réduire à fix les Receveurs de Capitation de
la ville de Paris, & pour exciter davantage leur zele & leur ôter les occafions de le rallentir, il les
avoit changés de quartier. Il avoit donné les ordres
les plus précis pour que tout le monde fût augmenté
proportionnellement. Comme les militaires domici-
liés à Paris font obligés d'y payer la Capitation, la
regle avoit toujours été de diminuer fur celle-ci la
quotité de celle à laquelle ils font impofés à leurs
Corps refpectifs. Le Contrôleur général, toujours
chicanant avec le nouveau Miniftre de la guerre, fit
des difficultés fur cela. Il y eut des paroles vives
de la part du dernier, qui prit fait & caufe pour
les Officiers, & qui pouffa la fermeté au point de
lui dire que la chofe n'auroit pas lieu, ou que lui,

Duc

Duc d'Aiguillon, perdroit fa place, ou la lui feroit
perdre. Il ne vouloit point courir les rifques de l'alternative, & il fut obligé de céder; car il n'étoit
point homme, comme M. de Maupeou, à mettre fa
fortune en compromis avec fa paffion. Il en donna
dans le tems une nouvelle preuve.

Le Comte Jean Dubarri avoit écrit au Sr. Beaujon,
le Banquier de la Cour, qu'il avoit befoin de 100,000
Livres; qu'il le prioit de les lui envoyer, pourquoi
il lui adreffoit fon billet. Le Financier ayant pris
une tournure polie, pour fe défendre d'acquiefcer à
la demande, le Comte lui ripofta par une Epitre
infolente, où il le menaçoit de fon mécontentement,
s'il fe refufoit une feconde fois à fa requifition. Le
Sr. Beaujon, effrayé, partit fur le champ pour Verfailles, & vint fe confulter avec fon Chef. Le Contrôleur général, après avoir lu la lettre, la réponfe &
la replique, confeilla au Financier de ne point aigrir
un homme fi puiffant, & de tàcher de le fatisfaire.

Il fit de fon côté un cadeau à Madame Dubarri.
Le Chevalier Gluck, protégé de Madame la Dauphine, étoit alors à Paris. Ce fameux Muficien opéroit une grande révolution au Théâtre Lyrique, & portoit le dernier coup à la Mufique Françoife. La Favorite, qui fe donnoit les airs de vouloir encourager les
Arts & les favorifer, fut jaloufe de la Princeffe, &
pour lutter de crédit avec elle en cette partie, elle fe
laiffa aller aux confeils que lui donnerent des amateurs de faire venir d'Italie le célebre *Piccini*, bien
propre à balancer les fuccès de l'Allemand, & peut-
être à éclipfer fon triomphe. La Comteffe adopta
cette idée, elle en fit part à fon augufte amant, fans
lui communiquer le motif fecret d'amour-propre qui

K

l'excitoit. Il y prêta les mains, mais cela n'eut fervi de rien, fi le difpenfateur des fonds n'en eut fourni. On fera furpris fans doute des reffources inépuifables qu'il avoit pour n'être jamais court, & fuffire à tant de dépenfes folles. Il s'en étoit ménagé une excellente pour le moment dans cet Emprunt viager, connu fous le nom d'*Emprunt de Hollande*, & qui n'étoit qu'un emprunt de France, c'eft-à-dire où les François feuls donnoient avec une fureur inconcevable pour ceux qui n'auroient pas entendu parler de celle de l'agio. Le luxe prodigieux où les plus fimples plébéiens vouloient atteindre, faifoit que tout le monde y portoit, & que cet Emprunt, ouvert fur le pied d'un million de rentes, étoit déjà élevé à cinq, c'eft-à-dire qu'il avoit été touché au Tréfor Royal en argent & papier qu'on revendoit enfuite, plus de 50,000,000 Livres de Capitaux. C'eft cette recette continuelle qui fubvenoit au courant des déprédations, & l'on vivoit au jour la journée, fans s'embarraffer de l'avenir : méthode que fuivoient auffi les peres de famille, courant en foule fe faire infcrire à cet Emprunt.

On ne fait comment auroit fini ce défordre, fi le ciel n'en eût arrêté le cours par la mort du Roi.

Ce fut un coup de foudre pour l'Abbé Terrai, d'autant que malgré fon defir de capter le fuffrage de M. le Dauphin, en faifant reconftruire le Louvre, il n'auroit pas eu affez de tems pour faire revenir ce Prince des impreffions défavorables qu'on lui avoit données contre lui.

Il n'ignoroit pas combien il avoit été indigné de fon trait de barbarie vis-à-vis les Contrôleurs des Rentes fupprimés. Ces Meffieurs ne fachant com-

ment faire entendre leurs plaintes de M. l'Abbé,
avoient pris le parti de lui faire une députation. Elle étoit dans la falle d'Audience qui précédoit le cabinet du Contrôleur général. La porte étoit ouverte; il demande ce que c'eſt? On le lui apprend.
Que me veulent ces B. . . . . . . là, s'écria-t-il avec
un ton proportionné à l'expreſſion. Ces pauvres
diables, l'entendant jurer après eux avant qu'ils lui
euſſent parlé, ſont faiſis d'effroi & s'en vont ſans
oſer l'aborder.

Une autre anecdote plus récente avoit donné à
M. le Dauphin une bien mauvaiſe idée de la religion de ce Miniſtre Prêtre. Allant le jour de Pâques en campagne, & n'ayant pu faire dire la meſſe chez lui à cauſe de la ſolemnité du jour, il l'avoit
entendue en route à Valenton, où il avoit aſſiſté à
la grand'meſſe, pendant laquelle il avoit beaucoup
cauſé. Le curé, très ſcandaliſé, étoit monté en chaire, pour faire ſon prône, & profitant de l'occaſion,
il avoit prêché ſur l'irrévérence dans le lieu ſaint,
& avoit, indirectement, mais d'une façon ſenſible,
relevé la conduite indécente du Miniſtre. Celui-ci,
au lieu de recevoir la correction & de reconnoître
ſa faute, irrité qu'un paſteur de village eût oſé déployer contre un Miniſtre du Roi ſon zele apoſtoli-
que, avoit fait expédier contre le prédicateur une
Lettre de cachet, qui l'exiloit à Montfort l'Amaury.

Enfin, tout récemment, comme on s'entretenoit
chez M. le Dauphin de l'Abbé Terrai, le Prince
avoit fait calculer devant lui les revenus qu'on lui
connoiſſoit, en Biens fonds, Bénéfices, Dignités,
&c. & l'on avoit trouvé qu'ils montoient de 11 à
1200,000 Livres.

K 2

Malgré tant de raifons de craindre fon renvoi &
de le prévenir par une retraite prudente, l'Abbé,
fort tenace, effaya d'éblouir le jeune Prince par fes
talens, dans l'efpoir de fe rendre néceffaire. Il a le
travail facile, précis, net & lumineux. Il commença par lui préfenter un état de fituation des finances
du Royaume : il y prouvoit, par le réfultat, qu'il
avoit depuis fon avénement au Miniftere fait au
Roi un profit de 180 millions : il y juftifioit de l'emploi utile de 144, & quant aux 36 autres il produifoit des *Acquits du comptant*, c'eft-à-dire des figna-
tures en blanc du Monarque au Garde du Tréfor
Royal, fans que S. M. y fpécifie l'objet de l'Ordonnance. N'ayant plus rien à ménager auprès des Dubarri, il infinua que c'étoit pour la Favorite & fes
adhérens que ces fommes d'une deftination anonyme avoient été employées. Il joignit à cet état de
fituation une balance de la recette & de la dépenfe,
avec un plan d'épargne, par lequel il démontroit d'u-
ne façon fpécieufe, les moyens d'acquitter en peu de
tems les dettes de l'Etat.

Non content de capter ainfi la bienveillance du
jeune Roi, en flattant fon caractere porté à l'ordre
& à l'économie, il chercha à faire revenir la nation
fur fon compte, & il avoit beaucoup à faire. Car
tout récemment, le jour de la mort de Louis XV,
on avoit affiché dans le parc de Verfailles une Déclaration enrégiftrée au Parlement, portant continuation de nouveaux Droits, & publiée peu avant, ou
même pendant la maladie du Monarque, avec cette
infcription : *C'eft ainfi qu'en partant je vous fais mes
adieux.* Mais il fit tout rejetter fur le défunt par fes
émiffaires. Ils difoient dans les fociétés que, tout

confidéré , il valoit encore mieux laiffer l'Abbé Terrai en place ; qu'on favoit bien que c'étoit un roué,
dangereux & terrible fous un Prince comme le feu
Roi, mais capable de fe ployer à tout, & de devenir honnête homme fous un qui le feroit : qu'on
ne pouvoit pas lui contefter une rare capacité, &
qu'il étoit à craindre que l'impéritie d'un fucceffeur
ne fît autant de mal qu'en avoit produit fciemment
ce Miniftre prévaricateur. Aux maximes d'une telle
politique, on conjecturoit aifement qui pouvoit infpirer ces déteftables prôneurs du Miniftre. Cependant
ces difcours faifoient de l'impreffion fur mille gens
aifés à féduire par des fophifmes, d'autant qu'on y
joignoit des faits.

La Bourfe eft affez le thermometre de l'eftime &
de la confiance publique pour le Miniftere. Mais un
Contrôleur général adroit le fait monter & baiffer à
fon gré pour le moment, & ce n'eft que par une
hauffe foutenue qu'il faut juger du vœu général.
L'Abbé Terrai n'étoit pas homme à négliger ce
moyen de confidération : il fit fi bien manœuvrer les
Agens de change à fes ordres, que les effets Royaux,
qui pendant la maladie du Roi n'avoient pas eu de
cours, ou ne s'étoient vendus qu'à vil prix, reprirent leur équilibre , & remonterent confidérablement,

En outre il propofa dans le Confeil de ne faire
qu'infenfiblement la refonte des monnoyes pour y
mettre la nouvelle effigie du Prince , ce qui feroit une
économie confidérable, & empêcheroit les funeftes
effets d'une fecouffe violente dans le Commerce,
par un changement d'efpeces fubit, toujours dangereux pour un grand Etat, & de rendre un Edit por-

tant remife de l'impôt établi à chaque nouveau regne, fous le titre dérifoire de *Joyeux Avénement*, d'ordonner en outre que toutes les Rentes, tant perpétuelles que viageres, charges, intérêts & autres dettes de l'Etat, continueroient d'être payées comme par le paffé, & que les rembourfemens des capitaux ordonnés feroient faits aux époques indiquées. S. M. adopta de grand cœur un avis fi conforme à fa volonté. L'Edit fut publié, & comme le Miniftre s'étoit complu à en rédiger lui-même le préambule, dont il efpéroit le plus grand effet fur les efprits en fa faveur & que c'eft fon dernier chef-d'œuvre, on va le rapporter.

„ Affis fur le Trône où il a plû à Dieu de nous „ élever, nous efpérons que fa bonté foutiendra no- „ tre jeuneffe, & nous guidera dans les moyens qui „ pourront rendre nos peuples heureux. C'eft notre „ premier defir: & connoiffant que cette félicité de- „ pend principalement d'une bonne adminiftration „ des Finances, parce que c'eft elle qui détermine „ un des rapports les plus effentiels entre le fouve- „ rain & fes fujets, c'eft vers cette adminiftration „ que fe tourneront nos premiers foins & notre „ premiere étude. Nous étant fait rendre compte „ de l'état actuel des recettes & dépenfes, nous „ avons vu avec plaifir qu'il y avoit des fonds cer- „ tains pour le payement exact des arrérages & in- „ térêts promis, & des rembourfemens annoncés; „ & confidérant cet engagement comme une dette de „ l'Etat, & les créances qui les repréfentent comme „ une propriété au rang de toutes celles qui font „ confiées à notre protection, nous croyons de no- „ tre premier devoir d'en affurer le payement exact.

„ Après avoir ainſi pourvu à la ſûreté des créan-
„ ciers de l'Etat, & conſacré les principes de juſti-
„ ce qui feront la baſe de notre regne, nous devons
„ nous occuper de ſoulager nos Peuples du poids
„ des impoſitions; mais nous ne pouvons y parvenir
„ que par l'ordre & l'économie. Les fruits qui doi-
„ vent en réſulter ne ſont pas l'ouvrage d'un mo-
„ ment, & nous aimons mieux jouir plus tard de la
„ ſatisfaction de nos ſujets, que de les éblouir par
„ des ſoulagemens dont nous n'aurions pas aſſuré
„ la ſtabilité. Il eſt des dépenſes néceſſaires qu'il
„ faut concilier avec l'ordre & la ſûreté de nos
„ Etats: il en eſt qui dérivent de libéralités, ſuſcep-
„ tibles peut-être de modération, mais qui ont ac-
„ quis des droits dans l'ordre de la juſtice par une
„ longue poſſeſſion, & qui, dès-lors, ne préſentent
„ que des économies graduelles: il eſt enfin des
„ dépenſes qui tiennent à notre perſonne & au faſ-
„ te de notre Cour: ſur celles-là nous pourrions
„ ſuivre plus promptement les mouvemens de notre
„ cœur, & nous nous occupons déjà des moyens de
„ les réduire à des bornes convenables. De tels
„ ſacrifices ne nous coûteront rien, dès qu'ils pour-
„ ront tourner au ſoulagement de nos ſujets. Leur
„ bonheur fait notre gloire, & le bien que nous
„ pourrons leur faire, ſera la plus douce récompen-
„ ſe de nos ſoins & de nos travaux. Voulant que
„ cet Edit, le premier émané de notre autorité,
„ porte l'empreinte de ces diſpoſitions, & ſoit com-
„ me le gage de nos intentions, nous nous propo-
„ ſons de décharger nos Sujets du Droit qui nous
„ eſt dû, à cauſe de notre avénement à la Couronne.
„ C'eſt aſſez pour eux d'avoir à regretter un Roi

„ plein de bonté, éclairé par l'expérience d'un long
„ regne, refpecté dans l'Europe par fa modération,
„ fon amour pour la paix, & fa fidélité envers les
„ traités, &c."

Tout le monde n'admira pas ce préambule; on y
remarqua des fautes de François, des expreffions dé-
placées, des principes mal établis, des raifonnemens
vicieux, & plus d'emphafe que de folidité. Cependant le Miniftre faifoit répandre cet écrit avec profufion, & comme il fe perfuadoit que le Monarque
le goûteroit, s'il parvenoit à le lui faire lire, il
prit pour cet effet une tournure finguliere.

Leurs Majeftés étoient alors à la Muette. Elles
allerent, fuivant l'étiquette religieufe de nos Rois, à
pied à la proceffion de la paroiffe, le jour de la Fê-
te-Dieu. C'étoit l'Eglife de Paffy qui devoit jouir
de ce fpectacle: il s'y trouva une quantité de peuple
prodigieufe, chacun s'empreffant de voir le nouveau
Roi. L'Abbé Terrai apofta quantité de gens gagés
pour crier *Vive le Roi!* tenant en même tems un
papier à la main. Le jeune Monarque crut que c'é-
toient des placets; il ordonna qu'on les recueillît.
Il fut très furpris de ne voir que des exemplaires de
l'Edit: on ne fait s'il le lut; il en recueillit du moins
la fatisfaction de croire qu'on applaudiffoit à fon premier acte de bienfaifance; mais en louant la pureté
des motifs de S. M. les bons patriotes ne fe laif-
foient pas éblouir par des paroles.

10. Le *Droit de joyeux avénement* n'en eft point
un. Les Sujets ne doivent rien perfonnellement à
leur Prince: ils lui fourniffent les fecours néceffaires pour l'adminiftration qui lui eft confiée, ce ne
feroit qu'après une geftion dont ils auroient à fe

louer

louer qu'ils pourroient lui accorder une récompenſe; & la ſeule digne d'un Roi eſt l'amour de ſes ſujets, ce ſont leurs bénédictions, c'eſt cette gloire ſolide dont jouiſſent les bons Princes.

2⁰. Ce Droit n'a jamais été perçu légalement, c'eſt-à-dire par un enrégiſtrement fait avec Délibération libre dans les Cours; & le tripot d'alors, en enrégiſtrant l'Edit qui le remet, a fait à la Nation le tort irréparable de le reconnoître indirectement.

3⁰. Peut-être eût-il mieux valu mettre cet impôt, qui porte ſurtout ſur les gens riches & aiſés, & en retirer de plus onéreux, d'autant qu'il ſe feroit, à coup ſûr, fort étendu, par l'intelligence de l'Abbé Terrai, & que des calculateurs connoiſſant tous ſes talens, préſumoient qu'il l'auroit porté à 80 millions (*).

4⁰. Qu'eſt-ce que c'eſt que *ces libéralités, peut-être ſuſceptibles de modération, mais qui ont acquis des droits dans l'ordre de la juſtice, par une longue poſſeſſion?* Un Roi ne peut être libéral que du ſien. Il faut qu'il paye avant de donner, & il ne doit pas y avoir de peut-être en pareil cas. Bien loin que la longue jouiſſance ſoit un titre pour la perpétuité,

---

(*) Ce Droit, en 1723, fut affermé 23 Millions. La Compagnie qui fit cette ſpéculation, en a retiré 41 millions, mais la perception n'en a été finie qu'en 1744. Comme le Parlement n'avoit point enrégiſtré la Déclaration, elle ne s'opéroit que ſourdement & lentement. Il n'y avoit pas plus de ſix mois, à la mort de Louis XV, que le compte en avoit été apuré à la Chambre.

K 5

elle mérite, au contraire, moins d'égards dès qu'elle eſt injuſte, ou du moins onéreuſe pour le reſte des Sujets

5°. L'expreſſion de *Faſte* ſe prend toujours en mauvaiſe part. Un Roi eſt ſi grand par lui-même, qu'il en doit être moins ſuſceptible qu'un particulier. C'eſt à celui-ci à couvrir ſa nullité par un appareil impoſant & frivole. Enfin il n'a rien à lui, & ne peut donner à la décoration ce qui eſt néceſſaire au ſoulagement public.

6°. L'éloge de Louis XV, par où l'on terminoit cette longue déclamation, étoit ſi outré qu'il deve-noit ridicule. Quelle *bonté*, qui mettoit le Royaume à la beſace! Quelle *expérience*, qui avoit fait faire tant de ſottiſes! Quelle *modération*, qui lui avoit fait recevoir une paix honteuſe, & qui ne peut ſe com-parer qu'à celles ſignées ſous les regnes les plus dé-ſaſtreux de la Monarchie! Quelle *fidélité à ſa paro-le*, qui lui faiſoit manquer continuellement aux droits les plus ſacrés vis-à-vis de ſes Sujets & des Etrangers!

Tout étoit donc abſurde, illégal, faux, dériſoire dans le préambule de l'Edit, & ne pouvoit en im-poſer qu'aux gens ſuperficiels, qui n'examinent rien; aux gens qui, nés pour être eſclaves, ſavent tou-jours gré à leur maître du moindre relâchement de leurs fers.

L'Abbé Terrai fit quelque choſe de plus adroit & de plus propre à lui concilier le peuple, ſi le ſou-lagement eut duré. Le pain diminua de beaucoup. La cataſtrophe arrivée à ſa Compagnie, les pertes qu'elle fit chez l'étranger où elle avoit porté des bleds , qu'elle fut obligée de ramener en France, parce qu'il s'en trouva pourvu, fit baisser la denrée pour le moment. Ces Monopoleurs n'espérant plus la même protection sous un Regne qui s'annonçoit comme celui de la liberté & du bonheur des Sujets, se hâterent de se débarrasser de leurs approvisionnemens, d'autant qu'ils devoient pourvo.r à une banqueroute considérable dont ils se tirerent à merveille cependant, en la faisant tomber sur la succession du feu Roi. Malheureusement cette crise salutaire fut de peu de durée: le pain reprit son taux, & l'espoir qu'on avoit d'une meilleure administration à cet égard, s'évanouit au point qu'on débitoit dans Paris , qu'une seconde Compagnie étoit substituée à l'ancienne, & que le Monopole Royal alloit recommencer. M. le Comte de Maurepas, ancien Ministre, rappellé par le jeune Roi, & qui avoit sa confiance, fut forcé de déclarer & de faire dire par ses amis que ces bruits étoient faux & dénués de tout fondement. On commença de nouveau à crier contre l'Abbé & les anciens Ministres. Il est vrai que le Duc d'Aiguillon étoit parti, mais les autres changemens tardoient beaucoup à suivre, & il s'écoula près de deux mois avant que le Sr. de Boynes, le second Ministre disgracié, reçut son renvoi. C'est dans cette impatience générale que parurent des Quatrains satyriques, où l'Auteur exprimoit en attendant le vœu public d'une maniere, sinon ingénieuse, au moins franche & précise. Nous nous contenterons de rapporter le Couple sur notre héros.

Sur M. l'Abbé Terrai.

Pour vous, Monsieur l'Abbé, digne de plus d'éclat,
Entre tous ces Messieurs, si chers à la patrie,
Vous fûtes le moins sot & le plus scélérat:
Montfaucon doit payer votre rare génie !

Les François goûterent dans cet intervalle une autre satisfaction, en voyant expulser le Ministre de la Marine. Elle devint plus grande en apprenant qu'il étoit remplacé par M. Turgot, non qu'on crut celui-ci propre à ce Département, mais dans l'espoir qu'il n'étoit-là qu'en réserve, & prêt à remplacer le Contrôleur général au moment de sa chûte. Il faisoit toujours bonne contenance, & sembloit travailler à mieux gérer son Ministere. On se récrioit contre l'Emprunt de Hollande, toujours ouvert à un taux très onéreux; ce qui ne s'accordoit nullement avec l'économie qu'on annonçoit: il le fit fermer en Juillet. Il fit verser un million de plus pour le premier semestre du payement des rentes à l'hôtel de ville sous le regne commençant, ce qui ne produisit aucun effet, puisque l'accroissement seul de ces payemens, au moyen des nouvelles Rentes viageres, absorboit quatre fois au-delà celui de la Recette. On ne savoit ce que vouloit dire tout cela. On se demandoit où étoient les épargnes, à quoi elles aboutissoient, quel usage on en faisoit, ce que devenoit le magot du feu Roi?

D'un autre côté, il tracassoit toujours la Chambre des Comptes. Il avoit lassé la patience de M. Nicolaï, le pere. Le fils, qui venoit de lui succéder, avoit entrepris de recommencer la négociation, &

l'on juge comment un fin renard, tel que l'Abbé
Terrai, fe jouoit de ce nouvel affaillant.

Il tourmentoit une autre Cour d'une maniere plus
indigne. La Cour des Monnoyes étoit fouvent en
querelle avec le Sr. de Gouve, fon Procureur général, mauvais fujet, dont les friponneries & les vexations lui avoient plufieurs fois mérité l'interdiction
de fa Compagnie. Différens Arrêts du Confeil
avoient autant de fois annullé les pourfuites. Le
choc étoit plus violent cette fois. On avoit des preuves que ce Magiftrat avoit dans fa jeuneffe été en-
fermé à Bicêtre, & l'on vouloit profiter de cette découverte pour l'expulfer à jamais. L'Abbé Terrai
le foutenoit puiffamment : il avoit avec lui des liaifons de plaifir, qu'on fait être fortes chez tous les
hommes, & furtout chez les Grands. Il étoit fon
Bonneau, & avoit un talent merveilleux en ce genre
pour un Miniftre & pour un Prêtre qui, en bravant
tous les préjugés de Religion, eft obligé de s'affer-
vir à ceux de fociété. D'ailleurs ce de Gouve eft
un homme d'efprit, fachant fe retourner, & très
propre à donner de l'embarras à fes confreres. Mais
il avoit contre lui le Chancelier. Il avoit d'abord
été très avant dans les bonnes graces de M. de Maupeou, & l'avoit fecondé dans les divers changemens
qu'il avoit voulu faire dans fon Tribunal. Depuis,
à raifon de ce qu'on a dit ci-deffus, s'étant plus
attaché au Contrôleur général, furtout dans ces derniers tems, où il avoit jugé celui-ci mieux en faveur, il s'étoit mis à dos le Chef fuprême de la Juftice, qui protégeoit & excitoit la cabale oppofée
au Procureur général. Le public étoit curieux de

voir qui des deux Chefs l'emporteroit, lorfque tous deux fuccomberent & furent enveloppés dans une difgrace commune.

Des Lettres de Compiegne du 23 Août, écrites du Contrôle général, annoncerent que M. l'Abbé Terrai étoit en mauvaife pofture ; & le 25 on apprit qu'il n'étoit plus Contrôleur général, que M. Turgot le remplaçoit. Le Chancelier fut exilé le même jour. On peut juger de la joie générale d'être débarraffé de ces deux fléaux par la relation fuivante :

„ La nuit du dimanche 28 au lundi 29 Août, on
„ a pendu deux mannequins ou fimulacres en paille,
„ avec des mafques de cire, & des habits, chemi-
„ fet, culottes, bas & fouliers. C'eft au carreau
„ de la Juftice de Ste. Genevieve qu'on a fait cette
„ finguliere expédition. L'un de ces mannequins,
„ ayant un mafque couleur de bigarrade, une gran-
„ de perruque, une fimarre, un cordon bleu, por-
„ toit écriteau devant & derriere où l'on lifoit : *Mau-*
„ *peou, Chancelier.* Le fecond ayant un mafque
„ haut en couleur & couperofé, portant perruque
„ d'Abbé, calotte & manteau court, cordon bleu
„ auffi, plus grand que l'autre, avoit écriteau portant
„ ces mots : *L'Abbé Terrai, Contrôleur général des*
„ *Finances.* Leurs membres étoient difloqués, com-
„ me s'ils venoient d'être roués. L'exécution ainfi
„ faite clandeftinement dans la nuit, ce coup d'œil
„ a formé un fpectacle pour la populace, qui s'eft
„ amaffée en foule audit lieu. Il a duré jufques à
„ fix heures du matin, que la Juftice de Ste. Gene-
„ vieve a fait faire la levée des cadavres factices,
„ dont il a été dreffé procès-verbal."

Ce fupplice malheureufement n'avoit produit aucune douleur fur le corps de M. l'Abbé. Il courut
de plus grands rifques à Choify, où il étoit allé paffer le bac pour fe rendre à fa terre de La Motte,
fans y être précifement exilé. A peine y fut-il entré, que beaucoup de monde s'amaffa fur le bord de
la riviere & cria: *Bâtelier ! jettez à l'eau ce B.....*
de Prêtre..... Il en eut une frayeur, telle, que
tirant fa bourfe, & la jettant aux Mariniers, il les
conjura de le faire aborder bien vîte, & de le fouftraire à la fureur de la canaille. On ne fait s'il fe
rappella pour-lors la réception qu'il avoit faite aux
Contrôleurs des Rentes, mais il dut rougir d'une
expreffion qu'il avoit empruntée de la plus vile populace.

Ce qui fit bien voir que le Contrôle général n'é-
toit fous lui qu'un repaire de coquins, ce fut l'empreffement de fon vertueux fucceffeur à le nettoyer
de tous les fuppôts. Il commença par le Sr. de St.
P***, Intendant du Commerce, chargé de la partie des bleds, contre lequel s'élevoient depuis longtems des plaintes continuelles. Il eut ordre de fe
défaire de fa Charge, & fut remplacé par M. d'Albert, qui en étoit pourvu avant, par commiffion,
& que M. Turgot regardoit comme un très honnête
homme.

Il réforma le Sr. le C***, premier Commis des
finances, dont le luxe infolent indignoit le Public.
Il lui fit écrire une Lettre feche & févere pour lui
fignifier fa volonté, & lui apprendre en même tems
qu'il ne s'attendît pas à avoir de penfion; qu'il étoit
trop riche, & l'Etat trop obéré. Il ôta également au
fils l'efpece d'adjonction qu'il avoit à la place de fon

pere, & le regarda comme trop imbû des mauvaifes maximes de celui-ci pour le conferver. Le nommé Deftouches, ci-devant Sécrétaire général des Fermes, qu'il avoit pris pour fon *Factotum*, pour le confident de fes fecrets & le rédacteur de fes projets finiftres, ne tarda pas à partir.

Le Sr. Dupuy même, quoiqu'on ne fe plaignît pas de lui, ayant une tache originelle, étant parent de l'Abbé Terrai, reçut un compliment plus honnête, mais fut obligé de fe retirer.

Enfin, depuis longtems on déteftoit le Sr. F....; Intendant des finances, dont la dureté étoit infupportable à tous ceux qui avoient affaire à lui. Son ame de bronze fympathifoit à merveille avec celle du Miniftre, qui l'avoit choifi pour fon bras droit, pour fon fucceffeur, au cas où il auroit paffé aux dignités auxquelles il afpiroit. M. Turgot fit encore juftice de celui-là, en l'expulfant & en lui fubftituant M. Fargès, ci-devant Intendant de Bordeaux, que l'Abbé Terrai avoit tracaffé au point qu'il l'avoit obligé de quitter fon Intendance, plutôt que de fe rendre l'inftrument de fes vexations & de fon defpotifme: ç'avoit été un titre auprès du nouveau Contrôleur général pour mériter fon eftime & fe l'affocier dans une partie de fes fonctions; il le chargea des Monnoyes, par une Commiffion extraordinaire du Confeil.

Après avoir ainfi fait, pour ainfi dire, maifon nette, & s'être attaché les fujets les plus propres à remplir fes vues de juftice, d'ordre & d'économie, M. Turgot commença à s'occuper de l'objet qu'il regarda comme le plus effentiel à remplir pour-lors dans fon adminiftration. Ce fut le foulagement du peuple par la diminution du pain, non comme fon prédéceffeur, pour capter un moment fon fuffrage, mais en prenant tous les renfeignemens néceffaires, afin d'empêcher à l'avenir le monopole & de laiffer à la denrée un libre cours, dont la hauffe & la baiffe ne put plus dépendre que du tems & des faifons. Ce n'eft point ici le lieu de nous étendre fur fon fyftême. Nous parlerons feulement du fameux Arrêt du 13 Septembre, qui établit la liberté du Commerce des grains & farines dans l'intérieur du Royaume, & par lequel le Roi fe réferve de ftatuer fur la liberté de la vente à l'Etranger, lorfque les circonftances feront devenues plus favorables. On lut dans le préambule une Cenfure amere de l'ancienne adminiftration, l'on y convenoit affez clairement que le feu Roi faifoit le monopole, & favorifoit tous les Accupareurs employés en fous-ordre. Sans doute par cet aveu libre, franc & néceffaire de S. M. le Miniftre crut infpirer plus de confiance aux opérations qu'il méditoit, & dont les commencemens ne pouvoient que paroître durs. Peu de jours après il fit paroître un autre Arrêt du Confeil, dont le bon effet fut fenfible fur le champ. Il affranchiffoit différens Droits des fols pour livre auxquels ils avoient été affujettis. On a déjà obfervé que ces fols pour livre étoient une tache d'huile que M. l'Abbé Terrai étendoit à tout. Souvent ils étoient d'un objet trop modique pour qu'ils puffent être perçus avec juftice: ils tomboient en partie fur la portion la plus pauvre des Sujets; ils gênoient le Commerce & fervoient de prétexte à des vexations, à des extorfions. Tels étoient ceux que cet Arrêt concernoit: Péage, Paffage, Travers, Barra-

ge, Pontonage, &c. M. Turgot croit devoir faire
facrifier à S. M. cette branche de fes revenus, dont
il ne rentroit d'ailleurs prefque rien dans fes coffres.

Cependant toutes les langues fe délioient fur le
compte de l'Ex-Miniftre. Et ce qui prouve que la
foibleffe, ou la crainte, ou l'intérêt guidoient ceux
qui en avoient fait l'éloge jufques-là, c'eft qu'on en-
tendit bientôt ces prôneurs changer de langage &
révéler les premiers des turpitudes qu'on ignoroit.

Ses vaffaux ne purent même fe contenir, & voulurent lui donner une leçon qu'il auroit dû recevoir
plutôt. Ils jugerent à propos un jour de lui couper
les vivres, & de lui apprendre à quel défefpoir on
eft pouffé quand on meurt de faim. Ils arrêterent le
Maître d'hôtel qui revenoit de la provifion; ils pil-
lerent les vivres qu'il rapportoit, & réduifirent l'Abbé & fa Compagnie à faire très mauvaife chere.
Tout le monde eut fi peur que le tour ne devînt
plus férieux, qu'on s'en alla; & lui-même craignant
encore plus, lorfqu'il fut feul, s'évada jufqu'à ce
que la fermëhtation fut paffée. Il fe refugia quelque part, & n'ofa pas venir à Paris, quoiqu'il n'eût
d'autre défenfe que de paroître à la Cour. C'eft par une
fuite de cette interdiction qu'il fut obligé de fe défaire inceffamment de fa Charge de Sécrétaire, Officier, Commandeur de l'Ordre du St. Efprit.

L'anecdote qu'on vient de rapporter, amufa le Pa-
rifien, qui rioit vraifemblablement pour la derniere
fois aux dépens du *Grand Houffoir*. Celui-ci, certain de fa difgrace, avoit voulu le perfifler en partant, & jouer auffi de fon refte. On fe reffouvient
qu'on fe plaignoit toujours du luxe de la Cour, de

l'énormité de fes dépenfes: on trouvoit mauvais que
de tant de retranchemens à faire on n'en fit aucun.
Voici le dernier trait d'impudence que cette critique
occafionna de fa part. Dans la Gazette de France,
du 26 Août, c'eft-à-dire dans la premiere imprimée
depuis fon renvoi, on exaltoit avec beaucoup d'emphafe une réforme dans la Maifon du Roi. Elle
confiftoit en une trentaine de chiens, quelques va-
lets de chiens & quelques piqueurs. Outre la mo-
dicité de l'objet, qui fit regarder l'article comme une
dérifion, on y découvrit une méchanceté noire: en
effet, exalter une économie de ce genre, c'eft annoncer qu'on n'en avoit point ordonné d'autre, &
qu'on n'en ordonneroit point. C'étoit donner matiere à de nouvelles obfervations, à des plaintes plus
fondées: c'étoit inculper d'avance le futur fucces-
feur, & l'on ne pouvoit gueres imputer la malignité
de la notice à d'autre Miniftre qu'à l'expulfé.

Nous ne finirions pas de rapporter toutes les facéties, toutes les fatyres, tous les quolibets, tous
les bons mots, tous les libelles, auxquels donna lieu
la difgrace de l'Abbé Terrai & de fes acolytes.

M. de St. P*** fut le premier qui fe reffentit des
brocards du Public. Il avoit fait bâtir une maifon
fuperbe, qui étonnoit ceux inftruits de fa médiocre
fortune. Il crut dans fa déroute devoir un peu baiffer de fon ton & devenir plus modefte. Il fe retira
dans une autre moins fplendide, & afficha écriteau
à la fienne. Le lendemain on trouva écrit en gros
caracteres au bas: *Hôtel de la farine à louer.*

Un cauftique plus dur fit une accolade des quatre
Miniftres difgraciés depuis la mort de Louis XV,

dàns une Epigramme qu'il intitula du nom d'un par-
fum très ufité :

Le Vinaigre des quatre Voleurs.

Amis, connoiffez - vous l'enfeigne ridicule ,
  Qu'un peintre de Saint Luc fait pour des parfumeurs ,
Il met en un flaçcon, en forme de pillule ,
Boynes , *Maupeou* , *Terrai* , fous leurs propres couleurs :
Il y joint d'*Aiguillon* , & puis il l'intitule :
  Vinaigre des quatre Voleurs.

Une chanfon plus fimple courut les rues, on la
chantoit alternativement avec celle de M. le Chancelier. Toutes deux étoient fur un air commun,
appellé *Air de l'amitié.* Voici le Couplet fur le
Contrôleur général :

Chacun le penfe , le penfe ,
L'Abbé Terrai eft en tranfe ,
L'Abbé Terrai eft aux abois :
Chacun le penfe, le penfe ,
Il ne peut plus en France
Piller comme autrefois :
Chacun le pen .... le pen ...... fe ;
L'Abbé Terrai eft en tranfe , &c.

Il y avoit plus de fel dans une autre Epigramme,
quoique triviale auffi & en ftyle populaire. L'auteur
avoit eu l'adreffe d'y inférer l'éloge de M. Turgot,
relativement à la haine qu'on lui connoiffoit envers
les gens de finance, & qu'il manifeftoit déjà ; ce qui
intéreffoit pour ou contre prefque toute la Nation

.entiere. Auffi fut·elle bientôt répandue d'une extrêmité du royaume à l'autre. On l'inféra même
dans les papiers étrangers, & nous allons encore la
configner ici. Afin de mieux l'entendre, il faut favoir que par un pronoftic fur Louis XVI, on avoit
mis à la ftatue d'Henri IV fur le pont‑neuf cette
leçon fublime : *Refurrexit*. Un M. du Martrais l'a-
voit commentée dans deux vers françois.

> *Refurrexit.* J'approuve ce bon mot:
> Mais pour y croire, il faut *la Poule au pot*.

L'auteur de l'Epigramme, peu fine, mais énergique, étoit parti de‑là, & l'avoit intitulée:

La Poule au Pot.

> Grace au bon Roi qui regne en France,
> Nous allons voir *la Poule au pot*.
> Cette Poule, c'eft la Finance
> Que plumera le bon Turgot.
> Pour cuire cette chair maudite
> Il faut la Greve pour marmite,
> Et l'Abbé Terrai pour fagot.

Un Dialogue en Vers, court & affez fin, faifant
l'Eloge du fucceffeur, contenoir une Satyre indirecte, mais d'autant plus piquante, du prédéceffeur. Il
étoit fuppofé tenu entre S. M. & le Comte de Maurepas.

LE ROI.

Mon Contrôleur Turgot, dites-moi, quel homme eft-ce?

Le Comte de Maurepas.

Sire, il a l'efprit jufte, & le cœur citoyen:
Il refpecte les loix & les mœurs.

Le Roi.

C'eft fort bien.
Mais jamais il n'entend la meffe.

Le Comte de Maurepas.

Sire, je n'en fais rien. On tient tant de difcours....
L'Abbé Terrai, dit-on, l'entendoit tous les jours.

Nous ne parlons point d'une chanfon où l'on dé-crivoit les amours de M. l'Abbé & de fa Madame Deftouches. C'étoit une allégorie continuelle avec les fonctions du prêtre à l'Autel, qui frondoit également & fon irréligion & fon impudicité. Elle eft trop obfcene pour la rapporter dans un écrit auffi grave que celui-ci. D'ailleurs fa maîtreffe a expié par une mort douloureufe, par une longue & cruelle maladie, les foibleffes qu'elle avoit à fe reprocher pour un auffi vilain amant.

Le bon mot de M. le Comte d'Aranda, lorfqu'on lui apprit le renvoi de M. le Chancelier & du Contrôleur général, valoit mieux que tout cela: il étoit plus fin, plus noble, plus digne d'un grand Seigneur & d'un Courtifan. Comme cet événement avoit lieu le jour de St. Barthelemi, fi fatal, fi noir dans nos Annales, on difoit devant cet Ambaffadeur: *Voilà une belle St. Barthelemi de Miniftres!* — *Oui*, répondit-il, *car ce n'eft pas le maffacre des Innocens.*

Un Pamphlet terrible termina le cours des pasqui-
nades fur M. l'Abbé; il avoit pour titre: *Lettre de*
M. Terrai, Ex-Contrôleur général, à M. Turgot,
Miniftre des finances, pour fervir de Supplément à la
Correfpondance entre le Sr. Sorhouet & M. de Mau-
peou. C'eft un tableau vrai & terrible de toutes les
exactions, vexations, extorfions de ce Miniftre, dont
l'ame atroce eft peinte avec les couleurs qui lui font
propres. On y fait intervenir le Sr. Deftouches, fon
ame damnée, qu'on fuppofe l'inventeur des nouvelles formules pour varier les impôts & les porter à
leur comble. On voit que l'Ecrivain en effet a cal-
qué fon ouvrage fur la *Correfpondance*, qu'il imite affez bien, mais dont le ton de plaifanterie, bon en
quelques endroits, n'eft pas foutenable lorfqu'il s'a-
git de vouer à l'exécration publique l'auteur de tant
d'horreur & de calamités.

Depuis longtems l'Abbé **Terrai** étoit rendurci contre tous les propos & tous les écrits. L'impoffibilité où il fe trouvoit donc déformais d'en arrêter le
cours, & même quelquefois de fermer l'oreille aux
injures, aux reproches fanglans qu'il recevoit de
tant de victimes fouftraites au coûteau qu'il tenoit
levé fur elles, n'étoit point pour lui un tourment.

Il fut infiniment plus affecté de deux échecs, quoique légers, qu'il reçut dans fa fortune immenfe. On
a dit qu'en qualité de Contrôleur général il avoit
touché plus de 450,000 Livres de pot de vin pour
le Bail des Fermes renouvellé. Mais ce Bail ne devant commencer qu'au 1 Janvier 1775, & l'Abbé
ayant été difgracié plus de cinq mois avant, on fit
comprendre à S. M. qu'il étoit jufte que cette fangfue fe dégorgeât un peu, & M. Turgot eut la no-

bleffe de ne fe rien attribuer de ce bénéfice, de le
faire porter au Tréfor Royal, pour être employé à
des objets utiles & de foulagement pour les malheureux.

En outre, fous prétexte des Magafins du Roi, qu'il
avoit loués à fa terre de La Motte, aux Compagnies chargées d'achat & d'emmagafinement des
Bleds pour le compte de S. M., il avoit fait pa-
ver une route magnifique depuis le grand chemin
jufques chez lui, avec des ponts & quais, & cette
dépenfe-étoit évaluée de 4 à 500,000 Livres. Il fut
agité au Confeil de lui faire payer cette fomme,
comme employée uniquement à fon profit; & S. M.
décida que cela feroit ainfi.

Ces petits coups de fouet fur l'Ex-Contrôleur ré-
jouirent un inftant le Public; mais il ne pouvoit être
fatisfait de châtimens auffi légers pour un monftre
coupable du plus grand des forfaits, du crime de
Leze-Nation, crime auffi fupérieur à celui de Leze-
Majefté, qu'une Nation l'eft à fon Souverain.   On
raconte pour-lors qu'un courtifan vraiment patriote reprochoit à M. le Comte de Maurepas de n'a-
voir pas fait de M. de Maupeou & de M. l'Abbé
Terrai la juftice que les Peuples fembloient en defirer, par les fupplices qu'ils avoient infligés eux-mêmes à leur effigie.   Le Miniftre convint qu'ils n'é-
toient pas punis, & que le bourreau feul pouvoit
venger la Nation de leurs attentats: il donna pour
excufe qu'il avoit craint de tourner à la févérité le
jeune Monarque, déjà trop naturellement enclin à
s'y porter, & dont le caractere fe rendurciffant avec
l'âge, lui feroit peut-être, dans d'autres circonftances, excéder les bornes de la modération néces-

faire

faire dans un maître abſolu. On ne peut approuver un pareil raiſonnement, la ſévérité étant toujours une vertu dans un Prince, quand elle eſt réglée par la juſtice. Il faut plutôt attribuer cette conduite à quantité de conſidérations particulieres que les Miniſtres ont politiquement les uns pour les autres: c'eſt ainſi que M. de Boynes obtint peu après 40,000 Livres de penſion, pour avoir bouleverſé toute la Marine: c'eſt ainſi que le fils du Sr. le Clerc, premier Commis des finances, chaſſé pour mauvaiſe adminiſtration, auquel le premier étoit adjoint, fut gratifié de 2000 écus de penſion, quoiqu'il n'eût jamais rien fait, & ne méritât rien perſonnellement: c'eſt ainſi qu'en France on ne ſait ni punir ni récompenſer.

LISTE DU NOUVEAU BAIL DES FERMES.

Fermiers généraux, ayant place entiere, ſans Croupes ni Penſions.

Meſſieurs,
Bouret.
Puiſſant.
Gigault de Criſenoy.
Douet.
Saint - Amand.

Fermiers généraux ayant place entiere, mais grevés de Penſions.

De la Reyniere.	{ 6000	liv. à M. Bordeu, Médecin de Mad. du Barri.
	3000	à M. de St. Angel.
De Faventines.	{ 4000	à Pierron, Subſtitut du Procureur général.
	3000	à M. de Villepaille.
	2000	à M. de la Barthe.
Borda.	{ 5000	à une des ſes Nieces.
	6000	à la diſpoſition de la Dauphine.
De Villemorien.	{ 6000	à la diſpoſition de Madame Adelaïde.
	6000	à la diſpoſition de Madame Sophie.
Le Roy de Senneville.	{ 10000	liv. à Mad. Maillard. { Nourrice du feu Duc de Bourgogne.
	10000	au Comte de Monaſtrolle.
Marguet de Peyre.	{ 6000	pour .....
	2000	pour le Sr. La Louette, Médecin.
Pignon.	9000	à ſon beau-pere Gabriel, premier Architeſte.

De Lage.	6000 liv.	à Mad. la Marquife d'Albert.
	2000	à Boudot, Procureur au Châtelet.
Dangé.	4000	à Mad. de Baffompiere.
	4000	à Mad. d'Hyanville.
	2000	à Mlle Canivet. { Chantenfe du Concert de la Reine.
Mercier.	4000	à la Marquife de Montmorenci.
Chalut de Vérin.	6000	à la difpofition de Madame de Provence.
	6000	à la difpofition de Madame.
Mazieres.	3000	à Mlle. de St. Romain.
	3000	au Sr. de Redmont { Lieutenant général, ami du Duc d'Aiguill.
De Paulze.	22000	à la famille du Contrôleur général.
Roflin.	6000	à M. de Vifé, { Lieutenant Colonel des Gardes Françoifes.
Sénac.	15000	à M. de Sénac, Intendant de Provence.
	15000	à Mad. de Sénac, la mere.
	6000	à ......

L 2

Marchand de Va-rennes.	15000 liv. au Sr. Rouffel, ancien Fermier général.
	18000 au Sr. Sénac, Intendant de Provence.
	4000 à M. de Croifemarre, de la petite Ecurie.

Teffier.	20000 à Mad. Bontemps.
	20000 à Mlle. Bontemps.
	1000 au Sr. Guérin, Précepteur.

Fermiers généraux, ayant Croupes & Penfions fur leurs places.

D'Arjuzon.	$\frac{1}{6}$ à M. Caze.
	$\frac{1}{6}$ à Colin de St. Marc.
	$\frac{1}{6}$ à la Comteffe de Seran, femme du Gouverneur des Pages du Duc d'Orléans.
	4000 liv. de penfion à la même.
	3000 à l'Abbé de Voifenon.

De Monteloux.	200,000 de Coupes à Mad. de Séchelles.
	5000 penfion à un protégé de M. de Trudaine.
	2000 à Mlle. d'Auvernay.

De la Haye. $\frac{1}{4}$ pour le Roi.

Gauthier.	$\frac{1}{3}$ pour Mad. le Normant.
	$\frac{1}{6}$ pour M. Poujaud, ancien Fermier général.

oujaud.	$\frac{1}{8}$ pour le Roi.
Varaçhan.	$\frac{1}{4}$ à M. Brissard, ancien Fermier général. $\frac{1}{8}$ à Dupuy, premier Commis des Finances. $\frac{1}{8}$ à Duclos Dufresnoy, Notaire de l'Abbé Terrai.
Bouilhac.	$\frac{1}{8}$ partagé entre M. Chabert pour 200,000 liv. Le Marquis de Ximenès 200,000 Le S. Bourdet, dentiste 120,000
De Preninville.	$\frac{1}{8}$ à Mad. de la Bosse. $\frac{1}{8}$ au Sr. Dubreuil.
De Neuville.	$\frac{1}{4}$ pour la famille du Contrôleur général. 6000 liv. pension audit Substitut Pierron.
De la Garde.	$\frac{1}{8}$ à la Roque, premier Commis des Colonies. $\frac{1}{8}$ à M. de St. Prix.
Rougeot.	$\frac{1}{8}$ pour Mad. Giambone, femme d'un Banquier, qui a été au parc aux cerfs. $\frac{1}{8}$ pour Mad. de Martanges. 8000 liv. pension au Marquis d'Esparbes.

Augeard.

$\frac{1}{4}$ à Mad. de Four-voye $\left\{\begin{array}{l}\text{ci-devant}\\\text{Mlle. Le Duc}\\\text{Maîtreſſe du}\\\text{Comte de}\\\text{Clermont.}\end{array}\right.$

$\frac{1}{8}$ à la Dlle. Cayeux.

$\frac{1}{8}$ à la Dlle. d'Oyguirande, fille de Mad. de Fourvoye.

$\frac{1}{8}$ au Secrétaire des Commande-mens du feu Comte de Clermont.

3000 liv. penſion à Mad. d'Amerval, $\left\{\begin{array}{l}\text{bâtarde}\\\text{de l'Ab-}\\\text{bé Ter-}\\\text{rai.}\end{array}\right.$

3000 à Mad. Thoynet, $\left\{\begin{array}{l}\text{Niece du}\\\text{dit Abbé.}\end{array}\right.$

Dollé.

$\frac{1}{4}$ à M. Caze.
$\frac{1}{4}$ à Magon de la Ballue.

D'Aucourt.

$\frac{1}{8}$ à Deſtouches, rédacteur du Bail.
$\frac{1}{4}$ à la famille de Pompadour.

Saleur.

$\frac{1}{4}$ pour le Roi.
$\frac{1}{8}$ pour Gerard, premier Commis. des Affaires Etrangeres.

8000 liv. penſion à M. Guerier de Defence.

4800 au Beau-frere de M. Saleur.

Didelot.	$\left\{\begin{array}{l}\frac{1}{4} \text{ au Sr. de la Loge.} \\ \frac{3}{4} \text{ au Sr. de Luzine.}\end{array}\right.$

Du Mesjean. $\left\{\begin{array}{l}\frac{1}{6} \text{ à Colin de St. Marc.} \\ \frac{4}{4} \text{ à Mad. de la Popeliniere.} \\ \text{15000 penfion aux protégés de} \\ \qquad \text{Madame Louife.}\end{array}\right.$

Bouret de Valroche. $\frac{1}{2}$ pour M. de Garville.

D'Arnay. $\frac{1}{4}$ pour la famille du Contrôleur
général.

De Boifemont. $\left\{\begin{array}{l}\frac{1}{2} \text{ pour M. L'Oifeau de Beranger.} \\ \text{6000 liv. à M. de Mon-} \left\{\begin{array}{l}\text{frere de} \\ \text{Mad. de} \\ \text{la Pope-} \\ \text{liniere.}\end{array}\right. \\ \qquad \text{dran.} \\ \text{2000 au Sr. Bondon.}\end{array}\right.$

Tronchin. $\left\{\begin{array}{l}\frac{1}{4} \text{ à fon Neveu.} \\ \frac{1}{4} \text{ à M. d'Epinay.} \\ \frac{1}{4} \text{ à Mad. d'E-} \left\{\begin{array}{l}\text{90000 liv. pour elle.} \\ \text{30000 pour fes en-} \\ \qquad \text{fans.}\end{array}\right. \\ \qquad \text{pinay.}\end{array}\right.$

Bertin de Blagny. $\left\{\begin{array}{l}\frac{1}{2} \text{ à M. Bertin, des parties ca-} \\ \qquad \text{fuelles.} \\ \text{6000 liv. aux protégés de Mada-} \\ \qquad \text{me Victoire.}\end{array}\right.$

De Livry.
- $\frac{1}{6}$ à fon frere de Neuzy, Confeiller au Parlement.
- $\frac{1}{6}$ à fa Sœur, Mad. de la Billarderie.
- 2000 liv. à Le Moyne, Huiffier d Cabinet du Roi.
- 1000 à Le Moyne, Huiffier du Cabinet d'Artois.
- 1500 au Sr. Harmand.
- 1500 à Mlle. Renedy.
- 2400 à Mlle Omarphy.

D'Arlincourt.
- $\frac{1}{8}$ au Sr. de Cuify.
- $\frac{1}{4}$ à Mad. de Boufiers.
- 3000 à Mad. Le Nain.

Baudon.
- $\frac{1}{3}$ à M. Lavoifier, Receveur général des Finances.

De Saint Hilaire.
- $\frac{1}{6}$ à M. Poujaud.
- 12000 liv. à la famille Pompadour.

Haudry.
- $\frac{1}{3}$ au Sr. Cerpaud, Adjoint.
- 5000 à M. Rouffelle, Avocat.
- 2000 au Sr. Douy.
- 4000 à Mad. de Lanconiere.

De Courmont.
- $\frac{1}{4}$ à Mrs. de la Martiniere & Andouillé, fon gendre.

Parfeval.
- $\frac{1}{8}$ à M. Baftard.
- $\frac{1}{8}$ à M. d'Antigny.
- $\frac{1}{8}$ à M. Desbrets.
- 4000 liv. à Mad. de Graves.
- 3000 à Mad. de Fontenay.

D'Au-

D'*Autroche*. { $\frac{1}{2}$ au Sr. de la Ferté, fon frere.
{ 4000 liv. à Mad. de Belzunce.

Bouret d'Erigny. $\frac{1}{2}$ en Croupe { à Mad. de Monjeval, 200,000 liv.
{ à M. de Montvallier, Intendant de Mad. Dubarri 200,000
{ à M . . 120,000

Alliot. { $\frac{1}{8}$ au Sr. Ferès.
{ $\frac{1}{4}$ au Sr. Loufteneau, fils.

Muiron. { $\frac{1}{4}$ au Sr. de la Martiniere, fon pere naturel.
{ $\frac{1}{6}$ au Sr. Fournier.
{ $\frac{1}{3}$ à Mad. de Caveynac, ci-devant Mlle. Romans.

D'Azincourt. $\frac{1}{3}$ à la famille du Sr. Buchelay.

Verdun. $\frac{1}{4}$ au Sr. la Borde, valet-de-chambre du Roi.

De la Hante. { $\frac{1}{4}$ à la Dame des Fourniels.
{ $\frac{1}{4}$ au Marquis de Cha- { gendre du Duc d'Aiguillon.
{ brillant.

De la Perriere. { $\frac{1}{3}$ au Sr. de St. Prix.
{ $\frac{1}{3}$ à Mad. de St. { jolie femme du Maitre des Requêtes.
{ Sauveur.

De Preffigny. { $\frac{3}{20}$ au Sr. Ménage.
{ $\frac{7}{10}$ au Sr. Rolly, adjoint.
{ 4800 liv. à Mad. de St. Severin.
{ 4000 à Mad. Roux.

RÉCAPITULATION.

60 Places de Fermiers, évaluées,
avec les Bénéfices du Bail à 100,000
livres par année, ci   6,000,000 liv.

A déduire,

Pour les Penfions   400,000 liv.
Pour les Croupes, for-
mant enfemble 14 Pla-   1,980,000
ces $\frac{1}{2}$, $\frac{1}{3}$ & $\frac{1}{4}$ de Place 1,580,000

Il ne refte à la Compagnie
qu'environ les deux tiers   4,020,000 liv.

RELATION
HISTORIQUE
DE L'ÉMEUTE ARRIVÉE
À
PARIS,

Le 3 Mai 1775;

ET DE CE QUI L'A PRÉCÉDÉ ET SUIVI.

...... Si forte virum quem
Confpexere filent. . . . .
VIRG.

AVERTISSEMENT

DU

LIBRAIRE.

LES *Emeutes arrivées depuis quelque tems en France*, & *surtout celle du* 3 *Mai* 1775, *n'étant qu'une suite de la fermentation générale des esprits sur la fin désastreuse du Regne de Louis* XV, *de l'Administration inique de l'Abbé Terrai*, & *du désespoir causé par le Monopole des Bleds, qu'il avoit réduit en Systême*, & *dont il avoit fait un principe de Gouverne-*

L 7.

ment, on croit que ce morceau hiſtorique,
joint au premier, ne lui ſera point étranger, & ne peut que le completter d'une
façon ſatisfaiſante pour le Lecteur.

RELATION

HISTORIQUE

DE L'ÉMEUTE ARRIVÉE A PARIS LE 3 MAI 1775,

ET DE CE QUI L'A PRÉCÉDÉ ET SUIVI.

L'ÉMEUTE arrivée à Paris, le 3 Mai 1775, à l'occasion de la cherté du Pain, est un événement remarquable, digne de la considération des politiques, & qui mérite qu'on entre dans tous les détails les plus propres à en faire remarquer l'esprit, l'origine & les progrès. L'Histoire ne fait encore mention d'aucun désordre de cette espece, & il étoit réservé à la singularité de notre siecle de produire du nouveau en pareil genre. Notre réflexion tombe sans doute sur la maniere dont a été conduit & s'est opéré ce mouvement populaire; non sur le fait, en lui-même très commun, & dont chaque Province, sur les dernieres années du Regne de Louis XV, offroit tour à tour le triste & funeste spectacle.

On étoit déjà effrayé des nouvelles qu'on recevoit de Dijon (a). On savoit qu'un Conseiller au

---

(a) Extrait d'une Lettre de Dijon, du 20 Avril.

..... „Il vient d'arriver dans cette ville une émeute considérable, par rapport à la cherté des grains. Grand nom-

Parlement de cette Ville avoit été la victime de sa
cupidité, lorsqu'on apprit que la fermentation gagnoit de proche en proche, & s'étendoit vers la Capitale. Il sembloit que par une combinaison suivie
on eût pris la résolution de l'affamer, en s'emparant
du cours des rivieres, & en la privant des secours

,, bre de gens de la campagne ont abattu un moulin apparte-
,, nant à un monopoleur. Ils sont revenus à la ville, & après
,, différens désordres ont été chez M. de Ste. Colombe, Con-
,, seiller au Parlement, un des restans, expulsé par sa Compa-
,, gnie, pour raison de cette imputation odieuse. Les mutins
,, sont entrés chez lui; ils ont déclaré ne vouloir rien enle-
,, ver, mais ils ont tout cassé, tout brisé & tout jetté par les
,, fenêtres. M. de la Tour du Pin, qui commande en cette
,, ville, n'a pas peu contribué à les irriter, par une réponse
,, dure, dont il n'a vraisemblablement pas senti toute la bar-
,, barie. Sur ce qu'ils lui exposoient leur besoin, le manque
,, absolu de pain où ils étoient, ou du moins l'impossibilité
,, pour eux d'atteindre au prix de la denrée, il leur a répon-
,, du: *Mes amis, l'herbe commence à pousser, allez la broûter*".
Sans l'Evêque, qui est sorti de son palais épiscopal pour haranguer ces malheureux & les ramener à la douceur, il eût
été fort à craindre que le désordre n'eût augmenté, au lieu
de diminuer. Un frere de l'Evêque, Militaire, inquiet de ce
Prélat, étant allé à sa rencontre, a été pris pour M. de la
Tour-du-Pin. Déjà un homme, derriere lui, avoit le cou-
teau levé pour le frapper, lorsqu'un autre lui a retenu le bras,
en lui observant qu'il se trompoit.
Le Commandant se disculpa, en disant que S. M. lui avoit
écrit qu'Elle approuvoit tout ce que faisoit son Contrôleur général, & ses principes établis concernant la Législation & le
Commerce des grains; qu'il eut à faire exécuter les nouveaux
Réglemens avec le plus de douceur qu'il seroit possible, mais
qu'il employât la rigueur & la force, si elles devenoient nécessaires. Mais il n'en résulte pas qu'il fût en droit de tenir
son propos inhumain & atroce.

que la vigilance du Miniftere avoit voulu lui procurer par l'entremife des Négocians, dont elle avoit
excité le zele. (b) Il étoit queftion de tromper les
fpéculations des monopoleurs, & de les forcer à
baiffer leur denrée par la crainte de la concurrençe.
Tout cela n'a rien d'extraordinaire encore; mais le
merveilleux, l'incroyable, c'eft que des brigands,
après avoir été, à jour nommé, foulever le peuple,
de Pontoife, de Poiffi, de Saint Germain en Laye,
de Verfailles même, ont indiqué celui où ils vien-
droient à Paris, & ont tenu parole. Quoiqu'on en
fût prévenu, quoiqu'on eût donné des ordres en conféquence, qu'on eût mis le Guet, les Gardes-Fran-
çoifes, les Gardes-Suiffes, les Moufquetaires & autres Corps de la Maifon du Roi fur pied, ils font
arrivés par les différentes portes de la ville de Paris,
n'ayant pour armes qu'un bâton, & à-peu-près à la
même heure, & ont pillé tranquillement tous les
boulangers, prefque fans aucune exception. (c) On
n'avoit fongé qu'à la fûreté des Marchés, qui en effet ont été garantis. (d) Du refte, l'efprit de douceur

_____

(b) Meffieurs Jean Clottin, avoient été chargés, par le
Contrôleur général, de faire venir des bleds de l'Étranger. Ils
étoient arrivés au Havre, & on les faifoit remonter dans des
bâteaux par la Seine.

(c) On fait mention d'un, qui ayant adroitement enlevé
toute fa marchandife, ferma fa maifon, & mit *Boutique à
louer*.

(d) La cérémonie de la Bénédiction des Drapeaux qui devoit avoir lieu le matin, ne contribua pas peu à empêcher que
le défordre ne fut arrêté auffi promptement qu'on auroit dû le
faire. M. le Maréchal Duc de Biron, ne voulut point accéder
à la propofition de la remettre à un autre jour. Il prétendit

du Gouvernement avoit fait donner ordre aux troupes de ne point faire feu, de se laisser plutôt insul-
ter, maltraiter par la populace. On ignoroit encore
ce qui pouvoit occasionner le désordre, & l'on
craignoit de l'augmenter par trop de rigueur. En
conséquence on a vu des suppôts de Police forcer
eux-mêmes les boulangers à ouvrir leur boutique & à
donner du pain aux mutins. Les Mousquetaires cau-
soient gaiement avec ceux-ci, & quelques-uns plus
compâtissans leur jettoient de l'argent pour payer le
pain qu'ils avoient enlevé. Cependant il se tenoit
Conseil sur Conseil. Le Parlement, de son côté, avoit
assemblé les Chambres. Mais le Premier Président
avoit arrêté les Délibérations de cette Compagnie,
en lui rendant compte que M. le Contrôleur général
avoit passé la veille à son hôtel; que peu ému des
orages passagers survenus dans divers endroits, avant
de gagner Paris, il l'avoit prévenu du desir du Roi,
que son Parlement ne se mêlât en rien de cette Police. Ce Magistrat avoit ensuite fait part d'une
Lettre de S. M. qu'il venoit de recevoir, où Elle
lui disoit qu'instruite des émeutes arrivées les jours
précédens, & de celle qui avoit lieu en ce moment
dans la Capitale, Elle alloit s'occuper des moyens
d'en arrêter les suites; qu'Elle avoit déjà découvert
en partie d'où provenoit la fermentation, occasion-
née par des gens mal intentionnés; qu'Elle comptoit
être incessamment instruite de toute cette machina-

---

que cette suspension produiroit plus de terreur. La marche
continua donc, & enleva, pour ce tems-là très précieux,
une partie des troupes nécessaires au maintien de l'ordre &
à la sûreté générale.

tion, & qu'Elle vouloit que fon Parlement ne tra-
verfât point fes vues, par une activité dangereufe &
mal éclairée.

Sur quoi M. le Premier Préfident avoit été chargé de fe retirer par devers le Roi, pour témoigner
à S. M. le zele & la foumiffion de la Compagnie;
pour l'affurer qu'elle s'en rapportoit entiérement à
fa follicitude paternelle fur un objet qui caufoit des
allarmes fi vives & fi générales.

Le premier réfultat du Confeil fut d'éviter la faute en politique commife à Verfailles: (e) en conféquence, de ne point diminuer le pain au gré des
féditieux; de raffurer les boulangers, de leur donner des factionnaires pour la garde refpective de
leur boutique; de forcer à cuire ceux qui, frappés
de terreur, n'ofoient le faire; de prendre enfin les
précautions les plus promptes, afin que la fubfiftance de Paris ne pût manquer.

Dès l'après-midi on vit afficher une Ordonnance

(e) Extrait d'une Lettre de Verfailles du 2 Mai.
„ S. M. a été fi affligée de l'émeute arrivée aujourd'hui
„ qu'elle n'a pu diner. Elle a donné fur le champ ordre que
„ le pain fût taxé à deux fols. Mais peu de tems après Elle
„ a écrit à M. Turgot, qui étoit abfent, qu'il eût à fe rendre
„ fans délai auprès de fa perfonne: que cédant à la premiere
„ impulfion de la pitié, Elle avoit eu égard aux réclamations
„ d'une populace allarmée, mais qu'Elle s'en répentoit déjà;
„ qu'Elle craignoit d'avoir fait une faute en politique, & qu'El-
„ le vouloit la réparer. En effet, le Miniftre ayant volé juf-
„ qu'ici, a repréfenté au Monarque le danger d'une commifé-
„ ration imprudente, & peu après il y a eu ordre aux bou-
„ langers de ne donner le pain qu'au prix courant."

de Police, (*f*) conformément à la décifion de S. M.
qui laiffoit aux boulangers la faculté de vendre fuivant le taux du bled, qui défendoit aux habitans
d'en exiger à moindre prix, qui enjoignoit aux officiers commis à cet effet, de prêter main forte au
befoin ; qui, du refte, prévenoit, par les précautions
les plus étendues, toute violence, tout défordre,
tout attroupement.

Ce fut le dernier acte de Police que M. Le Noir
exerça. Depuis fon inftallation dans fa place il dé-
plaifoit à M. Turgot; non que ce Miniftre ne rendît juftice à fes talens & ne l'eftimât perfonnellement, mais il le favoit dans des principes oppofés
aux fiens fur la manutention des bleds, & n'ayant
pas une fupériorité immédiate fur lui, il ne pouvoit

_____

(*f*) *Ordonnance de Police, en date du* 3 *Mai*, dont voici la
teneur.

,,Nous ordonnons, ce requerrant le Procureur du Roi, que
,, les Boulangers auront la faculté de vendre le pain au prix
,, courant. Faifons très expreffes inhibitions & défenfes à tou-
,, tes perfonnes de les forcer à le vendre à moindre prix. En-
,, joignons aux Officiers du Guet & de la Garde de Paris, de
,, faifir & arrêter ceux qui contreviendront à la préfente Or-
,, nonnance, pour être punis fuivant la rigueur des Loix. Re-
,, querrons tous Officiers, Commandans, de prêter main forte
,, à fon exécution. Défendons à toutes perfonnes de s'intro-
,, duire de force chez les Boulangers, même fous prétexte
,, d'y acheter du pain, qui ne leur fera fourni qu'à la charge
,, de le payer au prix ordinaire. Mandons aux Commiffaires
,, du Châtelet de tenir la main à l'exécution de notre préfen-
,, te Ordonnance, qui fera imprimée, publiée, affichée dans
,, cette ville, fauxbourgs & Banlieue, & par-tout où befoin
,, fera, à ce que perfonne n'en ignore.
,, Ce fut fait & ordonné par nous, *Jean-Charles-Pierre Le*
,, *Noir*, Chevalier, Confeiller du Roi.

l'engager à s'y conformer que par conviction ou par
perfuafion. Il lui avoit ôté la partie qui dépendoit
du Contrôle général, l'approvifionnement de Paris ;
ce qui ne pouvoit que chagriner le Lieutenant de
Police, & le difpofer peu favorablement pour faire
profpérer le nouveau Syftême. M. Turgot ne laiffa
pas échapper cette occafion de s'en débarraffer : il
déclara au Roi que dans la pofition critique des
chofes, fes opérations avoient befoin d'être fecon-
dées avec la plus grande célérité ; qu'il ne répondoit
de rien fi M. Le Noir reftoit en place : qu'il fe chargeoit de tout, au contraire, fi S. M. vouloit fubftituer à celui-ci un Magiftrat à lui, & dont il fût fûr
comme de lui même. Le Monarque avoit trop de
confiance en fon Miniftre pour ne pas lui facrifier le
fubalterne : dès le lendemain M. Le Noir reçut une
Lettre du Roi, qui le remercioit de fes fervices &
lui demandoit fa démiffion. S. M. ne lui témoignoit
aucun mécontentement : Elle lui difoit qu'Elle n'a-
voit rien à lui reprocher, mais que le connoiffant
dans des principes oppofés à ceux de fon Contrôleur
général & au genre d'adminiftration qu'Elle vouloit
introduire, Elle ne le croyoit plus propre aux fonctions qu'Elle lui avoit confiées ; que du refte, Elle
n'oublieroit point les fervices qu'il avoit rendus à
fon Ayeul dans diverfes circonftances, & qu'Elle
n'ignoroit pas.

Ce fut M. Albert, Confeiller au Parlement, déjà
deux fois Intendant du Commerce par Commiffion,
(g) à qui l'on avoit confié la partie des Bleds &

_____

(g) Il étoit Intendant du Commerce par Commiffion, lors
de l'exil du Parlement, en 1771. Ses occupations ne lui

celle furtout concernant l'approvifionnement de
Paris, que M. Turgot propofa pour fuccéder à M.
Le Noir, & que le Roi agréa. Le Miniftre le regardoit comme un fecond qui lui étoit effentiel. Il
le favoit initié à la doctrine des Economiftes, grand
partifan de leur Secte, & d'une févérité néceffaire
dans les circonftances.

De fon côté, M. le Maréchal Duc de Biron, à
qui l'on venoit de déférer le commandement général des troupes, même du Guet, (h) prétendit avoir
à la tête de ce dernier Corps un Commandant particulier qui lui fût dévoué. Il fe plaignit du Sr. *Le
Laboureur*, qui exerçoit cette place : il rejetta fur
lui, fur fa molleffe & fon inactivité, le défordre du
3 Mai, & defira qu'il fût puni par la privation de
fes fonctions. Il les fit remplir par un Sergent aux
Gardes, nommé *La Galerne*, officier parvenu &
Chevalier de St. Louis.

Pendant qu'on remédioit au défordre arrivé dans
Paris, qu'on en arrêtoit les fuites, & qu'on cherchoit à prévenir déformais de femblables *infurrections*,
les campagnes étoient dévaftées dans les endroits où
les brigands n'avoient pas encore paffé, & le tumulte croiffoit aux environs de la Capitale. Ce fut la

avoient pas permis d'affifter aux Affemblées qui l'occafionne-
rent, & il n'avoit point eu de Lettre de cachet. Mais il ne
crut pas convenable de refter en place pendant la difgrace de
fa Compagnie, il quitta & s'exila volontairement.

(h) Le Guet n'eft point un corps militaire comme les autres, il eft immédiatement foumis au Secrétaire d'Etat ayant
le Département de Paris, & dans le principe étoit aux ordres
du Parlement.

matiere d'un fecond Confeil. On vit que cela devenoit férieux , & qu'il falloit avoir une Armée en
regle. On expédia des ordres à différens Régimens
d'Infanterie, de Cavalerie, aux Carabiniers, &c. de
fe rapprocher à des diftances convenues & de s'y
cantonner. Il fut dreffé un plan de campement. Les
difpofitions pour Paris furent que les Moufquetaires
Noirs s'étendroient fur les rives de la Marne; les
Moufquetaires Gris fur celles de la Baffe Seine; les
Gendarmes , Chevaux-Légers , fur les rives de la
Haute Seine; & les Gardes Françoifes, les Gardes
Suiffes & les Invalides devoient continuer à garder
les fauxbourgs & les boutiques des boulangers.

Pour intimider ceux qui feroient tentés de fuivre
ces exemples funeftes, il fut décidé en outre de
faire publier fur le champ une Proclamation (*i*), qui

(*i*) C'étoit une Ordonnance du Roi, qui fut affichée à Verfailles & à Paris , fans date, ni fignature de perfonne , ni
lieu d'impreffion. Elle étoit conçue en ces termes :
„ Il eft défendu, fous peine de la vie, à toutes perfon-
„ nes, de quelque qualité qu'elles foient, de former aucun
„ attroupement.
„ D'entrer de force dans la maifon ou boutique d'aucun
„ boulanger, ni dans aucun dépôt de graines, grains, farines
„ & pain.
„ On ne pourra acheter aucune des denrées fufdites que
„ dans les rues ou places.
„ Il eft défendu de même fous peine de la vie d'exiger que
„ le pain ou la farine foient donnés dans aucun marché au
„ deffous du prix courant.
„ Toutes les Troupes ont reçu du Roi l'ordre formel de
„ faire obferver les défenfes avec la plus grande rigueur, &
„ de faire feu, en cas de violence.
„ Les contrevenans feront arrêtés & jugés prévôtalement
„ fur le champ.

défendroit de s'attrouper , fous peine de la vie;
d'entrer de force dans les boutiques des boulangers,
d'exiger que le pain foit donné à un prix au deſſous
du courant, & qui, dans tous ces cas, ordonnoit
aux troupes de faire feu.

Enfin il fut ſtatué, qu'afin de faire une juſtice plus
prompte & plus effrayante contre les contrevenans,
ils feroient arrêtés & jugés prévôtalement, comme
ſi l'on étoit en guerre contre eux.

C'eſt en fortant de ce Conſeil que S. M. craignant
d'être obligée de déployer plus de rigueur que les
circonſtances n'en ont heureuſement exigé par la
fuite, & s'imaginant déjà voir couler le fang de fes
Sujets, dit en fortant à M. Turgot: *Au moins, n'a-*
vons-nous rien à nous reprocher ! Propos digne de la
fenfibilité d'une ame neuve, & du bon Roi qu'il eſt à
fouhaiter qu'il prenne toujours pour modele.

Le Parlement ignoroit ce qui fe paſſoit à Verſailles : inſtruit qu'une multitude de pillards, qu'on
avoit ménagés le jour, mais obſervés, fuivis & arrêtés dans la nuit par les efpions de la Police, étoient
en prifon, il jugea de fon devoir de connoître de
faits, intéreſſant auſſi effentiellement fes fonctions; il
crut donc, malgré la Lettre du Roi de la veille,
devoir s'aſſembler de nouveau, & délibérer fur l'objet capital qui agitoit les habitans de Paris. Pluſieurs de Meſſieurs firent des récits de ce qu'ils
avoient entendu ou appris de leurs terres. Il en réfulta que tout étoit en commotion, non-feulement
dans la capitale, mais dans les environs, à une grande diſtance, & dans les provinces circonvoiſines ;
qu'à l'égard de Paris, le peuple étoit reſté encore
tranquille & ſimple fpectateur du pillage, exécuté

feu-

feulement par les gens venus de la campagne, mais
que plufieurs circonftances indiquoient que ces étrangers vagabonds étoient moins excités par la mifere
que par d'autres motifs effentiels à approfondir. Un
fait, dont un Confeiller des Enquêtes rapporta avoir
été témoin, confirma cette opinion.

Il (*k*) raconta que s'étant trouvé dans la bagarre
du mercredi, il avoit vu une femme plus animée que
les autres; qu'il étoit allé à elle, qu'il l'avoit follici-
tée de fe retirer de la mê'ée, en lui offrant un écu
de fix francs pour qu'elle fût fe pourvoir de pain;
mais que cette *furibonde*, rejettant fon écu, lui avoit
répondu avec un fourire ironique : *Va, va, nous n'a-
vons pas befoin de ton argent, nous en avons plus que
toi.* Et qu'en même tems elle avoit fait fonner fa
poche, dont le bruit fembloit indiquer en effet la
vérité de ce qu'elle difoit.

D'après les divers récits de Meffieurs, & les confidérations que chacun propofoit, on convint de la
néceffité de rendre un Arrêt préalable, foit pour
empêcher le peuple de prendre aucune part au tumulte, en renouvellant les Ordonnances contre les
attroupemens, émeutes, &c. en évitant cependant
de l'aigrir par des menaces articulées & trop féveres,
foit pour le confoler en lui faifant voir que la Cour
s'occupoit de fes befoins, & fongeoit à réclamer la
vigilance paternelle du Monarque.

En conféquence, l'Arrêt fut rédigé par un difpo-
fitif très court, & il fut mis au bas l'Arrêté fuivant.

_____

(*k*) M. de Pomeuze.

M

„Ordonnne en outre, que le Roi fera très hum-
„ blement fupplié de vouloir bien faire prendre de
„ plus en plus les mefures que lui infpireront fa pru-
„ dence & fon amour pour fes fujets, pour faire
„ baiffer le prix des grains & du pain à un taux pro-
„ portionné aux befoins du peuple, & pour ôter
„ auffi aux gens mal intentionnés le prétexte &
„ l'occafion dont ils abufent pour émouvoir les ef-
„ prits."

Cet Arrêt fut envoyé fur le champ à l'impreffion,
mais la Cour ne le trouvant pas conforme à fes arrangemens, fit fignifier des ordres à l'imprimeur pour
empêcher qu'il ne fût diftribué. Des Moufquetaires
vinrent rompre la planche. Tout cela en arrêta effectivement la vente, & non l'affiche, qui eut lieu
en quelques endroits (1). On affecta d'y placarder ce

(1) Cet Arrêt étant extrêmement rare, en voici la teneur.

„ *Extrait des Regiftres du Parlement*, *du 4 Mai 1775.*

„ Ce jour la Cour, toutes les Chambres affemblées, reçoit
„ le Procureur général du Roi plaignant des émotions arrivées
„ dans la ville de Paris & lieux circonvoifins, circonftances &
„ dépendances; ordonne qu'il en fera informé, & que l'in-
„ ftruction fera faite & les jugemens à intervenir feront ren-
„ dus en la Grand'Chambre; qu'à cet effet toutes procédures
„ qui pourroient avoir été, ou qui pourroient être faites par
„ aucuns Juges du Reffort, feront apportées au Greffe de la
„ Cour, pour y être pareillement fuivies & jugées; & cepen-
„ dant ordonne que les Ordonnances, Arrêts & Réglemens
„ qui interdifent tous attroupemens illicites, feront exécutés
„ felon leur forme & teneur; en conféquence, fait très-ex-
„ preffes inhibitions & défenfes à toutes perfonnes de former,
„ promouvoir ou favorifer lefdits attroupemens, & ce, fous
„ les peines portées par les Ordonnances, Arrêts & Régle-
„ mens; ordonne en outre, &c...."

même Arrêt, avec l'Ordonnance du Roi, rapportée ci-dessus.

Dès le lendemain matin, le Grand Maître des cérémonies vint apporter au Parlement une Lettre de cachet, par laquelle S. M. lui ordonnoit de se rendre à Versailles dans la matinée, en robes noires. On délibéra sur cet ordre. De nouveaux faits survenus la veille & dans la nuit donnerent lieu à de nouveaux récits; entre autres à celui d'un Conseiller de Grand'Chambre (*m*), qui dit que son Chapelain, arrivé le matin même de son Prieuré de Gournay, lui avoit appris que les bandits s'y étoient répandus; mais, mettant de l'ordre dans leur désordre, n'avoient ravi chez les Fermiers que du bled, & du bled battu, propre à être mis incontinent en farine; qu'ils l'avoient même payé 12 Livres le Septier, en observant que le Roi avoit taxé le pain à deux sols la livre à Versailles, & ne vouloit pas qu'il fût payé plus cher (*n*). Le tems ne permit pas de rien statuer, & il fallut partir.

Ce qui avoit donné lieu à ce Lit de Justice, c'est la difficulté que le Parlement faisoit pour enrégistrer des Lettres patentes, par lesquelles dans le premier mouvement S. M. avoit attribué à la Tournelle la connoissance des délits & excès y mentionnés. Elles avoient occasionné l'assemblée du 4, & on les avoit trouvées irregulieres au fond & dans la forme: au fond, en ce qu'elles le rendoient Commission &

(*m*) L'Abbé Le Noir.
(*n*) C'étoit un mauvais calcul, car alors il falloit le payer 24 livres le septier.

l'égard d'une portion d'autorité qu'il avoit par effence : dans la forme, en ce qu'elles devoient être adreſſées à la Grand'Chambre, & non à la Tournelle. Par ces diverſes conſidérations l'avis dominant avoit été de laiſſer de côté ces Lettres patentes, & de rendre du propre mouvement de la Compagnie l'Arrêt dudit jour.

L'urgence du cas fit juger au Conſeil que le Parlement, trop formaliſte, ne mettroit pas ici toute l'activité & la promptitude qu'il exigeoit. On détermina de le déclarer Prévôtal, & de faire déployer au Roi toute la majeſté de ſa puiſſance pour en impoſer à cette Cour.

Tout fut extraordinaire, dans le remede comme dans le mal. Par une inconſéquence unique, le Miniſtere, en s'oppoſant de fait à la publication de l'Arrêt, n'employa point la voie judiciaire pour l'anéantir, en le faiſant caſſer par un Arrêt du Conſeil ; enſorte que le Parlement regarda le ſien comme toujours ſubſiſtant, ſans chercher cependant à lui procurer aucune exécution ; il étoit trop atterré par le Lit de Juſtice.

Cette Cour s'y étoit rendue en robes noires ſeulement (o), ſuivant l'étiquette preſcrite par la Lettre de cachet. Mrs. furent fort accueillis. Sa M. leur fit donner à dîner dans une Salle de cérémonie, où s'aſſemblent les divers Corps qui doivent être introduits auprès du Roi, & la ſéance ne commença qu'à trois heures & demie.

(o) La Robe rouge eſt d'uſage dans toutes les cérémonies.

S. M. l'ouvrit par un difcours qu'Elle prononçạ
de mémoire, ainfi qu'Elle l'a fait au Lit de Juftice
du 12 Novembre. Quoiqu'Elle n'ait pas l'organe
agréable & fonore, elle y mit un ton de noblesse
& de fermeté qui répara ce défaut. Elle n'avoit point
l'air fâché contre fon Parlement, mais affligé des
nouvelles accablantes qu'Elle apprenoit. Voici fes
propres paroles, très mémorables:

„ Meffieurs ...... Les circonftances où je me
„ trouve, & qui font fort extraordinaires & fans
„ exemple, me forcent de fortir de l'ordre commun,
„ & de donner une extenfion extraordinaire à la Ju-
„ rifdiction Prévôtale. Je dois, & je veux arrêter
„ des brigandages dangereux qui dégénéreroient
„ bientôt en rebellion. Je veux pourvoir à la fubfi-
„ ftance de ma bonne Ville de Paris & de mon
„ Royaume. C'eft pour cela que je vous ai affem-
„ blés, & pour vous faire connoître mes intentions
„ que mon Garde des Sceaux va vous expliquer."
Le difcours de M. le Garde des Sceaux (p) n'eut

(p) Difcours de M. le Garde des Sceaux.
„ Meffieurs...... Les événemens qui occupent depuis
„ plufieurs jours l'attention du Roi, n'ont point d'exemple.
„ Des brigands attroupés fe répandent dans les campagnes,
„ s'introduifent dans les villes, pour y commettre des excès
„ qu'il eft nécelfaire de réprimer avec la plus grande activité ;
„ leur marche femble être combinée, leurs approches font an-
„ noncées, des bruits publics indiquent le jour, l'heure, les
„ lieux où ils doivent commettre leurs violences. Il femble-
„ roit qu'il y eût un plan formé pour défoler les campagnes,
„ pour intercepter la navigation, pour empêcher le tranfport
„ des bleds fur les grands chemins, afin de parvenir à affamer
„ les grandes villes, & furtout la ville de Paris. Le mal s'eft

rien de remarquable. Il annonça la Déclaration qu'il étoit queſtion de promulguer , & les vues de bienfaiſance & de juſtice qui la dictoient. Lecture en fut faite par le Greffier en chef. M. le Premier Préſident, qui devoit parler le premier enſuite, peu éloquent de ſon naturel, n'étant point préparé, & d'ailleurs fort embarraſſé ſur le rôle qu'il devoit jouer dans cette circonſtance, préféra de ne rien dire du tout. M. le Premier Avocat Général Seguier n'oſa pas s'étendre davantage, & donna des concluſions pures & ſimples pour l'enrégiſtrement.

M. de Miromeſnil allant aux voix pour la forme, on remarqua que M. le Prince de Conti, ſeul entre

---

,, tellement répandu en peu de tems, qu'il n'a pas été poſſible
,, d'oppoſer partout la force à la rapidité des crimes ; & ſi le
,, Roi ne prenoit les meſures les plus vives & les plus juſtes
,, pour arrêter un mal auſſi dangereux dans ſon principe , &
,, auſſi cruel dans ſes effets, Sa Majeſté ſe verroit dans la triſte
,, néceſſité de multiplier des exemples indiſpenſables, mais qui
,, ne ſont réellement efficaces que lorſqu'ils ſont faits ſans délai.
,, Tels ſont les motifs qui engagent Sa Majeſté à donner
,, dans ce moment-ci, à la Juriſdiction prévôtale, toute l'acti-
,, vité dont elle eſt ſuſceptible.
,, Lorſque les premiers troubles ſeront totalement calmés,
,, lorſque tout ſera rentré dans le devoir & dans l'ordre, lorſ-
,, que la tranquillité ſera rétablie & aſſurée, le Roi laiſſera,
,, lorſqu'il le jugera convenable, à ſes Cours & à ſes Tribu-
,, naux ordinaires, le ſoin de rechercher les vrais coupables,
,, ceux qui par des menées ſourdes peuvent avoir donné lieu
,, aux excès, qu'il ne doit penſer, dans le moment-ci,
,, qu'à réprimer ; mais quant à préſent, il ne faut ſonger qu'à
,, arrêter, dans ſon principe, une contagion, dont les ſuites
,, & les progrès conduiroient infailliblement à des malheurs
,, que la juſtice & la bonté du Roi doivent prévenir.

les Grands, & M. Freteau, feul entre les Membres du Parlement, parlerent & difcuterent leur avis ; que le Garde des Sceaux, en retournant au Roi pour lui rendre compte du vœu de l'affemblée, étoit refté un quart d'heure aux genoux de S. M. : ce qui fembloit annoncer que le Chef de la Magiftrature l'informoit de ces opinions particulieres, qui ne firent point changer le Monarque de réfolution. Il congédia tout le monde par un dernier difcours, encore plus abfolu que le premier. Il dit :

„ Meffieurs...... Vous venez d'entendre mes „ intentions. *Je vous défends de faire aucunes Re-* „ *montrances*, qui puiffent s'oppofer à l'exécution de „ mes volontés. Je compte fur votre foumiffion, fur „ votre fidélité, & que vous ne mettrez point d'ob- „ ftacle ni de retardement aux mefures que j'ai pri- „ fes, afin qu'il n'arrive pas de pareil événement „ pendant le tems de mon regne."

Meffieurs, avant de partir reçurent encore beaucoup de politeffes & de complimens des Miniftres ; mais ils revinrent fort ulcérés du coup porté à leur autorité. Les partifans de la Cour, craignant que dans la premiere fermentation il ne fût pris quelque Arrêté trop vif, firent renvoyer la Délibération au lendemain famedi. En effet, les têtes étant plus raffifes, on décida de ne faire aucune réclamation ouverte, de fe contenter des proteftations ordinaires & d'un Arrêté vague, où l'on diroit que la Cour, pour donner au Roi des marques de fon entiere foumiffion, s'abftiendroit de s'occuper en rien des troubles actuels, fans toutefois ceffer de faifir les occafions favorables de repréfenter au Mo-

M 4.

narque les befoins & la mifere de fon peuple (*q*).

Cette moleffe du Parlement en pareil cas, n'étoit pas pardonnable, & acheva de lui faire perdre le peu de confidération qu'avoient encore pour lui les Patriotes, les ennemis du Defpotifme. Car enfin, s'il ne fe fut agi que d'une de fes vaines prérogatives, il auroit peut-être été le maître d'y renoncer; mais il compromettoit ainfi les propriétés les plus effentielles des Sujets, leur liberté, leur vie, leur honneur: il fouffroit qu'on leur ôtât les deux degrés de Jurifdiction qu'ils ont à fubir; qu'on fupprimât ces formes lentes & multipliées, pour fervir de fauve-garde à l'innocence, pour donner le tems aux préjugés de fe diffiper, aux paffions de fe calmer, à la vérité de percer: & il ne devoit ni ne pouvoit le faire. Cet abandon, fans doute, n'étoit pas dangereux pour le moment, fous un Prince droit, jufte, compatiffant, entouré de Miniftres humains & vertueux ; mais

---

(*q*) Voici cet Arrêté, du 6 Mai 1775, les Chambres affemb'ées.

,, La Cour délibérant fur le récit fait par un de M. M. en
,, femble fur le récit fait par M. le Premier Préfident, a char
,, gé M. le Premier Préfident de faire connoître audit Seigneur
,, Roi combien il eft effentiel dans les circonftances, qu'il
,, veuille bien continuer, relativement aux grains, les foins
,, que fon amour pour fes peuples lui a déjà dictés, & que
,, c'eft pour entrer dans les vues de fa fageffe, & pour ne
,, rien déranger des précautions que les circonftances préfentes
,, lui ont fuggérées, que fon Parlement a pris la voie la moins
,, éclatante, mais également fûre, vis-à-vis ledit Seigneur Roi,
,, pour lui témoigner fes inquiétudes & fon zele ; ordonne en
,, outre, &c. *comme à l'Arrêt du 4 Mai 1775.*

mais les délibérations d'une Compagnie ne concernent pas feulement le préfent, elles embraffent l'univerfalité des tems. Eh! quel funefte exemple ne fournit pas celle-ci à un Roi méchant, ou même à un Miniftre cruel & prévaricateur! (Ce n'eft pas une fuppofition chimérique: on fait qu'il en eft plus de tels que de bons) à un *Louis XI*, à un *Charles IX*, à un *Richelieu*, à un *Maupeou*, pour établir les profcriptions & autorifer les actes fanguinaires?

Cependant les prifons regorgeoient d'accufés, car, quoiqu'on n'eût arrêté perfonne fur le champ durant l'émeute, les efpions de Police en avoient furveillé beaucoup, les avoient fuivis, & s'étant affurés de leur domicile les avoient fait enlever pendant la nuit. Ces difpofitions à des exécutions plus exemplaires devoient donc raffurer fur le marché prochain du famedi 6 Mai, d'autant que Paris étoit comme une place de guerre, inondée de troupes & où le fervice fe faifoit avec la plus grande régularité. M. le Maréchal, Duc de Biron, étoit devenu Général en regle d'une Armée d'environ vingt-cinq mille hommes, appellée l'Armée de la haute & baffe Seine. Il avoit fous lui plufieurs Officiers généraux: il ne ceffoit de parcourir tous les poftes, efcorté d'Officiers de chaque Corps, qui lui fervoient comme d'Aides de Camp, pour porter fes ordres aux lieux où ils étoient néceffaires. Il n'étoit pas jufqu'aux gens de la robe courte & aux gardes de la ville, qui étoient fous fon infpection & rempliffoient alors des fonctions militaires. Il rendoit compte tous les jours à M. Turgot, de qui il prenoit l'ordre, S. M. l'ayant fait Miniftre de la Guerre & du Département de

Paris, en cette partie; ce qui fit dire qu'il étoit
Généraliſſime.

Malgré tant de précautions, afin de prévenir
mieux tout prétexte de déſordre, au jour de marché
arrivé, l'on afficha une nouvelle Ordonnance, qui
défendoit aux acheteurs des denrées dans les rues
& places, d'avoir des bâtons ni aucune eſpece d'armes (r). Tout cela étoit inutile à Paris, où le peuple n'avoit jamais pris fait & cauſe pour les mutins,
& où cette horde indiſciplinée n'avoit commis tant
d'excès qu'à cauſe de l'impunité & de l'encouragement même qu'elle éprouvoit. Mais le mal étoit grave dans les campagnes. On apprit de Normandie
que les principaux marchés publics de cette Province avoient été troublés, & qu'il y avoit encore plus
de gaſpillage que d'enlevemens réels. Voici comme
le Roi lui-même peignoit ces dévaſtations dans ſa
Déclaration.

„ Nous ſommes informés que depuis pluſieurs
„ jours, des brigands attroupés ſe répandent dans
„ les campagnes, pour piller les moulins & les mai-
„ ſons des laboureurs; que ces brigands ſe ſont in-
„ troduits les jours de marché dans les villes, &

_____

(r) Cette Ordonnance étoit ſans ſignature ni date, comme
la premiere. Elle portoit ſeulement au bas: *De l'Imprimerie
Royale* 1775. En voici la teneur:

„ Il eſt défendu à ceux qui veulent acheter des denrées dans
„ les rues & marchés, de s'y préſenter avec des bâtons ni au-
„ cune eſpece d'armes & d'outils propres à nuire, pour ne pas
„ être confondus avec les voleurs qui ont détruit & pillé les
„ proviſions deſtinées aux habitans de Paris, ou qui ont voulu
„ ſe les faire donner à un prix au deſſous du courant."

„ même dans celle de Versailles & dans notre bon-
„ ne ville de Paris; qu'ils y ont pillé les halles, for-
„ cé les maisons des boulangers & volé les bleds,
„ les farines & le pain destinés à la subsistance des
„ habitans desdites villes & de notre bonne ville
„ de Paris; qu'ils insultent même sur les grandes
„ routes ceux qui portent des bleds & farines; qu'ils
„ crevent les facs, maltraitent les conducteurs des
„ voitures, pillent les bâteaux sur les rivieres, tien-
„ nent des discours séditieux, afin de soulever les ha-
„ bitans des lieux où ils exercent leurs brigandages,
„ & de les engager à se joindre à eux, &c."

On se hâta donc de faire afficher à Paris & publier cette Déclaration (s) & de l'envoyer dans les

---

(s) Cette Déclaration, donnée à Versailles le 5 Mai, par
une singularité remarquable portoit: *Régistrée en Parlement le
5 Mai 1775*, quoique le Parlement ne se fût pas rassemblé ce
jour-là en revenant de Versailles, & n'eût pu ainsi, par un
enrégistrement subséquent & volontaire, rendre légal un enrégistrement qui ne l'est point dans ses principes, & d'ailleurs
contre les formes d'usage.

Par une autre singularité, cette Déclaration portoit qu'elle
avoit été imprimée chez le Sr. *Simon*, *Imprimeur du Parlement*.

Enfin, l'enrégistrement avoit d'autres caracteres de nouveau-
té: Il portoit: „ Lue & publiée, le Roi séant en son Lit de
„ Justice, & régistrée au Greffe de la Cour: ce requérant le
„ Procureur du Roi, pour être exécutée selon sa forme & te-
„ neur; & Copies collationnées d'icelle envoyées aux Bailla-
„ ges, Sénéchaussées & autres Sieges du Reffort, pour y être
„ pareillement lue, publiée & régistrée. Enjoint aux Substituts
„ du Procureur général du Roi d'y tenir la main & d'en cer-
„ tifier la Cour au mois. Fait à Versailles, le Roi séant en
„ son Lit de Justice, le 5 Mai 1775."

campagnes pour y mettre en activité les Juſtices Prévôtales. Mais en même tems, quoique M. Turgot ne crût pas devoir en apparence ſe relâcher de ſon ſyſtême de liberté, il paſſa pour conſtant qu'il avoit fait donner ſous main des ordres aux Fermiers de garnir de bled les marchés, & de ne pas abuſer de la circonſtance pour le mettre à un prix trop exceſſif. Il paroît en effet que c'étoit la maniere la plus prudente d'éteindre inſenſiblement une fermentation qui avoit déjà fait de trop grands ravages, & qui en auroit cauſé de plus funeſtes infailliblement.

D'un autre côté, les déſaſtres arrivés déjà favoriſoient les ſpéculations des Négocians, & beaucoup s'empreſſoient à faire venir de l'Etranger des bleds avant les délais preſcrits, pour, indépendamment du bénéfice promis par S. M. (t), profiter du gain accrû par les pertes de la denrée.

Tous les Commandans, Intendans & même les Evêques, eurent ordre de ſe rendre reſpectivement chez eux, pour y remplir leurs fonctions; & cependant comme il eut été trop affreux de ſévir auſſi

---

(t) Par un Arrêt du Conſeil du 24 Avril, S. M. ordonnoit qu'il ſeroit payé à tous les Négocians françois ou étrangers qui, à compter du 15 Mai juſqu'au 1 Août de cette année, feroient venir des grains de l'Etranger dans le Royaume, une gratification de 18 ſols par quintal de froment, & de 12 ſols par quintal de ſeigle...... Et à ceux qui, dans la même époque, feroient venir, ſoit directement de l'Etranger, ou de quelque Port du Royaume, des grains étrangers dans les villes de Paris & de Lyon, une gratification; ſavoir de 20 ſols par quintal de froment, & de 12 ſols par quintal de ſeigle, & pour Lyon de 25 ſols par quintal de froment, & de 15 ſols par quintal de ſeigle, outre & par deſſus l'autre gratification.

rigoureusement contre tant de coupables, pour leur faciliter les moyens de se mettre à couvert des poursuites rigoureuses de la Justice, on fit insinuer par différens Seigneurs à leurs Vassaux que ceux qui avoient pillé ou enlevé des bleds, pouvoient les reporter sans crainte à ceux qu'ils avoient volés, ou payer le surplus de la valeur sur le pied de dix écus le septier, s'ils en avoient déjà soldé une partie.

Il eut été bien essentiel sans doute de connoître quelques chefs, quelques instigateurs de ces émeutes, & d'en faire une justice éclatante. Le Ministere, soit qu'il crût avoir des notions à cet égard, soit qu'il jugeât devoir paroître en avoir, fait s'expliquer le Roi dans sa Lettre au Parlement, comme si S. M. fut déjà instruite en partie de cette horrible machination; & le Garde des Sceaux, dans son discours, pour rendre le coup, porté à l'autorité du Parlement en lui ôtant la connoissance des délits particuliers dans ce grand procès, moins sensible, lui donnoit l'espoir de se voir *chargé du soin de rechercher les vrais coupables, ceux qui, par des menées sourdes, pouvoient avoir donné lieu à ces excès.*

Afin de motiver encore mieux ces assertions, on fit arrêter avec éclat les Srs. *Saurin* & *Domer,* connus pour avoir fait le monopole des bleds au compte du feu Roi & sous l'autorisation de M. l'Abbé Terrai, alors Contrôleur général. Les rigueurs exercées contre eux précédemment, lorsque ce dernier avoit été chassé du Ministere; les scellés mis sur leurs papiers; l'examen scrupuleux qu'on avoit voulu apporter à leurs comptes, renvoyés à la discussion de M. Albert, qui venoit de remplacer le St. de Saint Prest dans l'Intendance du Commerce & étoit

chargé fpécialement de la partie des Bleds: tout cela faifoit préfumer que des griefs venus à leur charge donnoient lieu à cette captivité. On s'imaginoit
affez vraifemblablement qu'ils étoient pour quelque
chofe dans les émeutes, mais non en chef, & qu'on
en pourroit découvrir davantage par eux. En effet,
on fe confirmoit de plus en plus dans l'opinion que
ces grands mouvemens avoient des acteurs. Des pla-
cards infâmes, affichés journellement dans Paris &
jufques dans le jardin des Tuilleries, déceloient d'a-
bord des gens mal intentionnés. Enfuite il paffoit
pour conftant que prefque tous les bandits arrêtés
avoient de l'argent fur eux, & n'étoient nullement
dans un état de mifere capable de réduire au défefpoir. On rapportoit que des inconnus, à cheval,
avoient porté chez les fermiers des billets anonymes, où l'on leur confeilloit de garder leur bled,
de ne le point vendre, parce qu'il deviendroit certainement plus cher. D'un autre côté, on annonçoit
dans les villages que le Roi vouloit que le bled fût
mis à douze francs, & l'on avoit vu affichés en certains endroits des Arrêts du Confeil fimulés, où
S. M. déclaroit fa volonté. Enfin l'on faifoit l'obfervation que tous ces défordres étoient arrivés au
temps de Pâques, ou après; ce qui donnoit des foup-
çons violens contre le Clergé, & faifoit préfumer
qu'il avoit échauffé les efprits dans la Confeffion,
d'autant qu'on avoit enlevé plufieurs Curés qui
avoient fourni de l'argent à leurs payfans pour aller
chercher du bled à douze francs (v). D'autres

(v) Entr'autres celui de Férol & celui de Chevri dans le
pays de Brie. Non-feulement ils avoient fourni de l'argent à

étoient montés en chaire, & en faifant l'éloge du Roi, avoient eu l'audace de déclamer contre fes Miniftres. C'eft ce qui étoit particuliérement arrivé au Curé de Gournay (x).

Dans le doute que ces excès ne fuffent excités de longue main, qu'ils ne fuffent la fuite d'un complot formé par des gens puiffans & accrédités, il étoit donc effentiel de les réprimer promptement & par des châtimens effrayans, d'arrêter dans fon principe une contagion qui pouvoit devenir générale. C'étoit fur le motif de cette Juftice que S. M. avoit fondé la fouftraction faite au Parlement, de délits intéreffant l'ordre public & la grande police de fon reffort; & cependant huit jours s'étoient déjà écoulés fans qu'on eût expédié perfonne, de plus de deux cens accufés, furpris en quelque forte fur le fait. Le Duc de la Vrilliere écrivit de la part du Roi au Sr. Papillon, Chef de la Commiffion Prévôtale; il lui fit des reproches au nom de S. M., il lui en témoigna le mécontentement, & le menaça d'en perdre la confiance, s'il n'y répondoit pas mieux.

Ce Juge ne put réfifter à des ordres fi preffans. Affifté de onze de Meffieurs du Châtelet, il rendit en la Chambre Criminelle un Jugement Prévôtal,

---

leurs ouailles pour aller chercher du bled à 12 Livres, mais ils l'avoient récélé chez eux. L'un de ces Pafteurs a près de 80 ans. Le Curé de Noify le grand, coupable du même délit, n'a point été arrêté; il a prévenu l'orage, & en a été quitte pour une forte réprimande.

(x) Celui-ci a été enlevé le 20 Juin, & conduit à la Baftille, d'après une information faite fur les lieux, par les ordres du Commiffaire départi.

qui condamnoit un Gazier & un Perruquier Cham-
berlan à être pendus en la place de Grêve, pour
avoir eu part à la fédition & émotion populaires arrivées le 3 Mai.

Le même jour 11 du mois, il fut élevé deux po-
tences de 18 pieds de haut; il fut mis fur pied un
grand nombre de troupes, & l'exécution fut faite
avec un appareil formidable, comme s'il eut été
queftion de celle de quelque Grand coupable. On
vit cependant par le développement de la fentence,
que c'étoient deux victimes immolées à la fûreté publique: on affura que les Magiftrats du Châtelet ré-
pugnoient à prononcer la peine de mort dans un cas
auffi peu grave en lui-même, & qu'ils pleurerent en
fignant le jugement. Quant aux fuppliciés, ils im-
ploroient le fecours du peuple, & s'écrioient qu'ils
mouroient pour lui.

On plaignit d'autant mieux ces malheureux, qu'un
homme beaucoup plus criminel, condamné à Verfailles à être pendu, avoit eu fa grace, parce qu'il
appartenoit à M. le Comte d'Artois. (y) Lors de l'é-
meute, il avoit tenu le propos le plus féditieux; il
avoit dit aux mutins que c'étoit au château qu'ils
devoient aller, où ils trouveroient des gens ayant
grande peur. Sa peine fut commuée en une prifon
perpétuelle, à la requifition de S. A. R.

Heureufement on eftima qu'il n'étoit pas néceffaire de porter les exécutions plus loin. Après plufieurs
Confeils tenus à la Cour pour décider quel parti

(y) Il fe nommoit *Carré*, & étoit dans le fervice inférieur
de S. A. R.

S. M. prendroit, comme le plus propre à éteindre
les troubles survenus dans le Royaume, & surtout
ceux de la Capitale & des environs ; après avoir été
reconnu que le gros du peuple avoit été induit en
erreur par des ruses infernales qu'on a détaillées
plus haut, telles que des billets anonymes, des imprimés affichés, & même de faux Arrêts du Conseil, &c. l'avis dominant inclina pour la clémence :
d'autant mieux qu'on rapporta que grand nombre de
paysans, effrayés des peines annoncées, n'osoient reparoître & se tenoient cachés dans les bois où ils s'é-
toient refugiés. En conséquence de cette délibération, S. M. signa avec une joie digne de la bonté
de son cœur une amnistie générale, en exceptant
cependant les instigateurs, auteurs & fauteurs des
émeutes. Elle fut publiée en forme d'Ordonnance,
(z) & affichée avec la profusion que méritoit cet acte
de miséricorde paternelle.

(z) Celle-ci portoit plus de caractères d'authenticité que les
précédentes. Elle étoit signée *Louis*, & plus bas *Phelippeaux*.
Elle étoit datée de Versailles du 11 Mai. En voici la teneur :

DE PAR LE ROI,

„ Il est ordonné à toutes personnes, de quelque qualité qu'el-
„ les soient, qu'étant entrées dans les attroupemens, par sé-
„ duction ou par l'exemple des principaux séditieux, s'en sé-
„ pareront d'abord, après la publication du présent Ban &
„ Ordonnance de S. M., ne pourront être arrêtées ni pour-
„ suivies, ni prises pour raison des attroupemens, pourvû
„ qu'elles rentrent sur le champ dans leurs Paroisses, & qu'el-
„ les restituent en nature, ou en argent, suivant la véritable
„ valeur, les grains, farines ou pain qu'elles ont pillés, ou
„ qu'elles se sont fait donner au dessous du prix courant.

Pour le mieux completter, S. M. inftruite que les
exhortations de plufieurs Curés avoient ramené
leurs ouailles entraînées à la révolte par des impreffions étrangeres, jugea convenable d'envoyer à tous,
par le miniftere des Evêques, une Inftruction circulaire, qui devoit être lue aux Prônes, qui feroit ex-
pliquée, commentée par eux, & auroit ainfi beaucoup plus d'effet que les Loix promulguées au Confeil.

Après avoir fait fentir l'utilité dont ces Pafteurs
pouvoient être aux vues du Gouvernement, dont
on y annonce la bienfaifance (a), on les inftruit d'a-

_____

,, Les feuls chefs & inftigateurs de la fédition font exceptés
,, de la grace portée dans la préfente Ordonnance.

,, Ceux qui, après la publication du préfent Ban & Ordon-
,, nance de S. M. continueront de s'attrouper, encoureront la
,, peine de mort ; & feront les contrevenans arrêtés & jugés
,, prévôtalement fur le champ.

,, Tous ceux qui dorénavant quitteront leur Paroiffe, fans
,, être munis d'une atteftation de bonne vie & mœurs, fignée
,, de leurs Curé & Syndic de leur Communauté, feront pour-
,, fuivis & jugés prévôtalement, comme vagabonds, fuivant
,, la rigueur des Ordonnances.

,, Donné à &c ".

(a) Elle débute ainfi : ,, Sa Majefté a ordonné que les bri-
,, gandages qui dévaftent ou menacent plufieurs Provinces de
,, fon Royaume, fuffent réprimés par des punitions promptes
,, & féveres. Mais fi Elle a été forcée d'y avoir recours pour
,, diminuer le nombre des coupables & en arrêter les excès,
,, Elle eft encore plus occupée d'empêcher qu'aucun de fes
,, fujets ne le devienne ; & fi Elle peut y parvenir, le fuccès
,, de fes foins fera d'autant plus confolant pour Elle, qu'Elle
,, eft plus vivement affligée de mefures rigoureufes que les
,, circonftances ne lui permettent pas de négliger.

bord des faits (b); on leur prefcrit ce qu'ils doivent

„ C'eft dans cette vue que Sa Majefté a jugé à propos de
„ faire adreffer la préfente Inftruction aux Curés de fon royau-
„ me.

„ Elle a déjà éprouvé l'utile influence de plufieurs d'en-
„ tr'eux dans des paroiffes, dont quelques habitans entraînés à
„ la révolte par des impreffions étrangeres, mais ramenés par
„ les exhortations de leurs pafteurs à leur devoir & à leur
„ véritable intérêt, fe font empreffés de remettre eux-mêmes
„ les denrées qu'ils avoient enlevées, & de porter aux pieds
„ des Autels le repentir de leurs fautes, & des prieres fer-
„ ventes pour leur Roi, dont on avoit ofé, pour les féduire,
„ infulter & rendre fufpecte la bonté.

„ Sa Majefté fe promet le même zele des autres Curés de
„ fon royaume. La confiance des peuples eft le prix naturel
„ de leur tendreffe, de leur affection & de leurs foins; &
„ lorfqu'aux vérités faintes de la Religion, qui profcrit tout trou-
„ ble dans l'ordre public, & toute ufurpation du bien d'autrui,
„ ils joindront la terreur des peines impofées par les loix civi-
„ les contre le vol & la fédition, des avis falutaires fur les
„ dangers & les malheurs du brigandage, & furtout les affu-
„ rances de la bonté du Roi, qui n'eft occupé que du bon-
„ heur de fes Sujets; Sa Majefté a lieu d'efpérer que les peu-
„ ples feront garantis des voies odieufes qu'on emploie pour
„ les tromper, & qu'ils fauront fe préferver également du
„ crime de la fédition & du malheur d'en être les victimes.

„ (b) „ Pour que les Curés foient plus à portée de faire
„ ces utiles réflexions, il eft néceffaire qu'ils foient inftruits
„ des principes & des fuites de la fédition, dont les habitans
„ de leurs paroiffes ont à fe préferver & à fe défendre.

„ Elle n'eft point occafionnée par la rareté réelle des bleds;
„ ils ont toujours été en quantité fuffifante dans les marchés,
„ & particuliérement dans les provinces qui ont été les pre-
„ mieres expofées au pillage.

„ Elle n'eft pas non plus produite par l'excès de la mifere,
„ on a vu la denrée portée à des prix plus élevés, fans que
„ le moindre murmure fe foit fait entendre; & les fecours

dire à leurs habitans (c). Indépendamment des leçons

» que Sa Majesté a fait répandre, les atteliers qu'Elle a fait
» ouvrir dans les Provinces, ceux qui sont entretenus dans
» la Capitale, ont diminué la cherté pour les pauvres, en
» leur fourniffant les moyens de gagner des falaires & d'at-
» teindre le prix du pain.

» Le brigandage a été excité par des hommes étrangers aux
» paroiffes qu'ils venoient dévafter : tantôt ces hommes per-
» vers, uniquement occupés d'émouvoir les efprits, ne vou-
» loient pas, même pour leur compte, des bleds dont ils oc-
» cafionnoient le pillage ; tantôt ils les enlevoient à leur pro-
» fit, sans doute pour les revendre un jour ; & fatisfaire ainfi
» leur avidité.

» On les a vus quelquefois affecter de payer la denrée à vil
» prix ; mais en acheter une quantité fi confidérable, que l'ar-
» gent qu'ils y employoient, prouvoit qu'ils n'étoient pouffés
» ni par la mifere préfente ni par la crainte de l'éprouver.

» Ce qu'il y a de plus déplorable, c'eft que ces furieux ont
» porté la rage jufqu'à détruire ce qu'ils avoient pillé. Il y
» a eu des grains & des farines jettés dans la riviere.

» La fcélérateffe a été pouffée jufqu'à brûler des granges
» pleines de bleds & des fermes entieres. Il femble que le
» but de ce complot abominable ait été de produire une
» véritable famine dans les provinces qui environnent Paris,
» & dans Paris même, pour porter les peuples, par le befoin
» & le défefpoir, aux derniers excès.

» Le moyen employé par ces ennemis du peuple, a été
» de l'exciter partout au pillage, en affectant de paroître fes
» défenfeurs. Pour le féduire, les uns ont ofé fuppofer que
» les vues du Roi étoient peu favorables au bien des peu-
» ples : comme s'il avoit jamais féparé fon bonheur de celui
» de fes fujets, & comme s'il pouvoit avoir d'autre penfée
» que celle de les rendre heureux.

» Les autres affectant plus de refpect, mais non moins dan-
» gereux, n'ont pas craint de répandre que le Roi approuve-
» roit leur conduite, & vouloit que le prix des bleds fût bais-

générales à leur donner fur le précepte de ne point prendre le bien d'autrui, & de reftituer celui qu'on

---

„ fé ; comme fi Sa Majefté avoit le pouvoir & le moyen de „ baiffer à fon gré le prix des denrées, & que ce prix ne fût „ pas entiérement dépendant de leur rareté ou de leur abon- „ dance.

„ Un de leurs artifices les plus adroits a été de femer la di- „ vifion entre les différentes claffes des citoyens, & d'accu- „ fer le Gouvernement de favorifer les riches aux dépens des „ pauvres : tandis, qu'au contraire, il a eu pour but principal „ d'affurer une production plus grande, des tranfports plus „ faciles, des provifions plus abondantes, & par ces divers „ moyens, d'empêcher tout-à-la-fois la difette de la denrée, „ & les variations exceffives dans les prix, qui font les feu- „ les caufes de la mifere.

„ Projets deftructeurs fuppofés au Gouvernement, fauffes „ inquiétudes malignement exagérées, profanation des noms „ les plus refpectables, tout a été employé par ces hommes „ méchans, pour fervir leurs paffions & leurs projets ; & une „ multitude aveugle s'eft laiffé féduire & tromper, elle a dou- „ té de la bonté du Roi, de fa vigilance & de fes foins ; & „ par ces doutes elle a penfé rendre ces foins inutiles, & „ tous les remedes vains & fans effet.

„ Les fermes que le brigandage a pillées, les magafins „ qu'il a dévaftés, étoient une reffource toute prête pour les „ tems difficiles, & affuroient les moyens de fubfifter jufqu'à „ la récolte.

(c) „ Si l'on continue de priver l'Etat de cette reffource, „ de piller les voitures fur les chemins, de dévafter les mar- „ chés, comment fe flatter qu'ils feront garnis, que les grains „ n'enchériront pas encore davantage, que la denrée diffipée, „ interceptée & arrêtée de toutes parts, ne finira pas par man- „ quer aux befoins ? Si les bleds font montés à des prix trop „ élevés, ce n'eft pas en les diffipant, en les pillant, en les „ enlevant à la fubfiftance des peuples, qu'on les rendra moins „ chers & plus communs.

·a pris, ils font chargés de leur apprendre la fcélé.
· rateffe des auteurs de pareilles émeutes, qui n'y font

„ L'abondance paffagere d'un moment, obtenue par de tels
„ moyens, feroit le préfage certain d'une difette prochaine, &
„ qu'on tenteroit alors en vain d'éviter.

„ Ce font ces vérités qu'il eft néceffaire que les Curés faf-
„ fent comprendre aux peuples pour leur propre intérêt; le
„ pillage amene les maux que feignent de craindre ceux qui
„ l'infpirent & le confeillent; & un petit nombre de gens
„ mal intentionnés profite du défordre, tandis que ceux qu'ils
„ ont féduits en demeurent les victimes.

„ Des Pafteurs n'ont pas befoin d'être avertis de faire re.
„ marquer aux Peuples, que toute ufurpation de la denrée,
„ même en la payant, lorfque c'eft à un prix inférieur à fa
„ valeur, eft un vol véritable, réprouvé par les loix divines
„ & humaines, que nulle excufe ne peut colorer, qu'aucun
„ prétexte ne peut difpenfer de reftituer au véritable maître
„ de la chofe ufurpée. Ils feront fentir à ceux qui pourroient
„ être dans l'illufion, que le prix des blés ne peut malheu-
„ reufement être proportionné qu'à la plus ou moins grande
„ abondance des récoltes, que la fageffe du Gouvernement
„ peut rendre les chertés moins rigoureufes, en facilitant l'im-
„ portation des blés étrangers, en procurant la libre circula-
„ tion des blés nationaux, en mettant par la facilité du tranf-
„ port & des ventes, la fubfiftance plus près du befoin, en
„ donnant aux malheureux, & multipliant pour eux toutes les
„ reffources d'une charité induftrieufe : mais que toutes ces
„ précautions, qui n'ont jamais été prifes plus abondamment
„ que depuis le regne de Sa Majefté, ne peuvent empêcher
„ qu'il n'y ait des chertés; qu'elles font auffi inévitables que
„ les grêles, les intempéries, les temps pluvieux ou trop fecs
„ qui les produifent; que la crainte & la défiance des peuples
„ contribuent à les augmenter, & qu'elles deviendroient ex-
„ ceffives, le commerce fe trouvant arrêté par les émeutes,
„ les communications devenant difficiles, les laboureurs étant
„ découragés, la denrée ne pouvoit plus être apportée à ceux
„ qui la confomment.

portés par aucun befoin réel , mais dans le feul projet de dévafter & d'affamer le Royaume. On conclut , par l'intérêt même des peuples qui , pour n'être pas victimes d'une famine réelle qu'occafion-neroient néceffairement les défordres trop foutenus & trop multipliés qu'on veut appaifer, doivent avoir en horreur les confeillers pervers de ces fouleve-mens , en craindres les fuites plus que la difette mê-me , (d) & s'en rapporter uniquement à la fageffe du Monarque difpofé à combler fes Sujets de biens , & qui ne s'occupera que de leur bonheur durant

------

(d) ,, Il n'eft point de bien que Sa Majefté ne foit dans ,, l'intention de procurer à fes Sujets ; fi tous les foulagemens ,, ne peuvent leur être accordés en même tems, s'il eft des ,, maux qui , comme la cherté , fuite néceffaire des mauvaifes ,, récoltes , ne font pas foumifes au pouvoir des Rois, Sa Ma- ,, jefté en eft auffi affectée que fes Peuples. Mais quelle dé- ,, fiance ne doivent-ils pas avoir de ces hommes mal inten- ,, tionnés, qui , pour les émouvoir , fe plaifent à exagérer leur ,, malheur , & l'aggravent par les moyens mêmes qu'ils leur ,, indiquent pour les diminuer.

,, Sa Majefté compte que tous les Curés des Paroiffes, où ,, cette efpece d'hommes chercheroit à s'introduire, prévien- ,, dront avec foin les habitans contre leurs fatales fugges- ,, tions.

,, Des Troupes font déjà difpofées pour affurer la tranquilli- ,, té des Marchés & le tranfport des grains. Les habitans ,, doivent feconder leur activité, & fe joindre à elles pour ,, repouffer la fédition qui viendroit troubler leurs foyers & ,, accroître leur mifere, fous prétexte de la foulager. Lorfque ,, le peuple connoîtra quels en font les auteurs, il les verra ,, avec horreur, loin d'avoir en eux aucune confiance ; lorf- ,, qu'il en connoîtra les fuites, il les craindra plus que la ,, difette même.

tout le tems de fon Regne. S. M. finit par des chofes gracieufes pour les Curés, & par les motifs les
plus efficaces d'encouragement. (e)

La Lettre circulaire aux Evêques, dreffée dans
le même efprit, n'étoit pas moins faite pour exciter leur ferveur & leur concours. Le Roi leur difoit
cette phrafe remarquable: *„ Je fuis bien perfuadé
„ que je n'ai rien à prefcrire à votre zele ; mais fi le
„ défir de m'être agréable, peut l'accroître, foyez fûrs
„ qu'on ne peut mieux me fervir & me plaire qu'en
„ préfervant les peuples de tout malheur; & par def-
„ fus tout, de celui d'être coupables dans un moment
„ où, pour leur intérêt même, il ne me feroit pas per-
„ mis d'ufer d'indulgence.* "

Qui le croiroit, fi l'on ne connoiffoit l'efprit du
Clergé! il ne fe conforma qu'avec répugnance aux
ordres du Roi.   Il fut fcandalifé qu'on fît ainfi empiéter Sa Majefté fur fes droits, & qu'on lui attri-
buât en quelque forte celui de donner des inftructions en chaire.   Quelques Evêques, regardant M.
Turgot comme un Athée, à raifon de fes liaifons
avec les Philofophes du jour, fe plaignirent qu'il
tendît infenfiblement à faire le Roi Chef de l'Eglife
Gallicane, & par conféquent à détruire la Religion.

D'un

(e) „ Les fublimes préceptes de la Religion, expofés en
„ même temps par les Curés, affureront le maintien de l'ordre
„ & de la juftice.   En exerçant ainfi leur miniftere, ils con-
„ coureront aux vues bienfaifantes de Sa Majefté ; Elle leur fau-
„ ra gré de leurs fuccès & de leurs foins : le plus fûr moyen
„ de mériter fes bontés, eft de partager fon affection pour
„ fes peuples & de travailler à leur bonheur.

D'un autre côté, les frondeurs du Gouvernement crurent trouver dans cet écrit des affertions abfolument fauffes, fçavoir: *Que les Marchés ont toujours été garnis; que perfonne ne doit être dans le cas de manquer de pain, par les précautions que le Gouvernement a prifes pour occuper les Pauvres dans les Paroiffes, en les faifant travailler, &c.* Ils le critiquerent; ils dirent qu'il étoit femblable à tous ceux qui fortent aujourd'hui du Contrôle général, verbeux, fophiftique, mal-adroit; annonçant de bonnes vues dans le Miniftere (e), & fourniffant en même tems des armes à ceux qui veulent les combattre.

Les rieurs s'en mêlerent. Ils répandirent d'abord une pasquinade contre le Comte de Maurepas, parce que ce Miniftre fut vu à l'Opéra la veille de l'émeute du 3 Mai, comme s'il eut dû prévoir qu'elle auroit lieu le lendemain, ou, qu'en la prévoyant il eût dû s'abftenir de ce fpectacle, ou enfin, qu'en s'en privant il eût empêché cette calamité. Au refte, le plaifant n'avoit pas tant raifonné, il avoit fans doute voulu feulement configner le fait dans une efpece d'Epigramme à la grecque, c'eft-à-dire fans aucune pointe, & la voici:

Monfieur le Comte, on vous demande:
Si vous ne mettez le holà
Le Peuple fe révoltera !
Dites au Peuple qu'il attende:
Il faut que j'aille à l'Opéra.

_____

(e) Il eft à remarquer que les ennemis les plus déclarés de M. Turgot n'ofent jamais l'attaquer que fur fon Syftême, & commencent toujours par dire *que c'eft un honnête homme, qui a le cœur droit & de bonnes vues.*   I · I

Au refte, ce Miniftre méritoit d'autant moins
d'entrer pour quelque chofe dans ces facéties, qu'il
étoit refté abfolument neutre dans la querelle; qu'il
n'avoit pris aucun parti, relativement au fyftême des
Economiftes; qu'appartenant plutôt à l'ancienne adminiftration qu'à celle-ci, il avoit un penchant fecret vers les vieux principes; qu'en un mot, le Roi,
pour cette partie, avoit mis toute fa confiance dans
fon Contrôleur général, & s'en rapportoit à lui, ex-
clufivement à tout autre.

C'eft donc contre M. Turgot que portoit directement l'Apologue fuivant, où l'on tailloit plus dans
le vif, & où l'on attaquoit le Syftême jufques dans
fon effence. On y défignoit le Miniftre fous le fur-
nom d'un *Limoufin*, parce qu'il a été Intendant de
Limoges. Il étoit piquant dès le titre : on avoit
joué fur le mot, & on l'appelloit

L'*Expérience Economique.*

Un Limoufin, très grand réformateur,
D'un beau haras fait adminiftrateur,
Imagina, pour enrichir le maître,
Un beau matin de retrancher le paître
Aux animaux confiés à fes foins.
Aux étrangers il ouvrit la prairie;
Des rateliers il fait ôter le foin.
Un jour n'eft rien dans le cours de la vie.
Le lendemain, les chevaux affamés
Tirent la langue & dreffent les oreilles.
On court à l'homme. Il répond : A merveille!
Ils y feront bientôt accoutumés :
Laiffez-moi faire. On prend donc patience.
Le lendemain langueur & défaillance.

Et l'Econome en les voyant périr,
Dit : Ils alloient fe faire à l'abftinence ;
Mais on leur a confeillé de mourir
Exprès pour nuire à mon expérience.

On avoit beaucoup varié fur le principe & les auteurs de ces émeutes : on avoit fucceffivement attribué ces dernieres au Chancelier, à l'Abbé Terrai,
aux Anglois, aux Jéfuites, au Clergé, aux Gens de
finance. Ceux qui ne cherchoient point à rafiner,
en trouvoient tout fimplement la caufe dans le nouveau Syftême du Gouvernement, dans les écrits des
Economiftes, & furtout dans les Arrêts du Confeil,
où l'on faifoit dire au Roi que le Bled étoit cher,
qu'il feroit cher, & qu'il devoit être cher (f). C'eft
en réfumant ces divers rafinemens des politiques,
qu'on fe moquoit d'eux dans les vers fuivans, non
moins cauftiques que les plaifanteries citées ci-deffus.

(f) Les Peuples avoient été défolés du préambule de l'Arrêt du Confeil du 24 Avril, où le Roi dit : ,, qu'il a reconnu
,, que fi la derniere récolte a donné fuffifamment de grains
,, pour l'approvifionnement des provinces de fon Royaume,
,, fa médiocrité empêche qu'il n'y ait du fuperflu, & que tous
,, les grains étant néceffaires pour fubvenir aux befoins, les
,, prix pourroient éprouver encore quelque augmentation, fi la
,, concurrence des grains de l'Etranger ne vient l'arrêter ; mais
,, que la derniere récolte n'ayant point répondu dans les au-
,, tres parties de l'Europe aux efpérances qu'elle avoit don-
,, nées, les grains y ont été généralement chers..... Que
,, dans la plupart de ces places ils font actuellement plus
,, chers que dans le Royaume.

Eſt-ce Maupeou tant abhorré
Qui nous rend le bled cher en France?
Ou bien eſt-ce l'Abbé Terrai?
Eſt-ce le Clergé, la Finance?
Des Jéſuites eſt-ce vengeance,
Ou de l'Anglois un tour falot?
Non, ce n'eſt point-là le fin mot.....
Mais voulez-vous qu'en confidence
Je vous le diſe?..... C'eſt T*****.

Cette Epigramme, dont on ſaiſiſſoit en réfléchiſ-
fant le ſens moins criminel qu'il ne ſe préſentoit d'a-
bord, étoit pourtant très coupable, en ce qu'on y
critiquoit un Miniſtre du Roi toujours reſpectable,
& qu'on jettoit de l'odieux ſur des principes adoptés
par l'Adminiſtration actuelle: ce qui tendoit à contredire ſes vues & à favoriſer les clameurs des gens in-
quiets où mécontens.

M. le Maréchal Duc de Biron ne fut point épargné. Ce Seigneur aitier mettoit une importance puérile à ſon Généralat. On le chanſonna dans un
Couplet aſſez humiliant, ſur l'Air: *de Joconde.*

Biron, tes glorieux travaux,
En dépit des cabales,
Te font paſſer pour un héros
Sous les pilliers des halles:
De rue en rue, au petit trot,
Tu chaſſes la famine:
Général digne de Turgot,
Tu n'es qu'un Jean-Farine.

Et ce qui mit le comble à la douleur du Maréchal, c'eſt que cette chanſon courut beaucoup, qu'el-

le fit fortune à fa ville & à la cour, & que la Princeſſe de Conti la chantoit encore peu de tems avant
ſa mort.

On s'étoit moqué de lui avant d'une façon plus
cruelle : on lui avoit envoyé un avis faux & abſurde
que les mutins vouloient s'emparer de la Baſtille &
de l'Arſenal. En conſéquence il donna l'allerte à
M. de Jurilhac, Gouverneur du Château (g). On
fut obligé de tenir des Mouſquetaires ſur pied durant toute la nuit ; on leur fit faire des rondes &
des patrouilles autour de ces deux endroits. L'on
pointa les canons, & l'on établit des diſpoſitions
formidables, comme ſi une armée ennemie devoit
commencer le ſiege de ces fortereſſes. Ces précautions riſibles intimiderent le peuple. Mais les gens
ſenſés & peu crédules en plaiſanterent. Elles firent
quelques jours l'entretien des ſoupers de Paris.

Au reſte, ſi ces manœuvres à l'égard de la ſûreté
de l'Arſenal & de la Baſtille étoient généralement
ridiculiſées, comme fondées ſur des craintes d'un
événement phyſiquement impoſſible, il n'en reſtoit
pas moins un eſprit de terreur générale chez les citoyens, cauſée par ce concours de troupes & ce ſervice militaire exécuté avec la plus grande régularité.
Quoique la tranquillité de la Capitale n'eût été trou-
blée en rien depuis le jour de l'émeute, on ne s'é-
toit point relâché des ſignes extérieurs du danger.
Les lanternes étoient allumées longtems avant la
nuit : elles reſtoient allumées juſques dans le jour :

(g) C'eſt dans la nuit du 8 au 9 Mai que M. de Biron fit
faire cette ridicule manœuvre.

elles étoient baiffées, ainfi que dans les féditions, lorfqu'on craint quelque furprife.

Le cordon de troupes étoit totalement formé autour de Paris : l'armée de la haute & baffe Seine étoit abfolument complette, & le fervice continuoit à fe remplir avec la plus grande régularité. M. le Maréchal ne crut pas même pouvoir s'abfenter pour la cérémonie du Sacre (*h*), quoiqu'ayant fous lui deux Lieutenans généraux très exercés, M. le Marquis de Poyanne, qui avoit le Département de la haute Seine, & M. le Comte de Vaux, ayant celui de la baffe, qui auroient pu très bien le remplacer, nombre de Maréchaux de camp, un Etat - Major confidérable. Une multitude d'Aides de camp, choifis dans les divers Corps compofant l'Armée, fe rendoient fans ceffe au quartier général, établi à l'hôtel de Biron, & groffiffoient la table de M. le Maréchal, qui touchoit pour ces frais extraordinaires 40,000 Livres, & devoit en outre en avoir 20,000 par mois.

Comment beaucoup de gens n'auroient - ils pas foupçonné une politique profonde, dirigeant ces mouvemens effrayans & difpendieux? Les Economiftes difoient hautement que des hommes puiffans avoient conduit la marche des brigands. Un d'eux (*i*) avoit ofé inculper dans un fouper un Secrétaire d'Etat (*k*). M. le Contrôleur général, inftruit du propos puniffa-

---

(*h*) Cette Cérémonie a eu lieu le 11 Juin, c'eft - à - dire près de 40 jours après l'émeute.

(*i*) L'Abbé Baudeau.

(*k*) M. de Sartines.

ble de cet audacieux, fut trouver le premier, lui demanda quelle réparation il exigeoit ? Mais il lui répondit généreufement qu'il étoit au deffus des calomnies de cet étourdi ; qu'il le méprifoit & l'abandonnoit à fes remords : & M. Turgot entrant dans les mêmes vues, fe contenta de retirer fa confiance au coupable & de l'expulfer de chez lui. S. M. ayant depuis appellé M. de Sartines à fon Confeil, comme Miniftre, l'a encore mieux vengé de tous les bruits injurieux répandus contre lui dans ce tems-là.

Cependant fi l'on confidere la conduite fubféquente du Gouvernement, on eft tenté de croire qu'il n'étoit pas plus fûrement inftruit à cet égard que le Public. Les Sieurs Saurin & Daumer furent relâchés, & fe vanterent qu'on n'avoit pu affeoir contre eux aucun chef d'accufation. Le Sr. Langlois, ancien Préfident du Confeil fupérieur de Rouen, arrêté depuis avec le Maître de Pofte d'Andely, a été rendu libre peu après, ainfi que celui-ci. L'Abbé Saury même, auteur d'un Ouvrage d'autant plus dangereux dans les circonftances qu'il frondoit amerement le fyftême du jour, mis à la Baftille avec beaucoup d'éclat, n'a pas été jugé plus coupable que les autres, & en eft auffi forti. Et quoiqu'on ufe de plus de rigueur à l'égard des Curés prifonniers, on fait qu'on travaille à leur élargiffement ; qu'il n'y a aucune procédure judiciaire commencée contre eux, & que leurs parens & amis ne font point rejettés par les Miniftres & fe flattent de réuffir à les tirer plutôt ou plus tard de captivité.

Si donc les prifons, malgré l'amniftie, font encore remplies de prifonniers, à Paris & dans les Pro-

vinces; fi, malgré la Iuftice prévôtale dont on
avoit jugé l'activité néceffaire, tout refte dans le
filence & dans l'engourdiffement, c'eft qu'on ne découvre aucune trace d'un complot fuivi, accrédité,
& furtout formé par les ordres, les corps ou les
perfonnages éminens qu'on fufpeétoit; que les inftigateurs ne font que des hommes du commun, de la
même efpece que les aéteurs des émeutes, plus har-
dis, plus turbulens, plus faétieux, comme il s'en
trouvé toujours parmi la multitude; & que les vraies
caufes de ces calamités font la mifere, la faim & le
défefpoir porté à fon comble chez le peuple aveuglé
par le développement trop manifefte d'un Syftême
d'Adminiftration dont il n'a envifagé que le mal
préfent, fans pouvoir connoître, & fentir encore
moins, la félicité durable qu'on lui ménage pour l'a-
venir: en un mot, c'eft une de ces convulfions af-
freufes, prefque toujours inévitables dans les crifes
politiques, & dont fans doute il réfultera un grand
bien, fi le corps malade peut en fupporter la violence & la durée.

LET.

LETTRES

D'UN ACTIONNAIRE

A

UN AUTRE ACTIONNAIRE,

CONTENANT *la Relation de ce qui s'eſt*
paſſé dans les dernieres Aſſemblées de la
COMPAGNIE DES INDES.

Tu quoque, mi Brute ! . . . .

AVERTISSEMENT

DE

L'EDITEUR.

ICet autre Morceau Historique n'étant qu'un développement d'un trait intéressant du Ministere de M. l'Abbé Terrai, nous avons cru qu'il ne seroit point encore déplacé à la Suite de ses Mémoires, & que le Lecteur nous sauroit gré de l'y avoir inséré. On y verra que la Compagnie devoit s'attendre d'autant moins à sa destruction par les mains de ce Ministre, qu'ayant été un de ses Chefs, elle avoit, au contraire, lieu d'en espérer du soutien & des ressources, & que jamais le fameux mot de César à son fils l'assassinant n'a été mieux placé que ci-dessus pour Epigraphe.

Comme les Lettres d'un Actionnaire ne commencent qu'en 1768, l'auteur a bien voulu y ajouter une Introduction contenant les principaux faits, depuis l'époque de la régénération de la Compagnie des Indes en 1764.

ILETTRES

D'UN ACTIONNAIRE

A

UN AUTRE ACTIONNAIRE.

INTRODUCTION.

Au commencement de la derniere guerre, il fut agité à la Compagnie des Indes fi l'on continueroit le Commerce, ou fi l'on le fufpendroit? L'avis général étoit de prendre ce dernier parti. On étoit trop bien inftruit par ce qui s'étoit paffé durant la guerre précédente. Mais le Gouvernement, qui influe pour beaucoup dans ces délibérations, ou plutôt qui les détermine toujours, défiroit que l'on fuivît le premier: il promit des fecours, des efcortes & des indemnités. Il fallut obéir: & pour réfultat, le Dividende de l'Action, qui étoit de 80 Livres, fut réduit à 40 Livres en 1759; le Commerce de la Compagnie fut ruiné, & la dégradation de fon Capital fe trouva durant cet intervalle de plus de cant millions.

Qui le croiroit cependant! Après deux ans de pour-parlers, c'eft-à-dire au mois d'Août 1764, on s'étoit remis de nouveau fous la main du Roi.

Par un Edit du même temps il confirma la Compagnie des Indes dans tous ses privileges & possessions, il fixa le sort des Actionnaires: ils reprirent leur Commerce. Ce qu'il y avoit de mieux pour eux, c'est qu'au moins leur Capital leur fut assuré, à l'abri de tous les hasards du Commerce, & dégagé de toute hypotheque envers leurs créanciers, ou plutôt envers ceux de S. M. Il est vrai qu'ils acheterent cette tranquillité par une perte nouvelle de leur revenu cette année, où le Dividende ne fut que de 20 Livres, & par une nouvelle mise dehors de 400 Livres.

Les commencemens furent brillans. Voici comme les dépeint un Orateur éloquent, qui étoit alors l'ame des opérations de la Compagnie.

„ En 1764, dit M. Necker (*), la Compagnie „ étoit sans argent, sans marchandises, sans effets „ exigibles: les Actionnaires entreprirent de la réta- „ blir; ils virent, sans s'étonner, 60 millions de „ dettes à liquider, des rétablissemens détruits à re. „ lever, des magasins à remplir, des vaisseaux à „ construire, un crédit à former, & un commerce „ à reprendre, qui pouvoit employer 50 millions. „ Rien ne les effraya; ils oserent & ils réussirent.

„ La fortune secondant les efforts des Actionnai- „ res, dans trois ou quatre années les vaisseaux ont „ été construits, les magasins ont été garnis, les „ établissemens détruits ont été relevés, les dettes „ ont été liquidées, & le Commerce a été élevé au „ plus haut période auquel il ait jamais été porté

(*) Dans sa Réponse à l'Abbé Morellet.

„ dans les tems de la plus grande splendeur de la
„ Compagnie."

Mais au milieu de cet état florissant en apparence, la Compagnie receloit dans son sein un germe de destruction qui devoit se développer tôt ou tard.

Par l'Edit de restauration il avoit été ordonné que la Compagnie présenteroit incessamment les Statuts & Réglemens qu'elle croiroit convenables, lesquels, après avoir été approuvés par S. M. devoient être revêtus de Lettres patentes & enrégistrées au Parlement.

Les Syndics & Directeurs établis provisoirement, craignant de n'être pas continués ou maintenus, avoient cherché à prolonger, autant qu'ils avoient pu, leur mission, en différant de dresser ces Statuts & Réglemens: enfin ils en présentèrent un projet à l'assemblée générale des Actionnaires, du 4 Avril 1764.

Sur la lecture, qui en avoit été faite, on avoit nommé 13 Députés pour l'examiner & convenir des changemens qui pourroient y être nécessaires. Mais les Chefs, toujours plus intéressés à éloigner le nouvel ordre qu'on vouloit introduire, & surtout leur destitution, mettoient toutes sortes d'obstacles pour empêcher la conclusion du travail de ces Messieurs.

C'est ce qui avoit excité le zele d'un anonyme, & il avoit paru une *Lettre d'un Actionnaire de la Compagnie des Indes à MM. les Commissaires nommés dans l'Assemblée du 4 Avril*, où l'on attaquoit l'administration actuelle de cette société, & l'on faisoit craindre pour sa dissolution totale, si l'on ne remédioit aux vices qui ne pouvoient qu'augmenter & la miner jusques dans ses fondemens.

Cet écrit avoit échauffé les efprits, lorfque l'affemblée périodique fut convoquée au 3 Juillet de la même année. Il faut obferver avant, que lors de la
régénération de la Compagnie, M. Bertin, alors
Contrô'eur général, ayant déclaré à l'Affemblée que
S. M. laiffoit les Actionnaires maîtres de leur fort,
on avoit en conféquence invité ce Miniftre à fe retirer; ce qu'il avoit fait, & depuis les féances n'a-
voient été tenues que par quelqu'un des Syndics ou
des Directeurs. Ce jour-là, c'étoit le Sr. Marion
qui préfidoit.

Le compte rendu fur la fituation des affaires, amena infenfiblement à la demande d'un nouvel Emprunt. Sur ce, grandes obfervations de la part d'un
des Actionnaires. On laiffa le fonds, pour s'occuper
de la forme, & après plufieurs débats d'un & d'autre côté, Me. Gerbier, Avocat fameux, qu'on avoit
amené-là, demanda la permiffion de communiquer à
l'affemblée quelques réflexions fur les objets traités
& à traiter.

Son difcours eut pour premier principe l'incompatibilité des fonctions des Députés du Commerce avec
celles d'Adminiftrateurs de la Compagnie. Il s'étendit fur la néceffité de s'occuper entiérement des Statuts & Réglemens. Enfin il conclut à ce que le régime de l'Adminiftration n'étant que provifoire, on
s'occupât fans délai à le fixer d'une façon ftable &
invariable. Il propofa en même tems de la compo-
fer d'un nombre de trois Syndics feulement, au lieu
de 12 qu'ils étoient, & de 8 Directeurs.

Ce Mémoire ne fut pas reçu favorablement de
Mrs. les Adminiftrateurs. Il attaquoit directement
le Préfident Marion, puifqu'il réuniffoit en fa per-

fonne les qualités qu'on jugeoit incompatibles. Auffi
en fut-il déconcerté, & après avoir répondu à quelques objets du difcours de l'Orateur, il pria le Sr.
de Bruny, autre Syndic, de vouloir bien le remplacer, non pour la préféance, mais pour refuter Me.
Gerbier. Son confrere prit en effet la parole, &
parla d'une façon très perfuafive: il donna d'excellentes excufes: il parut fe rapprocher de l'Avocat,
mais tous ces propos ne terminoient rien, il fallut
en venir à une Délibération. C'eft alors que le tumulte s'accrut au point de ne pas s'entendre. Enfin
on fe fixa au feul article de favoir fi l'on iroit fur
le champ aux voix, ou fi l'on remettroit à huitaine.
Nouvelles difficultes fur la maniere de délibérer.
Les Adminiftrateurs & nombre d'Actionnaires opinoient pour qu'on le fît à haute voix: plufieurs autres demandoient le fcrutin. De façon que ce moyen fut admis, rejetté, repris, rejetté derechef; &
qu'à trois heures après midi on n'avoit pris aucun
parti, lorfque M. Necker demanda à parler: on s'y
prêta difficilement. Cependant à force de promettre
d'être court, & l'emportant en poumons, il dit:
„ Meffieurs, je fuis furpris qu'on demande à changer
„ le régime de l'Adminiftration & les Adminiftra-
„ teurs. Leur zele, leurs lumières ...." Sur quoi
on le pria de paffer à une autre raifon, les Actionnaires en étant convaincus depuis longtems.....
„ Eh bien! ajouta le Banquier, je vous annonce
„ que fi vous changez le Régime & les Adminiftra-
„ teurs, la Compagnie ceffe dès demain, les paye-
„ mens ne fe foutenant que par ma maifon".....
Ce qui occafionna des huées, des brouhahas.....
Enfin le Sr. Marion propofa que chaque parti fît une

Délibération provisoire, & sur le champ les Administrateurs en dresserent une, que signerent ceux qui
s'étoient rangés de l'avis de ne pas délibérer par
scrutin. Les opposans vérifierent les signatures sur la
liste des Actionnaires qui avoient déposé : on trouva
dix signatures dont les noms n'y étoient pas portés.
Nouveau motif de plainte de leur part...... Enfin
sur les 5 heures on en étoit-là, lorsqu'on demanda
au Président s'il s'opposoit toujours au scrutin ? Il
répondit que 46 Actionnaires avoient signé sa Délibération. ,, Nous ne la reconnoissons pas, lui repli-
,, qua-t-on : l'assemblée n'est pas rompue ; si beau-
,, coup de votans sont partis elle n'existe pas moins
,, dans toute sa force." Le scrutin fut accordé : 26
voix opinerent pour délibérer sur le champ, on s'en
occupa. Les Syndics & Directeurs protesterent contre tout ce qui se feroit & se retirerent. Alors, toujours sans se déplacer, on nomma à la pluralité des
voix & par scrutin, trois Syndics (*) & 8 Directeurs (†). On dressa Procès-verbal des faits : on se
fit sur les dix heures apporter à souper. On nomma
six Députés pour aller rendre compte au Contrôleur
général : on prépara les Lettres pour les nouveaux
élus, pour les Ministres, & sur les 11 heures & demie, lorsqu'on étoit sur le point de terminer toutes
les dépêches *ad hoc*, la scene changea par l'arrivée
du Contrôleur général Laverdy. Le Ministre entré

(*) M. le Comte d'Estaing, M. le Comte d'Hérouville,
M. l'Abbé Terrai.

(†) MM. de Bruny, Magon de la Balue, Cléonard, Roothe,
Colabeau, de Chaumont, de la Rochette & Bouffé.

fans être annoncé, ne fût remarqué de perfonne. Il fut obligé de prendre lui même un fiege: il s'affied & dit:

M̄ E S S I E U R S,

„ Je fuis furpris de vous voir raffemblés ici. C'eft
„ contre toutes les formes. Nous ne fommes pas
„ en Angleterre: nos Loix font différentes, & c'eft
„ y manquer en s'en écartant. Au refte, je ne viens
„ pas vous préfider, mais vous demander compte
„ des faits”..... Sur quoi l'on lui propofa de lire
le procès - verbal, la délibération, &c..... „ Non,
„ Meffieurs, dit-il, je demande qu'on me rende
„ compte verbalement, qu'on faffe venir quelques
„ Syndics, quelques Directeurs ; qu'on appelle le
„ Caiffier Mory, afin que je fois inftruit & en état
„ de rendre compte de tout au Roi.”

M. le Comte de Lauraguais ayant commencé à parler, M. de Laverdy, qui a la vue baffe & ne le reconnoiffoit pas, voulut le traiter miniftériellement:
l'homme de qualité le releva fort, & lui fit fentir
fon impertinence, avec fa gaîté & fes faillies ordinaires. M. d'Epremefnil fe mettant auffi en devoir
de donner des explications, le bourru Contrôleur
général lui trouva l'air trop jeune & trop écolier,
& s'attira une replique non moins mortifiante. Enfin Me. Gerbier fe mit en devoir de réfumer l'hiftorique de ce qui s'étoit paffé dans cette longue &
bruyante féance. Sur ces entrefaites il fe rendit à l'affemblée plufieurs Syndics & le récit finit. M. de Laverdy fe leva, & dit: „ Meffieurs, je vous défends,
„ au nom du Roi, toute affemblée: Et vous, Mes-

„ fieurs les Syndics, faites afficher demain que celle
„ remife à huitaine n'aura pas lieu. Ayez la bonté,
„ vous, Meilleurs les Actionnaires, de me remettre
„ votre Procès-verbal de Délibération, & la Minute
„ auffi." On eut l'imbécilité de le faire, & l'on fe
fépara. On fe contenta dans une feconde *Lettre
anonyme*, &c. de faire remarquer l'attentat porté à
la liberté des Délibérations. Mais ces réflexions ne
produifirent aucun changement. Les Actionnaires,
à peine échappés du joug miniftériel, y retomberent
plus fervilement que jamais, & dès-lois leurs affaires, loin de profpérer, furent en décadence, comme
on le verra dans les Lettres fuivantes. Il y eut cependant avant une affemblée, dont il faut joindre ici
préalablement la rélation.

RELATION *de l'affemblée générale des Actionnaires,
tenue à la Compagnie des Indes, le* 12 *Mars*
1768.

L'ASSEMBLÉE de la Compagnie des Indes, tenue
aujourd'hui, a été tracaffiere, mais non pas orageufe, comme on le craignoit. M. le Contrôleur général eft venu d'office préfider la Compagnie. Il avoit
M. Boutin à fa gauche & M. l'Abbé Terrai à fa
droite. M. l'Abbé Terrai a ouvert la féance, en difant que l'Affemblée avoit deux objets: le premier,
d'entendre les Statuts & Réglemens arrêtés & fixés
par les douze Députés nommés à cet effet. Enfuite
M. l'Héritier a lu lefdits Statuts, au nombre de 55
Articles; après quoi il a prononcé une efpece de

Proteſtation de la part des Députés, où ces Meſſieurs donnoient leur démiſſion entiere & abſolue, &
ſupplioient la Compagnie de ne plus leur confier
aucune Commiſſion.

M. le Contrôleur général a obſervé qu'il ſeroit
naturel que Mrs. les Actionnaires puſſent prendre
communication deſdits Statuts, n'étant pas poſſible
que dans une lecture auſſi rapide & dans une aſſemblée auſſi courte, on pût les diſcuter comme ils le
méritent. Reſtoit à ſavoir ſi, après l'examen fait,
& les Mémoires rédigés & ſignés par ceux qui auroient des obſervations à communiquer, on ſe contenteroit de lui envoyer leſdits Mémoires pour les
mettre ſous les yeux du Roi, ainſi que les Statuts;
ou ſi l'on convoqueroit une nouvelle aſſemblée, où
l'on rapporteroit tout ce qui ſe ſeroit paſſé relativement à cette opération? Cette propoſition, qui ne
devoit ſouffrir aucune difficulté, a été miſe en Délibération, & par un renverſement de principes encore plus étrange, la non-aſſemblée a paſſé à la pluralité de 83 voix contre 78, dans leſquelles 83 voix
il faut comprendre celles des douze Députés qui,
dans toutes les regles, n'en avoient aucune à donner
ſur cette Délibération. On n'a pas même conſtaté
ni arrêté leſdits Statuts, en cottant, paraphant, ſi-
gnant la Minute *ne varietur*; enforte que l'Adminiſtration reſte maîtreſſe de retrancher, d'ajouter aux
Statuts, ce que bon lui ſemblera, d'en faire même de
nouveaux, ſans que perſonne puiſſe réclamer ou du
moins prouver cette interpollation.

D'après cette Délibération, M. le Contrôleur général a décidé de ſon chef qu'on feroit quelques copies deſdits Statuts, dont on donneroit communica-

tion à ceux des Actionnaires qui voudroient se présenter à la Compagnie jusqu'au 30 Mars exclusivement; qu'on auroit la liberté d'envoyer les Mémoires jusqu'au 15 Avril, & que passé ces délais personne ne seroit reçu à revenir contre.

M. l'Abbé Terrai a passé au second objet de l'assemblée. C'étoit le compte rendu par l'Administration de ce qui s'étoit passé depuis la derniere assemblée. Ce compte rouloit sur six chefs: 10. Liquidation des dettes anciennes : 20. Lotterie du mois
d'Août 1767: 30. Vente de 1767. 40. Projet de
l'expédition de 1767 à 1768: 50. Nouvelles reçues
des Comptoirs: 60. Changemens apportés aux privileges de la Compagnie.

Quant au premier article, il étoit si embrouillé
qu'on n'en peut rendre aucun détail.

20. On a fait voir que l'argent de la Lotterie revenoit à la Compagnie à 5½ pour 100.

30. La vente, composée de trois Vaisseaux de Chine, de deux cargaisons & demie de Bengale, de
deux de Malabar, du Caffé de Bourbon, de Moka,
a donné un produit de près de 17,000,000 de Livres: ce qui fournit 77 à 78 pour 100 de Bénéfice.

Non compris un Vaisseau qu'on attend encore de
Bengale, les Soies de Nanquin invendues.

40. Le projet de l'expédition de 1767 à 1768 roule sur 11 Vaisseaux, dont un à Moka, trois en Chine, trois à Bengale, trois à la Côte de Coromandel, le 11eme. à Pondichery, pour une cargaison de
poivre qu'un vaisseau expédié de ce port-là doit porter en Chine.

Suivant le compte, déjà huit de ces Vaisseaux
sont expédiés.

On a permis en outre à quinze Navires particuliers d'aller dans l'Inde.

5o. Les Nouvelles reçues des Comptoirs roulent principalement fur les différends du Conſeil de Chandernagor & du Conſeil de Pondicheri, qui affectent réciproquement la ſupériorité. Celui de Chandernagor a caſſé celui de Pondicheri, & trois Membres du premier s'étant tranſportés, M. Law à leur tête, dans ce dernier établiſſement, ont conſommé leur expédition, en interdiſant ſept Conſeillers de ce Conſeil, qu'ils renvoient en France, dont deux ſont déjà arrivés. On attend au retour des cinq autres pour ſtatuer ſur cet objet.

6o. Les changemens apportés aux privileges de la Compagnie, conſiſtent principalement dans l'entrée des Soies de Nanquin, permiſe par d'autres voies que celle de la Compagnie; dans l'entrée du Caffé de Moka par Marſeille, ſuivant l'Arrêt du 27 Janvier 1767. Quoique ce Caffé paye 25 Livres par Quintal & que celui de la Compagnie n'en paye que 10 Livres, on a remarqué un préjudice conſidérable à la derniere vente. Enſin un Arrêt du 22 Mai 1767, qui permet l'introduction des toiles étrangeres du Levant par Marſeille.

Perſonne n'ayant rien dit ſur ce compte, qui méritoit beaucoup d'obſervations, on a levé la ſéance.

M. Duval d'Epremeſnil, Avocat du Roi, ayant voulu lire & lu un Mémoire en faveur de Madame de Jean, Niece de M. Dupleix, & de ſes quatre enfans, pour demander les ſecours de la Compagnie & l'augmentation d'une penſion de 1200 Livres, on a remis le Mémoire à l'Adminiſtration.

PREMIERE LETTRE

D'un *Actionnaire de la Compagnie des Indes à un* autre *Actionnaire.*

Vos affaires, Monſieur, ne vous ont pas permis
de vous rendre à l'Aſſemblée générale de la Compagnie des Indes du 31 de ce mois, & vous n'êtes
point inſtruit de la maniere dont les choſes ſe ſont
paſſées: vous me priez de vous en rendre un compte détaillé; vous ne vous en rapportez pas à l'extrait ſuccint & infidele qu'en ont fait les Gazettes :
vous avez raiſon ; cette aſſemblée eſt trop importante & trop ſinguliere pour en ignorer les moindres
détails. Comme j'en ai été témoin, & que je puis
même dire, *& quorum pars magna fui*, je me ferai
un plaiſir de vous ſatisfaire. Quoique cette journée
n'approche pas de celle du mois de Juillet de l'année
derniere, elle peut cependant être miſe au nombre
des plus mémorables. Vous ſerez à même d'en
juger.

L'aſſemblée a été la plus nombreuſe qu'on ait encore vue. Il y avoit 286 Actionnaires. On avoit
réduit la table à un ſimple Bureau, & étayé la Salle
par deſſous.

M. le Contrôleur général a ouvert la ſéance par
un diſcours ſuccint, où il a témoigné combien le Roi
avoit vu avec plaiſir le meilleur état du Commerce
de la Compagnie & ſes progrès, ainſi que la juſtice rendue à M. de Bruny, par l'entremiſe des ar-
bitres auxquels les parties s'en étoient rapportées.

M. de

M. de Bruny, l'un des Directeurs, a répondu à ce Miniftre par un petit compliment. Après ces politeffes réciproques on eft entré en matiere, & le même a lû le compte rendu par l'Adminiftration aux Actionnaires.

Ce compte eft divifé en 5 Chapitres: 1°. Etat des dettes de la Compagnie.... antérieures au mois de Juillet 1764, tems auquel l'Adminiftration actuelle a pris la manutention des affaires & le détail des créances acquittées.

2°. Expéditions, faites par la Compagnie de 1767 à 1768.

3°. Nouvelles & cargaifons reçues des Comptoirs.

4°. Sentimens & vues pour l'expédition de 1768 à 1769.

5°. Privileges, fonds & régime de la Compagnie.

Quant au premier article, de plus de foixante millions de dettes qu'avoit la Compagnie, près de quarante millions ont été payés; mais différens procès perdus & de nouvelles réclamations étendent cet objet, & empêchent d'en voir la fin auffitôt qu'on l'efpéroit.

Suivant le fecond article, 11 Vaiffeaux ont été expédiés,

Sçavoir :

Le Duc *de Duras*, pour *Mahé*, de	700 Tonneaux.
Le Duc *de Penthievre*, pour *Chine*	900 Id.
Le Comte *d'Argenfon*, pour les *Iles de France* & *de Bourbon*	1000 Id.
Le *Berger*, pour *Chine* . . .	900 Id.
Le *Briffon*, pour *Chandernagor*	700 Id.

L'*Ajax*, pour *Chandernagor*	580 Tonneaux.
Le Prince *de Condé*, pour *Pondi-chery*	1000 Id.
Le Marquis *de Caftries*, pour *Bengale*	700 Id.
L'*Aîtionnaire*, pour *Pondichery*	1200 Id.
Le *Mafcaron*, pour *Bengale*	350 Id.
Le *Maffiac*, pour les *Iles de Fran-ce* & de *Bourbon* . .	900 Id.

8930 Tonneaux.

Outre ces Vaiffeaux, la Compagnie a armé à l'O-rient fept Navires particuliers.

Le total de toutes ces Cargaifons forme un ob-jet de 21 millions, auxquels a été élevé cette année le Commerce de la Compagnie des Indes.

Le troifieme article roulant fur les Cargaifons & Nouvelles reçues des Comptoirs, ne mérite aucun détail.

Le quatrieme, contenant les vues vagues pour les expéditions de 1768 à 1769, ne laiffe entrevoir de fonds libres à difpofer pour cet objet, qu'environ fept millions, la balance faite de la recette & de la dépenfe. Enforte que, fans aggrandir fon Com-merce, pour que la Compagnie puiffe fimplement l'élever au taux de l'année précédente, il faut faire un emprunt de quatorze millions, fauf les reffources que Mrs. de la Direction ont laiffé entrevoir, & dont ils fe réfervent le fecret & les détails.

Enfin, par le détail des privileges, fonds & régi-me de la Compagnie, il paroît, quant au premier article, qu'elle a obtenu le Commerce exclufif des foies de Nankin; que fa réclamation, pour avoir auffi celui du Caffé de Moka par Marfeille, n'a pas encore réuffi, mais qu'on s'en occupe toujours. A l'égard du fecond article, qui embraffe le Bilan de la Compagnie, il s'enfuit qu'elle a encore 400,000 Livres de Rentes difponibles.

M. de Bruny a fini fa lecture par annoncer que M. le Marquis de Caftries fe retiroit du Syndicat, ainfi que Mrs. le Marquis de Sanfey, le Préfident Briffon & l'Abbé Terrai. Il a ajouté que ces pertes étoient grandes, & que Mrs. les Actionnaires devoient en être très-fâchés. Enfuite il a annoncé que fuivant les nouveaux Statuts il alloit être procédé à l'élection de deux Directeurs.

On avoit remis à chaque Actionnaire une Lifte de 43 Sujets propofés. La forme de voter a occafionné beaucoup de rumeur & de débats. M. le Contrôleur général a été obligé de faire aller fouvent fa fonnette pour impofer filence. On a agité fi l'on feroit forcé de nommer fix Sujets, ou fimplement deux, ou moins ou plus, ou point du tout: fi le vœu fe feroit en déchirant tout-à-fait les noms de la lifte entiere, ou en les y laiffant attachés légerement; fi en les déchirant on feroit obligé de donner le furplus de la lifte. La fageffe du Miniftre & fa fagacité ont trouvé la folution de ces difficultés importantes, & l'on a procédé à l'élection.

Les élus ont été, Mrs. de Ste. Catherine, qui a eu 124 voix; Gilly, qui en a eu 88; Mabille, 86; La Rochette, 67; Mondion, 63; & Mrs. Duval & Sauvage en ayant eu 62, ont été également portés fur la lifte pour être préfentés au Roi, qui en choifira les deux Sujets agréables à S. M.

Pendant l'élection, M. de Mairobert, Actionnaire, a demandé fi, aux termes des nouveaux Statuts, le régime de la Compagnie recommençant dans un nouvel ordre, les Actionnaires ne rentroient pas dans leur droit d'élection, & ne pourroient pas exiger des quatre Directeurs reftans de rechercher une confirmation de leur exiftence? M. le Chevalier d'Arcy a appuyé fur cette demande, & a voulu piquer d'honneur l'Adminiftration, faifant fentir combien il feroit flatteur pour elle de recevoir les fuffrages unanimes. Mrs. les Directeurs n'ont point été dupes de ce compliment; ils ont prétendu être bien & légitimément élus, ils ont déclaré qu'ils fe contentoient de leur ancienne nomination; & M. le Controleur général prenant fait & caufe pour eux, il s'eft élevé un brouhaha que ces Meffieurs ont regardé peut-être comme une acclamation, & la queftion de M. de Mairobert n'a point été réfolue.

Cependant, M. Duval d'Epremefnil, Avocat du Roi au Châtelet, & jeune Orateur très accrédité dans la Compagnie, a pris la parole; il a déclaré fon refpect pour le compte rendu par l'Adminiftration, vu la fatisfaction que le Roi paroiffoit en avoir d'après le préambule de M. le Controleur général; que fes craintes fur les bruits défavorables à la Compagnie, appuyés par des détails de faits allarmans dont il n'avoit pu s'empêcher de faire part au Miniftre, étoient abfolument diffipés; mais qu'il ne pouvoit fe refufer de faire une objection contre ce compte, relativement aux projets d'expédition pour l'année prochaine: qu'à entendre l'expofé de l'Adminiftration, le Commerce de l'année derniere avoit été élevé à 21 millions; qu'elle ne trouvoit de

fonds difponibles fûrement pour la prochaine que⌐
fept millions; que conféquemment, pour foutenir les'
armemens au point où on les avoit portés, il fau⌐
droit faire un Emprunt de quatorze millions; que ce⌐
pendant elle entrevoyoit des reffources dont elle
pourroit ufer, & dont elle fe réfervoit la difcuffion
& les détails. Pour-lors ce Magiftrat a demandé fi
laiffer l'Adminiftration maîtreffe d'un objet de cette
importance, ce n'étoit pas lui donner une puiffance
énorme & dont on ne voyoit d'exemple dans aucune Compagnie?

M. le Contrôleur général a pris la parole, & a
dit qu'il répondoit pour Mrs. les Directeurs. Après'
quelques phrafes ironiques, relativement à la jeuneffe & à l'inexpérience de ce Magiftrat, M. de Laverdy a prétendu qu'il étoit contre le bon ordre,
contre la politique, contre la poffibilité même, de
dévoiler ainfi les fecrets de la Compagnie; que dans
le cas où une pareille matiere feroit agitée, il s'y
oppoferoit & prendroit les ordres du Roi avant d'y
donner fon confentement. M. d'Epremefnil ayant
infifté, toujours avec le refpect le plus grand pour
le Roi & pour fon Miniftre, avec tous les égards
convenables pour Mrs. de l'Adminiftration, & dans
les termes les plus nobles, les plus énergiques &
les plus oratoires, M. de Laverdy a fait une replique, dont les expreffions n'ont pas paru répondre à
celles du jeune Magiftrat. On a été furpris même
de quelques phrafes qu'on ne s'attendoit pas à voir
fortir de la bouche d'un Miniftre éloquent & tou:
jours guidé par la fageffe. Auffi M. de Laverdy
s'appercevant qu'il devenoit homme, a déclaré qu'il
ne voyoit d'autre réponfe à tant d'objections déplai⌐

cées, que de lever la féance : ce qu'il a fait brufquement, fans figner la Délibération, qui eft reftée in-
complette.

Comme cette Lettre eft déjà fort longue, je vous
laiffe faire vos réflexions fur ce que je viens de vous
raconter, & je me réferve de vous propofer les
miennes dans une Lettre fuivante.

J'ai l'honneur d'être &c.

A Paris ce 20 Septembre 1768.

SECONDE LETTRE

*Sur l'affemblée de la Compagnie des Indes du 31
Août 1768.*

VOUS favez, Monfieur, que ce qui conftitue &
complette la Délibération d'une Compagnie quelconque, c'en eft l'enrégiftrement, la lecture faite en
préfence des membres & leur fignature. L'évafion
fubite de M. le Contrôleur général empêcha que la
nôtre ne reçut cette fanction folemnelle. On fuivit
ce Miniftre, on lui demanda s'il vouloit figner les
Régiftres? Il répondit qu'on les apporteroit chez
lui. D'un autre côté, M. d'Epremefnil, étourdi d'u-
ne pareille folution, ne fit pas ce qu'il pouvoit faire.
C'étoit, après avoir témoigné fon regret que des affaires plus urgentes privaffent la Compagnie des réflexions d'un Miniftre auffi éclairé, de remarquer
que fa préfence n'étoit point néceffaire ; que la Compagnie, depuis que le Roi lui avoit rendu la liber-

té, avoit tenu plufieurs féances importantes fans aucun Commiffaire du Roi; que les nouveaux Statuts ne l'aftreignoient en rien à cette formalité; qu'en un mot, M. Boutin, Intendant des Finances, qui étoit venu avec M. le Contrôleur général, & étoit refté, le fuppléeroit au befoin. Il pouvoit ajouter, qu'en conféquence il alloit continuer la lecture de fon Mémoire, & qu'il demandoit qu'on en déibérât. Tout cela n'eût pas lieu : l'affemblée dégénéra dans une forte de tumulte, qui annonçoit fon irrégularité, & l'on fe fépara fans rien terminer. M. Boutin fe contenta de figner le Régiftre avec Mrs. de l'Adminiftration. Les lendemain & jours fuivans on requit la fignature de ceux qui alloient retirer leurs Actions. Plufieurs membres voulurent inférer de-là la nullité de cette Affemblée, mais cette réclamation n'a pas eu de fuite, & la féance a reçu une validité telle quelle, par l'acceffion fubféquente des Membres qui l'ont approuvée de leur feing.

J'en reviens, Monfieur, aux différentes propofitions faites dans l'affemblée. Celle de M. de Mairobert n'étoit-elle pas des plus juftes? Par les nouveaux Statuts la Compagnie ne rentroit-elle pas dans fes droits? N'eft-ce pas à elle à élire fes Directeurs, & au Roi à en confirmer la nomination? L'ancienne Adminiftration avoit-elle paffé par ces formalités, & l'état précaire des Directeurs, choifis en quelque forte au hafard & fans le vœu du plus grand nombre, ne tomboit-il pas par la nouvelle forme? Ne pouvoit-on pas leur faire un dilemme tout fimple : ou vous êtes agréables à la Compagnie, ou vous ne l'êtes pas. Dans le premier cas, que

rifquez-vous de mériter de nouveau fes fuffrages
réfléchis, éclairés, volontaires, & d'autant plus ho-
norables que vous leur aurez rendu toute leur intégrité? Si vous déplaifez à la Compagnie, par quelle
autorité defpotique prétendez-vous ufurper les premieres places entre des membres libres dont vous
n'êtes que les égaux? Je trouvai, Monfieur, qu'on
n'avoit pas affez infifté fur une réclamation auffi importante. C'eft d'autant plus fâcheux, que cette réfiftance n'a pu qu'indifpofer contre ces Meffieurs le
grand nombre qui n'a point participé à leur nomination, en donner une très mauvaife opinion à ceux
qui ne les connoiffent point, & jetter de l'odieux fur
tout ce qui émanera d'une telle Adminiftration.

Quant au Mémoire de M. d'Epremefnil, il rouloit fur une matiere fi importante pour tous les Actionnaires, qu'il eft inconcevable qu'on l'ait traité
auffi légérement: qu'on n'y ait pas fait une attention férieufe & qu'il n'ait pas été difcuté avec
tout le fcrupule qu'il méritoit. Peut-on s'imaginer
qu'après fix ans d'une paix profonde, les Actions,
non-feulement ne rapportent aucune dividence, non-
feulement donnent aucun efpoir d'en rapporter, mais
qu'on parle encore d'appel, d'emprunt, de toutes
ces reffources infolites qui annoncent des tems difficiles ou la décadence des affaires. Quelles circonftances plus favorables que la paix pour les raccom-
moder? Ou, s'il n'eft aucune reffource, n'eft-il pas
urgent d'aller à la fource du mal, d'empêcher qu'il
ne faffe des progrès, & de ramaffer les débris de la
machine publique avant un naufrage général?

N'eft-il pas puérile pour éluder de rendre compte & de fatisfaire aux objections d'un Actionnaire

fenfé,

fenfé, de prétendre compromettre les intérêts de la
Compagnie & de l'Etat en donnant une folution fatisfaifante, comme fi les comptes rendus à chaque
Affemblée de la Compagnie ne devoient pas être un
récit fuccint de la fituation active & paffive de fes
opérations, de fes progrès, de fes malheurs, &c?
Comme fi en tems de paix toutes les opérations n'é-
toient pas néceffairement publiques, ou que la Compagnie eût à fe fervir de moyens affez peu honnêtes
pour ne fouffrir que les ténebres? Comme fi, enfin,
lé cas où il y auroit effectivement quelque mouvement qui méritât du fecret & en fût fufceptible, la
Compagnie ne pourroit pas nommer quelques Députés, auffi éclairés & auffi difcrets que Mrs. de l'Adminiftration, qui la raffuraffent & lui déclaraffent en
général la fûreté des projets & la néceffité du filence pour un fuccès infaillible? En un mot, n'eft-ce
pas à la Compagnie elle-même à fixer jufqu'à quel
point elle veut bien remettre fes pouvoirs à fes dé-
légués, & ceux-ci peuvent-ils jamais être bien reçus à éluder le compte qu'on leur demande, par une
affertion vague, dont ils peuvent couvrir toutes leurs
ufurpations, & avec laquelle ils fe maintiendroient
dans le defpotifme le plus arbitraire?

Vous voyez, Monfieur, par cet expofé fuccint
& par ces réflexions vagues, que la Compagnie eft
toujours dans une pofition critique; que fa fituation
même femble empirer, puifqu'elle n'a pas cette année affez de fonds, à beaucoup près, pour élever fon
Commerce au taux des années précédentes; puifque
l'Adminiftration n'a de reffources que par un appel,
ou par un emprunt, ou par des reviremens de par-

ties, fi adroits, fi délicats, que la moindre éveille
perd tout?

Comment cela fe peut-il faire? Convenez avec
moi, Monfieur, qu'il faut qu'il y ait dans cette Adminiftration un vice radical, auquel il faut néceffairement remédier. Ce vice radical, Monfieur, eft le
même que celui de l'Etat en général: trop de dépenfes, une Adminiftration trop peu économique &
trop frayeufe. Pourquoi, par exemple, donner
15,000 Livres d'appointemens aux Directeurs? N'eft-
ce pas exciter la cupidité des plus ineptes, & provoquer à fe mettre fur les rangs tous les candidats
que la brigue ou la cabale favoriferont? Eft-ce
qu'un Directeur, véritablement Actionnaire, ne feroit pas affez intéreffé par lui-même à bien gérer
les affaires de la Compagnie? En fupprimant les
appointemens de ces Meffieurs, c'eft en exclure tous
ceux qui s'en trouveront indignes. Il n'y aura que
les gens capables qui fe préfenteront, & qui dans
l'efpoir d'améliorer leur propre bien, travailleront à
celui de la Compagnie. C'eft par une diftinction
honorable qu'il faudroit récompenfer de leurs travaux ces citoyens laborieux, utiles & eftimables. Je
ne vois point, Monfieur, d'autre remede à nos
maux, & c'eft fûrement le plus efficace. Cette fuppreffion, qui d'abord ne paroît pas un grand objet,
en eft un confidérable par les effets. L'Adminiftration n'étant compofée que de gens inftruits & intéreffés à la chofe, diminuera enfuite toutes les dépenfes fuperflues, qu'elle fera à même de reconnoître, & dont le bénéfice fera réparti pour le compte
propre de chaque membre. En un mot, le grand

art de tout gouvernement eſt de lier l'intérêt particulier à l'intérêt général, & c'eſt ce qui arriveroit:

Si quid noviſti rectius iſtis,
Candidus imperiti.....

Paris, ce 15 Octobre 1768.

———————————————————

TROISIEME LETTRE

D'un Actionnaire de la Compagnie des Indes à un
autre Actionnaire.

Vos affaires, Monſieur, vous ont obligé de rester à votre terre; iſolé de toute ſociété, vous igno-
rez ce qui ſe paſſe dans cette Capitale; vous n'appre-
nez les nouvelles que par les papiers publics: vous
êtes ſurpris de n'y avoir point vu le choix que le
Roi a dû faire entre les ſept ſujets propoſés par la
Compagnie des Indes à S. M. pour en nommer deux
à la Direction. Vous me demandez quels ils ſont,
& pourquoi on n'a pas fait connoître la volonté du
Monarque dans les Gazettes? Vous êtes ſurpris
qu'il n'y ait pas eu d'Aſſemblée en Janvier, aux termes des nouveaux Statuts, qu'il n'en ſoit pas même
encore queſtion pour ce mois; que les Actions baiſ-
ſent ſenſiblement, tandis qu'elles devroient augmenter,
puiſque nous reſtons en paix, & que d'après le fameux projet de M. Necker, la Compagnie pourroit
commencer à bénéficier, dès cette année, au point
d'aſſigner un Dividende en 1770. Enfin vous conjec-

turez que nous ſommes dans une poſition floriſſante, c
puiſqu'il eſt queſtion de faire déja un autre établiſſement à Madagaſcar. Satisfait du compte que je
vous ai rendu l'année derniere, vous vous adreſſez
à moi pour répondre à vos nouvelles queſtions,
éclaircir vos doutes & fortifier vos eſpérances. Vous
m'impoſez, Monſieur, une furieuſe tâche : vous me
mettez dans le cas de déplaire à bien des gens, &
je ne me détermine à vous écrire que dans l'eſpoir
de vous rendre plus diſcret ſur notre commerce. J'ai
appris que mes deux premieres Lettres avoient tran-
ſpiré, & qu'on les avoit inférées dans des Gazettes
étrangeres. Vous ſentez que ceci, étant une ſimple
effuſion d'un ami dans le ſein de ſon ami, n'eſt
point fait pour voir le grand jour ; qu'on ne s'explique point avec une pareille liberté, lorſqu'on tra-
duit ſur la ſcene des perſonnages publics & impor-
tans, qu'on ne haſarde pas auſſi témérairement ſes
réflexions, qu'on meſure davantage ſes termes, en
un mot, qu'on ne dit que la moitié de ce qu'on pen-
ſe, & je vais tout vous dire.

Des ſept Sujets propoſés, Monſieur, dans l'Aſſemblée du 31 Août, pour les deux places de Directeurs
vacantes, le premier ne ſouffroit pas la moindre difficulté ; il avoit une ſi grande prépondérance de
voix, il étoit ſi agréable au Miniſtere, à la Direction
& à tout le monde, qu'on le regardoit comme élu,
même avant qu'on eût voté, & qu'il peut ſe glori-
fier d'avoir été porté à ce poſte, pour ainſi dire, par
acclamation. Il eut fallu pour le bien de la Compagnie que la nomination du ſecond Directeur n'eût
pas été plus litigieuſe que celle de M. de Ste. Catherine dont nous parlons. Des ſix concurrens reſ-

fans, quatre cependant fe font retirés prefque de
leur propre mouvement, & le choix n'a roulé qu'en‑
tre deux: mais il a été fi débattu, fi contrarié, que
M. de Laverdy eft forti de place fans l'avoir fait,
& que M. le Contrôleur général actuel femble y
avoir renoncé, en fe contentant de déclarer l'élec‑
tion de M. de Ste. Catherine par S. M. Cette vo‑
lonté du Roi, connue vers la fin d'Octobre, a fait
préfumer qu'on en refteroit-là, & depuis ce tems
en effet il n'y a rien de nouveau à cet égard.

Quels font donc ces illuftres adverfaires d'un mé‑
rite fi tranfcendant & fi égal, que l'équité même de
S. M. refte indécife & n'ofe prononcer entre eux ?
L'un eft M. Mabille. Paffé dès fa jeuneffe dans
l'Inde, il y eft parvenu par fes talens à la place de
Confeiller au Confeil Souverain de l'Ile de France,
& y a commandé quelque tems par *interim* : homme
de mœurs dures, d'un caractere mâle & auftere, il
s'eft fait néceffairement beaucoup d'ennemis, parce
qu'il a voulu réprimer beaucoup d'abus pendant fon
adminiftration. Tout le Militaire s'eft ligué contre
lui. On fait qu'en ce pays-là, étant à la folde de
la Compagnie, il eft fubordonné à la Magiftrature.
Mais le génie impérieux de ce Corps cherche tou‑
jours à fe fouftraire à la fubordination, à empiéter
fur les droits des autres, & à reprendre une autorité
qu'il fe croit dûe. M. Mabille a été obligé d'avoir
recours à plufieurs moyens violens, à des deftitu‑
tions, à des caffations. Un parent de M. le Duc
de Duras, premier Syndic, s'eft trouvé compris
dans ce châtiment, fans avoir pu être rétabli : *Inde
mali labes.* Ce grand Seigneur ne pardonne point

à M. Mabille, & traverfe fa nomination avec un acharnement fans exemple.

L'autre eft M. de Mondion, d'un nom connu dans la Marine du Roi, initié lui-même dans l'adminiftration de cette partie, dès l'âge le plus tendre, & parvenu par les différens grades à celui de Commiffaire. Il a de l'efprit, de la facilité, mais il a peu fait ufage de fes talens. Les connoiffances des Ports n'ont pu lui être d'une grande utilité, ayant paffé les plus précieufes années de fa jeuneffe dans la vie molle & oifive de Paris. Sur la fin de l'année 1756 il fut nommé Commiffaire de l'Efcadre de S. M. envoyée aux Indes, fous le commandement de M. d'Aché, & partie en 1757. M. de Mondion a fait à l'Ile de France, pendant quelque tems, le double perfonnage d'homme du Roi, & d'homme de la Compagnie. Il n'a point quitté ce pofte, n'a vifité en aucune façon les différentes poffeffions de la Compagnie, & ne s'eft pas même trouvé aux deux campagnes de M. d'Aché à la Côte de Coromandel.

D'après cet expofé, vous devez fentir, Monfieur, que le choix n'auroit pas dû être difficile; mais on a commencé par envoyer des Mémoires anonymes contre M. Mabille. Le Miniftre lui en a fait part, & quoique de pareilles accufations méritent peu d'examen, le candidat y a répondu de la maniere la plus fatisfaifante. Alors M. le Duc de Duras a déclaré fa répugnance contre le propofé, & toute l'Adminiftration a fuivi l'impulfion de ce premier Syndic. Heureufement M. Boutin, Intendant des Finances, ayant le Département de la Compagnie des Indes, qui connoît le mérite perfonnel de M. Ma-

bille, qui fent le befoin que l'Adminiftration auroit
d'un pareil homme, le foutient fortement & réfifte
à tous les efforts du grand Seigneur. Le Contrôleur
général favorife fecretement le perfonnage, mais
n'ofe prendre fur lui de prononcer définitivement.
Comment cela finira-t-il? On n'en fait rien. On
parle de remettre ce choix à la décifion de la Compagnie: mais il eft déjà fait, puifque M. Mabille a
86 voix contre 63 qu'a M. de Mondion.

Quoi qu'il en foit, il eft d'autant plus effentiel,
Monfieur, de donner cette place à quelqu'un qui
réuniffe les fuffrages & mérite la confiance des Actionnaires que, par ce qui s'eft paffé dans la derniere Affemblée, vous avez vu combien le refte de
la Direction devoit nous être défagréable; comment,
ivres d'une préfomption folle, ces Meffieurs ont
refufé de fubir un nouveau fcrutin, & dans le moment même où le Roi confirmoit l'état républicain
de la Compagnie par l'approbation de fes ftatuts,
ils ont affecté le defpotifme le plus infolent, fe
font ainfi aliénés déformais les efprits, & ont marqué d'un caractere de réprobation anticipée toutes
leurs opérations futures. Mais indépendamment de
ces motifs accidentels de difgrace & de mécontent-
tement, examinons les fujets en eux-mêmes & dif-
cutons leur mérite perfonnel.

Les deux premiers Directeurs font Mrs. *Rabecq*
& *Merry d'Arcy*. L'un a pour titre d'avoir été
Commis dans le fond du Bengale: l'autre, Su-
precargue de la Compagnie. Comme fi la connoiffance de quelques détails particuliers fuppofoit
celles de l'enfemble; que d'avoir tenu des Régiftres
dans un vaiffeau ou dans un Comptoir, fut néceffai-

rement une difpofition au gouvernement d'une machine auffi compliquée que celui de la Compagnie
des Indes, embraffant à la fois la légiflation, la
politique, la guerre, la marine, les finances, le
commerce, &c. Bien loin que cela foit, Monfieur,
on fait qu'en vieilliffant dans les emplois fubalternes, l'efprit le plus vif fe rétrécit prefque toujours,
fe particularife, & perd ce reffort néceffaire pour
s'étendre & envifager en grand les objets. Ceux-ci
pouvoient être une exception à la regle générale.
Au moins font-ils tirés du fein de la Compagnie,
ont-ils quelques fervices à faire valoir, quelques talens avoués par elle. Il n'en eft pas ainfi de Mrs.
Le Moine & *Riftaut*, deux intrus parmi nous, deux
négocians de Rouen & de Bordeaux, fans qualité,
fort honnêtes gens, fi l'on veut, fort eftimés chez
eux, mais n'ayant annoncé en rien ce génie vafte
& tranfcendant qui n'eft étranger dans aucune matiere, parce qu'il maîtrife tout & qu'il eft fait pour
dominer en tout lieu. A ces traits vous ne recon-
noîtrez pas, je crois, les deux perfonnages dont je
parle, & vous trouverez, Monfieur, qu'on auroit
beaucoup mieux fait de les laiffer dans leurs bureaux, calculer fur les profits à faire fur le fucre & fur
l'indigo, plutôt que de leur donner à nommer les
Chefs de nos Confeils & les Généraux de nos Armées.

Il ne paroît pas cependant, Monfieur, que ces
Directeurs fe regardent comme impropres aux fonctions que nous leurs refufons, & foient difpofés à
les quitter. Vous faurez qu'ils ont obtenu un Arrêt
du Confeil, qui les confirme dans leur place & va-
lide leur Election. Que dites-vous de cette démar-

che? Ne la trouvez-vous pas tout-à-fait gauche?,
N'eft-ce pas reconnoître implicitement leur état précaire & chancellant? En effet, cette confirmation
d'élection ne peut tomber fur la premiere. Il feroit
dérifoire de demander l'approbation de S. M. après
avoir géré pendant plufieurs années la place de Directeur, avoir traité en cette qualité avec les Ministres & le Roi même. La ratification tombe donc
fur une feconde élection fuppofée. Je dis fuppofée,
car il n'y en a point eu, comme vous favez, puifqu'ils fe font refufés à ce témoignage honorable &
flatteur de la Compagnie. Que fignifie cette formalité? De quel droit veulent-ils innover aux Statuts à
peine formés? Et par quel privilege s'exempter de
ce qu'ils prefcrivent? L'article 8 porte..... „ pour-
„ ra chaque Actionnaire préfenter, huit jours avant
„ ladite affemblée (générale) trois fujets pour cha-
„ que place de Directeur qui fera à remplir: & les
„ trois fujets qui auront réuni le plus grand nom-
„ bre de fuffrages, nous feront préfentés, afin que
„ nous nommions celui qui nous fera le plus agréa-
„ ble. " Ce Réglement annonce que le Roi ne veut
faire tomber fa nomination que fur des fujets propofés par la Compagnie. Or les quatre Directeurs en
queftion, comme je viens d'obferver, n'ont pas été
préfentés par elle, puifqu'elle ne les a pas choifis.
Ainfi l'Arrêt du Confeil, bien loin de réparer le vice de leur origine, ne fait que le découvrir & le
rendre plus authentique.

Auffi, Monfieur, plufieurs Actionnaires fe difpo-
fent-ils à traiter encore cet objet dans la premiere
affemblée, & c'eft une des raifons pour lefquelles
Mrs. de l'Adminiftration la reculent & l'éloignent le

plus qu'ils peuvent. Ces jours-là font pour eux des jours de crife, qu'ils redoutent. Mais une autre caufe de ce retard qui vous étonne, c'eft l'emprunt à faire, dont on a parlé, il y a fix mois, & fur lequel, malgré toute leur intelligence & les reffources qu'ils annonçoient, ils font obligés de revenir de nouveau. Cet article, très important, fera la matiere d'une nouvelle Lettre. Il fuffit de vous apprendre à préfent que notre Adminiftration eft dans le plus grand embarras. Il eft queftion d'y trouver quelque remede, & le moyen de ne pas manquer cet emprunt. Quand ils auront pris une réfolution à cet égard, je vous en ferai part, & ce fera vraifemblablement l'époque de l'Affemblée future. Je fuis fâché de vous laiffer jufques-là fur les épines: prenez-vous-en à la lenteur de leurs délibérations. Cette nouvelle, du refte, doit vous faire concevoir le principe du rabais & du difcrédit des Actions.

Quant à l'établiffement de Madagafcar, il eft certainement décidé. Mais fera-t-il fait pour le Roi, ou pour la Compagnie: autre queftion? Il faut efpérer que tout cela s'éclaircira, & que je ferai à même de vous en parler au long la premiere fois.

J'ai l'honneur d'être, &c.

Paris le 18 Février 1769.

QUATRIEME LETTRE

*D'un Actionnaire de la Compagnie des Indes à un
autre Actionnaire.*

J'ÉTOIS fur le point, Monfieur, de vous écrire,
lorfqu'on a annoncé une affemblée des Actionnaires
pour le 14 de ce mois. J'ai cru plus convenable
d'attendre ce jour mémorable, & de vous mander
des faits, au lieu des conjectures que j'aurois pu hazarder; de ne m'en point tenir à des bruits vagues,
à des rumeurs de diverfes efpeces, fomentées par
chaque parti, fuivant l'intérêt qu'il a à les répandre
& à les accréditer.

L'Affemblée, Monfieur, n'étoit pas fi nombreufe
que la derniere. Il n'y avoit que 209 dépofans. La
matiere pourtant étoit au moins auffi intéreffante, ou
plutôt on ne fauroit en agiter une plus effentielle
pour nous, puifque nous fommes réduits à l'alternative, de faire banqueroute, ou de trouver d'ici à la
fin de Novembre 18 millions pour faire face aux
armemens de la Compagnie & à fes engagemens,
dont les échéances commencent à devenir urgentes
dès le mois de Mai prochain. C'eft ce qui a paru,
Monfieur, d'après l'expofé de l'Adminiftration, roulant, à l'ordinaire, fur les chefs déjà détaillés dans
ma premiere Lettre. Mais comment s'eft-elle laiffé acculer à ce point-là? C'eft un reproche d'autant
plus grave à faire à ces Meffieurs, qu'en nous pref-
fentant le 31 Août fur cette néceffité, ils avoient

laiſſé entrevoir des reſſources dont ils ſavoient vraiſemblablement l'inſuffiſance ou la nullité dès ce moment-là, mais dont au moins ils ont dû être inſtruits pleinement depuis le retour de nos derniers vaiſſeaux. L'importance de cet emprunt, la difficulté, le choix de ſa forme, joints à la concurrence où il alloit ſe trouver avec celui du Roi, tout néceſſitoit Mrs. de l'Adminiſtration à recourir très promptement à une aſſemblée générale, pour aviſer aux moyens de ſecourir la Compagnie dans une circonſtance auſſi critique.

C'eſt ſans doute pour prévenir de pareilles inculpations que dans le préambule du compte rendu de ces Meſſieurs, ils déclarent qu'ils auroient convoqué beaucoup plutôt cette aſſemblée, qui, aux termes des ſtatuts, doit avoir lieu au mois de Janvier, ſi les différens états de recette & de dépenſe n'avoient été arriérés, & ne les avoient mis dans l'impuiſſance de conſtater le Bilan de la Compagnie; que ce Bilan même n'étoit pas encore en regle, puiſqu'il étoit dénué de pluſieurs pieces probantes; qu'ils ſe croyoient pourtant en état de donner au moins un apperçu ſuffiſant pour le moment. Mais, puiſqu'on étoit obligé de s'en tenir à un apperçu, on auroit pu le fournir beaucoup plutôt. Nouvelle priſe que ces Meſſieurs donnoient contre eux. Au reſte, ils ſe ſont mis au point d'éviter dans cette aſſemblée toute diſcuſſion ſur leur conduite, par la néceſſité de ſe détourner de tout autre objet, pour s'occuper de l'objet eſſentiel & conſtant, de l'emprunt de dixhuit millions.

Auſſi, Monſieur, les Actionnaires, quoique frappés de tant de négligence, ont-ils cru devoir ſuſ-

pendre toute digreſſion à cet égard, & travailler ſans
relâche à remplir leurs engagemens. On a procédé
ſans replique & ſans délai à la nomination de ſix
Députés pour vérifier la néceſſité de cet emprunt,
de quelle quotité il devoit être, & de quels moyens
plus efficaces & plus prompts on ſe ſerviroit pour y
pourvoir. Les ſujets élus ont été:

MESSIEURS.

Moracin, . ayant........ 124 voix.
L'Héritier. 117
Jaume. 101
La Rochette. . . . 91
Panchot. 80
D'Epremeſnil. 74

Celui-ci, comme Avocat du Roi, ayant témoigné
que ſes occupations ne pouvoient pas lui permettre
de ſuivre l'examen à faire dès le commencement du
Comité, on a cru devoir y ſuppléer par deux autres
Députés, M. Dupan ayant 62 voix, & M. Julien,
le plus nombreux en ſuffrages après celui-ci. Ces
Meſſieurs ont dû s'aſſembler dès l'après midi à 6
heures du ſoir, & rendront compte de leur travail le
mercredi 29 Mars, lendemain des fêtes.

En outre, Monſieur, comme à l'article 31 des
ſtatuts, ou des Lettres patentes, contenant le Réglement général pour l'Adminiſtration de la Compagnie, tant en France qu'aux Indes, il eſt dit „ tous
„ les trois ans, à compter du mois de Janvier 1769,
„ les Actionnaires pourront nommer ſix entre eux
„ pour, pendant les ſix mois qui ſuivront leur no-

„ mination, vérifier la situation de la Compagnie,
„ tant en France qu'aux Indes, examiner toutes les
„ opérations des trois années précédentes, concer-
„ nant son administration intérieure, celle de ses
„ comptoirs & des différentes branches de son com-
„ merce, les bénéfices ou les pertes qu'elle aura
„ éprouvés. A l'effet de quoi il leur sera donné
„ communication des livres, régistres, marchés, in-
„ structions ou correspondances, & autres pieces
„ dont ils auront besoin, &c". Les mêmes huit
Députés ont été autorisés à prendre toutes ces connoissances, à recevoir les divers Mémoires que les
Actionnaires voudront leur envoyer, & à convoquer
à leurs comités tels d'entre eux qu'ils jugeront à
propos. En un mot, ils ont reçu les pouvoirs les
plus amples, & la reddition de ce compte doit faire la matiere d'une assemblée subséquente. C'est-là
où plusieurs Actionnaires se réservent à récaptituler
les divers griefs qu'ils ont contre l'Administration, à
suggérer les moyens de la contenir & de l'empêcher
de nous laisser désormais sur le penchant de notre
ruine, en nous tenant dans l'inaction & dans la sé-
curité.

Pour ne pas interrompre le fil de l'opération
principale qui nous a occupés, j'ai remis, Monsieur, à vous parler ensuite du nouveau Contrôleur
général, présent à notre assemblée. Il s'y est com-
porté plus en égal qu'en Ministre, & ne s'est attiré
que plus de respect. Il a formé un contraste frap-
pant avec M. de Laverdy: il y a montré autant de
douceur, de conciliation, d'aménité, que l'autre apportoit de morgue, de dureté & de despotisme. Les
Actionnaires frémissent encore au souvenir de la der-

niere féance de celui-ci: ils béniſſent M. Maynon,
& ſouhaitent le voir longtems parmi eux. Il a lu un
diſcours très bien fait & très adroit, qui, ſans ſigni-
fier grand'choſe, lui a mérité la confiance de l'aſſemblée, & a jetté de la poudre aux yeux de beaucoup d'entre nous. En effet, ce diſcours roule ſur
les aſſurances les plus préciſes de la protection de
S. M. envers la Compagnie, protection glorieuſe,
ſans doute, mais abſolument inutile, puiſque dans
cette occurrence, non-ſeulement le Miniſtre n'annonce pas que S. M. ſoit diſpoſée à lui donner aucun
ſecours pécuniaire, mais que par le Bilan il eſt, au
contraire, démontré que le Roi doit plus de quatre
millions à la Compagnie, & qu'il n'en a acquitté
qu'un. Si jamais il fut un moment où la bienveillance éclatante & active du Monarque dût ſe mani-
feſter, c'eſt aſſurement dans celui-ci. Les Députés
ne manqueront pas, ſans doute, de remarquer cette
contradiction , & d'engager l'Adminiſtration à porter
au pied du trône les ſupplications les plus vives de
la Compagnie, pour engager S. M. de ne pas nous
abandonner dans ce cas-ci; & ſi les autres beſoins
du Royaume ne permettent pas de nous fournir des
fonds étrangers, à recourir au moins à ſa juſtice pour
toucher le payement d'une dette auſſi néceſſaire à
notre conſervation. Il faut eſpérer que c'eſt dans
cette vue que Mrs. de l'Adminiſtration ont demand-
dé à Mr. le Contrôleur général la permiſſion de
faire régiſtre de ſon diſcours. Ce monument dépo-
ſé dans nos archives ſera un titre pour réclamer
conſtammént les effets de ſa protection promiſe ſi
authentiquement.

Quoique je vous aye écrit, Monfieur, que les Ac-tionnaires ne s'étoient permis aucune réflexion, j'ai voulu dire que l'Affemblée avoit été plus tranquille que toutes les précédentes, & qu'elle n'avoit point dégénéré en querelles tumultueufes, comme à l'ordi-naire. Quelques membres fe font élevés, & ont parlé même avec force, mais l'ordre & la méthode avec lefquels on a procédé, le renvoi qui a été fait fur le champ de leurs objections aux Députés, ont évité toute fermentation, & l'affemblée n'a été trou-blée en aucun point.

M. le Chevalier d'Arcy a fait quelques obferva-tions fur le Bilan lu par l'Adminiftration, & furtout fur les profits des Ventes depuis 1764, qu'il a pré-tendu être nuls à peu près. Mrs. de l'Adminiftra-tion ne font point convenus de cela, & le Che-valier perfiftant dans fon dire, a infinué combien il étoit néceffaire de vérifier plus d'une fois, & par plus d'un examinateur, la vérité & la folidité des calculs, puifque la Compagnie Angloife, qui valoit bien la nôtre, venoit de faire une erreur de 25 millions. Cette affertion, qu'il a avancée très pofi-tivement, & dont il n'a pourtant donné aucune preuve, a beaucoup fait rire l'Affemblée, & a égayé un inftant cette féance, jufques-là très grave & très trifte.

M. de Moracin, ancien Gouverneur de Mafuli-patan, a fait une fortie vigoureufe contre la ftéri-lité des affemblées de la Compagnie. Il a obfervé que l'on paffoit le tems à pointiller, à élever mille queftions frivoles, & que perfonne ne s'occupoit de l'objet effentiel, qui eft l'amélioration du Commer-ce, œ, foit par la diminution des dépenfes, foit par de nouvelles branches qu'on pourroit embraffer, foit au moins en perfectionnant les anciennes.

M. de Mairobert a appuyé, & eft parti de-là pour tonner avec feu contre l'Adminiftration, pour demander pourquoi, contre le vœu des Actionnaires, fix fujets ayant été propofés à S. M. afin qu'il lui plût en nommer deux à la Direction, un feul avoit reçu l'élection du Roi? Il eft revenu fur l'ancienne objection qu'il avoit faite dans l'Affemblée du 31 Août, concernant la confirmation néceffaire de la nomination des anciens Directeurs, & fa queftion n'ayant point été réfolue la derniere fois, il a follicité qu'on y fît droit de nouveau. Mais cet Actionnaire a déclaré en même tems, que cédant pour le moment aux vues religieufes dont s'occupoit la Compagnie, fi empreffée à tenir fes engagemens, à quelque prix que ce fût, & à ne point manquer à fes traités, il ne faifoit mention de cet objet que pour mémoire & afin de le rappeller une autre fois, proteftant qu'il ne s'en départiroit qu'après la folution de fes difficultés.

C'eft pour fatisfaire à fes diverfes repréfentations qu'on a décidé, Monfieur, comme j'ai eu l'honneur de vous dire, que les Députés pourront recevoir tous les Mémoires des Actionnaires, & vérifier leurs griefs, pour en rendre compte à l'affemblée générale.

Enfuite M. d'Epremefnil a lu un projet de Délibération, renfermant les divers chefs de la miffion des Députés: M. de Bruny, l'un des Syndics, & celui qui avoit déjà fait lecture du compte de l'Adminiftration, a propofé celle qu'il avoit déjà minu-

rée, & qu'il croyoit devoir pisser, suivant l'usage.
Aucun Actionnaire ne s'étant encore avisé de la pro-
position de M. d'Epremesnil, il étoit d'autant plus
essentiel dans ce cas-ci de bien libeller les objets
dont devoient s'occuper les Députés, qu'étant question de mettre en vigueur l'article important de l'examen de la gestion des Directeurs, on ne pouvoit
donner des pouvoirs trop étendus, trop détaillés aux
Actionnaires chargés de cette opération, & que ce
ne pouvoit être à l'Administration à restreindre ou li-
miter cette revision. Cependant, comme M. de
Bruny avoit inféré des complimens pour le Roi &
pour les Ministres dans son Arrêté, auxquels n'avoit
pas songé l'autre rédacteur, on est convenu de refon-
dre les deux ouvrages, & ces Messieurs ont passé
dans un arrière-cabinet pour se concilier ensemble,
& la Délibération mise au net, on a donné la derniere sanction à l'assemblée par les signatures usi-
tées.

Pour en revenir à l'objet essentiel, à la situation
actuelle de la Compagnie, qu'en résulte-t-il, Monsieur? Que la Compagnie est un riche mal aisé, dont
l'actif surpasse le passif, mais qui ayant des engagemens très pressans à remplir, & des recouvremens
très tardifs à faire, est dans une position chancel-
lante, toujours prêt à s'écrouler, s'il ne trouve sur
le champ les ressources dont il a besoin. Et ce qu'il
y a de fâcheux, c'est que, suivant le calcul de nos
Régisseurs, cet état perplexe & embarrassé doit durer jusqu'en 1772 compris. Voici quel est leur tableau.

Secours à trouver.

En 1769. . . . 18,015,000 Livres.
En 1770. . . . 3,641,000
En 1771. . . . 1,254,600
En 1772. . . . 214,400
                         ——————
                         23,125,000 Livres.

Vous vous rappellerez peut-être à cette occasion, Monsieur, le Tableau de M. Necker, présenté le 17 Avril 1764, par lequel, avec les 42 millions de secours à trouver successivement dans les années suivantes, dès 1769 le profit devoit être de 5,140,000 Livres. Vous voilà donc déjà reculé de deux ans, sans qu'on puisse en assigner aucune raison valable. Nous sommes restés dans la plus profonde paix; la Compagnie n'a essuyé aucunes pertes; toutes les ventes ont passé ses espérances, surtout la derniere, qui est la plus considérable. On a emprunté 35 millions,

Sçavoir.

Appel en   1764. . . 13,772,800 Livres.
Emprunt viager, 1765. . 10,106,000
Loterie en   1767. . 12,000,000
                          ——————
                          35,878,800 Livres.

Si l'on n'en a pas emprunté davantage, ce n'est ni défaut de bonne volonté ou de résignation des Actionnaires, ni manque d'empressement de la part du Public à apporter son argent. Pourquoi donc

l'Adminiſtration n'a-t-elle pas profité de ces circonſtances favorables pour mettre le projet à ſa perfection , & ſe porter le plutôt poſſible au point de
ſplendeur où peut atteindre la Compagnie? Autre
point de diſcuſſion dont s'occuperont probablement
les Députés, & qui doit faire un des objets les plus
eſſentiels à leur examen.

Il ne faut pas diſſimuler, Monſieur, que les Directeurs prétendent que le dernier Emprunt des 12
Millions en Loterie n'eſt pas un emprunt, que ce
n'eſt qu'un ſecours momentané, puiſque ces fonds
doivent être reſtitués dans le cours de cinq ans.
Mais nouveau reproche à faire à ces Meſſieurs.
Pourquoi choiſir la maniere d'avoir de l'argent, qui
remplit le moins ſon objet, & qui ne diſpenſant pas
d'en faire un Emprunt poſtérieur, prolonge la ſituation critique de la Compagnie, & la tient toujours
dans un état précaire? Vous ſentez tout de ſuite,
Monſieur, à quelle foule de réflexions donne lieu
ce mauvais raiſonnement : que de reproches de toute eſpece on pourroit accumuler contre une Adminiſtration auſſi mal dirigée, auſſi variable, auſſi in-
conſéquente. Je laiſſe travailler votre imagination
dans votre ſolitude, & je reviens au ſyſtême dont
je vous ai donné le réſultat. Nos Directeurs par-
tent de-là, & en leur accordant ce qu'on pourroit
leur conteſter, que la loterie des 12 millions n'eſt
pas un emprunt, ils établiſſent que leur proſpectus
ultérieur de la ſituation de la Compagnie rentre dans
celui de 1764, & qu'en ajoutant aux 24 millions à
peu près empruntés déjà, les 23 millions qui reſtent
à trouver, cela ne forme qu'un total de 47 millions
d'engagemens, excédens, il eſt vrai, de 5 millions les

42 qui faifoient la maffe dont on paroiffoit feulement avoir befoin dans le premier plan; que cette
différence même devient nulle, fi l'on fait attention
que l'on avoit calculé dans celui-ci le profit des
ventes à 90 pour 100 de bénéfice, lorfqu'il n'en a
donné réellement que 75 : ce qui fait 15 pour 100
de moins. Vous allez dire à cela, Monfieur, qu'il
faut mieux calculer; qu'on ne peut ftatuer fur rien
fi l'on ne part pas des points fixes, & que les projets nouveaux étant fondés fur des apperçus non
moins fujets à erreur, on ne fait plus à quoi s'en tenir, & qu'il n'y a pas plus de raifon pour s'y fier
qu'aux précédens. Tout cela prouve, Monfieur,
combien il eft néceffaire de fuivre de près une Adminiftration fi peu fûre. Je vous rendrai compte la
prochaine fois de ce qu'auront décidé les Députés
fur le point le plus effentiel, quant à préfent, c'eft-
à-dire fur l'emprunt des 18 millions.

On affure que certaines gens fe flattent qu'il ne
pourra avoir lieu, que la Compagnie fera obligée
de fe diffoudre, & qu'une nouvelle Compagnie, qui
dès 1764 étoit déjà difpofée à embraffer ce Commerce, n'attend que cet événement pour fe fubftituer
à notre place, & s'enrichir où nous nous ferons
ruinés.

Jai l'honneur d'être &c.

Paris, ce 19 Mars 1769.

CINQUIEME LETTRE,

D'un Actionnaire de la Compagnie des Indes à un autre Actionnaire.

L'ASSEMBLÉE générale, Monsieur, tenue hier 29 Mars, a commencé à 9 heures du matin, & n'a fini qu'à plus de 3 heures. Elle étoit fort nombreuse, mais tout s'y est passé avec autant d'ordre & de décence que dans la derniere. On doit attribuer l'heureux changement qui s'est fait dans ces cohues, précédemment si tumultueuses, à la politesse & à la simplicité de M. le Contrôleur général, qui, comme j'ai eu l'honneur de vous le marquer dans ma derniere Lettre, a donné l'exemple de la plus grande aménité & de l'esprit le plus conciliant. Plusieurs Actionnaires ont parlé, & presque tous avec plus ou moins d'applaudissement: il n'en est aucun dont le Mémoire ne contînt des vues très utiles & des recherches faisant honneur à ses connoissances. Si le grand nombre n'est pas entré dans la question, si plusieurs s'en sont écartés, & si aucun n'est resté dans le centre fixe, c'est une preuve de la rareté de cette rectitude de jugement, essentielle à tout homme qui raisonne en public, & qui se concentrant au point véritable, ne le laisse jamais en deçà, & l'empêche toujours de s'écarter au delà de son sujet. Je ne puis mieux, Monsieur, vous mettre au fait de cette séance, qu'en vous détaillant par ordre ce que chacun a écrit & a dit, & en vous donnant le résumé des divers sentimens de ceux qui se sont crus en état de s'expliquer.

M. de Bruny, l'un de Syndics & l'Orateur ordinaire de l'Administration, a ouvert la séance en
annonçant son objet. Il a dit que Messieurs de l'Administration étoient d'autant plus contens du travail
des Députés, qu'ils avoient vu que leur résultat étoit
à peu près le même, & qu'ils s'étoient rencontrés
exactement dans les bases de leur calcul. Cet éloge,
que ce Syndic a jugé à propos de donner à ses confreres, auroit pu, Monsieur, être absolument contes-
té par les Députés, comme vous l'observerez par la
suite, puisque l'article seul de l'Emprunt qui est le
plus capital à présent, & que ces Messieurs ne faisoient monter qu'à 18 millions, va à près de 21,
suivant le résultat de Mrs. les Députés. Ceux-ci
ont eu la bonté, ou plutôt la foiblesse, de ne pas réclamer contre une assertion aussi hazardée, & ont
paru l'approuver par leur silence.

Ensuite, M. L'Heritier, l'un des Syndics, a relu
l'objet de la mission des Députés, roulant sur 3 chefs :
1º. L'examen du Bilan de la Compagnie : 2º. La
quotité de l'Emprunt à faire & la maniere d'y procéder. 3º. La vérification des abus de l'Administration
& les moyens d'y remédier. Pour satisfaire au premier article, il a rendu compte de l'examen fait par
les Députés de l'état actuel de la Compagnie. Il
s'est jetté dans une quantité de calculs, de détails,
beaucoup trop longs & très inutiles ; dont le résumé
est que l'actif de la Compagnie en 1764 se montoit
à 230,633,050 Livres, & que le passif étant con-
staté pour 188,418,518 Livres, il restoit à la Compagnie, distraction faite des Actions, 42,214,548 Liv.
Et qu'en 1769, où nous sommes, l'actif étant de
287,618,771 Liv. & le passif de 233,914,503 Liv.

Il reſte net 53,704,203 Livres: que la Compagnie a donc bénéficié de 11,489,720, Livres depuis 1764.

M. d'Epremeſnil a pris la parole, après ce compte rendu, & n'a pas diſſimulé que de ce travail il avoit réſulté un ſchiſme dans le ſein des Députés: que des huit, trois en avoient conclu la néceſſité de la diſſolution de la Compagnie, contre cinq qui perſiſtoient à la maintenir bonne & avantageuſe; que M. Panchault, ſoutenu de Mrs. de la Rochette & Dupin, étant du premier avis, avoient fait un Mémoire en conſéquence, qu'ils alloient ſoumettre aux réflexions de l'Aſſemblée: qu'il y répondroit enſuite.

En effet, M. Panchault a fait part de ce Mémoire, bien propre à frapper les Actionnaires d'une terreur ſalutaire, & à leur faire connoître les vices de la machine de la Compagnie. Bien loin de flatter, comme a fait juſqu'ici l'Adminiſtration, de nous faire tout voir en beau, il a cavé au plus fort, & mettant tout au pire, il a démontré que l'augmentation de l'actif n'étant qu'éventuelle, & celle du paſſif déjà arrêtée par des engagemens conſentis, dont les termes fatals commençoient à nous menacer de très près, il n'étoit pas prudent, il étoit même plus que téméraire, de nous engager à faire de nouveau un commerce dont le moindre dérangement pouvoit nous précipiter dans une ruine irrémédiable & entraîner nos créanciers avec nous. Qu'en admettant même, comme ſur le bénéfice de 11 millions qui doit ne l'être qu'en 1771, ce bénéfice étoit trop peu de choſe relativement à la miſe dehors des Actionnaires, & rendoit tout au plus l'intérêt de l'argent à 5 pour 100; que ſi l'on mettoit en balance les hazards

de

de toute efpece, dont le moindre contre - nous pourroit abforber ce bénéfice, il fe trouvoit que la Compagnie devoit tôt ou tard avoir une fin funefte : qu'en
vain fe flatteroit - on de pouvoir, par un commerce
plus lucratif, balancer ces dangers, & fe préparer
aux événemens finiftres; que, pour ne s'arrêter qu'à
celui de Bengale, il étoit démontré que ce commerce de 117 pour 100 de bénéfice, rendu en 1764,
avoit fucceffivement décrû jufqu'à 66 pour 100 à la
derniere vente ; & que ce déchêt ne pouvoit malheureufement qu'augmenter par la concurrence des Anglois, toujours à même de nous faire rehauffer les
achats fur les lieux, & de nous faire diminuer nos
retours en Europe, au point que nous ferions depuis
longtems en perte dans le cas où ils confentiroient
à ne point bénéficier.   Après cette premiere partie,
malheureufement trop lumineufe & trop fenfible, fur
la néceffité d'une diffolution actuelle & de renoncer
abfolument au commerce de l'Inde, il a propofé de
tourner la Compagnie des Indes en une Caiffe d'efcompte, telle qu'elle en a déjà eu une, dont les
Actionnaires préfens feroient propriétaires au moyen
d'un appel de 600 Livres par Action, pour acquitter
les dettes urgentes dont on a parlé, ou auxquels feroit fubftituée une Compagnie toute prête à les remplacer , & dont alors ils deviendroient feulement
créanciers, à raifon de 10 Livres de rentes par Action fur le pied actuel. Cette feconde partie n'a
pas été vue du même œil que la premiere: on a
trouvé que M. Panchault, comme tous les politiques, favoit beaucoup mieux détruire qu'édifier.

M. d'Epremefnil a cherché à balancer les impreffions dont il a cru voir les Actionnaires atteints par

la lecture du Mémoire de M. Panchault: il faut avouer que sa réponse étoit plutôt une déclamation qu'une replique raisonnée & capable de detruire les principes de son adversaire. Après des phrases de réteur, il a voulu établir que le Commerce de la Compagnie étoit bon lui-même ; que les risques qu'elle avoit à craindre des élémens & des hazards politiques, comme la guerre, n'étoit pas au point de détruire les bénéfices qu'elle pouvoit se procurer en tems en paix. Il a renversé ensuite le nouveau projet de M. Panchault, & c'est ce qu'il a fait victorieusement, en démontrant que pour 22 à 23 millions la Compagnie moderne se trouvoit tout-à-coup substituée à une propriété de plus de 200,000,000 Livres de la Compagnie actuelle.

Si cette chûte a fait plaisir aux Actionnaires, & a prouvé que cet Avocat du Roi ne savoit pas moins bien détruire que l'autre, on a vu avec peine que cet orateur avoit beaucoup plus promis qu'il n'avoit tenu dans la premiere partie de son discours, en établissant que le commerce de la Compagnie étoit bon en lui-même. Il a prétendu qu'il falloit distinguer en fait de commerce, les dépenses essentielles au commerce, & celles faites par le commerce; que les premieres étant liées à la chose même, si elles excédoient son bénéfice, le commerce devenoit alors à charge & qu'il falloit y renoncer: qu'au contraire, les dépenses occasionnées par le luxe, par l'ineptie, par la vanité, par la mauvaise foi, la négligence, étant absolument étrangeres au commerce, il ne falloit les mettre sur son compte que comme autant de bénéfices, qui, étant mieux économisés, en auroient produit de nouveaux. D'après ces principes établis, on croyoit que M. d'Epremefnil alloit faire voir que dans le Commerce de la Compagnie des Indes, y ayant beaucoup de dépenfes de cette efpece, on en devoit conclure qu'il avoit rendu beaucoup, & pouvoit rendre davantage par une meilleure adminiftration ; qu'il étoit poffible de pourvoir à cette meilleure adminiftration, & d'empêcher que tout le gain des Actionnaires ne fe diffipât par les caufes étrangeres qu'il venoit de développer. Voilà ce qu'il avoit à démontrer, & ce qu'il n'a pas fait. Auffi fon adverfaire eft-il refté maître du champ de bataille, & tous les Actionnaires fenfés n'en ont été que plus convaincus d'une diffolution néceffitée.

M. le Comte de Lauraguais a voulu repliquer au difcours de M. d'Epremefnil, & venant à l'appui de M. Panchault, il a prétendu que bien loin même que les 11 millions du prétendu bénéfice fuffent réels, il ne voyoit qu'une perte véritable. Ce Seigneur, plein d'efprit & de faillie, emporté par la fougue de fon génie, s'eft perdu enfuite en phrafes inintelligibles, & n'ayant rien prouvé, il a réfulté de fon difcours qu'il ne voyoit en ce qu'avoit dit M. d'Epremefnil que des affertions vagues, des efpérances chimériques, une crédulité vaine. Sur quoi l'Avocat du Roi ayant ripofté, il s'eft établi un commerce de plaifanteries entre ces deux Meffieurs, peu digne de l'Affemblée & de l'importance de la matiere.

M. Duval s'eft levé à fon tour, & ne pouvant détruire le Mémoire formidable de M. Panchault, il l'a apoftrophé, en lui demandant de quel droit il avoit agité une matiere qui n'étoit point contenue

dans les objets de la miffion des Députés? Ces reproches étoient trop mal fondés pour mériter beaucoup de difcuffion, puifque fi cet objet n'étoit pas
explicitement compris dans ceux pour lefquels les
Députés avoient été nommés, il l'étoit implicitement
dans les conféquences qui devoient réfulter de leur
travail.

M. le Marquis de Sanfay a lu une efpece de réfumé de ce qui venoit de fe paffer, & a remarqué
qu'il ne voyoit pas encore que la partie des Députés, tenant pour la continuation de la Compagnie,
eût rempli le point effentiel, c'eft-à-dire, fe fût ex-
pliquée fur l'Emprunt & la maniere de le faire: point
inévitable dans tous les cas, dans celui même de
diffolution, & qu'on voyoit bien dans le Mémoire
de M. Panchault par le remede prompt & efficace
qu'il apportoit au mal urgent, en taillant dans le
vif, il eft vrai, mais enfin en habile homme & en
grand politique.

A cela M. d'Epremefnil & fes confreres font convenus n'être point encore prêts, & s'être trop occupés de l'exiftence de la Compagnie, qu'attaquoient
leurs adverfaires, pour avoir eu le tems d'avifer au
refte.

Sur quoi M. le Duc de Charoft a fait auffi fes
réflexions très judicieufes, & a été d'avis de renvoyer de nouveau à Mrs. de l'Adminiftration, conjointement avec Mrs. les Députés, pour avifer à cet
objet, toujours plus urgent.

M. Necker, qui jufques-là avoit été très réfervé,
a pris la parole enfin, & a prétendu qu'on ne pouvoit parler de la diffolution de la Compagnie ou de
fa continuation que lorfqu'on faura les intentions de

8. M. à cet égard; que cette Compagnie ayant été entreprise dans l'Etat, devoit continuer, quelle qu'en fût l'issue, si elle étoit jugée nécessaire au bien-être de ce même Etat; cesser, au contraire, & s'annihiler dès qu'elle lui seroit préjudiciable.

On ne sait si M. Necker avoit avancé adroitement ce système royaliste pour sonder le Ministere, & l'obliger de s'expliquer; mais M. d'Invau, toujours inaltérable, n'ayant rien répondu, M. Necker a continué, & a prétendu qu'en laissant subsister la Compagnie elle pouvoit largement, tous frais réels ou possibles déduits, sur un Armement de 15 millions de mises dehors, donnant une vente de 26 à 27 millions, droits du tonneau compris, produire 1,900,000 Livres de bénéfice; ce qui n'étoit point à négliger: qu'en cas de dissolution, au contraire, le système de M. Panchault étoit impratiquable, & il falloit en inventer un autre; ce qu'il n'a pas eu de peine à persuader.

N'ayant rien de mieux à faire, on a conclu à voter incontinent sur les deux avis ouverts par les Députés, de la dissolution ou de la continuation: à quoi ayant été procédé par appel, il s'est trouvé 183 voix pour la continuation, contre 63 pour la dissolution. Et, ne vous y trompez pas, Monsieur, quelque supérieure que soit cette prépondérance de voix, il n'en est pas moins vrai que le grand nombre, & le très grand nombre des Actionnaires, est pour la dissolution. Mais, 1. Les voix ayant été données publiquement, beaucoup ont parlé par respect humain, contre leur sentiment intérieur, & se font fait un point d'honneur de regarder ce vœu comme un zele patriotique. 20. Plusieurs sont convenus que ce vœu étoit plutôt un defir qu'une vo: lonté réelle. 3o. Les gens fenfés ont envifagé qu'il feroit toujours tems de revenir à la diffolution, s'il étoit démontré impoffible de fe maintenir, ou que les fecours fuffent introuvables : qu'au contraire, en fe coupant étourdiment bras & jambes, on s'ôtoit toutes reffources. 4o. M. Panchault a préfenté fon objet d'une façon trop défavantageufe pour les Actionnaires, & plufieurs, révoltés de la façon légere dont il les expédioit, fe font roidis contre leur propre opinion jufqu'à ce qu'il fe préfente un fyftême plus favorable. Je ne ferois donc pas furpris, Monfieur, d'avoir à vous annoncer dans ma prochaine Lettre l'extinction de cette même Compagnie.

Par la délibération on eft convenu que Mrs. les Syndics & Directeurs, conjointement avec Mrs. les Députés, fe raffembleroient de nouveau pour prendre un parti définitif fur l'Emprunt. Mais comment peut-il avoir lieu? C'eft une queftion fi difficile à réfoudre, que de cette impoffibilité même il réfulte de nouvelles raifons de fe diffoudre. C'eft au lundi 3 Avril que doit avoir lieu l'affemblée définitive à ce fujet, & c'eft dès le 15 du même mois que tombent les premiers de nos engagemens. Jugez, Monfieur, combien les momens font chers, & dans quel effroyable précipice nous fommes prêts à tomber, par la fécurité où nous a laiffé l'Adminiftration. Auffi, M. de Sanfay, un des anciens Syndics, eftil venu à plufieurs reprifes pour qu'on infere dans la délibération, une Commiffion précife aux Députés de favoir les caufes de cette réticence fatale. Mais cette connoiffance, toute importante qu'elle eft, n'ayant pas été trouvée effentielle pour le moment, on a jugé à propos de fe concentrer uniquement dans l'objet de l'Emprunt. Je m'arrête fur des réflexions ultérieures à cet égard, & ne prématuro point les événemens.

J'ai l'honneur d'être, &c.

Paris, le 30 Mars, 1769.

SIXIEME LETTRE

D'un Actionnaire de la Compagnie des Indes à un autre Actionnaire.

Ce que j'avois prévu, Monfieur, eft arrivé, & quoiqu'à l'Affemblée du 29 Mars la continuation de la Compagnie eût été arrêtée à la très grande pluralité des fuffrages, on a forcé dans celle du 3 Avril les Actionnaires à porter eux-mêmes le coup fatal à cette Compagnie, en les faifant délibérer fur un point qui ne pouvoit ni ne devoit être agité. Je vais continuer à vous inftruire en détail de l'ordre des faits, & de ce qui s'eft paffé dans cette affemblée plus longue encore que les autres, plus flottante, plus orageufe, & où le Defpotifme qui jufqu'ici s'étoit paré de toutes les graces de la bienveillance, de l'aménité, en prononçant encore le mot de *Liberté*, a levé fon front altier & appéfanti fon joug formidable.

M. de Bruny a lu d'abord le journal de ce qui s'étoit paffé dans les Comités particuliers de l'Adminiftration & des Députés, d'où il réfulte : 1º. Que la quotité de l'Emprunt, en cavant au plus fort, doit être de 30 millions, dont 20 millions à trouver cette année, & 10 millions en 1770. 2º. Que ne pouvant avifer fur le champ à un pareil Emprunt, par plufieurs raifons, on fe contenteroit d'un Emprunt provifoire. 3º. Que cet Emprunt momentané ne pouvant qu'être très onéreux, il falloit le faire le moins fort & le plus bref poffible. 4º. Que toutes ces confidérations prifes, on l'avoit fixé à 11 millions, fonds fuffifant pour couvrir les befoins de la Compagnie jufqu'en Septembre compris & par une voie de Loterie rembourfable en Janvier & Février fuivant, fur les fonds revenant de la vente de cette année.

M. de Bruni a ajouté, qu'après avoir appellé à ces délibérations, différens Banquiers, Notaires & autres Actionnaires, toute l'affemblée, au nombre de plus de 30, avoit été prefque unanime ; mais qu'en ce moment, c'eft-à-dire le 31, étoit furvenue une Lettre de M. le Contrôleur général, dont il a fait lecture.

Cette Lettre, fort longüe, porte en fubftance, que fur le compte que M. le Contrôleur général a rendu au Roi des affemblées des 14 & 29 Mars, S. M. l'avoit chargé d'écrire aux Députés, que fon intention étoit qu'ils examinaffent de la façon la plus férieufe l'état véritable de la Compagnie; qu'ils pefaffent fcrupuleufement les avantages & défavantages de fon commerce, & qu'ils ne la miffent d'aucune façon dans le cas d'altérer fa propriété & celle de fes créanciers : que le Roi ne pouvoit confentir à un Emprunt provifoire, que l'Emprunt permanent n'eût été arrêté, & qu'on n'eût affigné une hypotheque : que dans le cas où la Compagnie ne pourroit continuer fon Commerce, S. M. vouloit bien la décharger de fon privilege , & accorder aux Négocians la libre navigation de l'Inde : que fi le Comité eftimoit que les Actionnaires puffent & duffent continuer leur Commerce, on eût à préfenter des moyens propres à remplir les engagemens actuels, & de telle forte qu'on ne fût plus dans le cas d'y revenir : que de ceux qu'on auroit à propofer, S. M. interdifoit tout Emprunt par voie de loterie & par viager.

Tous les projets, Monfieur, fe trouvoient renverfés par cet incident ; auffi le Comité fut-il d'avis de députer fur le champ à M. le Contrôleur général, à l'effet de le fupplier de repréfenter au Roi, que le court délai des échéances qui menaçoient la Compagnie, ne permettoit pas de fonger à l'Emprunt définitif, & que la néceffité d'amorcer les prêteurs d'argent exigeoit une des deux voies profcrites. M. le Contrôleur général reçut la Députation avec bonté , & donna des efpérances fur le fuccès des repréfentations. En conféquence ces Meffieurs refterent au point où ils étoient, & c'eft ce qui a terminé le difcours de M. de Bruny.

M. L'Héritier eft revenu enfuite fur les calculs de la pofition de la Compagnie, & il a déclaré qu'il s'étoit gliffé une erreur de près de 4 millions par un double emploi fait dans le paffif de la Compagnie, qui fe trouvoit chargée d'autant moins. Enforte que fon actif étant de 287,619,071 Livres, fon paffif de

229,843,700 Livres, l'excédent étoit porté à 57,735,371
Livres, dont il est vrai qu'il ne se trouvoit qu'environ trois millions à hypothéquer sur le Contrat de
180 millions, qui n'étoit plus libre que de 173,234
Livres de rentes; le surplus ne consistant que dans
des fonds à rentrer, dans le mobilier de la Compagnie, dans les édifices, vaisseaux, &c. Ce qui
étoit susceptible de plus ou de moins de réduction
dans l'estimation, au cas qu'on voulût y assigner une
hypotheque.

Sur quoi M. le Contrôleur général a pris la parole & a lu un discours, dont le résultat est que S. M.
ne veut point que la Compagnie fasse un Emprunt
provisionnel, qu'elle ne soit décidée à un Emprunt
formel & positif; & que n'ayant de gages à donner
pour cet Emprunt, que la propriété du capital de ses
Actions distraite & déclarée inaliénable par l'Edit de
1764, il faut que les Actionnaires commencent par
se décider sur ce point, & donnent leur voix par
scrutin, pour plus de liberté dans les suffrages. Du
reste, S. M. déclaroit de nouveau par l'organe de
son Ministre, qu'Elle laissoit la plus grande liberté
aux Actionnaires. Qu'au surplus, s'ils étoient décidés à la dissolution, la sagesse de S. M. avoit déjà
prévu tous les cas possibles, & avoit par devers Elle les moyens de faire faire le Commerce. Dans ce
même discours, M. Maynon annonçoit que le Roi
avoit eu connoissance du projet de la Caisse d'es-
compte & l'approuvoit.

Ce discours, Monsieur, étoit le résultat du Conseil tenu la veille 2 Avril, & a occasionné beaucoup de débats, mais inutilement. En vain, dit-on,
que S. M. n'avoit voulu sans doute obliger les Ac-

tionnaires à voter fur ce point, que dans le cas où il ne fe trouveroit pas d'autres moyens de donner un gage aux créances qu'on vouloit contracter; que plufieurs Actionnaires avoient des projets à cet égard, qu'il falloit difcuter. En vain reprefenta-t-on que cette queftion même ne pouvoit s'agiter, parce que la pluralité n'avoit pas le droit de décider en pareil cas; qu'aucun Actionnaire n'étoit le maître d'engager la propriété de fon voifin; que cette propriété étant déclarée inaliénable par une loi folemnelle, enrégiftrée au Parlement, il falloit que le Souverain y dérogeât auparavant, par une nouvelle loi qui reçut la même fanction. Toutes ces réflexions ne fervirent qu'à prolonger la féance, & M. le Contrôleur général, avec fon affabilité ordinaire, mais fans fe départir du plan propofé, força la Compagnie à fe déclarer fur cet article. Vous vous doutez bien, Monfieur, que le grand nombre fe refufa à l'hypotheque, & ce parti l'emporta de 164 voix contre 76. Ce refus eft fans contredit ce que la Cour demandoit, & fur quoi elle comptoit. Quoique M. le Contrôleur général n'ait pas argumenté fur le champ pour la diffolution, cette conféquence étoit préparée d'avance par ce qu'il venoit de lire, & les plus fenfés d'entre les Actionnaires regardent la Compagnie comme anéantie.

Cependant M. le Contrôleur général foutenant fon caractere de modération & de tranquillité, n'a point défapprouvé qu'on ait fait enfuite lecture du projet de M. Necker, celui que les Députés avoient goûté le plus, & qui opéroit l'Emprunt des 11 millions demandés. Cet Emprunt confifte en 36,920 billets de 300 Livres, c'eft-à-dire en autant de billets qu'il y a d'Actions, tous remboursables en Janvier & Février prochain, sur les produits de la vente de la fin de l'année, & susceptibles des chances de 3,700 lots, faisant une somme de près de 900,000 Livres; ce qui coûtera à la Compagnie près de 10 pour 100 pour un secours momentané, & absorbera presque tout le profit de cette vente.

M. Duval ayant prétendu que cet Emprunt, comme très onéreux, devoit & pouvoit être restreint à 6 millions, a voulu lire un projet, qui n'a point été écouté.

M. Panchault, que plusieurs Actionnaires regardent comme le destructeur de la Compagnie & son ennemi mortel, s'est opposé aussi au projet de M. Necker, comme ruineux. Il a proposé de faire une souscription volontaire de 3 à 4 millions, fonds qu'il regardoit comme suffisans aux besoins de la Compagnie pour les mois d'Avril & de Mai. Il a prétendu que tout Actionnaire honnête & zélé pour la Compagnie ne pouvoit se refuser à ce secours, & se contenteroit très bien de 5 pour 100. Il a donné l'exemple, & a dit qu'il souscriroit pour 100,000 Livres, entre les mains de M. le Contrôleur général. M. le Comte de Lauraguais l'a suivi, & a souscrit pour 24,000 Livres; M. de la Rochette, pour 15,000 Livres. Le croiriez-vous, Monsieur? Cet effort patriotique, & qu'on ne doit attribuer qu'au zele le plus pur & le plus noble, a été hué; & les sangsues de la Compagnie, ces Banquiers avides qui s'engraissent de sa subsistance, & ne s'intéressent à sa conservation qu'autant qu'il lui restera assez d'embonpoint pour satisfaire à leur voracité, ces hommes sans front & sans pudeur, n'ont pas rougi de

fe montrer à découvert dans une affemblée auffi publique & auffi nombreufe, & ont tous voté pour le
projet de M. Necker, comme le plus utile à leurs intérêts, ou plutôt il a été adopté par acclamation,
& le vulgaire aveugle a confacré par fes fuffrages
ce monument de la cupidité de fes auteurs, & de
l'imbécillité de fes victimes.

En vain M. Nau, Actionnaire, a demandé à lire
un projet, qu'il a affuré être très clair, très fimple
& le moins à charge poffible. L'ivreffe avoit gagné
au point qu'on n'a pas voulu l'entendre, & l'on a
procédé à former la délibération de cette affemblée, dont le réfultat a été de charger de nouveau
les Syndics, Directeurs & Députés de revoir le projet de M. Necker, de le modifier, de le reftreindre
& de le mettre en état d'être préfenté à M. le Contrôleur général ; qui de fon côté a promis de le faire voir au Confeil, & de faire changer, s'il étoit
poffible, S. M. fur fa volonté déterminée à ne confentir à aucun Emprunt provifionnel, que l'Emprunt
définitif n'ait été arrêté. Enfuite M. de Sanfay étant
encore revenu fur la néceffité d'examiner par quelle
fuite de faits & de circonftances la Compagnie n'a-
voit été amenée à délibérer qu'au 14 Mars fur un
Emprunt à faire pour fatisfaire à des engagemens
dont les échéances tomboient dès le mois d'Avril,
il a enfin obtenu que cet article fût ajouté à la miffion des Députés, malgré les réclamations de M.
Clénard, Syndic, qui fe fentoit coupable fans doute, puifqu'il s'oppofoit à des éclairciffemens qui ne
peuvent que tendre à fa juftification, s'il eft innocent.
Par la même Délibération, le Comité eft autorifé à
recevoir de nouveau tous les Mémoires & Projets

tendans à éclaircir l'Emprunt permanent. Du reste, quand il a été question de prendre un jour pour se raffembler, M. le Contrôleur général a déclaré qu'il prendroit les ordres du Roi : d'où les Politiques ont conjecturé de nouveau, que nous ne connoîtrions déformais les intentions de S. M. que par des Arrêts du Conseil ou des Edits. C'est ce qu'on attend avec impatience.

La gravité de la matiere & la liaison néceffaire des faits ne m'ont pas permis, Monfieur, de placer le récit d'une plaifanterie qui a beaucoup amufé la Compagnie, & a fait quelque diftraction à la douleur des vrais Patriotes.

Dès la veille de l'Affemblée il eft parvenu à quelques Actionnaires une facétie intitulée: *Profpectus de la pompe funebre de feue très-haute, très-puiffante, très-excellente Princeffe, Madame la* COMPAGNIE DES INDES, *Souveraine de la Presqu'île de l'Inde. & ci-devant des Iles de France, de Bourbon & du Port l'Orient, &c.* Vous jugez par ce titre, Monfieur, quelle doit être cette pasquinade, très plaifante pour les gens au fait, c'est-à-dire pour ceux qui connoiffent les principaux perfonnages, & ont affifté à l'Affemblée du 29 Mars, à laquelle on fait furtout allufion. Il eft certain qu'il y a des traits fanglans contre M. Boutin, M. le Duc de Duras, M. d'Epremesnil, M. Necker, &c. mais malheureufement vrais. M. de Sanfay, dans un enthoufiafme d'honnêteté, a voulu dénoncer à l'affemblée cet écrit fcandaleux, mais on lui a ri au nez & l'on en eft refté-là.

Pour revenir à ce qu'il y a de plus férieux, vous voilà inftruit, Monfieur, de l'effentiel de la dernie-

re féance & de ce qui l'a précédé. Vous avez matiere à réflexions, & je ne veux pas encore vous
communiquer les miennes, pour vous laiffer tout le
tems de creufer cette matiere importante. Je ne
crois pas d'ailleurs qu'on nous laiffe longtems dans
nos fpéculations, & je ne doute pas que d'ici à quelques jours, le Gouvernement ne s'explique d'une
maniere définitive fur le fort des Actionnaires.

J'ai l'honneur d'être &c.

A Paris, ce 4 Avril 1769.

SEPTIEME LETTRE

*D'un Actionnaire de la Compagnie des Indes à un
autre Actionnaire.*

Vous êtes un ancien Actionnaire, Monfieur,
vous remontez à l'origine par vos ancêtres, & cette Action, qui ne vaut aujourd'hui que 1600 Livres
de capital & 80 Livres de rentes, vous revient à
25,000 Livres. Vous auriez plus de raifon qu'un
autre de defirer l'extinction d'une fociété qui vous
a été fi funefte; cependant vous y tenez encore:
vos malheurs mêmes vous y attachent par je ne
fais quel efpoir vague, dont vous reconnoiffez trop
bien la chimere; vous vous flittez que des circonftances heureufes pourroient réparer tant de pertes
fucceffives: en un mot, vous êtes à l'égard de la
Compagnie des Indes comme un amant envers une

maîtreffe qui le ruine & qu'il ne peut quitter; ou plutôt joueur ardent & infatigable, la fureur de courir après votre argent vous aveugle, & vous vous y acharnez d'autant plus que vous perdez davantage : vous croyez que tout bon citoyen doit voir cette diffolution avec peine, même fans y être intéreffé. Vous la jugez contraire à la faine politique & vous ne concevez pas que le Miniftre puiffe fe réfoudre à détruire d'un coup de plume, une machine, inftituée par le grand Colbert, incorporée en quelque forte avec celle de l'Etat, & dont la confervation a coûté tant d'argent & tant de fang à la France. D'ailleurs on attaqueroit par-là la propriété d'une infinité de citoyens de tout ordre, & ce feroit une extrême injuftice de le faire fans leur acquiefcement.

Vous convenez cependant qu'il faut que le mal paroiffe bien irrémédiable & bien urgent, pour avoir recours à l'expédient étrange d'une loterie, qui contre tous les ufages de l'agiot, n'eft à charge qu'à celui qui la propofe. En effet, Monfieur, vous avez raifon : la Compagnie, à la fin de Septembre fe trouvera dans le même embarras où elle étoit au mois d'Avril, c'eft-à-dire avec les mêmes 30 millions à emprunter : plus 711,000 Livres à payer & à prendre fur le plus clair & le plus liquide des bénéfices de la vente. Tout ce qu'on a gagné par ce palliatif violent, ce font fix mois de tems pour fonder le mal plus à l'aife, vifiter en détail toutes les playes dont la Compagnie eft couverte, & chercher le moyen de réparer tout le tort infini que lui ont fait l'impéritie, la mauv... ... ... onnerie des premiers charlatans qui ... ... la cure.

...ais,

Mais, cette cure même est-elle possible? & en le
suppofant, ne feroit-elle pas plus funefte que le
mal? Deux queftions fur lefquelles je vais vous
propofer mes réflexions : je les foumets aux vôtres.

Avant tout, obfervez, Monfieur, que dans l'affemblée du 31 Août dernier, fuivant le compte de
l'Adminiftration que lut M. de Bruny, il ne fut question que de 14 millions à emprunter, encore ne fe
regardoit-on pas comme fans reffource pour y fuppléer. Dans celle du 14 Mars de cette année, ce
même Emprunt eft devenu indifpenfable, fuivant le
Bilan de la Compagnie, & a été porté à 18 millions
pour le moment, & on a laiffé entrevoir qu'il faudroit l'accroître jufqu'à 23 millions les années fuivantes. D'après le réfultat du travail des Députés
dont M. L'Héritier fit le détail le 29 Mars, M.
Panchault conclut dans fon Mémoire que cet emprunt ne pouvoit pas aller à moins de 25 à 30 millions. L'Affemblée du 3 Avril a fixé cette quotité au plus fort, & M. Clénard, l'un des Syndics,
a prétendu qu'il faudroit peut-être l'élever jufqu'à
40 millions. Il eft vrai qu'on hua cette affertion.
Mais d'après toutes les variations des calculs, qui
n'ont jamais été qu'à notre défavantage, & ont toujours empiré notre fituation, que ne doit-on pas
craindre ? Au moins s'enfuit-il que ces Meffieurs
n'ont aucun point fixé; que l'état de la Compagnie
n'étant point arrêté définitivement, faute d'inftructions & de comptes néceffaires, ils n'ont raifonné
que par conjectures, par inductions, par probabili-
tés, & qu'à juger du paffé par l'avenir on ne peut
faire fonds fur leur travail. Premiere difficulté de
la part des Actionnaires intimidés par-là, fi l'on fait

Q

un Appel, ou des porteurs d'argent, dont on affoiblit la confiance, fi l'on fait un emprunt.

La feconde difficulté naît du défaut d'hypothéque. En effet, Monfieur, quoique fuivant le dernier bilan de la Compagnie, arrêté définitivement par nos Députés, l'actif excede le paffif de près de 58 millions, par le refus des Actionnaires de déroger à l'article 13 de l'Edit du Roi de 1764, dont je vous ai rendu compte dans ma derniere Lettre, il ne refte de gage vrai, fixe, immuable & portant un intérêt fubfiftant à offrir, que le fonds des 173,234 Livres de rentes, qui demeurent libres fur les neuf millions de rentes du Contrat de 180 millions. Le furplus confifte en argent circulant dans le commerce, en dettes liquidées ou à liquider, en fonds éventuels, en effets appréciables, comme Vaiffeaux, Agrêts, Magafins, Bâtimens, &c. tous objets qui ne rendant pour la plûpart aucun revenu annuel ne peuvent être affectés pour un emprunt à conftitution & permanent. Enforte que fur les 30 millions que la Compagnie doit néceffairement emprunter, elle n'en a pas réellement quatre d'hypotheque à donner.

D'ailleurs, en fuppofant qu'il fe trouve des prêteurs affez bonnes gens pour recevoir en gages les 58 millions en queftion, il faut obferver: 1o. Que le prétendu bénéfice excédent n'eft qu'éventuel, c'eft-à-dire ne fera bénéfice pour la Compagnie qu'en 1771, ou même 1772 pour ne pas fe tromper. 2o. Qu'en défalquant fur ce Capital toutes les réductions à faire fur les créances liquidées, par l'éloignement, les faillites, l'impuiffance des débiteurs, fur celles à liquider, par les mêmes caufes & par l'eftimation toujours trop forte qu'on fait de pareils objets, fur les effets appréciables par la difficulté de trouver des acquéreurs, & celle encore plus grande de les vendre leur valeur intrinfeque ou même relative, les 58 millions feront réduits d'un cinquieme, d'un quart, d'un tiers, peut-être de moitié, & conféquemment ne préfentent aucune affiette pour l'hypotheque, par leur nature movible, continuellement décroiffante & pour ainfi dire impalpable.

Mais la troifieme difficulté, la plus grande & la plus indeftructible, confifte dans le taux de l'Emprunt à faire. Il faut vous rappeller, Monfieur, qu'en 1771 ou même 1772, de l'aveu de ceux qui cavent au plus fort, la Compagnie n'aura bénéficié en tout depuis 1764 que de onze millions. A quoi ajoutant environ quatre millions que les Députés nous ont fait retrouver d'un trait de plume, par un double emploi dans le paffif, ce bénéfice fera, fi l'on veut, de 15 millions, c'eft-à-dire de 5 pour 100, à-peu-près, en raifon des mifes dehors. Ainfi, en partant de l'état actuel des chofes, la Compagnie n'ayant déformais aucun profit plus grand à efpérer, il s'enfuit pour que fon Emprunt ne lui foit point à charge, qu'il ne doit pas être à un denier plus fort; qu'il doit même être à un denier plus foible pour qu'elle bénéficie, ou pour compenfer feulement les avaries, échecs, pertes qu'elle doit craindre, d'autant mieux que tout lui a profpéré depuis fa renaiffance, & qu'elle n'a perdu qu'un feul vaiffeau en fix ans.

Or comment la Compagnie pourroit-elle fe flatter d'emprunter à 4 ou à 5 pour 100, tandis que par le difcrédit de fes effets, de fes actions, billets

d'emprunt, promeſſes, &c. on trouve ſur le champ
à placer ſon argent à près de 8 pour 100 ? Il ne
faut pas non plus compter ſur des moyens également avantageux en apparence pour le prêteur &
pour l'emprunteur, qui, en amorçant la cupidité du
premier, tournent eſſentiellement au profit du ſecond.
Ces reſſources adroites & ingénieuſes, telles que les
Rentes viageres ou les Loteries, lui ſont également
interdites. Et ſi l'on s'eſt prêté à celle qu'on vient
de faire, c'eſt pour un inſtant ſeulement; & d'ailleurs elle eſt ſi ruineuſe pour la Compagnie qu'on a
cru avec raiſon qu'elle ne ſeroit pas tentée d'en
faire une ſeconde de la même eſpece. Le Gouvernement, toujours affamé d'argent, eſt trop empreſſé
à l'abſorber par tous les expédiens poſſibles, & à
ne point laiſſer détourner par des canaux étrangers
cette circulation précieuſe dont il ſe fait le centre
unique, pour ne pas ſoutenir les défenſes faites dans
la premiere Lettre de M. le Contrôleur général,
dont je vous ai parlé précédemment & qu'on aſſure
confirmée par une ſeconde. Quoi qu'il en ſoit, vous
voyez, comme moi, Monſieur, que l'Emprunt des
30 millions eſt moralement impoſſible. Mais ce que
vous ne voyez peut-être pas encore, & ce que je
prétends, c'eſt que, toujours d'après la poſition actuelle de la Compagnie, cet état convulſif, tendant
néceſſairement à une diſſolution, eſt ce qui peut lui
arriver de mieux, que tous les ſecours qu'elle trouveroit à préſent ne pourroient qu'empirer ſa ſituation, quelque peu onéreux, quelqu'avantageux qu'ils
paruſſent.

Je fonde cette aſſertion ſur la liaiſon indiſpenſa-
ble de la Compagnie avec le Roi, ſur ſon Adminis-

tration vicieufe, & fur les difficultés infurmontables
de la réforme.

Quoique le Roi, par fon Edit du mois d'Août
1764, en confirmant la Compagnie des Indes dans
tous fes privileges & poffeffions, en fixant le fort
des Actionnaires, & en les mettant en état de reprendre le commerce interrompu par les circonftances de la guerre, eût déclaré que cette Compagnie
étoit abfolument libre, qu'il ne s'en mêleroit que
comme Protecteur & comme Défenfeur ; par la rétroceffion qui a été faite bientôt après des îles de
France & de Bourbon à S. M. ; par l'affectation du
Contrôleur général de profiter du fchifme prétendu
élevé dans le fein des affemblées pour y reparoître
de nouveau & les préfider, la Compagnie s'eft trouvée auffi affervie qu'auparavant, fans avoir les mêmes reffources à attendre, ou à exiger du Prince
comme fon affocié & comme participant à fes dommages & à fes pertes. Cependant au moyen de la
rétroceffion en queftion, S. M. a fait paffer dans
l'Inde, des Gouverneurs, des Troupes, des Officiers d'Adminiftration. Indépendamment du tort que
ce nouveau mêlange de différens Corps a dû faire
au Commerce de la Compagnie, par les divifions
qui en ont fuivi à l'ordinaire, par le defpotifme
qu'affectent toujours les Militaires fur tout ce qui
ne l'eft pas, & par l'abus inévitable de ceux qui
ont la force en main pour foutenir leur cupidité,
leurs injuftices, leurs extorfions, leurs tyrannies, il
s'eft établi une réciprocité de fervices entre le Roi
& la Compagnie, c'eft-à-dire que l'une y a tout
mis, & l'autre rien. On a fourni des Vaiffeaux de
tranfport, des vivres, des habillemens, des uften-

ciles, des munitions, & S. M. s'est trouvée bientôt redevable de huit millions environ. La Compagnie dans ses besoins a eu recours au Roi : mais le Ministre, en nous exhortant à être exacts à nos engagemens, à payer scrupuleusement nos dettes, n'a pas tenu ceux du Monarque & n'a rien payé. Et, remarquez, Monsieur, l'extrême injustice du Gouvernement, il a même refusé de convertir cette dette en Contrat qui auroit porté un intérêt, & auroit pu servir d'un gage quelconque pour une partie de l'emprunt à faire. C'est une des raisons de l'augmentation à laquelle les Députés ont évalué les besoins de la Compagnie, & voilà pourquoi de 23 millions ils les ont portés à 30 millions. Ensorte que ce retard de payement, qui ne coûte rien au Roi, qu'il prolongera tant qu'il lui plaîra, & qu'il faudra souffrir avec résignation, coûtera à la Compagnie près de 700,000 Livres d'intérêt annuel, en évaluant son Emprunt, comme je vous l'ai expliqué ci-dessus, au taux, à-peu-près, de ses effets courans. Il y a plus : c'est que cette dette ne peut que croître continuellement. Nous venons de voir l'impossibilité de faire payer le Roi. Peut-on le refuser ? Et plus la détresse de l'Etat sera grande, plus il faudra lui donner des secours : bien des gens même prétendent que des 11 millions empruntés derniérement par la Compagnie, la plus grande partie a été versée au Trésor Royal.

Encore les Actionnaires ne se plaindroient-ils pas, s'estimeroient-ils heureux de pouvoir être utiles à l'Etat & lui servir de ressource, s'ils regagnoient d'un côté ce qu'ils perdent de l'autre ; si une Administration économique, sage, active, en soutenant, en

multipliant leur Commerce, leur procuroit fans ceffe de nouvelles richeffes à facrifier au bien public.
Mais cette Adminiftration même eft fi vicieufe, qu'elle accélere & précipite leur ruine. Pour ne nous
arrêter qu'à des faits palpables à tout le monde,
eft-il concevable que tous les ferviteurs de la Compagnie, avant la guerre, pendant la guerre, depuis
la guerre, fe foient enrichis, s'enrichiffent encore,
lorfque fes affaires vont toujours de mal en pire?
N'eft-elle pas affez étendue pour tirer de fon fein
tous les gens employés à fa manutention, ou ne
pourroit-elle pas fe les attacher, fe les unir, fe les
incorporer tellement, que leur bien-être crût ou dé-
crût en proportion de la profpérité de la Compagnie, & qu'ils participaffent à fes pertes ou à fa
fortune, dont ils font les auteurs ou les agens? De
ce vice radical en découlent plufieurs autres.

1°. Les Syndics, (1) Directeurs, Subalternes &
autres, ayant des intérêts féparés de ceux de la
Compagnie, ne s'y attachent que foiblement, ne
traitent fes affaires que comme une matiere très

---

(1) Les Syndics, aux termes de l'Article 2 des Statuts, doivent bien être Actionnaires. Mais ce font les membres les
plus inutiles de l'Adminiftration. On fait qu'on les choifit
d'ordinaire dans les hommes de la cour, ou dans les gens
conftitués en grande dignité. Enforte que par leur état &
par leurs occupations, ils font peu dans le cas d'entendre
les affaires de la Compagnie ou de s'en mêler. Ce font des
honoraires & des efpeces de fimulacres pour la décoration.
Ainfi ce font ces Meffieurs qu'il feroit peu effentiel d'obliger
d'être Actionnaires, & les Directeurs, au contraire, qu'il auroit
fallu forcer à dépofer, non vingt-cinq actions, mais cent.

indifférente. De-là le défordre qui s'eft introduit dans cette adminiftration, la confufion des divers détails, l'impéritie, la négligence, l'engourdiffement que nos Députés ont rencontré dans toutes les parties de la manutention, au point que ne trouvant qu'un cahos de papiers, ils ont été obligés de faire eux-mêmes le Bilan de la Compagnie.

2°. Les membres éloignés, chargés de la geftion, n'étant point excités par aucun motif perfonnel, & ne pouvant redouter une adminiftration molle, inactive, fans vigueur & fans nerf, fe font reffentis du relâchement de la machine entiere, au point que depuis 1764 on n'a reçu aucun état, aucun compte de l'Inde, & que tous les calculs concernant cette partie très étendue, ont été faits arbitrairement & par approximation. Jugez, Monfieur quelles fuites funeftes doit avoir néceffairement une pareille indolence !

3°. La Compagnie, par fes derniers Statuts même, s'étant lié les bras fur fon adminiftration, ne s'étant réfervé aucun droit (2) d'en annuller, révoquer, deftituer, caffer les membres qui malverferoient, de les rendre refponfables de leur mauvaife manutention, de les traduire en juftice, de les foumet-

_____

(2) Suivant l'article 53 des Statuts ,, les Syndics, Directeurs, leurs hoirs & ayant caufe, ne feront refponfables en ,, leur propre & privé nom d'aucune des opérations faites du- ,, rant le cours de leur geftion, & ne pourront être inquiétés ,, ni contraints en leur perfonne & biens, pour raifon des af- ,, faires de la Compagnie, conformément à l'article 5 de la ,, Déclaration du mois d'Août 1764. "

mettre à ſon glaive, qui doit être lévé indiſtinctement
ſur tous les citoyens, s'eſt ôté juſqu'à la reſſource
d'intimider au moins les coupables, de les empêcher de prévariquer ou de continuer leurs prévarications. Et quelle prévarication plus énorme &
plus fatale que celle de laiſſer les Actionnaires dans
une ſécurité funeſte, de ne les avertir du danger où
ils ſont qu'au moment où il eſt devenu irréparable,
& de les mettre dans la cruelle alternative de diſ-
ſoudre leur ſociété ou de faire banqueroute?

4°. De cette ſéparation ou même antipathie na-
turelle des chefs d'avec les membres, eſt né cet eſprit de luxe ſi éloigné de celui de l'économie, l'a-
me du commerce & le premier principe de toute
richeſſe. C'eſt lui qui a fait donner 15,000 Livres
d'appointemens à des Directeurs trop bien payés
avec 2,000 écus. C'eſt lui qui entretient pendant
les ventes, pour ſix ſemaines ou deux mois, deux
tables de 40,000 Livres chacune, aux Adminiſtrateurs, afin que ceux-ci traitent avec ſplendeur les
habitans de l'Orient & donnent des bals aux jo-
lies femmes de cette ville. C'eſt lui qui peuple nos
Bureaux de Paris, de l'Orient & des Indes, de cette
multitude de Commis de tout ordre, de tout grade,
de toute couleur, qui ſe renvoient la beſogne les
uns aux autres, & gerent nos affaires dans cette magnifique oiſiveté avec laquelle ceux de Verſailles
gouvernent celles de l'Etat. C'eſt lui enfin qui dans
l'aſſemblée du 14 Mars dernier faiſoit faire par
l'Orateur des excuſes aux Syndics de ce qu'on n'a-
voit pas encore frappé les jettons d'or, tribut de la
reconnoiſſance de la Compagnie, lorſque cette même Compagnie étoit dans la criſe la plus violente,

qu'on en étaloit la trifte & honteufe pofition , qu'on annonçoit fa décadence, fa chûte, fa ruine & fa banqueroute prochaine.

En voilà affez, Monfieur, pour vous faire comprendre en général combien eft vicieufe l'adminiftration de la Compagnie. Ce feroit un détail immenfe d'entrer dans les abus qui en découlent: votre efprit d'ordre vous les fera appercevoir en gros, & il faudroit une plume de fer pour vous les décrire tous.

Mais ne peut-on pas réparer les défordres de cette Adminiftration, remédier aux abus, en extirper le vice radical, en un mot, la changer & la renouveller, comme vient de faire la Compagnie des Indes d'Angleterre? Je vous en fais le juge, Monfieur. Croyez-vous qu'un mal inhérent à la chofe même, qui tient prefqu'à fon effence, qui s'eft accru, fortifié, développé avec elle, puiffe être déraciné & auffi promptement qu'il le faudroit, car les abus fe gliffent toujours avec le tems & ne fe détruifent que par un coup de vigueur? Et comment des Actionnaires divifés, foibles, pufillanimes, frapperoient-ils ce coup de vigueur? Peuvent-ils lutter contre l'autorité , contre de mauvais réglemens confacrés par elle & qui ont reçu la fanction des loix? N'avez-vous pas vu dans l'affemblée du 3 Juillet 1769, avec quel defpotifme M. de Laverdy, alors Contrôleur général des finances, vint anéantir tout ce que les vrais & zélés Actionnaires avoient fait dans leur pernoctation? Combien vains furent leurs efforts pour améliorer une Adminiftration qui n'avoit pas encore acquis le degré de perverfion où elle eft?

Si la Compagnie des Indes Angloſſe vient de
changer ſon Adminiſtration, ce n'eſt qu'après trois
ans d'efforts ſoutenus & combinés de la part des
Actionnaires particuliers. C'eſt après avoir médité
ce projet, l'avoir laiſſé mûrir dans le ſilence, ne
l'avoir pas perdu de vue un ſeul inſtant, & l'avoir
fait éclater enſuite avec un courage & une vigueur
dont ne ſont pas ſuſceptibles des hommes affoiblis,
énervés ſous un Gouvernement abſolu.

Concluons, Monſieur, qu'il eſt plus aiſé de créer
une nouvelle Compagnie que de réparer les déſor-
dres de l'ancienne & de la réintégrer dans ſa véritable conſtitution.

J'ai l'honneur d'être , &c.

Paris , ce 30 Mai 1769.

HUITIEME LETTRE.

*D'un Actionnaire de la Compagnie des Indes à un
autre Actionnaire.*

DEPUIS ma Lettre du 30 Mai , Monſieur , il
s'eſt paſſé bien des choſes dont il faut vous faire
le réſumé avant de vous rendre compte de l'Aſſemblée générale du 8 Août.

Vous ſavez que l'Emprunt proviſoire (1) n'étoit

---

(1) L'Emprunt de 11 Millions, autoriſé par l'Arrêt du Conſeil du 6 Avril dernier.

qu'un moyen violent & onéreux pour gagner du tems, se concilier plus à l'aise sur l'Emprunt permanent; qu'en conséquence nos Députés (2) étoient restés chargés de toute la plénitude de leurs pouvoirs. Ils reprirent sur le champ les conférences avec Mrs. de l'Administration, & dès le 6 Avril M. le Contrôleur général ayant ouvert une Correspondance avec eux, à leur travail particulier ils furent obligés de joindre celui de satisfaire aux questions de toute espece dont le Ministre n'a cessé de les fatiguer jusqu'au jour de l'Assemblée générale.

Le premier point de discussion dans le Comité fut de fixer l'état au vrai de la Compagnie. Le second la quotité de l'Emprunt. Et le troisieme la maniere de le faire. Et ces trois questions tenant l'une à l'autre n'ont jamais été résolues irrévocablement.

Un état au vrai ne peut se terminer que par la réunion de toutes les pieces au soutien; & sans parler des autres *deficit*, on a dit précédemment qu'on n'avoit reçu aucun compte de Pondicheri depuis 1764.

Le défaut de ce point d'appui rendoit déjà la seconde question arbitraire ; mais la difficulté d'évaluer d'un côté la rentrée des dettes actives, de l'autre le produit des bénéfices futurs, ont jetté une telle variation dans les avis, que la quotité fixée dans la derniere assemblée à 30 millions, a été

_____

(2) Nommés dans l'Assemblée du 14 Mars précédent.

portée par quelques opinans & par le Miniftere à 60 millions, & plus.

Cet accroiſſement de l'Emprunt a tellement effrayé les Délibérans ſur le *quomodo*, qu'il eſt demeuré inſolub'e, & qu'ils n'ont trouvé d'autre reſſource que de ſupplier le Roi de ſe réunir à la Compagnie, d'acquérir 3079 Actions, de faire un Contrat à notre profit de 30 millions, où ſeroient compris 14 millïons liquidés de la dette de S. M. & 16 millions qu'Elle nous donneroit en indemnité de la perte de différens privileges, & par forme de dotation & protection, &c.

Pendant ces délibérations & vers le milieu de Juin, parut un Pamphlet intitulé : *Rélation du Docteur Ribaudier, Confeſſeur de très-haute, très-excellente & très-puiſſante Princeſſe, ſon Alteſſé Sérénſſime, Madame la Compagnie des Indes.* Cette facétie, qui ne pouvoit partir que d'un homme très au fait de ce qui ſe paſſoit dans les Conférences du Comité, étoit une allégorie ſous laquelle on révéloit le trouble, l'anarchie & les querelles de ces aſſemblées. A l'occaſion d'une *Viſion ou Prophétie de la Princeſſe*, on mettoit en jeu les principaux membres, & chacun parloit dans ſon caractere. Une telle carricature, précïeuſe par la vérité des faits, mais d'une touche lourde & d'un ſtyle barbare, plus méchante que le *Proſpectus de la Pompe funebre*, mais infiniment moins légere & agréable, fut attribuée à M. le Comte de Lauraguais. Ce Seigneur, très gros Actionnaire, & que l'événement devoit toucher de plus près qu'aucun autre, avoit été dès le commencement pour le parti de la diſſolution. Il avoit ſuivi aſſiduement les ſéances de l'Adminiſtration, & n'avoit pas changé d'avis. Il avoit eu quelque prife avec les membres de fentiment contraire, & ce concours de circonftances le fit regarder comme auteur de la plaifanterie en queftion.

Quoi qu'il en foit, avant qu'il fe tînt une nouvelle affemblée, M. de Lauraguais crut devoir prémunir les Actionnaires contre les fyftêmes de continuation qu'on leur propofoit, & il compofa vers le même tems un *Mémoire*, où il rappelloit en entier celui de M. Panchault, qui avoit déjà fait une forte impreffion fur les plus clairvoyans. Il l'appuyoit des divers états de fituation de la Compagnie: il y joignoit fes propres réflexions, & les raifons développées de fon fentiment. On attendoit ce Mémoire avec impatience: mais on fçut bientôt que le Miniftere s'oppofoit à fa publicité.

On fut d'autant plus furpris de cet incident, qu'on connoiffoit fa façon de penfer à cet égard. On ne concevoit pas comment il arrêtoit un ouvrage qui ne pouvoit que concourir à fes vues. On veut que l'Auteur s'étoit permis des perfonnalités contre les Chefs, que la fageffe de M. le Contrôleur général ne lui permettoit pas d'adopter. On fe perdoit ainfi en vaines conjectures, lorfque parut tout-à-coup le *Mémoire de M. l'Abbé Morellet, fur*, ou plutôt *contre la Compagnie des Indes*, & l'on eut le mot de l'énigme.

Vous l'avez lu, Monfieur, ce Mémoire, & vous avez été indigné de voir un Abbé fans miffion, fans caractere, n'ayant aucun intérêt à la chofe, dépourvu de toutes les connoiffances de théorie ou de pratique néceffaires à la difcuffion d'une affaire auffi importante, fe préfenter à front découvert pour détruire & ruiner de fond en comble un établiſſement de plus de cent ans, l'ouvrage d'un grand Miniſtre, & l'une des plus glorieuſes inſtitutions du Regne de Louis XIV. C'eſt l'effet qu'un pareil Libelle devoit produire ſur les Actionnaires zélés, & qui regardent leur exiſtence en quelque ſorte comme attachée à celle de la Compagnie. Mais un effet plus ſingulier auquel on ne s'attendoit pas, ç'a été celui de révolter même les partiſans de la diſſolution. Ils n'ont vu dans le diſſertateur qu'un homme fourbe, qui par ſes faux calculs, par ſes réticences volontaires, par ſes injuſtes imputations, s'annonçoit pour un Auteur ſervile & mépriſable, dont la plume vendue au Miniſtere auroit indiſtinctement écrit pour & contre, ſuivant qu'on l'eût exigé. Indépendamment de cette partialité outrée, qui décrédite néceſſairement tout ce qu'avance un pareil Ecrivain, & découvre trop ouvertement ſon rôle; à ne l'examiner que du côté de la diſcuſſion, on y trouve un eſprit gauche, un ſophiſte mal-adroit, qui ne dit pas ce qu'il veut dire, qui ne prouve pas ce qu'il veut prouver, qui dit & prouve quelquefois le contraire, & de ſes propres raiſonnemens donne à tirer des conſéquences foudroyantes contre ſon ſyſtême. Ainſi, quoique nous autres *Diſſolvans* ne penſions pas comme vous, Monſieur, ſur la Compagnie, nous portons le même jugement ſur cette pomme de diſcorde qu'on a voulu jetter dans l'aſſemblée des Actionnaires. Et bien loin que ce livre ait fomenté la diviſion entre nous, il nous a obligé d'oublier nos propres ſentimens pour nous réunir contre l'ennemi commun. M. le Comte de Lauraguais, qui après la publicité du Mémoire de l'Abbé Morellet, obtint enfin permiſſion de répandre le ſien, livra le premier le ſignal de courre ſus à ce deſtructeur de la Compagnie. Avant de faire achever l'impreſſion de ſon ouvrage, il y inſéra une Préface, où, faiſant uſage de ce ſarcaſme qu'il manie ſi bien, il couvrit l'Abbé du ridicule le plus complet.

De ſon côté, l'Adminiſtration comprit pourquoi on l'avoit excédée de tant d'écritures, de tant d'états, de mémoires, de bordereaux, de réſumés; pourquoi ces hypotheſes multipliées de continuation de commerce, de ſuſpenſion, de ceſſation; pourquoi toutes ces formes, toutes ces faces, tous ces points de vue, ſous leſquels on avoit enviſagé la Compagnie. Elle vit avec douleur qu'écartant les divers éclairciſſemens qui pouvoient favoriſer l'exiſtence de cette même Compagnie, on n'en avoit fait uſage que pour la rendre odieuſe, & fabriquer contre elle un Libelle diffamatoire, chef-d'œuvre tour-à-tour d'ignorance & de mauvaiſe foi.

L'Adminiſtration fut bien plus ſurpriſe quand, avec ce livre, qu'elle reçut le 20 Juillet, elle eut injonction d'y répondre juſqu'au 29 du même mois au plus tard, & cela par une lettre du 23, qui lui parvint le 24. Elle fit réponſe que ſur le bref délai qu'on lui accordoit, il y avoit trois jours pris néceſſairement pour le tirage des lotteries; (3) enſorte qu'il ne lui en reſtoit pas trois pour une diſ-

_____

(3) L'une établie par Arrêt du Conſeil du 6 Avril dernier, & dont le tirage devoit durer deux jours; & l'autre, compoſée du tirage des primes, en faveur des 4,000 billets de la Loterie établie par Lettres patentes du 19 Juillet 1767, indiquée au 28, & qui devoit occuper cette journée.

cuffion de cette efpece: de-là, une impoffibilité phyfique de fe défendre, & la néceffité de s'en tenir à une fimple négative des calculs & des raifonnemens de l'auteur. Cependant le Mémoire, produit au Confeil, y avoit fait fon effet, & il avoit été dreffé en conféquence un projet de Lettres patentes pour la fufpenfion du privilege de la Compagnie, pour la liquidation des Actions & pour l'établiffement d'une Caiffe d'efcomptes, dans la forme déjà établie par le Mémoire de M. Panchault.

M. le Contrôleur général avoit envoyé ce projet au Comité, conjointement avec le Mémoire de l'Abbé Morellet, & paroiffoit s'en rapporter à ces Meffieurs pour détruire fur le champ la Compagnie. Ils furent autorifés cependant à convoquer les plus gros Actionnaires connus, & à prendre leur avis. Ce fut le 29 Juillet que fe tint le conciliabule, où perfonne ne voulut voter, où chacun déclara qu'il ne pouvoit prononcer fur une matiere qui intéreffoit tous les Actionnaires, dont ils ne faifoient qu'une très petite partie.

Par cette tournure le Miniftre fut obligé de permettre une Affemblée générale, qu'on follicitoit en vain depuis long-tems, & dont il redoutoit la réfiftance, malgré toutes les précautions prifes pour décourager les Actionnaires, par la profufion avec laquelle le Mémoire de l'Abbé Morellet fut répandu, & par les bruits accrédités que le Confeil avoit décidé la diffolution de la Compagnie.

Dans ces circonftances, lorfque d'une part la Compagnie étoit fur le point de fe trouver dans la même détreffe qu'au mois de Mars dernier, par l'échéance d'engagemens confentis à ce jour fatal, &

dans une plus grande difficulté d'y satisfaire, par le discrédit où la jetta le Mémoire en question & la réprobation décidée du Ministere; que de l'autre, les armemens suspendus, soit sur des ordres du Controleur général, ou soit par le fait même de l'état critique & incertain où flottoit la Compagnie, devenoient de jour en jour plus urgens, & couroient risque d'être inutiles ou funestes, au moyen d'une expédition trop rallentie & trop précipitée ensuite, on indiqua une Assemblée générale pour le 8. Août.

Tout étoit irrégulier dans l'affiche. Suivant les Statuts, une assemblée doit être indiquée trois semaines d'avance, & celle-ci n'étoit rien moins que conforme au Réglement. En outre ces mots nouveaux, *Par ordre du Roi*, annonçoient dejà aux Actionnaires la perte de leur liberté & de leurs privileges. Ils conçurent qu'on les réunissoit, non plus comme un Corps délibérant & pouvant consacrer par leurs suffrages les divers ordres qu'ils donnoient à leurs commettans, mais comme des victimes déjà condamnées & qui alloient entendre leur Arrêt.

C'est dans cet état de tristesse & d'humiliation que les Actionnaires se rendirent à la séance. Leur contenance morne annonçoit leur douleur, & la solitude paroissoit régner même au milieu de cette nombreuse assemblée. Elle dura depuis dix heures du matin jusqu'à quatre heures du soir.

M. de Bruny, l'un des Syndics, après le compte ordinaire à la fin de chaque semestre, lut toute la Correspondance du Comité avec M. le Controleur général, dont je vous ai d'avance fait le résumé. On y voyoit plus en détail le Ministere portant sans

relâche de nouveaux coups à la Compagnie, & l'Ad--
miniſtration toujours luttant pour elle, mais inutilement ? Cette lecture dura deux heures, & amena
enfin celle des Lettres patentes pour la diſſolution.

Ces Lettres patentes ſembloient dreſſées pour é-
blouïr les Actionnaires , en leur faiſant enviſager
un avenir beaucoup plus certain, plus brillant &
plus heureux, pour ceux qui voudroient répondre
aux vues du Gouvernement & ſe laiſſer aller à ſon
impulſion.

Après avoir annoncé la ſuſpenſion du privilege ex-
cluſif, la liberté à tous les Sujets du Roi de faire
le commerce de l'Inde, & les formes établies en conſéquence, on régloit le ſort des Actionnaires : on
créoit de nouvelles Actions de 600 Livres chacune.
Les Actions de ceux qui ne voudroient pas prendre
de nouvelles , réduites à un Capital de 1200 Livres, ne portoient plus qu'un intérêt de 80 Livres
invariable, & ne pouvant ni augmenter ni diminuer.
Ils étoient à l'inſtant déchus de toute leur propriété
de leur part aux biens de la Compagnie, & en devenoient ſimplement des rentiers. La récompenſe
des Actionnaires dociles, qui fourniſſoient à l'appel
des 600 Livres dans un délai preſcrit de 6 mois,
étoit d'avoir: 10. Une augmentation de 10 Livres
ſur l'ancienne Action, ce qui la portoit à 90 Livres
de dividende : 20. Un intérêt de 30 Livres pour la
nouvelle Action acquiſe: 30. Un dividende de 10
Livres d'accroiſſement, à prélever ſur les objets dont
il étoit fait mention enſuite.

Ces objets d'accroiſſement étoient d'abord l'extinction d'un Capital de plus de 60 millions de rentes viageres. Enſuite la part dans plus de 50 mil-

lions de propriété reftant à la Compagnie de libre, foit fur le Contrat de 180 millions, foit en argent, circulant dans le Commerce, foit en mobilier, comme vaiffeaux, édifices, foit en créances à exercer, &c. Enfin les profits réfultans d'une Caiffe d'Efcompte, nouvelle métamorphofe qu'on faifoit fubir à la Compagnie, & dont les fonds devoient fe prendre fur la maffe provenant des 600 Livres d'appel, fur les fonds des ventes de 1769, 1770 & 1771, les créances préalablement acquittées aux échéances, créances dont les nouveaux Actionnaires devenoient grevés en entier.

Après cette lecture, M. le Contrôleur général prit la parole. Il déclara qu'il avoit favorifé l'impreffion du Mémoire de M. l'Abbé Morellet, parce qu'il l'avoit cru propre à éclaircir les Actionnaires; mais il fe défendit fur les bruits qu'on avoit répandus de fon averfion pour la Compagnie, & de la réprobation anticipée qu'il en avoit arrêtée, fur les démarches obliques qu'on lui imputoit, afin de laiffer couler le tems, de la miner fourdement & de l'obliger à fe diffoudre d'elle-même, par l'impoffibilité où il l'auroit mife de fe tirer du défilé dangereux où il l'auroit amenée infenfiblement. Il déclara enfuite au nom du Roi, que S. M. laiffoit de nouveau les Actionnaires libres d'opiner fur leur fort, ainfi que fur les trois objets qu'il alloit mettre en avant, mais auxquels il falloit pourvoir fur le champ & dans la même féance : 1°. La continuation du Commerce de l'Inde : 2°. L'approvifionnement des Iles de France & de Bourbon : 3°. La fûreté des créanciers actuels & futurs de la Compagnie : fans quoi S. M. feroit obligée d'y fubvenir par fa fageffe.

C'eſt en ce moment que M. Necker prit la parole, & lut un Mémoire en réponſe à celui de M. l'Abbé Morellet. Je ne ſaurois vous rendre, Monſieur, la ſenſation que fit dans l'Aſſemblée ce diſcours, le plus éloquent que j'aie jamais entendu ! Tous les cœurs ſerrés juſques-là de douleur & d'amertume, ſe dilaterent & s'ouvrirent à la joie, & la confiance parut renaître ſur toutes les phyſionomies. En effet, ce Mémoire, dans ſa briéveté, diſcutoit les points les plus eſſentiels de celui de l'Abbé Morellet; il démaſquoit les erreurs que cet auteur avoit traveſties en vérités; il démontroit l'infidélité de ſes expoſés, le vice de ſes calculs, le ſophiſme de ſes raiſonnemens; il renverſoit ſon ſyſtême de fond en comble, & repouſſoit complettement ſes aſſertions injurieuſes à la Compagnie. Il établiſſoit de la façon la plus lumineuſe & la plus invincible, que non-ſeulement la Compagnie des Indes avoit rendu les plus grands ſervices à l'Etat, bien loin de lui avoir été à charge, mais que les Actionnaires avoient fait des ſacrifices immenſes pour lui, bien loin d'avoir augmenté à ſes dépens leurs fortunes particulieres.

La défenſe de notre Orateur fut ſi preſſante, que le Commiſſaire du Roi, (4) ſans revenir de ſes diſpoſitions ſiniſtres, comprit que ce n'étoit pas le moment de les effectuer, & M. le Contrôleur géné-

---

(4) M. Boutin, Intendant des Finances, qui a la Compagnie des Indes dans ſon Département, & qui par une politique incompréhenſible eſt le promoteur le plus ardent de ſa deſtruction.

˙ral ne pouvant ſe ſouſtraire à l'impreſſion victorieuſe
du Mémoire, ne parla pas même de délibérer ſur
les Lettres patentes qu'on avoit regardées comme
l'objet de la convocation de l'aſſemblée. Après les
battemens de mains réitérés des Actionnaires, il ne
fut plus queſtion que d'aviſer aux moyens de relever
la Compagnie dans un moment de criſe auſſi extrême. Les yeux ſe tournerent vers M. Necker, comme le ſeul Libérateur qu'on put trouver. Son diſcours, outre une éloquence mâle & pathétique, une
logique claire & préciſe, annonçoit les vues vaſtes
& profondes de l'homme d'Etat.

Auſſi M. Necker ne s'eſt ‑ il pas borné à défendre
l'honneur de la Compagnie contre un Mémoire qu'on
pouvoit appeller plus juſtement & plus énergiquement, comme je l'ai déja fait, un *Libelle diffamatoire contre la Compagnie des Indes* ; il lut un ſecond
diſcours, où il examinoit les deux cas, de la continuation du commerce de la Compagnie, ou de ſa
ceſſation, qu'il appelloit une vraie ſuppreſſion.

Dans la premiere hypotheſe, il enviſageoit trois
plans d'Emprunt. L'un par une Tontine, l'autre
par une Loterie, & le troiſieme par un Appel.
Chacun de ces plans étoit combiné d'une façon neuve, & ſous une dénomination commune devoit opérer des effets très différens des Emprunts ordinaires ;
entr'autres celui qu'on peut appeller la pierre phi-
loſophale de la ſcience fiſcale, c'eſt‑à‑dire d'être
également avantageux au prêteur & à l'emprunteur :
du moins les jugea‑t‑on tels au premier apperçu ;
toujours étoient‑ils très propres à démontrer les
reſſources & la fécondité de ſon génie. M. Necker
faiſoit ſentir en même tems, que ces divers remedes

ne pouvoient être bons qu'autant que le Gouvernement auroit une volonté fincere, efficace & foutenue
de feconder cette régénération de la Compagnie, &
qu'on fît dans le régime de cette derniere & dans
fa police des changemens, fans lefquels on ne pouvoit fe promettre le but qu'on fe propofoit.

Dans la feconde hypothefe, il envifageoit les diverfes manieres de fe diffoudre, foit en fe liquidant purement & fimplement, foit en reftant lié
au Gouvernement, foit en fe réfondant dans une
nouvelle Compagnie. Dans tous les cas, après avoir
annoncé la réfignation la plus parfaite aux vues de
S. M. dont il falloit effentiellement fuivre l'impulfion paternelle, il a fait voir que la liquidation pure
& fimple étoit la plus avantageufe aux Actionnaires :
mais il a combattu fortement le projet de la Caiffe
d'efcompte. Il a préfenté cette métamorphofe comme injurieufe à la grandeur de la Compagnie, comme transformant en une Société petite, mefquine
& ufuriere, cette puiffance dominatrice des mers de
l'Inde, qui avoit joui longtems & jouiffoit encore
des attributs de la Souveraineté.

Quand la matiere eut été ainfi bien difcutée &
éclaircie, il fut queftion d'établir le point de délibération, & M. Necker le fournit modeftement lui-
même, en déclarant qu'il ne regardoit pas comme
infaillibles les projets qu'il venoit de propofer, &
qu'avant de s'y fixer, il demandoit qu'on nommât
des Députés pour les reffaffer & les remanier dans
tous leurs fens.

C'eft alors que parut l'effet le plus marqué du
difcours de M. Necker fur le Contrôleur général,
par l'embarras de ce Miniftre qui, venu avec la

réfolution prife de forcer les Actionnaires à fe diffoudre, fentoit qu'il ne rapporteroit au Confeil que
de nouvelles difficultés à lever. Il tergiverfa quelque tems pour fe battre en retraite, & femer la di-
vifion dans la Compagnie. Il voulut, fur le vœu
unanime des Actionnaires pour nommer des Députés, éluder la délibération, fous prétexte qu'il en
référeroit au Roi, & prendroit avant les ordres
de S. M.

M. le Marquis de Sanfay l'interpella vivement fur
cette propofition, & lui fit fentir combien elle étoit
contraire à la déclaration qu'il venoit de faire tout
recemment aux Actionnaires de la liberté entiere
d'opiner que leur laiffoit S. M. Il mit ce difcours
en oppofition avec l'acte de defpotifme qu'il vouloit
exercer, & le ramena à fe prêter au vœu de la
Compagnie.

En conféquence il fut arrêté que les Députés,
compofés de ceux fubfiftans actuellement, de tous
les membres de l'Adminiftration depuis 1764, & des
Actionnaires que le Comité jugeroit à propos d'appeller, examineroient les trois plans d'Emprunt
propofés par M. Necker, les difcuteroient & pro-
poferoient le meilleur dans une nouvelle affemblée,
dont on vouloit fixer le jour dans la délibération :
nouvel incident, fur lequel fe débattit encore M. le
Contrôleur général & il conclut par n'en indiquer
aucun, attendu l'impoffibilité où il étoit de le faire, toujours avant d'avoir pris les ordres du Roi.

Il fut donc arrêté feulement que le travail des
Commiffaires commenceroit dès le foir, & qu'ils le
confommeroient avec toute la vivacité qu'exigeoit

la

la circonſtance, & qu'on ſe raſſembleroit inceſſam-
ment pour prendre un parti définitif.

A l'égard du Mémoire de M. Necker, en réponſe à celui de l'Abbé Morellet, il fut décidé par
acclamation qu'il ſeroit imprimé aux frais de la
Compagnie, non pour refuter un Ecrivain obſcur.
dont on devoit regarder l'ouvrage comme non avenu, mais pour conſtater à la France entiere, à l'Europe & à la Poſtérité, le déſintéreſſement & le zele
patriotique des Actionnaires, les inſtruire en détail
& plus parfaitement eux-mêmes des vraies cauſes du
décroiſſement de leur fortune, & rendre reſpectable aux yeux du Miniſtere prévenu une propriété
qu'on inſinuoit, non ſans deſſein, pouvoir & devoir
attaquer un jour à juſte titre juſques dans ſon eſſence la plus intime.

Il étoit d'autant plus eſſentiel, Monſieur, de refuter cette aſſertion de l'Abbé Morellet, (5) que par
l'aveu de M. d'Invau, ce Miniſtre avoit eu part du
Mémoire, l'avoit adopté, & conſéquemment tous
les principes qu'il contenoit. C'étoit-là le grand
point de ralliement des vrais Actionnaires, & ceux
qui ſouhaitoient la diſſolution n'en étoient pas moins
décidés à le faire librement, entiérement. L'intérêt
commun étoit de repouſſer tout ſyſtême qui tendoit
à autoriſer le Gouvernement à s'emparer de leurs
biens, & à leur faire les loix qu'il voudroit.

---

(5) L'Abbé Morellet prétend dans ſon Mémoire, que ſi les
Actionnaires ſe refuſent à un projet qu'il ne communique
point, le Gouvernement pourroit, ſans injuſtice, les priver du
bien qui leur reſte, puiſqu'ils ne le tiennent que de ſa faveur.

On se sépara ainsi fort content en général de ce qu'on venoit de faire. Mais les plus fins en jugerent autrement; ils ne virent dans tout ce qui s'étoit passé que les derniers efforts d'une liberté expirante. Les perplexités du Contrôleur général leur parurent de mauvais augure, & ils conclurent que pour éviter de se trouver désormais dans un pareil embarras, il arrêteroit toute nouvelle assemblée.

D'un autre côté, les *Dissolvans*, en rendant toute la justice dûe au Mémoire de M. Necker, ne s'en confirmerent que davantage dans leur opinion. Il en résultoit, ce dont ils ne doutoient pas, que le Commerce de l'Inde étoit une source de richesses inépuisable, mais que le trésor du Prince étoit un gouffre où venoient se perdre ces richesses, sans qu'il en restât rien aux Actionnaires, & toujours de tems en tems à leur détriment. Or comme on ne donnoit aucun remede à cette cause destructive de toute société, de ce même principe, sur lequel M. Necker établissoit la défense & la gloire des Actionnaires, les *Dissolvans* en tiroient une conséquence irrésistible de leur systême.

Cependant les menaces insinuées dans le Mémoire de l'Abbé Morellet, & la crainte de se trouver à la merci du Gouvernement, contenoient certains politiques, &, perdre pour perdre, ils aimoient mieux le faire en continuant le commerce avec un espoir de gain non absolument impossible, & du moins avec une apparence de liberté, qui flatte toujours les ames fieres, qu'en se remettant tout-à-fait sous la main du Roi, devant tout attendre de sa justice éclairée, & tout craindre de sa religion surprise.

Un Arrêt du Confeil, rendu dimanche dernier
13, à ce qu'il paroît certain, tranche le nœud gor-
dien, & nous met tous d'accord, en fufpendant le
privilege exclufif. Comment fe démêlera la fufée?
Qui le fait aujourd'hui? Cet acte de defpotifme, auffi
injufte dans le fond, qu'irrégulier dans la forme,
annonce d'autres difpofitions dont on ne peut prévoir les fuites.

Cet événement eft d'autant plus fingulier, que
mardi 15 a paru le Mémoire de M. Necker. Enforte qu'on nous a jugé fans nous entendre. C'eft
véritablement après la mort le médecin Ce Mémoire vient d'être envoyé avec appareil a toute la
Cour, à tous les Magiftrats, aux Notables de la
Bourgeoifie, &c. On en a diftribué 4,000 exemplaires: il fait un bruit du diable! On en conclut
que la fageffe du Confeil fe croit à l'abri de tout reproche, & que le Miniftere n'eft pas fâché qu'on
voye le pour & le contre. Ceci ne peut manquer
d'avoir des fuites, dont vous ferez inftruit.

J'ai l'honneur d'être &c.

Paris, ce 18 Août 1769.

NEUVIEME LETTRE

*D'un Actionnaire de la Compagnie des Indes à un
autre Actionnaire.*

Non, Monfieur, il n'eft pas encore queftion
d'affemblée; mais je puis d'avance vous inftruire de

beaucoup de faits qui fuppléeront au compte de l'Adminiftration, d'autant mieux qu'elle en paffera vraifemblablement une partie fous filence, & ne rendra
l'autre qu'infidélement. Il eft cependant néceffaire
que vous en ayez une parfaite connoiffance pour fuivre la marche ténébreufe du Miniftere qui a depuis
longtems arrêté notre deftruction fatale , & veut
qu'elle ne paroiffe être que notre propre ouvrage.

Rappellez - vous d'abord l'Arrêt du Confeil d'E-
tat le dimanche 13 Août qui, fur le rapport du Sr.
Maynon d'Invau, Confeiller ordinaire & au Confeil
Royal , Contrôleur général des finances, fufpend
l'exercice du privilege exclufif de la Compagnie des
Indes aux Iles de France & de Bourbon, aux Indes,
à la Chine, & dans les mers au-delà du Cap de
Bonne Efpérance, non pour un an, comme on avoit
dit, mais pour un terme illimité & jufqu'à ce qu'il
en foit par S. M. autrement ordonné.

Les partifans d'entre nous les plus déclarés de la
diffolution furent d'abord indignés d'un acte auffi
manifefte de defpotifme, ils accuferent d'inexactitu-
de & de fauffeté les points fuivans du préambule.

1o. Que la Compagnie n'a fait jufqu'à préfent aucunes difpofitions pour fe mettre en état d'approvi-
fionner les Iles de France & de Bourbon, & pour
remplir l'obligation que lui impofe fon privilege
de faire fans difcontinuation fon commerce de
l'Inde.

2o. Que ce défaut de précautions ne vient point
de la négligence des Syndics & Directeurs, mais
qu'il eft la fuite du manque de fonds à difpofer pour
le Commerce.

3o. Que depuis l'Assemblée du 1er. Mars, les Actionnaires, instruits de leur situation, n'avoient présenté aucuns moyens admissibles de se procurer les fonds nécessaires pour les armemens de la présente année jusqu'au jour de la derniere assemblée.

4º. Que des trois plans d'Emprunt proposés dans cette derniere assemblée, les deux premiers ne pouvoient être adoptés, & que l'examen que pourroit mériter le 3ème, ainsi que les oppositions qu'il pourroit éprouver de la part des Actionnaires, les discussions qu'elles occasionneroient, & enfin son exécution dans le cas où il seroit jugé pouvoir être admis, entraîneroient des délais & absorberoient le tems propre aux expéditions pour l'Inde.

Ils répondent: 1º. Qu'ils ont fait tout ce qui dépendoit d'eux pour satisfaire à leurs diverses obligations, puisqu'ils ont donné leur consentement à l'emprunt de 11 millions qui, suivant le compte rendu, devoit couvrir les besoins de la Compagnie jusqu'au mois de Septembre compris.

2º. Que le défaut de précautions, s'il y en a, doit s'imputer entiérement aux Administrateurs, qui n'ont point averti des besoins de la Compagnie, ou des défenses qu'ils avoient reçues de travailler aux armemens, ou qui, n'en ayant pas, ne l'ont pas fait; ou plutôt que le reproche est absolument faux, même contre ceux-ci, puisqu'il y a actuellement 1,800 tonneaux de marchandises à l'Orient, & que les dispositions étoient combinées au point de pouvoir faire partir un Vaisseau tous huit jours.

3º. Qu'il est ridicule de reprocher aux Actionnaires de n'avoir offert aucun projet admissible d'arrangemens, puisqu'ils avoient donné leurs pleins

R 3

pouvoirs *ad hoc* à l'Adminiſtration, & qu'ils n'ont pu rien recevoir ni rejetter , que dans une Aſſemblée générale, que le Miniſtre a refuſée conſtamment pendant très longtems.

4º. Que le Miniſtre pouvoit annoncer dès le 8 Août, que les deux premiers plans d'Emprunt lus par M. Necker ne convenoient pas au gouvernement; que l'auteur auroit levé ſur le champ tous les obſtacles & toutes les difficultés, qu'on reproche après coup aux Actionnaires , en leur propoſant de délibérer dans la même ſéance ſur un Emprunt qui exigeoit un parti définitif, puiſqu'il étoit la ſeule reſſource qui reſtât à la Compagnie pour ſon exiſtence.

De ſon côté, dès le 19 Août, la Grand'Chambre tenant encore au Palais, & quelques membres des Enquêtes & Requêtes s'étant raſſemblés à la hâte, un de MM. fit la dénonciation de l'Arrêt du Conſeil ci-deſſus ; il repréſenta combien cet acte étoit inſolite & irrégulier, combien il violoit des Loix enrégiſtrées en la Cour, & attaquoit la propriété la plus entiere des citoyens juſques dans ſon eſſence. Après avoir pendant près de 4 heures diſcuté la matiere, il fut arrêté de mander les Syndics, Directeurs & Députés de la Compagnie des Indes, enſemble les Députés du Commerce, pour les entendre ſur l'important objet en queſtion, de nommer des Commiſſaires pour recevoir leurs avis, y joindre les leurs, qui s'aſſembleroient dès le lundi ſuivant, & rendroient compte de leur travail aux Chambres aſſemblées.

Il y avoit eu des voix pour décréter d'aſſigné pour être ouï, l'Abbé Morellet, ſavoir de lui, qui

l'avoit autorifé & excité à faire fon Mémoire, d'où
il tenoit les pieces dont il l'appuyoit , quel avoit
été fon but, & comment, n'étant ni Actionnaire ni
Commerçant, il avoit ofé entreprendre un ouvrage
dont les conféquences avoient été auffi terribles?
Malheureufement cette tournure très effentielle ne
fut pas fuivie.

Quoi qu'il en foit, en conféquence de leur af-
fignation au Parlement, les membres de la Compagnie des Indes mandés , après s'être conciliés entr'eux fur leur maniere de répondre, y ont articulé
les faits fuivans, qui ont tranfpiré, malgré leur attention à tenir fecret leur dire.

Ils font convenus qu'ils avoient befoin pour continuer leur Commerce, de 46 millions; fomme qui,
y compris l'intérêt pendant les trois années qui doivent s'écouler avant la rentrée des premiers fonds,
croit jufqu'à 54 millions.

Ils font convenus qu'il leur manqueroit deux millions des fonds qu'ils attendoient de l'Inde pour
cette année, en *déficit* fur ce qu'ils avoient calculé
dans leur actif.

Qu'ils avoient fept millions de moins qu'ils n'a-
voient compté poffeder dans l'Inde, & qu'il faut
déduire de ce qu'ils avoient préfenté comme le Capital de la Compagnie.

Qu'ils n'avoient que 700,000 Livres dans le Bengale, & 700,000 Livres en Chine, à employer dans
leurs premiers achats.

Qu'ils n'avoient encore trouvé depuis le 14 Mars
de la préfente année aucun moyen auquel ils euffent pu s'arrêter, de pourvoir aux befoins preffans
de la Compagnie.

R 4

Ces aveux font d'autant plus étranges, qu'à l'affemblée du 8 Août dernier, c'est-à-dire 12 à 13 jours avant qu'ils fuffent mandés au Parlement, ces Meffieurs n'avoient donné aucune connoiffance de ces nouveaux faits.

Quant aux députés du Commerce des principales villes du royaume, mandés dans la même affemblée des Commiffaires du Parlement, ils ont dit en répondant aux queftions de la Cour :

Que le privilege de la Compagnie leur avoit toujours paru nuifible au Commerce du Royaume, dans toutes les occafions qu'ils avoient eues d'en examiner différentes branches.

Qu'ils ne doutoient pas que le Commerce particulier ne fe fît avec fuccès ; que ce Commerce ne manqueroit pas de capitaux ; que l'économie vaincroit les difficultés & fourniroit aux dépenfes néceffaires.

Qu'avec la protection de S. M. les Négocians du Royaume foutiendroient le commerce, comme la Compagnie elle-même.

Quelque convaincu que le Parlement fût que la diffolution de la Compagnie des Indes n'étoit qu'une intrigue de Cour pour faire un coup de main, & procurer des millions en peu de tems à quelques grands perfonnages, il n'avoit cette connoiffance que comme homme, il vouloit l'acquérir comme juge. Mais les réponfes unanimes de l'Adminiftration fur lesquelles on ne doute pas qu'elle n'ait reçu des inftructions, ont donné beau jeu aux partifans que le Miniftere a même parmi les Magiftrats, & ils ont

paré

paré le coup, en éludant d'inftruire parfaitement une affaire auffi importante pour l'Etat entier.

Cependant il fe forma un fchifme entre les Membres chargés de la rédaction des Remontrances. Plufieurs, malgré ces réponfes péremptoires, opinoient d'attaquer le fonds même de la queftion. Ils l'emporterent à certains égards, puifqu'elles font toutes pour la continuation de la Compagnie, & même affez fortement écrites.

Mais la réponfe du Roi eft péremptoire & ôte tout efpoir. Elle eft du 3 Septembre. S. M. y renouvelle contre les Actionnaires les inculpations déjà établies dans l'Arrêt du Confeil difcuté ci-devant. Elle fait des reproches au Parlement de ne s'en être pas rapporté à l'examen du Confeil. Elle paroît s'en fier aux réponfes de l'Adminiftration & des Députés du Commerce: ce qui confirme bien la collufion établie entre le Miniftere & ces Meffieurs. Elle prétend que fon Arrêt n'attaque pas les propriétés des Actionnaires, & promet de faire connoître plus légalement fes volontés.

Pour fatisfaire à quelque partie de ces Remontrances, qui développoient fenfiblement certains vices de l'Arrêt du Confeil précédent, on fe hâta d'en publier un autre du 6 Septembre, mais dont prefque tous les articles, fous prétexte de favorifer la liberté prétendue, la gênent extraordinairement, par une multitude de formalités plus cruelles que les prohibitions mêmes. Il eft très digne de faire le pendant du premier. Il n'eft pas plus propre à donner de la confiance aux Armateurs. Auffi affure-t-on que les Villes de Nantes & de Saint-Malo n'ont pas répondu à la gracieufe invitation qui leur a été faite.

R 5

d'expédier des vaiffeaux aux Indes Orientales; que la ville de l'Orient, malgré le privilege qu'on lui accorde, n'eſt pas ſortie de ſa conſternation, & qu'il eſt à craindre que les Colons des Iles de France & de Bourbon ne ſoient fort mal avitaillés cette campagne.

Tels ſont les principaux faits, Monſieur, arrivés depuis ma derniere Lettre. Vous vous doutez bien que les Actionnaires ne ſont rien moins que contens des réponſes de leurs Mandataires au Parlement. Ils leur reprochent de n'avoir pas rempli leur vœu, & d'avoir parlé contradictoirement à ce qui a été dit & lu dans la derniere aſſemblée du 8 Août. Ils leur imputent de les avoir conduits par leur mauvaiſe Adminiſtration à l'extrêmité où ils ſe ſont trouvés au 14 Mars, ſans leur en avoir donné connoiſſance; grief qu'on avoit arrêté d'approfondir dans la délibération du 3 Avril, & dont ils ne ſe ſont pas juſtifiés. Les Actionnaires ont ſurtout à cœur le reproche qui leur eſt fait par le Gouvernement dans l'Arrêt du Conſeil de ſuſpenſion, & dont je vous ai déjà entretenu. Ils y oppoſent leur réclamation conſtante depuis pluſieurs années contre les Adminiſtrateurs en queſtion, & leurs efforts multipliés pour faire choix de perſonnes mieux inſtruites: conduite qui a toujours éprouvé la réſiſtance de la Cour, & même ſon animadverſion en 1767.

Je ne vous parle pas des bruits répandus, que les Hollandois dont on avoit déjà annoncé le mécontentement de la diſſolution de notre Compagnie, continuent & redoublent leurs inſtances auprès du Miniſtere pour l'arrêter; que regardant cet établiſſement comme le ſeul capable de contre - balancer la trop grande prépondérance que la nation Angloife acquéreroit bientôt dans l'Inde, ce qui entraîneroit enfuite la ruine de toutes les autres Compagnies, ils offrent de nous prêter quarante millions à trois pour cent, rembourfables feulement dans dix·ans, à la charge de le conferver. Quand une offre auffi généreufe ne feroit pas chimérique, quand elle s'exécuteroit, tous les fecours poffibles ne feroient encore que des palliatifs, fans un changement abfolu dans le Régime & les Adminiftrateurs.

D'un autre bruit: Que les Anglois ont cette diffolution fi fort au cœur qu'ils offrent de rendre le Canada à la France, fi l'on veut renoncer au Commerce de l'Inde. Ce qu'ils trouveront bien le fecret d'opérer, en ne reftituant rien, & en nous laiffant faire nous-mêmes.

D'un autre: Que les mauvaifes nouvelles de l'Inde fe confirmant de plus en plus, les vues du Miniftere fe font plus étendues; que la fufpenfion du Commerce de la Compagnie Françoife dans ces Contrées, n'eft qu'un prétexte du Duc de Choifeul pour y envoyer les Vaiffeaux du Roi, s'y porter en force, & de concert avec un Prince Mogol, que nous foudoyons, frapper un coup vigoureux fur la Puiffance Britannique, & nous dédommager de tous les malheurs de la derniere guerre. Le tems feul peut découvrir le faux ou la juftefle de ces fublimes raifonnemens.

D'un autre: Que la Cour déjà embarraffée d'une fubverfion de cette efpece, a fait dire au Parlement de frapper davantage fur les inconvéniens du changement qu'on veut introduire, afin de lui ménager une reffource pour fe dédire honnêtement. Ce ra-

R 6

finement de politique s'eft trouvé démenti par la
répon e du Roi. D'ailleurs, les gens inftruits ne
doutent pas de la poflibilité de l'exécution & de
l'avantage du Commerce libre, s'il étoit réellement
tel. Mais outre qu'il feroit, dans ce cas, de l'extrême équité de laiffer les Actionnaires fe diffoudre
volontairement, liquider leurs propriétés, & jouir
de tous les avantages qui peuvent en réfulter pour
eux, on regarde l'Arrêt qai établit cette prétendue
liberté, comme la détruifant, même en l'annonçant,
par les nouveaux droits établis fur les marchandifes
de retour, dont le bénéfice diminue déjà confidérablement fuivant les affertions de l'Abbé Morellet,
& par l'obligation indifpenfable où font les Armateurs de faire conduire, même par terre, fi cela ne
fe peut autrement, les cargaifons de leurs navires,
pour être vendues à l'Orient, fous l'infpection d'une
adminiftration qu'ils n'auront pas choifie. Nouvel attentat à la liberté.

Ne croyons rien de tout cela, Monfieur; tenons-
nous-en aux faits, moins confolans & malheureufement plus certains.

J'omets auffi le détail des écrits répandus dans la
queftion préfente. Ces auteurs ne font que de foibles champions en comparaifon de M. Necker, &
ne peuvent que repéter ou étendre verbeufement ce
qu'il a dit fur cette matiere. Mais pour vous amufer, je finirai par l'expofé d'une caricature bien digne du génie françois.

On y repréfente l'affemblée générale des Actionnaires. Autour du tapis verd font les Gens de l'Adminiftration. M. le Contrôleur général préfide au
bout de la table. A fa gauche eft M. Boutin, Inten-

dant des finances, ayant la Compagnie des Indes dans fon Département , & cependant l'homme le plus acharné à fa deftruction. On voit à fes pieds, un gros dogue d'Angleterre, les poils hériffés, les yeux enflammés, la gueule ouverte. Dans fa rage, il eft prêt à dévorer les Actionnaires fur lefquels il s'élance. Son maître l'excite, & femble lui dire: *Mords-les.* Pitoyable allufion au nom de l'auteur du Mémoire (*Morellet.*)

J'ai l'honneur d'être, &c.

Paris, ce 30 Septembre 1769.

DIXIEME LETTRE

D'un Actionnaire de la Compagnie des Indes à un autre Actionnaire.

DEPUIS ma derniere Lettre , Monfieur, on a mis en vente, par des affiches publiques, pour le 6 Novembre & jours fuivans, les vivres & marchandifes d'Europe, tant d'armement, que pour cargaifon, exiftans dans les magafins de la Compagnie à l'Orient. A la lecture de cet Etat on voit qu'il n'eft pas difficile de faire encore les expéditions de cette année, & les Actionnaires fe plaignent amerement de n'avoir pas eu une liberté devenue générale, pour un Commerce, dont par une bifarrerie finguliere, ou plutôt par une injuftice criante, ils fe trouvent feuls avoir eu l'exclufion. Pourquoi font-ils

R. 7

obligés de perdre fur ces marchandifes , & beaucoup, comme il ne manquera pas d'arriver? Pourquoi en difpofe-t-on fans leur confentement? Pourquoi tout cela n'eft-il pas précédé d'une affemblée
générale? Pourquoi payer encore à cette occafion
une Adminiftration fort chere & trop nombreufe?
Pourquoi ne pas commencer par en retrancher la
plus grande partie, rendue au moins très inutile?
Vous fentez bien que perfonne ne répond & ne
répondra à ces *Pourquoi?*

On n'a en même tems tenu aucun compte d'un
acte judiciaire fait en conféquence de l'annonce ci-
deffus. M. le Comte de Lauraguais & nombre d'autres Actionnaires fe font réunis pour faire fignifier
une oppofition à ladite Vente, non-feulement aux
Syndics & aux Directeurs de Paris, mais aux autres
Officiers de l'Adminiftration, chargés d'y préfider
à l'Orient. Le Contrôleur général a ordonné de
paffer outre. On ne croit pas même qu'il ait jugé
néceffaire d'expédier à cette occafion un autre Arrêt du Confeil. On ajoute qu'il a défendu que les
effets fuffent vendus au-delà du prix de la facture,
pour que rien ne gênât le bénéfice du Commerce
particulier, & qu'on ne pût favoir au jufte jufqu'où
il feroit porté.

Au refte, comme les Armateurs ne fe preffent
pas d'entreprendre le commerce de l'Inde, foit
qu'ils n'y efperent pas bénéficier, foit qu'ils crai-
gnent quelques variations dans les décifions du Gouvernement; on cherche à les amorcer par des faveurs extraordinaires: on s'empare déjà des vaiffeaux de la Compagnie, & l'on les prête aux particuliers. C'eft ainfi que le Sr. Roothe, ancien Di-

recteur de cette Compagnie, & son beau-frere, en
ont obtenu deux. S. M. les leur livre tout gréés,
prenant sur elle cette dépense. On ne doute pas
qu'avec de pareils secours les entrepreneurs ne se
tirent très bien d'affaire. Mais cela ne remplit
pas l'objet de la dissolution, & de cette maniere
elle seroit encore plus onéreuse à l'Etat que l'exis-
tence même du Corps supprimé. Il est vrai qu'on
croit fort que ces avantages ne seront pas accordés à tout le monde, & il passe pour constant que
des Ministres, tels que le Duc de Praslin & autres, pour mieux connoître quel est le bénéfice du
Commerce de l'Inde, sont derriere ces Armateurs,
leurs prête-noms.

Pendant qu'on dispose ainsi de nos dépouilles,
avant que nous soyons éteints, nos Syndics, Directeurs, Députés & autres tiennent de fréquens
Comités à l'Hôtel, dont le résultat est si peu sûr
qu'ils n'osent convoquer d'assemblée. Ils re sont
point d'accord entre eux: ils font la veille des dé-
couvertes à notre avantage, qui s'évanouissent le
lendemain. Le temps coule toujours. On diroit
que la Compagnie, sans cesse expirante, ne peut
cependant pas mourir.

Des Ecrivains infatigables continuent de leur
côté à lutter contre l'Abbé Morellet, qui seul leur
fait tête, & s'acharne à porter les derniers coups à
la Compagnie. Il a fait imprimer un *Examen de la
Réponse de M. Necker*, où l'on retrouve le même
esprit de paradoxe qu'on a remarqué dans le Mémoire, un homme décidé à nier tout ce qui est
contre lui, comme les faits les plus avérés, & à
mettre en avant tout ce qui peut favoriser sa cause,

même les raifonnemens les plus démentis par l'expérience: en un mot, il cherche à mériter les
4000 Livres de penfion qu'on affure lui avoir été
données par le Gouvernement.

Au refte, il paroît que cette réponfe n'a pas
produit l'effet qu'il s'en promettoit à l'égard des
gens défintéreffés ou fans paffion. Envain s'y dé-
fend-il fur les reproches d'avoir montré la plus
grande partialité dans l'examen des droits des Actionnaires, d'avoir introduit une inquifition terrible
concernant leurs propriétés, de les avoir rendus
odieux au Gouvernement, de vouloir les faire
priver du bien qui leur refte, s'ils fe refufent à
un projet qu'il ne communique point. Tous les
Actionnaires n'ont envifagé dans l'efpece d'amen-
de honorable qu'il leur fait, qu'un Ecrivain cherchant baffement à fe difculper des imputations qu'il
avoit mérité par des menaces auffi irrégulieres
qu'impudentes dans fa bouche.

Envain me preffez-vous, Monfieur, de vous ana-
lyfer les écrits qui refutent cet Ecrivain paradoxal;
cela feroit trop long, & je vous les envoye; mais
je me réferve à vous amufer par une facétie nouvelle, car le génie de notre nation ne lui permet
pas de s'attrifter longtems fur les matieres les plus
férieufes. Il s'agit d'une *Parodie tragi-comique de
la derniere fcene de Mithridate.* Les acteurs font: *la
Compagnie des Indes* nue en chemife, fufpendue par
des cordes fous les aiffelles, avec fon privilege à
la main; deux Députés des Actionnaires, qu'on fuppofe Mrs. *Moracin* & *Necker,* comme les plus inftruits de nos intérêts & plus zélés à nous défendre.
Tout n'eft pas également bon dans ce pamphlet;

& je vais vous en extraire les morceaux les plus
satyriques & les plus piquans.

M. MORACIN, (*dont le visage
est naturellement triste, tient
un mouchoir à la main &
pleure. Il ouvre la Scene; il
parle à la Compagnie.*)

Ah ! que vois-je, Princesse ! Et quel fort est le vôtre.

LA COMPAGNIE.

Cessez & retenez vos larmes l'un & l'autre.

J'ai servi cet Etat autant que je l'ai pu.
Boutin dans ce projet m'a seul interrompu;
Implacable ennemi de votre Compagnie,
Que n'ai-je pas tenté pour calmer sa furie !
J'ai prodigué chez lui mes tissus, mes magots,
Dans ses coffres j'ai fait couler l'or à grands flots.
Mais ce n'est pas le seul qui mérite mes plaintes :
Bien d'autres m'ont porté de plus rudes atteintes.
Généraux & Soldats, Commis & Directeurs,
Etrangers, Citoyens, Commerçans, Sénateurs,
Et de Sa Majesté les graves Commissaires
Ont tous à mes dépens fort bien fait leurs affaires.
Je cherche à me tirer de ces fatales mains,
Et sous le nom d'Agens des tyrans inhumains,
Bruny le magnifique, & l'hébété *Le Moine*,
Et le fleuri *Riftaut*, au ventre de chanoine,
Et *Clénard* à l'œil faux..... tant d'autres affamés,
Qui ne méritent pas l'honneur d'être nommés,
Du Commerce de l'Inde experts dans le grimoire,
De jours plus malheureux ont rempli mon histoire.

（ 402 ）

Vous voyez, Monſieur, qu'on ne pourroit mieux peindre ces Chefs de l'Adminiſtration. Ils ſont tous caractériſés à merveille & avec la plus grande vérité.

L'auteur, après avoir précédemment démontré l'ineptie du Sr. Boutin, qui, enrichi par la Compagnie, n'exiſtant que par elle, ne pouvant avoir de conſiſtance qu'avec elle, eſt le plus ardent à travailler à ſa perte, tombe ſur le Contrôleur général *Laverdy*, qui a le premier concouru à ce projet. Il fait continuer *la Compagnie*:

> *D'Invau* craignant alors une tragique fin,
> De ces jours malheureux termine le deſtin;
> Mais du moins quelque joie en mourant me conſole,
> C'eſt qu'à mes ennemis avant que l'on m'immole,
> Sous mes coups redoublés l'un gît, étourdi;
> Et mes derniers regards ont vu choir *Laverdy*.

Voici comme le Poëte dévoile les projets finiſtres du Sr. *Boutin*, & ſon idée de transformer la Compagnie en Caiſſe d'eſcompte:

> Que ſur ſon Dividende un chacun de vous compte:
> Gardez-vous cependant de la Caiſſe d'eſcompte.
> Le fauteur du projet, de votre or altéré,
> Se gorgeroit du ſang qu'il vous auroit tiré.
> Oubliez pour un tems la triſte Compagnie.

M. NECKER, *(avec vivacité, & puis en fureur.)*

Reine, qu'ordonnez-vous? Moi, que je vous oublie! Que l'Abbé *Morellet*, ce Cynique effronté,

Suppôt du Despotisme, en criant *Liberté!*
Que le benêt *Maynon*, trop facile à séduire;
Que le cruel *Boutin*, de nos maux prêt à rire;
Que tous ces Directeurs, écrasant vos enfans,
N'éprouvent pas bientôt!......

LA COMPAGNIE.

Non, je vous le défends.....

Elle annonce ensuite le danger politique de sa destruction par la prépondérance que l'Angleterre va
prendre dans l'Inde.

P. S. Depuis ma Lettre écrite, Monsieur, le Ministere a changé. C'est l'Abbé Terrai qui est Contrôleur général. Les partisans du privilege exclusif
se glorifient & se réjouissent de son installation. Ils
esperent qne cet Abbé, ayant eu l'honneur d'être
Syndic de la Compagnie, la défendra & la ranimera.
Mais ceux qui le connoissent, croient, au contraire,
qu'il lui portera les derniers coups. C'est ce que
vous ne tarderez pas à savoir, car le terme fatal des
échéances approchant, on sera bien obligé de prendre un parti définitif sur le compte de cet établissement, sinon de montrer son bilan.

J'ai l'honneur d'être, &c.

Paris, le 14 Janvier 1770.

ONZIEME LETTRE,

D'un Actionnaire de la Compagnie des Indes à un autre Actionnaire.

ENFIN, Meffieurs de l'Adminiftration ont jugé à propos, Monfieur, d'indiquer une Affemblée générale des Actionnaires pour le mardi 23 de ce mois. Sans aucun égard aux Statuts, auffitôt violés que dreffés, exigeant trois femaines de diftance, ils n'ont pas même obfervé les huit jours d'annonce préalables, fuivant l'ancien ufage, & ce n'eft que depuis mercredi 17 que l'affiche a été mife.

L'Affemblée étant formée, M. l'Abbé Terray y eft venu préfider en fa qualité de nouveau Contrôleur général, & n'eft arrivé qu'à onze Heures paffées, quoique l'affiche portât dix heures. Ce Miniftre a été fort applaudi en entrant, & l'on a battu des mains comme à une piece nouvelle.

M. Du Vaudier, l'un des Syndics, ci-devant Avocat de la Compagnie, a ouvert la féance par la lecture d'un grand difcours roulant fur trois chefs.

1º. Relation de ce qui s'eft paffé depuis le 8 Août dernier jufques à aujourd'hui.

2º. Compte du produit de la vente & fituation fucceffive & progreffive de la Compagnie jufqu'en Décembre 1772.

3. Objets fur lefquels à délibérer en cas de ceffation ou de reprife.

Le premier chapitre comprend en détail toute la Correspondance du Ministre avec l'Administration, dont il résulte le Despotisme le plus absolu d'une part, & la complaisance la plus criminelle de l'autre : après quelques efforts pour se débattre, & pour ne pas trahir les droits des Actionnaires. C'est ainsi qu'on arme les Vaisseaux de la Compagnie pour le compte du Roi, qu'on les donne à des particuliers, qu'on fait anticiper sa vente pour subvenir à ces frais, qu'on l'oblige de se défaire de ses cargaisons à perte, de passer par dessus les Reclamations des Actionnaires opposans ; en un mot, de contracter de toutes parts de nouvelles dettes au moment où on lui reproche de ne pouvoir payer les anciennes.

On voit dans le second chapitre que la vente, qui devoit être composée des cargaisons de 10 Vaisseaux, ne l'a été que de celles de 9, au moyen de quoi elle n'a rendu que 18 millions, au lieu de 20. On voit que la situation de la Compagnie devient de plus en plus critique ; qu'elle doit payer cette année, ou même jusqu'en Septembre exclusivement, près de vingt-deux millions, dont 7 à acquitter dès le mois prochain, sans avoir aucuns fonds destinés à cet effet. Le reste du tableau présente des charges & des recettes qui se compensent à-peu-près au point qu'au 1er Janvier 1773 il restera à la Compagnie près de 500,000 Livres de bon.

Quant au 3eme chapitre, on y insiste sur la nécessité & sur l'urgence des dettes à acquitter. On présente comme le plus sage parti & peut-être le seul à prendre, en cas de cessation absolue de Com-

merce, de fe remettre entiérement dans les mains
du Roi. On fe perd en réflexions fur la reprife,
qu'on voudroit repréfenter comme avantageufe. Tout
ce chapitre eft fi embrouillé qu'on ne peut en rendre un compte exact. Il s'enfuit feulement que les
deux pofitions font également embarraffantes; que
dans l'une on voit au moins le terme de fes maux,
& que dans l'autre on fe rembarque dans une im-
menfité d'opérations extrêmement périlleufes.

On a obfervé que ce difcours, très étendu fur
beaucoup de points futiles, portoit très rapidement
fur d'autres plus effentiels ; qu'on n'y parloit que
d'une façon très breve & très vague de l'injonction
qu'avoit reçue l'Adminiftration de fe rendre au Parlement, d'y fubir devant des Commiffaires un interrogatoire fur faits & articles ; interrogatoire qu'on
auroit dû détailler par demandes, & qui, par fa netteté, fa précifion & fa véracité furtout, pouvoit
mettre les Actionnaires en état de juger de leur pofition, beaucoup mieux que le fatras de papiers lus
par M. du Vaudier, & que tout fon bavardage
oratoire.

Il a fini par encenfer, fuivant l'ufage, le Saint
du jour, & a repréfenté M. l'Abbé Terrai comme
un ange tutélaire, qui alloit retirer la Compagnie
des dangers éminens où elle étoit, & la couvrir de
richeffes & de gloire.

Alors le Contrôleur général a pris la parole &
a lu un difcours fort mefquin, dont la fubftance
porte que le Roi avoit fixé à 12,500,000 Livres
les fommes dûes par S. M. à la Compagnie, & propofe de prendre pour la même fomme une partie de fes

effets, en faifant du tout un Contrat de Rentes à quatre pour cent.

M. de Lauraguais, qui avoit eu peine à conte- nir jufques-là fon impétuofité, qui avoit des copies de toutes les pieces qu'on venoit de lire & fe trou- voit en état de redreffer les endroits défectueux, a prétendu qu'il étoit effentiel d'inftruire l'Affemblée de beaucoup de chofes omifes par M. Du Vaudier, ou mal préfentées : il a voulu rendre compte de fon oppofition, & de tout ce qui y avoit rapport. Mais M. l'Abbé Terrai a jugé que tout cela étoit hors d'œuvre, qu'il étoit effentiel d'aller au fait, de pren- dre les moyens les plus prompts pour acquitter les dettes de la Compagnie; & par une fuite de raifon- nemens a dit qu'il y avoit trois points fur lefquels il falloit voter, & fur lefquels il propofoit de dé- libérer.

10 Si l'on continueroit le Commerce? 2º. Si on le fufpendroit indéfinitivement? 3o. Si l'on remettroit le Privilege au Roi?

Malgré tous les débats qui fe font élevés à ce fu- jet, malgré les repréfentations de quantité d'Action- naires qui demandoient à s'inftruire avant de pren- dre un parti, M. le Contrôleur général a perfifté, & les Grands Seigneurs ayant été appellés, la Dé- libération s'eft ouverte. M. le Comte d'Hérouville a voté le premier pour la fufpenfion, & le grand nombre a fuivi cet avis. Plufieurs Actionnaires ont motivé leur vœu de différente maniere. Mais M. Waldeck de Leffart s'eft furtout diftingué par fon apoftrophe à l'Adminiftration, en la fommant de ré- pondre pourquoi les fonds deftinés à l'acquittement des Billets de la derniere Loterie fe devant prendre, fuivant l'Arrêt du Confeil, fur le produit de la vente, ce produit fe trouvoit déjà abforbé ? Cette interpellation, à laquelle les Directeurs ne s'attendoient pas, les a beaucoup étourdis: ils fe font levés tour-à-tour, & ont balbutié de pitoyables raifons. Pendant ce tems, l'Orateur, Maître des Requêtes, & dans le cas de ménager la Cour par conféquent, s'eft refroidi, & a fenti peut-être qu'il avoit pouffé les chofes trop loin, & paroiffant trouver leur explication excellente, il a tourné l'interrogation à leur avantage, en leur faifant compliment fur les éclairciffemens qu'ils venoient de donner, & fur la netteté & la jufteffe de leurs opérations. Ce perfiflage a paru les fatisfaire, & l'on en eft refté-là.

M. le Comte de Lauraguais ayant été requis de donner fon vœu, a voulu entamer de nouveau le difcours qu'il fe propofoit de faire; mais emporté par la fougue de fon imagination, il n'a pu fe renfermer dans des bornes fixes: les auditeurs fe font élevés tumultueufement, & il a été arrêté pour la feconde fois.

Enfin le vœu général pour la fufpenfion, ne déterminant rien, ne changeant rien à l'état de la Compagnie, & furtout ne fourniffant aucune raifon pour l'objet le plus important & le plus preffé, l'acquittement d'engagemens fatale & à écheoir dès le mois prochain, on a nommé de nouveaux Députés pour, conjointement avec les anciens, avifer aux moyens de fatisfaire à cette obligation, & de trouver enfuite ceux de reprendre le Commerce, s'il y en a. Ces Députés font M. le Comte *de Maillebois*, M. le Comte *de Lauraguais*, M. *Paul Véron*, M. *de Mairobert*

robert, M. *La Panouffie*, M. *Necker*, M. *de Ger-*
ville & M. *Tourton.*

L'affemblée s'eft féparée, après s'être ajournée au
mardi 30 du mois. Au moyen de l'interruption
deux fois répétée du difcours de M. le Comte de
Lauraguais, il n'a point été queftion de fon oppofition, c'eft-à-dire, il n'en a été queftion que d'une
façon très fuccinte & très vague dans le Difcours
de M. Du Vaudier, & d'une maniere à le faire regarder comme un coup foible, porté à faux & qui
ne devoit rien opérer. L'Adminiftration ne manquera pas de fe prévaloir de ce filence des Actio-
naires, comme d'un acquiefcement général à tout ce
qu'ils ont fait; & c'eft encourager un defpotifme déjà porté à un point exceffif, & qui ne fera que s'accroître & s'étendre jufqu'à l'entiere deftruction de la
Compagnie & de tous fes effets.

Au furplus, M. Boutin, Intendant des finances,
ayant le Département de la Compagnie des Indes &
que les Actionnaires regardent comme leur plus cruel
ennemi, a joué un fort vilain rôle dans l'Affemblée.
Il a reçu des interpellations auffi dures qu'humilian-
tes: il n'a pu fe diffimuler combien il étoit odieux
aux Actionnaires, &, foit infenfibilité, foit confter-
nation extrême, il eft refté dans un filence morne.
On fe flatte qu'inftruit, à n'en pas douter, de l'indignation générale qu'il infpire en paroiffant parmi
les Actionnaires, il leur épargnera fa préfence infultante & ne fe mettra plus en butte à des reproches trop mérités.

Vous voyez par ce réfumé, Monfieur, qu'il eft
fuperflu d'étendre que notre dernier jour approche.
J'ai l'honneur d'être &c.
Paris, ce 24 Janvier 1770.

S

DOUZIEME LETTRE

D'un Actionnaire de la Compagnie des Indes à un autre Actionnaire.

M. Du Vaudier a continué aujourd'hui, Monfieur, à rendre compte dans l'affemblée générale des Actionnaires de ce qui s'étoit paffé dans les divers Comités tenus depuis la derniere. Il en a réfulté: 1º. Que le Miniftere, convaincu de la néceffité de maintenir la Compagnie des Indes, a paru fe prêter à tout ce qui pouvoit l'aider dans les circonftances préfentes, fauf l'argent, qui auroit été pourtant la chofe la plus effentielle; qu'au furplus, pour y fuppléer autant qu'il étoit en lui, il rendoit à la Compagnie la liberté d'emprunter, de quelque maniere que ce fût, fans aucune des exceptions mifes fous le Miniftere précédent, telles que les Rentes viageres, les Lotteries, &c.

2º. Qu'en conféquence., pour affeoir l'Emprunt quelconque qu'on feroit, il étoit convenu de paffer au nom du Roi, à la Compagnie un Contrat de 30 millions, compofé des 12,500,000 Livres, auxquelles il avoit jugé à propos de liquider la dette du Roi, montant à près de 20 millions, au gré de certains Députés, mais au moins à près de 17, de l'aveu de tous; des 12,500,000 Livres auxquelles il évaluoit les effets de la Compagnie pris par le Roi, & des 5,000,000 pour lefquelles par pure bonne volonté, il s'offroit d'acquérir encore un reftant d'autres meubles & immeubles. Ce Contrat portant intérêt à quatre pour cent, fans retenue de dixieme, formoit une rente de 1,200,000 Livres.

3°. Que, quoique les engagemens de la Compagnie montassent, jusqu'au mois de Septembre, à près de 22 millions, on avoit résolu de ne faire qu'un Emprunt provisoire de 12 millions, soit parce qu'on n'avoit d'hypotheque à donner pour le surplus, dans le moment, soit parce qu'on craignoit, vu le discrédit de la Compagnie, de ne pouvoir le porter plus haut.

4°. Que de tous les plans d'emprunt proposés dans les Comités de l'Administration & des Députés, un seul avoit paru admissible & satisfaire les Consultans ainsi que les Consultés, parmi les Notaires, Banquiers, &c. Que ce plan consistoit dans un Emprunt de douze millions, comme on a dit ci-dessus, en Rentes viageres, à dix pour cent, mais en forme de Loterie, seul moyen propre d'exciter la cupidité des joueurs, sans donner un intérêt trop onéreux pour les Actionnaires; que cette Loterie seroit composée de 40,000 billets, chacun portant un intérêt de $\frac{2}{1}$ ou de 20 Livres, absorbant un fonds de 800,000 Livres de rentes sur le Contrat ci-dessus; que des 400,000 Livres restantes on formeroit des lots de différentes especes, tirés par voie de sort, & qui pourroient faire écheoir à un billet, vingt-cinq, dix-huit, quinze, douze, dix mille livres de rentes; & ainsi successivement jusqu'à concurrence d'un nombre de quatre mille lots, & que les trente-six mille billets restans auroient part à un tirage de primes d'un fonds de dix-huit cens mille livres en argent, divisé en dix-huit cens lots; que pour donner plus d'amorce & plus d'activité aux joueurs, les gagnans de lots en Rentes viageres auroient la liberté de les répartir fur différentes têtes, comme bon leur fembleroit ; & qu'enfin on recevroit comme argent comptant tous les Billets fur la Compagnie payables dans l'année.

L'orateur ayant fini par les complimens ordinaires pour le Miniftre, celui-ci a repris la parole, & a lu un difcours très bref, où il affuroit la Compagnie de la protection du Roi, protection éclatante, dont S. M. vouloit bien donner des marques, en liquidant fa dette, comme on a dit ci-deffus, & en achetant des effets dont Elle n'avoit pas grand befoin.

On. eft allé enfuite aux voix pour délibérer fur l'Emprunt. M. le Comte d'Hérouville a opiné le premier. Il a confenti à l'Emprunt, en ajoutant que les Députés anciens & nouveaux continueroient leur miffion auprès de l'Adminiftration pour la furveiller, fuivre journellement l'emploi des deniers qui proviendroient de cet Emprunt, travailler avec elle aux moyens les meilleurs pour l'acquittement du refte des dettes, ainfi qu'à ceux de rétablir le Commerce ou de liquider la Compagnie, compulfer les régiftres, les états de recette & dépenfe, vifer les comptes, nommer entre eux les Commiffaires qu'ils jugeront à propos pour fuivre les différentes parties de ce travail; que M. le Contrôleur général feroit fupplié de porter aux pieds du Trône les vœux de l'affemblée pour l'exécution de l'Article de l'Edit du mois d'Août 1764, qui affure à la Compagnie une liberté entiere de fuffrages, qui la délivre de la préfence d'un Commiffaire du Roi, que, malgré ce Réglement, M. de Laverdy a introduit de nouveau parmi les Actionnaires, ainfi que de trouver bon que les Actionnaires s'affemblaffent à la premie- re requifition de leurs Députés, fans être obligés d'attendre le confentement du Miniftere, &c.

Cet avis motivé a effuyé quelques variations dans le cours des opinions, mais en général il a été reçu prefqu'unanimément.

M. le Comte de Lauraguais a fait précéder fon avis de quelques obfervations préliminaires ; il a parlé avec plus de force & de méthode qu'il n'avoit fait dans la derniere affemblée ; il a démontré le danger d'affeoir aucune Délibération fur les Comp- tes rendus de Mrs. de l'Adminiftration, parce que tout y étoit erreur & fauffeté: il a rejetté cette con- duite très repréhenfible fur la néceffité où ils fe trouvoient de la tenir pour déguifer le joug fous le- quel ils étoient , joug d'autant plus affreux qu'ils n'ofoient s'en plaindre ni le faire connoître. Alors interpellant directement M. Boutin, qu'il a appellé plaifamment, mais énergiquement, *le Gouverneur de la Citadelle établie dans la Compagnie fous M. de La- verdy*, il lui a fait paffer un état de recette & de dépenfe, contradictoire avec ce qu'on avoit lu, pour lui en demander l'explication. Cette apoftrophe a été fi vive & fi décifive, que M. l'Abbé Terrai a cru devoir venir au fecours de cet acolyte étourdi & confondu, en contenant M. de Lauraguais par l'oppofition de fa puiffance en faveur des Commif- faires du Roi. Sur quoi le Seigneur pétulant a re- préfenté qu'aux termes de l'Edit mentionné dans l'avis de M. d'Hérouville, il ne devoit point y avoir de Commiffaire du Roi parmi les Actionnaires; qu'ils n'en reconnoiſſoient pas, & qu'en reſpeſtant fort M. Boutin, comme Intendant des Finances, ils le regardoient comme un homme nul entre eux & ſans caractere ni qualité. Enſuite réſumant ſon avis, il s'eſt étendu ſur l'irrégularité, ou, pour mieux dire, ſur l'injuſtice d'une délibération, où les Actionnaires ayant 22 millions de dettes reconnues paroiſſoient n'en compter que douze, & pour ſubvenir à l'acquit de ceux-ci, *aliéner* tout ce qu'ils poſſédoient, & ſe mettre ainſi dans l'impuiſſance de payer tout le reſte ; qu'en conſéquence il eſtimoit qu'il falloit embraſſer la généralité des dettes, & ne prendre un parti auſſi tranchant qu'après un examen encore plus mûr & une diſcuſſion plus parfaite. Cet avis, très ſage & de la plus exaſte équité, n'a eu que peu de partiſans.

Entre les autres Actionnaires qui ont parlé, M. Nau, le Secrétaire du Roi, s'eſt diſtingué. Il a lu un diſcours où, en récapitulant les malheurs de la Compagnie, il a tombé fortement ſur l'Adminiſtration ; il lui a reproché de tirer à elle le plus pur de la ſubſtance des Actionnaires. Cette ſortie a occaſionné une vive exploſion de la part de ces Meſſieurs. M. Du Vaudier s'eſt levé, l'a interrompu, & lui a dit que Meſſieurs de l'Adminiſtration le chargeoient de ſommer l'orateur de ſigner ce Mémoire, de le dépoſer au Secrétariat de la Compagnie, pour par, eux y être fait telle réponſe qu'ils aviſeroient bon être, ou de ſe rétraſter ſur le champ. M. Nau, peu préparé à cette ſommation, n'a pas ſoutenu comme il l'auroit pû, la *Philippique* qu'il venoit de prononcer ; il s'eſt battu en retraite, mal-adroitement, mais cependant d'une façon plaiſante pour

les spectateurs, donnant à entendre qu'il vouloit
bien convenir que c'étoit trop fort, pour ne pas
les effaroucher & avoir la paix, & il a continué.
On a remarqué que M. le Contrôleur général n'a-
voit rien dit sur ce nouvel incident, avoit laissé Mrs.
de l'Administration se débattre, & rioit sous cape de
toute cette querelle vraiment comique. Un autre
Actionnaire, ayant fait remarquer combien tout ce
que l'on faisoit étoit contradictoire, puisque d'un
côté on parloit de rétablir le Commerce, & de l'autre on cédoit au Roi tout ce qui étoit nécessaire
pour le faire; M. le Contrôleur général a répondu
que la même bonté du Roi qui lui faisoit prendre
ces effets pour arranger les Actionnaires, les leur
feroit rendre vraisemblablement au même prix quand
ils en auroient besoin; & sur ce qu'on a paru desi-
rer que cette nouvelle promesse, ou du moins cette
espérance précieuse, fût consignée dans les Régistres, il a consenti à l'écrire & à faire mettre cette
phrase par addition à son Mémoire, qui doit rester
consigné dans nos annales.

L'Assemblée a fini ainsi. Le grand nombre des
Actionnaires s'est flatté que la Compagnie repren-
droit vigueur, & pourroit se relever incessamment
de ses ruines. Au moins a-t-il paru par tout ce qui
s'est passé, que le Ministre restoit pleinement convaincu de la nécessité d'une Compagnie, de son
utilité pour l'Etat; mais il n'a pas semblé également
disposé à dédommager les Actionnaires, pour qui il
reste non moins constant qu'elle est à charge & tout-
à-fait désastreuse. C'est mon éternel refrein.

J'ai l'honneur d'être, &c.
Paris, ce 30 Janvier 1770.
S 4

TREIZIEME LETTRE

D'un Actionnaire de la Compagnie des Indes à un autre Actionnaire.

JE vous envoie, Monfieur, les Remontrances du
Parlement imprimées nous concernant, avec le Recueil de ce qui a précédé & fuivi. Le Miniftere &
l'Adminiftration font également fâchés d'une publicité qui dévoile au grand jour des chofes dont on
auroit voulu dérober la connoiffance à la Nation,
aux Actionnaires furtout, & dont, par une réticence très condamnable, on avoit omis le détail dans
le compte rendu à l'affemblée du 23; grief qui feul
auroit pu fervir de réponfe à M. Nau pour appuyer
les qualifications dont il défignoit fi juftement Mrs.
de l'Adminiftration.

Au furplus, pour que vous fachiez mieux à qui
vous en prendre fi vos intérêts ne font pas bien
défendus, voici les noms des membres qui ont été
appellés & nommés par les Actionnaires, pour fe
joindre à cette Adminiftration, tant comme anciens
Syndics que comme Députés.

SYNDICS ANCIENS.

M M.	M M.
Le Comte *d'Hérouville.*	Le Marquis *de Sanfay.*
Le Marquis *de Caftries.*	*Behic.*
Le Préfident *Briffon.*	*Marion.*
Dubucq.	*Waldec de Leffart.*

SYN-

Syndics actuels.

M M.

Le Duc de *Duras.*
Clonard.

M. M.

Bruny.
Du Vaudier.

Directeurs.

M. M.

Le Moine.
Meri d'Arcy.
De Rabec.

M. M.

Rifleau.
De Sainte Catherine.

Députés anciens.

M. M.

Le Duc de *Charoft.*
Le Marquis de *Brancas.*
Le Comte de *Lillebonne.*
Le Marquis de *Beuvron.*
De Font-ferriere.
L'Héritier de *Brutelles.*
Moracin.
Sauvage.

M. M.

Jaume.
Fougeray.
Louis Julien.
Bouffé.
De la Rockette.
Du Pan.
D'Epremefnil.
Panchault (a fait banque-
route & eft rayé.)

Députés nouveaux.

M. M.

Le Comte de *Lauraguais.*
Le Comte de *Maillebois.*
Pidanfat.
De Mairobert.
Necker.

M. M.

De la Panoufie.
Tourton.
De Garville.
Paul Veron.

S 5

Le croiriez-vous, Monfieur? dans un moment de crife auffi important pour la Compagnie des Actionnaires, où trop d'yeux ne fauroient s'ouvrir pour connoître fes befoins, fes vices & fes reffources, où l'Adminiftration auroit dû provoquer elle-même une juftification éclatante de fa conduite, elle a été fâchée de fe voir ainfi furveillée. On avoit déjà remarqué dans l'affemblée du 30 Janvier une vive oppofition de fa part à laiffer paffer la Délibération propofée par M. le Comte d'Hérouville; que M. Du Vaudier l'avoit relue, à plufieurs fois, fous prétexte que les votans pourroient n'avoir pas bien faifi tout le fens & toute l'étendue de leur vœu; qu'il avoit fait valoir le danger de laiffer une multitude de membres dont étoit compofé le Corps des anciens & nouveaux Députés, s'immifcer dans les affaires de la Compagnie, en pénétrer le fecret & participer en quelque forte par-là à celui de l'Etat qui y étoit fouvent lié; que malgré toute la foumiffion qu'il annonçoit de la part de fes confreres à remplir exactement les volontés de l'affemblée, il avoit fait une réfiftance qui démentoit trop ce qu'il difoit, & dont on lui avoit fait fentir l'opiniâtreté injufte & malhonnête; qu'envain avoit-il mis la loi en avant dont il s'étoit voulu montrer le protecteur, en prétendant qu'on y dérogeoit par le nouvel arrangement & qu'on intervertiffoit tout l'ordre de l'inftitution de la Compagnie; qu'une réclamation générale l'avoit obligé de fe taire & de paffer une telle décifion.

Le croiriez-vous encore un coup, Monfieur? On affure que depuis ces Meffieurs fe font retirés par devers le Miniftere, pour obtenir un Arrêt du Confeil qui caffât la Délibération, en ce qu'elle avoit de contraire aux Réglemens enrégistrés; qu'ils n'ont pas trouvé des difpofitions favorables, & que faifant de néceffité vertu, ce n'eft qu'alors qu'ils fe font prêtés avec réfignation &. de bonne grace à l'infpection qu'ils redoutoient.

Elle eft venue fort à propos, car fans doute l'Adminiftration, toujours fervile, fe feroit prêtée aux difpofitions infidieufes qu'on avoit gliffées dans le nouvel Edit de création de rentes en notre faveur. Heureufement le Parlement lui-même, affecté de ce qui le concernoit, faifoit des difficultés pour l'enrégiftrement.

Sur le compte qui en a été rendu au Bureau général des Repréfentans de la Compagnie, on a arrêté d'aller en grande Députation chez le Premier Préfident, & l'on a reconnu que c'étoit encore un tour du Sr. Boutin, auquel, comme Intendant des Finances, chargé du Département de la Compagnie des Indes, M. le Contrôleur général avoit renvoyé cette befogne pour la rédiger. Cet ennemi juré de la Compagnie ne perdant point de vue fon projet de deftruction, afin de mieux le confommer, avoit rappellé l'Arrêt du Confeil du 13 Août 1769 portant fufpenfion du Commerce, en faifoit la bafe de l'Edit, donnoit une fanction à cet acte illégal, & fembloit faire avouer aux Actionnaires la vérité des affertions du préambule de l'Arrêt : affertions fauffes contre lefquelles ils ont toujours réclamé. Par une audace encore plus coupable, il mettoit le Parlement en contradiction avec lui-même, & lui faifoit approuver implicitement par fon enrégiftrement le même écrit furtif fur lequel portoient fes repréfentations du 3 Septembre dernier. L'indignation a été

générale à la lecture du préambule. On a supplié
le Parlement de renvoyer l'Edit : on eſt allé chez le
Contrôleur général & l'on a fait changer le tout.
Mais les Actionnaires n'en jettent pas moins les
hauts cris contre leur Adminiſtration , & ſurtout
contre les nouveaux Députés, qu'ils regardoient
comme leurs anges tutelaires, en qui ils avoient mis
leur plus grande confiance. Ils trouvent aujourd'hui
qne les deux premieres opérations qu'ils viennent
de faire, ſont deux ſottiſes énormes. La premiere eſt
d'échanger une dette ſur le Roi, de près de 18 millions au moins, payables en argent comptant, & un
capital d'effets de la valeur de plus de 40 millions,
contre un Contrat ſur S. M. à quatre pour cent, au
principal de 30 millions. La ſeconde, c'eſt d'avoir
laiſſé grever par le Parlement, dans l'enrégiſtrement
de l'Edit mentionné ci-deſſus, la portion du Contrat
affecté par privilege à la ſûreté des Actions, d'une
hypotheque à laquelle l'aſſemblée générale s'étoit déjà refuſée. Ils en concluent que c'eſt mal à propos
qu'on s'en rapporte à quelques membres; qu'on ne
ſauroit veiller trop par ſoi-même à ſes propres affaires , & qu'à l'Arrêté de l'aſſemblée derniere il falloit
joindre un article par lequel leſdits Députés auroient été obligés de rendre compte fréquemment,
tous les mois, toutes les ſemaines, & pluſieurs fois
par ſemaine, des opérations générales, auxquelles auroient pris part tous ceux qui auroient voulu ſuivre
de près les progrès divers d'une diſſolution dont les
conſéquences peuvent être ſi funeſtes pour leurs
fortunes.

Au reſte, Monſieur, à quoi ſerviroient toutes ces
précautions? Deux faits nouveaux que je vais vous

apprendre, très certains, & dont vous ferez confondu, prouvent l'inutilité des effets des Actionnaires pour fe maintenir contre ceux du Miniftere qui depuis longtems mine fourdement la Compagnie. Comme on fe donnera vraifemblablement bien de garde d'en parler à la prochaine affemblée, je vais entrer dans tout le détail de cette double iniquité.

Par l'arrivée du *Sphinx*, à l'Orient, on a eu copie des Lettres patentes du Roi, portant réglement pour les Obligations contractées dans les Iles de France & de Bourbon. Elles font du 21 Novembre 1768, & ont été enrégiftrées en la Chambre du Confeil au Port-Louis, Ile de France, le 24 Août 1769. Elles portent que les Confeils fupérieurs des Iles de France & de Bourbon, font autorifés à réduire d'après l'équité & leur confcience toutes les Obligations, contractées depuis le mois de Janvier 1756 jufqu'au moment de la reprife de poffeffion, faite au nom du Roi, defdites Iles: que les engagemens contractés au profit de la Compagnie des Indes feront foumis, ainfi que tous les autres, à la réduction dont ils pourront être jugés fufceptibles; qu'il ne pourra néanmoins être dérogé en aucune maniere à ce qui a été réglé pour l'acquittement des dettes par elle contractées envers les particuliers, & autres difpofitions.

A la lecture de ces Lettres patentes, méditées fous le Miniftere de M. Laverdy & rédigées fous celui de M. d'Invau, les Députés reconnurent le génie deftructeur de ces Miniftres, & l'on ne douta pas que l'ouvrage ne fût émané du fein du Sr. Boutin.

Ils en firent les reproches les plus vifs aux Adminiftrateurs, qui foutinrent n'avoir eu aucune connoiſſance de ces Lettres patentes, & firent ſemblant de vouloir s'unir à eux pour en demander la révocation. On ne les en crut pas de meilleure foi ſur ce point, ainſi qu'à l'égard du ſecond fait, encore plus extraordinaire, d'une injuſtice plus caractériſée & d'un deſpotiſme ſans exemple.

Les Lettres de M. Law, Gouverneur de Pondichéry, arrivées récemment, annoncent qu'il a reçu de M. d'Invau, (alors Contrôleur général) un ordre exprès d'employer en frais de Souveraineté, en réparations de fortifications & en avances pour le Roi, les fonds des cargaiſons en achats de marchandiſes de retour. Qu'en conſéquence il prévenoit que la vente prochaine ſeroit beaucoup moins conſidérable qu'on ne l'eſpéroit.

Nouvelle conteſtation des Députés, nouveau jeu de comédie de la part des Syndics & Directeurs, aſſurant, proteſtant, jurant que ces ordres leur étoient abſolument inconnus.

On a, en conſéquence, arrêté ſur le champ une Députation vers M. l'Abbé Terrai, pour ſe plaindre de la vexation tyrannique de ſes prédéceſſeurs, & lui repréſenter que la Compagnie ne pouvoit ſe ſoutenir, écraſée par une autorité auſſi deſtructive de toute liberté, de toute propriété & dont l'influence devoit en très peu de tems ruiner les Actionnaires. Le Miniſtre eſt convenu de ce dernier point, auquel il étoit queſtion de les amener, & vous ſaurez le réſultat à la ſéance de demain.

J'ai l'honneur d'être, &c.

Paris, ce 7 Avril 1770.

QUATORZIEME ET DERNIERE LETTRE

D'un Actionnaire de la Compagnie des Indes à un autre Actionnaire.

L'ASSEMBLÉE générale des Actionnaires a, Monsieur, eu lieu hier, ainsi qu'elle étoit annoncée, &, comme on le prévoyoit depuis long-tems, on y a porté enfin les derniers coups à la Compagnie, ou plutôt elle s'est trouvé forcée de se dissoudre elle-même pour prévenir une ruine plus entiere & plus absolue.

M. Du Vaudier, Syndic, a profité de cette occasion de haranguer encore une fois, sous prétexte de rendre compte des événemens survenus, & a prononcé un discours oratoire & préparatoire, qu'on a regardé comme l'oraison funebre de la Compagnie.

Ensuite, M. L'Héritier, en possession de lire les Bilans de la Compagnie, en a relu un nouveau où, suivant l'usage, les dettes ont crû d'une part & le bien a décrû de l'autre. Il en résultoit que toute compensation faite, il restoit encore aux Actionnaires 36 millions de bien, mais qu'il y avoit dans le passif près de 15 millions à payer, dont plus de 11 millions d'ici en Octobre; que toute ressource de pouvoir le faire avec des secours étrangers, suivant l'urgence des cas, paroissoit d'autant plus vaine, que le dernier Emprunt par voie de Loterie n'avoit pas réussi, & qu'il y avoit encore 8,550 Billets à délivrer.

M. L'Héritier a ajouté, que d'après cette expofition, les Députés avoient cherché tous les moyens de fortir de cette détreffe effroyable, & que le plus grand nombre étoit convenu de l'impuiffance abfolue où fe tiouvoit la Compagnie, non-feulement de continuer fon Commerce, mais de refter même dans l'état de fufpenfion où l'on étoit ; qu'il n'y avoit d'autre reffource qu'un Appel fur foi - même : ce qui avoit donné lieu à quatre projets. Il a lu enfuite ces quatre projets, qui tous en effet s'accordoient fur l'appel, & ne varioient que dans la forme de le faire. Les trois premiers cependant n'étoient que des palliatifs, avec lefquels on couroit rifque de voir détériorer de plus en plus fon Capital, & d'être réduit fucceffivement à un anéantiffement abfolu. Le dernier, plus violent en apparence, diffolvoit fur le champ la Compagnie, privoit les Actionnaires de l'efpoir chimérique dont on les avoit leurrés fi longtems, & affuroit le refte de leur bien, autant qu'il peut être fûr entre les mains du Roi, dans lefquelles on fe remettoit entiérement.

Alors M. le Contrôleur général a lu un difcours; dans lequel, en faifant beaucoup valoir la protection du Roi pour la Compagnie, il déclaroit que S. M. étoit très difpofée à venir à fon fecours : mais ne vouloit accepter que le dernier projet, par lequel le Roi fe chargeoit de toutes les dettes de la Compagnie, tant anciennes que nouvelles, tant en Europe que dans l'Inde, à la charge qu'elle lui remettroit fur le champ tous fes biens, meubles & immeubles, & que les Actionnaires fourniroient au Roi un fonds de quinze millions environ, argent comptant, pour fubvenir à leurs dettes. Sur ce il a déclaré, que fi quelqu'un avoit de meilleurs expédiens à fournir, il l'invitoit à le faire.

· Cette Déclaration n'a pas été reçue fans beaucoup de brouhahas, de plaintes, de gémiffemens, d'obfervations, &c. Mais perfonne n'a fuggéré de vraie reffource.

Après que les mécontens ont eu jetté leur premier feu, M. Waldec de Leffart a lu la rédaction du projet que le Roi vouloit bien accepter.

· Par ce projet, au moyen de la ceffion entiere & abfolue que la Compagnie fait au Roi, S. M. fe charge, comme on a dit, de fes dettes, & lui conferve un capital de 60 millions fur le Contrat des 180 millions, pour hypotheque des Actions, au Capital de 1,600.

Le Roi, en dédommagement des facrifices immenfes que la Compagnie fait, & du furplus de fes biens qui doit bénéficier au profit de S. M. après l'acquittement des dettes, accorde un Capital de 500 Livres de plus par chaque Action qui, joint aux 1,600 Livres, les remonte déjà à 2,100 Livres; à la charge encore que les Actionnaires lui fourniront 400 Livres par chacune Action, fous des délais fixés, qui, ajoutés au premier Capital, en forment un de 2,500 Livres, auquel les Actions feront déformais fixées.

Cet appel doit être rempli dans l'efpace de fix mois; fçavoir, en payant 50 Livres en Avril, 50 Livres en Mai, 100 Livres en Juin, 100 Livres en Juillet, 50 Livres en Août, & 50 Livres en Septembre.

Ceux qui ne voudront ou ne pourront pas fournir audit Appel, fubiront pour peine de déchéance

la perte d'une année de Dividende en deux ans,
c'est à-dire ne toucheront que 40 Livres pendant
deux ans de fuite, au lieu de 80 Livres, par Action.

Le Public, lorſque ſous les délais fixés les Actionnaires n'auront pas fourni à leurs engagemens,
ſera admis à acquérir le ſupplément de l'Action, qui
en fourniſſant par l'acquéreur 400 Livres, ſera pour
lui de 900 Livres. Enſorte que le premier & véritable actionnaire, pour ſeconde peine de déchéance, perdra encore 500 Livres de ſon Capital, &
n'aura que $\frac{16}{25}$ de l'Action.

Le total de l'Action, remontée à 2,500 Livres,
rendra au denier vingt 125 Livres de rentes.

Il ſera prélevé ſur ces 125 Livres de rentes, un
dixieme pour en former une Caiſſe d'amortiſſement,
dont le fonds ſera employé à rembourſer chaque
année par voie de Loterie les Actions. S. M. ſera
ſuppliée d'augmenter ce fonds pour les premieres
années, de façon qu'on emploie au moins 550,000
Livres. Les rembourſemens ne pourront être ſuf-
pendus qu'en tems de guerre.

S. M. ſe charge enfin de faire 200,000 Livres
de rentes viageres, aux gens employés à la Compagnie, ſuivant leurs ſervices & les états qui en leront
formés par les Députés, Syndics & Directeurs.

Après la lecture de cette eſpece de Vente faite
au Roi par la Compagnie, il s'éleva de grands débats, qui ſe terminerent ſuivant l'uſage en clameurs
vaines, & M. le Contrôleur général, qui étoit preſ-
ſé, fit aller aux opinions.

Dans le cours des opinions, M. d'Epremeſnil lut
un long diſcours, où il établit les cauſes de la décadence de la Compagnie, & les moyens combi-

nés & réfléchis de longue main par où on l'avoit conduite à fa perte. Il témoigna fes regrets de la deftruction de la machine, & voulut établir par des calculs la poffibilité d'exifter encore avec du coura-ge & de la vertu.

Cet orateur, quoique fort eftimé de l'affemblée, quoique très accrédité pour fes avis, ne parut pas écouté cette fois-ci avec la même confiance. On trouva que fon zele pour la Compagnie l'aveu-gloit ; qu'il ne bâtiffoit que fur des hypothefes chi-mériques, & qu'il traitoit la matiere plus en orateur qu'en financier & en commerçant.

M. Necker qui parla après lui, acheva de détrui-re le peu d'effet que pouvoit avoir eu la harangue de M. d'Epremefnil. Il fit fentir la néceffité d'ac-céder très promptement aux conditions onéreufes, mais forcées, du Roi ; en un mot qu'il ne voyoit d'autre projet à fuivre que le projet de M. de Les-fart, auquel on s'attendoit d'autant moins à trou-ver ce Banquier défavorable, qu'on le favoit venir de lui.

Ce dernier difcours entraîna toute l'affemblée, & l'on fut généralement de l'avis de M. Necker, puifqu'il n'y en avoit pas d'autre.

C'eft ainfi que s'eft tenue l'affemblée du 7 Avril, que les Actionnaires les plus fenfés regardent com-me la meilleure, parce que c'eft la derniere ; & que de trouver le terme de fes maux eft une forte de bonheur pour les malheureux.

J'ai l'honneur d'être, &c.

Paris, ce 8 Avril 1770.

F I N.

Imprimé en France
FROC032103210120
23239FR00014B/162/P

9 782329 359861